Danza
Acondicionamiento físico

Eric Franklin

Paidotribo

Título original: *Conditioninig for dance*
Copyright de la edición original: © Human Kinetics

Traducción: Nuria Hernández Rovira

Revisión técnica: Antoni Martínez

Diseño de cubierta: David Carretero

© 2016, Erik Franklin

Editorial Paidotribo
Les Guixeres
C/ de la Energía, 19-21
08915 Badalona (España)
Tel.: 93 323 33 11 – Fax: 93 453 50 33
http://www.paidotribo.com
E-mail: paidotribo@paidotribo.com

6ª reimpresión de la 1ª edición
ISBN: 978-84-8019-872-1
BIC: ASD

Fotocomposición: Editor Service, S.L.
Diagonal, 299 – 08013 Barcelona
Creadisseny@editorservice.net

Impreso en España por Bgrafic Media Printing, S.L.U. / bgrafic@bgrafic.es

Quedan rigurosamente prohibidas, sin la autorizacion escrita de los titulares del copyright, bajo las sanciones establecidas en las leyes, la reproducción parcial o total de esta obra por cualquier medio o procedimiento, comprendidos la reprografía y el tratamiento informático, y la distribución de ejemplares de ella mediante alquiler o préstamos públicos.

Cualquier forma de reproducción, distribución, comunicación pública o transformación de esta obra sólo puede ser realizada con la autorización de sus titulares, salvo excepción prevista por la ley. Diríjase a CEDRO (Centro Español de Derechos Reprográficos, www.cedro.org) si necesita fotocopiar o escanear algún fragmento de esta obra (www.conlicencia.com, 91 702 19 70 / 93 272 04 47).

Índice

	Agradecimientos	V
	Prólogo	VI
	Introducción	VII
1	El acondicionamiento cuerpo-mente	1
2	La integración de imágenes	17
3	El equilibrio reflexivo	31
4	La flexibilidad relajada	53
5	Alinear el movimiento para mejorar la técnica	87
6	Reforzar el centro	113

7	Aumentar la potencia de pies y piernas	153
8	Desarrollar la potencia del tronco y los brazos	177
9	Mejorar los giros, saltos y aberturas	195
10	Centrarse con la Thera-Band	219

Bibliografía y recursos	241
Índice alfabético	243
Acerca del autor	247

Agradecimientos

Doy gracias al ya desaparecido André Bernard por mostrarme cómo utilizar la imaginación de un modo tan profundamente significativo, y dedico este libro a su memoria.

Gracias a todos los bailarines, profesores de danza y coreógrafos que han asistido a mis clases durante los últimos años. A través del continuo diálogo con mis estudiantes he podido crear un libro al servicio de sus necesidades específicas. Doy gracias a Zvi Gotheiner, que me ofreció pautas de acondicionamiento muy importantes para los bailarines. Querría también agradecer a Boone Bainnridge Cohen y a todos los grandes educadores de la escuela de Body-Mind Centering sus maravillosas enseñanzas.

Gracias a la Corporación Higiénica, a los realizadores de las Thera-Bands y especialmente a Hermann Rotinghaus de EE UU y a Ludwig Arzt de Alemania por hacer posible este libro.

El fotógrafo Franz Öttl creó las fabulosas fotografías de los ejercicios en muy poco tiempo y con una gran sensibilidad para la danza y todos los detalles. Gracias también a mis modelos, Mucuy Bolles, Sheila Joy Burford, Verena Tremel y Russ Warfield. Asimismo, estoy enormemente agradecido a mi ilustradora Sonja Burger, con quien he colaborado para crear los numerosos dibujos que ilustran este libro.

Doy gracias a mi familia, que ha soportado pacientemente mis incontables horas de trabajo.

Agradezco a Martha Myers y Donna Faye, del American Dance Festival, su constante apoyo a lo largo de todos los años que he estado asociado a este maravilloso lugar dedicado al aprendizaje y el desarrollo de los bailarines. Agradezco también el respaldo de Jan Dunn, Karen Wells y Morten Dithmer.

Finalmente, doy gracias a mi editora de Human Kinetics, Julie Horda, por su excelente trabajo con este libro. Aprecio mucho su paciencia y constancia, su gran atención a los detalles y su visión del tema. Doy gracias también a la editora de derechos Judy Patterson Wright. Su guía y pautas sobre la estructura y el contenido del libro hicieron posible este proyecto.

Prólogo

Todos los estudiantes de danza, los profesores y los bailarines deberían tener los libros de Eric Franklin desde el principio de su formación. *Acondicionamiento para la danza* no es una excepción. Se trata de un meticuloso recorrido por la topografía del acondicionamiento, un curso tanto de Baedker como de Berlitz dirigido específicamente a las necesidades de los bailarines. Franklin reinventa en este libro el sistema tradicional de enseñanza, pues en él combina su extenso conocimiento científico con los principios de los sistemas somáticos más importantes (especialmente la ideocinesis). Es así como es capaz de unir estas aproximaciones en su sistema de entrenamiento para bailarines y ofrecer a los lectores una experiencia comprensible acerca de las secuencias de ejercicio y los conceptos que presenta. Todo ello lo realiza, además, con la visión y la sensibilidad de alguien que tiene una amplia experiencia como bailarín y artista visual. Se trata de una figura del campo de la danza.

Franklin integra completamente los componentes tradicionales de la fuerza, la flexibilidad y el nivel cardiorrespiratorio en una perspectiva somática. Destaca la importancia del alineamiento en todas las secuencias del movimiento –ejercicios y pasos de danza– describiendo la biomecánica del alineamiento (un término más móvil que «colocación») y explicando sus efectos sobre la ejecución de las secuencias de danza. Aquí se incluyen la importancia de la presencia mental, la concentración, la atención, la imagen mental y la práctica, y Franklin trata asimismo el papel que desempeña el patrón cognitivo y neuromuscular en el desarrollo de una ejecución de un bailarín.

A través de la lectura de este libro, me encuentro a mí misma asintiendo ante los pensamientos de Franklin: «El ejercicio es un continuo diálogo entre la mente y el cuerpo». «El entrenamiento no es una finalidad en sí misma; no puede mantenerse aislado, sin sentimiento ni expresión». Tales reflexiones de que la danza es un arte, y no solamente una forma placentera de ejercicio, deberían resonar dentro de cada estudio de danza. Estas palabras no son sentimientos sin sentido. El autor nos lleva con ellas un paso atrás, hasta la base anatómica y fisiológica, y su información nos ofrece una sólida base y una preparación para las secuencias experimentales que la siguen. Y los ingeniosos e inspiradores dibujos ilustran dicha información, dirigida al cuerpo y a la mente. Y cuando leo, me veo a mí misma intentando hacer a la vez los ejercicios, disfrutando de un tipo de experiencia interactiva.

La visión interna de la danza, la información y la sabiduría están presentes en todo el libro, como por ejemplo el recordatorio que dice: «la flexibilidad y la fuerza deben entrenarse en presencia de la mente y el cuerpo para lograr una ejecución inspiradora». ¡Tenga cuidado con los agarres en la barra y con las pesas! Sigue leyendo y encontrarás intervenciones innovadoras para problemas técnicos particulares: simples reajustes en la preparación del *plié*, una pirueta o un salto. Destacan especialmente los nuevos caminos para ampliar el entrenamiento con Thera-Band mediante la respiración y las imágenes. Todo esto dará al bailarín una mayor facilidad, gracia y «alegría» (esa subestimada palabra en el entrenamiento) en el movimiento y la danza.

Tras haber invertido gran parte de mi vida profesional en el estudio de la ciencia de la danza y del somatismo, y después de haber enseñado en el American Dance Festival (ADF) y en el Connecticut College como pionera de dichos estudios, sólo puedo estremecerme ante la publicación de este libro. Franklin ha sido profesor en el ADF (y uno modélico donde los haya), y su originalidad saltaba a la vista cuando colaboró en el laboratorio coreográfico que dirigí allí. Franklin expone sus ideas con el tono, el ritmo y la estética adecuados, con mucha claridad, y además las ilustra en sus clases y en su método de entrenamiento. *Acondicionamiento para la danza* es una excelente lectura, algo que no esperamos de volúmenes como éste, y ofrece una ayuda muy útil que hay que tener a mano durante el entrenamiento y la danza.

Martha Myers

Introducción

Hace años, cuando me formaba para ser bailarín, vi a alguien entrenando antes de mi clase. Estaba trabajando con lo que parecía un viejo neumático de bicicleta, y era exactamente eso: el bailarín estaba utilizando un neumático para estirar ciertos músculos que sentía que no estaban suficientemente entrenados para la clase. Más tarde encontré una vieja invención alemana para hacer lo mismo, el *Deuster-Band*, que era básicamente un neumático de bicicleta refinado, delgado y muy resistente que difícilmente se podía separar. Los bailarines metían allí sus piernas para mejorar la abducción forzando los músculos internos de los muslos, en una posición supina con las piernas separadas. Esta posición era bastante dolorosa, pero muchos creían que los resultados eran más importantes que la comodidad o la seguridad.

Pensé que tenía que haber una mejor vía para mejorar la abducción, pero todavía no había visto lo que andaba buscando: un método portátil de resistencia para incrementar mi fuerza como bailarín. Empecé a buscar algo más ancho y más elástico que pudiera estirar alrededor de mis pies para trabajar las puntas en contra de la resistencia, pues el neumático no estiraba lo suficiente. Un amigo me habló de un almacén en el centro de Zúrich donde vendían productos de plástico. El hombre que trabajaba allí me cortó una pieza de lo que parecía una banda de goma muy ancha, y de pronto ya tenía mi propio ejercitador de resistencia casero. Empecé a descubrir muchos ejercicios distintos en los que usaba la banda para fortalecer mis piernas. Dicha banda era adaptable en longitud y elasticidad, y podía ajustarse al cuerpo, de modo que mis ejercicios podían simular movimientos familiares de la danza. A partir de las bandas de resistencia, empecé a utilizar variedad de pelotas para rodar o balancearme por encima. Las pelotas ofrecían una significativa relajación de la tensión e incrementaban la flexibilidad sin forzar constantemente mi cuerpo hasta posiciones impensables. Empecé a detectar que mi falta de flexibilidad estaba relacionada con mis tensos y anulados músculos. Si me preparaba con las pelotas antes de trabajar con la banda de goma, me sentía mucho más flexible y era capaz de aumentar mi amplitud de movimiento. Además, observé un incremento inmediato de mi fuerza cuando bailaba.

Cuando empecé a enseñar en el American Dance Festival (ADF) en 1991, ya había establecido una rutina de ejercicios con bandas elásticas y las pelotas pequeñas de 1 cm. Mis estudiantes recibieron con entusiasmo mis ejercicios, y la novedosa técnica de Thera-Band y las pelotas rodantes se hicieron muy populares. Con el paso de los años aprendí más acerca del acondicionamiento y del entrenamiento con las bandas de resistencia, y fui capaz de desarrollar ejercicios más sofisticados. Basándome en los principios de la medicina y la ciencia de la danza, modifiqué los ejercicios para entrenar un mayor número de músculos y colmar las necesidades específicas de los bailarines. Adapté los ejercicios a la edad, al nivel de entrenamiento y a los estilos de danza de los participantes, e incluí imágenes para asegurar el correcto alineamiento y la iniciación al movimiento en cada ejercicio. Enseñé mis series de acondicionamiento para bailarines en lugares tan diversos como la Guangdong Modern Dance Company en China y la Royal Ballet School en Londres. Mis estudiantes insistieron en que escribiera acerca de mis ejercicios, de modo que empecé a recogerlos en un bloc de notas, que sirvió de semilla para este libro.

El resultado de los años de experiencia práctica, junto con un análisis científico y anatómico, es este libro, que destaca los ejercicios prácticos, las relaciones mente-cuerpo y las series de acondicionamiento. El objetivo es ofrecer unos beneficios inmediatos a los bailarines, así como también la opción de aumentar de forma concentrada la fuerza y la flexibilidad. Muchos de los ejercicios pueden adaptarse para quienes no sean bailarines y estén interesados simplemente en mejorar su estado de forma general. El objetivo es aprender mediante la ejecución, experimentando e imaginando y a través de una visión personal. La clave está en ayudar al bailarín a estar kinesiológicamente atento a cómo puede crear una técnica perfecta en su propio cuerpo. En lugar de imponer la técnica al bailarín, ésta se desarrolla desde dentro para tener una carrera de éxito artístico y exenta de lesiones.

La primera parte del libro ofrece los fundamentos de los ejercicios que encontrarás más tarde y que son específicos de la técnica de la danza. El capítulo 1 describe los principios básicos del entrenamiento con resistencia y del acondicionamiento de la danza. El capítulo 2 se centra en las imágenes, la conexión mente-cuerpo y en el modo de aplicar estos principios al entrenamiento con resistencia. Esta información te será útil a lo largo de todo el libro, ya que la mayoría de los ejercicios se complementan con imágenes para lograr una coordinación más fina y centrar la atención en los movimientos corporales. El capítulo 3 muestra cómo aumentar el equilibrio mediante la mejora de la coordinación corporal y realizando ejercicios de juego con las pelotas. El capítulo 4 se centra en cómo mejorar la flexibilidad a partir de la imagen, el contacto, la atención sobre el movimiento y el estiramiento. El capítulo 5 trabaja el acondicionamiento del alineamiento y del suelo pélvico, áreas importantes en la técnica de la danza. Los capítulos 6, 7 y 8 introducen los músculos claves para el fortalecimiento y equilibrio de los músculos del corazón, los brazos y las piernas. En el capítulo 9 me centro en tres de los principales intereses de los bailarines: giros, saltos y aberturas, y muestro cómo mejorar estas tres habilidades utilizando la atención kinestésica y las técnicas de acondicionamiento. El libro finaliza con una sesión de 20 minutos con Thera-Band que combina los principios tratados a lo largo del libro dentro de una sesión corporal completa.

Todos los capítulos contienen pautas de cómo crear habilidades de danza para toda la vida, que ofrecen potencia pero sin dañar el cuerpo. Estos métodos ilustran lo mucho que se puede conseguir si se permite que la inteligencia corporal colabore en el entrenamiento.

A lo largo del libro he utilizado a menudo términos del ballet porque ofrecen la descripción más conocida de las posiciones de danza más básicas; sin embargo, los lectores que no provienen del mundo del ballet podrían necesitar que se definiesen algunos de estos términos. Muchos ejercicios empiezan en las posiciones del ballet primera, tercera o quinta. En la primera posición, los talones se tocan y los pies se colocan hacia fuera. En la tercera posición, los pies están juntos y un talón está en frente del otro. En la quinta posición, un pie está en frente del otro, y el talón del pie que se halla delante se sitúa en la base del dedo gordo del pie de atrás. En una perfecta quinta posición los pies tocan el borde interno del pie de atrás hasta el borde externo del pie delantero. La quinta posición no forma parte del repertorio de la danza contemporánea.

En el *battement* (golpear), la pierna inicialmente se desliza por el suelo hacia delante, hacia el lado o hacia atrás, y entonces se extiende hacia la dirección elegida. Seguidamente, revierte la dirección y regresa a la posición original. Existen distintos tipos de *battement*, como el *battement tendu* (habitualmente acortado como *tendu*). En el *battement tendu* la punta del pie no se eleva del suelo después de que el pie se extienda. En el *battement tendu dégagé* (conocido como *battement dégagé* o *dégagé*), la punta del pie se eleva del suelo. Un barrido de danza contemporánea es usualmente similar, en la forma externa, al *battement dégagé*, empezando desde la primera o la posición paralela, a pesar de que puede haber diferencias en la calidad y el tiempo entre un barrido y un *battement dégagé*.

En el *battement fondu* las dos rodillas están flexionadas y el pie gestual apunta hacia delante del tobillo de la pierna de apoyo. En el *battement fondu développé* tanto la pierna de apoyo como la gestual están extendidas hacia delante, al lado o hacia atrás. En el *battement jeté* y *grand battement* la pierna gestual se gira rápidamente hacia delante (o hacia el lado o hacia atrás) hasta como mínimo una elevación de 90°. Pero también hay grandes diferencias cualitativas y rítmicas en estos gestos altos de pierna entre los estilos de ballet clásico, contemporáneo y jazz.

El *grand battement développé*, o *développé*, también se conoce como la extensión del bailarín. Éste se ejecuta desde la quinta posición, mediante una lenta caída de abertura de la pierna gestual y el pie de dirección moviéndose hacia delante de la pierna de apoyo. El pie gestual se mueve a través de la posición de *passé* apuntando hacia la rodilla de la pierna de apoyo. La pierna gestual se extiende entonces hacia delante, hasta los 90° o más arriba y regresa, a continuación, de nuevo hasta la quinta posición. En la danza contemporánea y en otros estilos, este movimiento se realiza también en paralelo hacia el frente.

Capítulo 1

El acondicionamiento cuerpo-mente

Hace algunos años, mientras enseñaba en la Escuela de ballet de la Ópera de Zúrich, estuve ayudando a una experimentada bailarina con sus piruetas. Ésta podía realizar de tres a cuatro piruetas con bastante seguridad, pero su cabeza se inclinaba ligeramente hacia un lado y su pelvis tendía a dejarse caer adelante al final de los giros. Le hice estas observaciones y lo intentó de nuevo, pero sus piruetas no mejoraron. Esos alineamientos erróneos estaban encasillados dentro de sus patrones de movimiento, de modo que el simple hecho de ser consciente de ellos no iba a ayudarla a hacer unas piruetas perfectas. Entonces me preguntó qué era lo que debía hacer para girar mejor. Le dije que necesitaba una fuerza adicional, pero que eso ayudaría poco teniendo en cuenta su patrón de movimiento. Sin embargo, sí que podría superarse si estaba preparada para reaprender el alineamiento en sus piruetas. Debido a que los músculos se fortalecen según la coordinación con que los usamos, primero necesitábamos descubrir una mejor coordinación antes de fortalecer sus piruetas.

Para ayudar a esta bailarina a experimentar la conexión entre su fuerza y coordinación, le pedí que primero realizara un movimiento simple. Le ofrecí imágenes y habilidades de iniciación para mejorar la coordinación de su *arabesque*, y, después de unos pocos ejercicios, se sintió más fuerte: la pierna llegaba más arriba. La elevación de la pierna fue el resultado de una mejor coordinación, pero mantenerla en la misma posición en el contexto de un paso de danza difícil requeriría acondicionamiento.

Otra bailarina se mostró muy interesada ante los resultados de la primera y me pidió que coordinara también su *arabesque*. Al trabajar con ella, la ayudé también a descargar la tensión de sus hombros. Su pierna llegó más arriba, aunque notó que la posición era inusual. Había estado practicando, durante mucho tiempo, *arabesques* torcidos con los hombros tensos. En su caso, la mejora del alineamiento y la menor tensión hizo que percibiera el movimiento como débil porque se había acostumbrado a compensar su mal alineamiento y tensión con la fuerza. En el estrés de la clase o la actuación, un bailarín suele adaptarse a una posición de danza que le resultó cómoda aunque se trate de un modo ineficaz de ejecutar el movimiento.

Si un bailarín no puede ejecutar un paso, a veces se le dice simplemente que no es suficientemente fuerte para realizarlo. Lo que parece una falta de fuerza en músculos individuales puede, de hecho, deberse a una técnica ineficaz, como un alineamiento pobre, desequilibrio, falta de flexibilidad o un movimiento de iniciación inapropiado. La cuestión está en que si se incrementa la fuerza de los músculos individuales sin considerar la coordinación corporal global no se podrá alcanzar una técnica mejor. De modo que, si se aumenta la fuerza en un cuerpo desalineado, lo único que se conseguirá es fortalecer el desalineamiento.

Acondicionar a un bailarín como un atleta y como un artista es un ejercicio de cuerpo-mente para el que es necesario entrenar la fuerza, el equilibrio, la flexibilidad, el alineamiento y la visualización para conseguir un equilibrio completo. Si el bailarín es capaz de romper el círculo de movimientos desalineados y fortalecer los adecuados, podrá no sólo ser más habilidoso, sino también reducir su riesgo de lesión. Para obtener los mejores beneficios y crear un foco claro de ejercicios, siga estos puntos generales de acondicionamiento que se destacan a lo largo del libro:

- Acostúmbrate a practicar mejores modos de realizar movimientos familiares. Entrena tus sentidos, informa a tu cuerpo sobre el correcto alineamiento y el movimiento, y encuentra constantemente caminos para mejorar la técnica. No desperdicies tu tiempo practicando viejos hábitos de los que te costará mucho esfuerzo desprenderte.
- Aprende a ser habilidoso utilizando las imágenes y la práctica mental. Visualiza y siente en tu cuerpo una nueva idea –una nueva imagen– durante el entrenamiento. Contempla una imagen antes de irte a dormir –un músculo psoas fluyendo, una primera costilla flotante– de modo que, cuando duermas, tu cerebro se mantenga trabajando en esa idea y desarrolle la información a lo largo del día siguiente de entrenamiento.
- Busca la ayuda de un profesor experimentado en danza o somática, alguien que no solamente sepa cómo bailar sino también cómo ayudar a tu cuerpo a bailar con más facilidad.
- Observa tus patrones de pensamiento y piensa positivamente. ¿Están tus pensamientos soportando tus metas como bailarín? No te hundas en tus miedos y ansiedades; tales pensamientos son una receta para el fracaso. Utiliza preferiblemente imágenes y sensaciones de dónde quieres estar y de cómo quieres bailar, combinadas con expectativas positivas y emociones. Busca en tus profesores la ayuda para esta tarea. No esquives los problemas; busca soluciones. Pon tu mejor energía mental y física al servicio de tu mejor imagen como bailarín, y observa tu propio progreso en saltos y rebotes.
- Aumenta tu flexibilidad de un modo equilibrado. Descubre nuevas vías distintas de estiramiento para mejorar tu flexibilidad. Si haces estiramientos, asegúrate de que estás manteniendo la acción muscular equilibrada y de que le ejecutas cuidadosamente.
- Realiza series de ejercicios de fuerza que estén bien estructuradas y que desarrollen tus músculos en movimientos equilibrados que se apliquen específicamente a la danza. Piensa en el entrenamiento de la fuerza como parte del entrenamiento de la danza y realiza los ejercicios como si fueran un baile.
- Aprende el modo de mejorar tu alineamiento sin aumentar la tensión. El alineamiento y la habilidad de flexibilidad van cogidos de la mano. Descubre que mejorar tu alineamiento te permitirá utilizar tu flexibilidad completa y tu potencial de equilibrio.

La flexibilidad y la fuerza por sí solas no hacen de ti un artista. Los bailarines pueden insistir en que sus dificultades técnicas en el movimiento particular provienen de una falta de fuerza y que sus series correctas de fortalecimiento es todo lo que necesitan. Pero, entonces, tras dos minutos y un pequeño entrenamiento verán que son capaces de ejecutar el paso más difícil de un modo más fácil y con mayor expresividad. Para mejorar un movimiento puede que un bailarín tan sólo necesite información sobre cómo coordinar la articulaciones y los músculos con una nueva atención, una nueva imagen y una clara sensación física. Desarrollar las habilidades físicas a expensas de estar atento a los elementos del espacio, ritmo, tiempo y del mejor camino para crear una buena coordinación con la estructura corporal específica puede distraer a un bailarín de su expresión artística. La técnica no es una finalidad en sí misma; no puede sostenerse por sí sola, sin sentimiento ni expresión. El entrenamiento de la flexibilidad y la fuerza es solamente una parte de la habilidad de ejecución; tal entrenamiento debería realizarse en presencia de la mente y el cuerpo para crear una ejecución inspirada que pueda dominar todos los pasos eficazmente y con facilidad.

Hay muchas personas que preparan su cuerpo separando las sensaciones del entrenamiento. Si vas a cualquier gimnasio donde la gente mira pantallas de televisión o lee libros mientras hace ejercicio, te darás cuenta de que no muestran mucho interés en percibir sus procesos corporales y sus reacciones ante el ejercicio, o en prestar una nueva atención al cuerpo mientras se mueven. En tales casos, los procesos mentales y físicos están en dos parámetros distintos, de modo que la mente y el cuerpo están cada vez más separados. Cualquiera se beneficia si la mente acompaña al cuerpo durante la práctica deportiva. Un bailarín necesita que cada ejercicio que realiza tenga un efecto sobre su cuerpo entero, no solamente sobre el músculo o el área corporal que está entrenando. Si se detectan y sienten los cambios que un ejercicio provoca en el cuerpo entero, puede lograrse un entrenamiento más efectivo.

Acondicionamiento corporal completo para el artista

Si observas la gran variedad de clases que necesita un bailarín, te darás cuenta de que no hay un consenso acerca de lo que implica un acondicionamiento total para la danza. Los ejercicios suelen basarse en el hábito más que en lo que realmente es útil para un bailarín y sus habilidades. Hace poco me sorprendí al ver a un grupo de jóvenes bailarines asistiendo a un nuevo estilo de clase de danza (nunca antes había oído nada sobre ese estilo) y realizando ejercicios que se parecían a los calentamientos de jazz de la década de 1980. El estilo de ropa había cambiado, pero los ejercicios eran los mismos.

Sin embargo, en la mayoría de las clases los alumnos se hacen muy fuertes, básicamente porque son talentosos y perfilan sus cuerpos hasta un nivel jamás logrado en el resto de disciplinas de movimiento. Además, muchos profesores de danza han reconocido la necesidad de más entrenamiento de equilibrio y han actualizado sus clases mediante la combinación de los ejercicios tradicionales con muchos intentos de acondicionamiento. Reconocen las necesidades de una preparación específica para el bailarín, que no se cubre únicamente con el entrenamiento de fuerza y flexibilidad. El acondicionamiento de la danza necesita también alcanzar un gran desarrollo del sentido del equilibrio, el tiempo, el ritmo y la orientación en el espacio, así como también un determinado nivel de forma cardiovascular. Los ejercicios explicados a lo largo de este libro desarrollan cada una de estas áreas.

Las explosiones de ejercicio intenso realizadas en menos de un minuto se denominan anaeróbicas. Correr, nadar o cualquier ejercicio continuo que incremente la actividad cardíaca y pulmonar (cardiorrespiratoria) durante varios minutos o más se llama ejercicio aeróbico. El entrenamiento de la danza es fundamentalmente anaeróbico en su naturaleza –realizada a base de pequeñas explosiones de movimiento– y, en sí misma, no ofrece los beneficios cardiorrespiratorios de un entrenamiento aeróbico. Es, sin embargo, aconsejable realizar algunos ejercicios aeróbicos dentro de las series de acondicionamiento y en el calentamiento sin realizar un entrenamiento cruzado. Estar aeróbicamente preparado te da más resistencia mental y física durante una actuación o un ensayo largo.

Jean-Pierre Egger, entrenador de diversos atletas campeones del mundo, me indicó una vez que los bailarines tienden a saltar más que sus atletas de pista y terreno que están mucho más musculados. «El músculo extra no ayuda a mis atletas a saltar más alto que los bailarines; ellos (los bailarines) deben estar haciendo algo de un modo más correcto», dijo. Este *algo* implica la presencia y la atención en el entrenamiento y una constante preocupación por cómo bailar con gran sutileza y facilidad.

Son cada vez más los instructores de *fitness* que reconocen la importancia de la conexión cuerpo-mente. Y desde la publicación de *Cuerpo sin edad, mente sin tiempo* de Deepak Chopra (1993) y de *Sa-*

neamiento y mente de Bill Moyers (1993), el interés por la relación de la mente y el cuerpo ha crecido rápidamente. Aun así, la mayoría de las apreciaciones sobre esta materia se centran en el aspecto mental de la ecuación. No está muy claramente demostrado cómo se accede a la inteligencia del cuerpo y cómo se entra en un diálogo destacando igual los comportamientos del cuerpo y desde el cuerpo hasta la mente. Sorprendentemente, ya en 1937, Mabel Elsworth Todd expuso esta aproximación equilibrada en su libro *El cuerpo pensante*.

Así que, ¿qué significa incorporar los principios cuerpo-mente en el entrenamiento? Los puntos siguientes son de algún modo los principios holísticos –que permiten a la mente conectar con los movimientos corporales y la preparación– que pueden hacer más efectivo el entrenamiento.

- Cada ejercicio afectará con el cuerpo entero, no solamente con el músculo o la parte que se entrene. Cuando detectes y sientas los cambios que un ejercicio tiene sobre el cuerpo entero, tu entrenamiento será más efectivo.
- Todos los elementos del acondicionamiento –alineamiento, equilibrio, flexibilidad, fortalecimiento y resistencia cardiorrespiratoria– están interrelacionados. Cambia un sólo elemento y afectará el resto; un solo cambio en una articulación influye en otras articulaciones.
- Tu estado mental influye en los efectos de un ejercicio mientras entrenas. El mismo ejercicio realizado con una atención distinta –un imagen mental distinta– tiene un efecto distinto sobre el cuerpo. Si mientras estás realizando ejercicios de estiramiento estás preocupado por la próxima audición, por ejemplo, ello hará que te sea difícil relajarte lo suficiente para que el estiramiento sea efectivo. La respiración calmada es la clave para estirarse correctamente, y un estado relajado de mente crea una respiración calmada.
- La presencia mental y la concentración son un sólido fundamento del entrenamiento mente-cuerpo. Estar presentes en los movimientos significa sentir cambios en las experiencias momento a momento, en la forma y en la dinámica, en cada parte del cuerpo durante el ejercicio completo. Tu deseo de estar presente mentalmente en el entrenamiento te ayuda a crear un movimiento más eficaz, porque mejoras tu concentración y atención, y por tanto aumentas la observación de los mecanismos de *feedback* sensorial del sistema nervioso y favoreces un buen control motor.
- Las estructuras físicas con las que estás identificado influyen en tu patrón de pensamiento. El estrés, por ejemplo, se identifica con un cierto estado de (sobre) alerta en los sistemas nervioso y endocrino. De modo similar, cada pensamiento que cruza tu mente durante el ejercicio se convierte en parte del conjunto global de tu entrenamiento mental. De modo que cada uno de tus pensamientos puede influir en el resultado de tu ejercicio. Hacer ejercicio es un diálogo continuo entre la mente y el cuerpo. Esta comunicación puede manifestarse a través de la sensación, el sentimiento o la imagen.

Conceptos de acondicionamiento

Antes de que entremos en los ejercicios específicos de acondicionamiento de la danza, es útil tratar algunos de los conceptos básicos y la terminología sobre acondicionamiento. Algunos de estos principios son más relevantes que otros para los bailarines, pero es bueno tenerlos todos en mente para mejorar la preparación cuerpo-mente.

El principio de especificidad

En la preparación, el principio de especificidad establece que la adaptación del cuerpo al entrenamiento depende del tipo de entrenamiento realizado. En otras palabras, si haces estiramientos, estás específicamente trabajando para mejorar la flexibilidad. Si elevas una barra pesada ocho veces hasta el agotamiento, estás maximizando tu fuerza. Si elevas una barra ligera treinta veces hasta que te sientes cansado, estás aumentando tu resistencia muscular.

Para aplicar el principio de especificidad para el fortalecimiento al entrenamiento de danza necesitas utilizar movimientos de fuerza que sean similares a aquéllos de los pasos de danza que intentas ejecutar (o bien los mismos). La Thera-Band (www.thera-band.com) es ideal para el entrenamiento de fuerza específico de la danza (véanse capítulos 8, 9 y 10) porque puedes utilizarla para aplicar la resistencia a una gran variedad de movimientos. Pero si tu entrenamiento de fuerza incluye pesos libres o máquinas de fuerza, no estás realizando ejercicios específicos de danza (a pesar de que el entrenamiento en una sala de pesas puede hacer al bailarín sentirse más fuerte, y por tanto puede tener beneficios fisiológicos).

Para beneficiarte al máximo de cualquier entrenamiento, debes elegir ejercicios que incluyan los músculos que quieres fortalecer y, trabajarlos tan cerca como sea posible de la coordinación requerida aumentando la fuerza. Por ejemplo, para incrementar la fuerza para un *grand battement* (una rápida y alta patada de pierna), debes considerar tres especificidades:

1. Una especificidad de velocidad: el movimiento debe ser rápido.
2. Una especificidad del grupo muscular: el movimiento debe trabajar los flexores de la cadera, así como la musculatura estabilizadora.
3. Una especificidad de la acción muscular: la acción muscular necesita ser concéntrica y excéntrica y realizarse en una alineación correcta.

De modo que realizar un ejercicio de resistencia isométrica (sin movimiento) para los flexores de la cadera no mejorará tu *grand battement*, pero realizar un *grand battement* utilizando una Thera-Band para la resistencia sí lo hará.

Los siguientes capítulos incluyen algunos ejercicios que trabajan la fuerza de los músculos abdominales en una posición que puede no parecer específica de la danza. Estos ejercicios de acondicionamiento equilibran los músculos, aumentan la conciencia del cuerpo o relajan la tensión y mejoran el alineamiento general. Tienen también un efecto terapéutico y se centran en aspectos previamente olvidados del entrenamiento de danza. Un buen ejemplo de este tipo de preparación son las series de ejercicios para el músculo psoasilíaco en el capítulo 6 (págs. 128-143), que tienen el objetivo de relajar el lumbar y la cadera y de alinear la pelvis. Como aprenderás a través de este libro, un tipo de rutina de acondicionamiento así es más apropiada para ciertos estilos de danza, dependiendo de tus metas individuales. Los puntos siguientes son los tres básicos desafíos a los que se enfrenta cualquier músculo:

1. La necesidad de una breve arrancada de activación máxima (p. ej., elevar una pareja por encima de la cabeza). Esta acción requiere una fuerza máxima, que suele definirse como la máxima fuerza que un músculo puede realizar en un único esfuerzo extremo.
2. La necesidad de ser capaz de resistir el mismo tipo de ejecución repetida durante un largo período, como cuando corremos, pedaleamos o realizamos el mismo paso de baile una y otra vez en un ensayo. El tipo de fuerza requerida en este ejemplo se denomina fuerza resistencia o resistencia muscular.
3. La necesidad de poder realizar una acción con gran velocidad, como cuando saltamos en el aire para un doble giro. Este tipo de esfuerzo se define como potencia muscular o fuerza explosiva.

Como bailarín, habitualmente no necesitas la fuerza máxima de un levantador de pesos, como tampoco necesitas la resistencia muscular de un corredor de maratón. Sin embargo, incluir un trabajo aeróbico tres veces por semana puede ser beneficioso, especialmente si prestas atención al alineamiento y utilizas las imágenes para moverte con una sólida base biomecánica. (Esta recomendación es únicamente para adultos; el entrenamiento para niños debería destacar la mejora de la coordinación y de la flexibilidad, y además ser divertido.) El entrenamiento aeróbico es también un buen modo de equilibrar la fuerza muscular; nadar, ir en bicicleta o cualquier otra actividad deportiva que no ofrece estrés a las articulaciones o no carga pesos es aconsejable. Otro buen método de entrenamiento cardiorrespiratorio es hacer *jogging*, correr, caminar deprisa, practicar el esquí de fondo y montar a caballo. Experimenta y descubre el ejercicio que mejor se adapta a tu cuerpo.

Adecua tus series de acondicionamiento para ejercitar y fortalecer los movimientos que son comunes en las formas específicas de danza que realizas, como las contradicciones de la danza contemporánea, las altas patadas en el jazz o el *petit allegro* en ballet. Si realizas varios estilos de danza y no tienes tiempo de incluir un entrenamiento específico para cada uno de ellos, haz una serie general de acondicionamiento con un calentamiento específico adaptado al estilo del día. Si no tienes claras tus necesidades, consulta con un experto. En general, desarrollar todos los elementos de fuerza previamente mencionados, sobre todo la resistencia muscular y la potencia, es aconsejable para la mayoría de bailarines, y por eso se trata detalladamente en los capítulos 9 y 10.

El principio de carga progresiva

Empieza a prepararte gradualmente y entrena lentamente, centrándote en escuchar tu cuerpo. Familiarízate progresivamente con tus series de acondicionamiento para ahorrar tiempo y molestias, y de este modo evitar lesiones que pueden producirse por iniciar programas de preparación para los que tu cuerpo no está preparado. Escucha a tu cuerpo; si en un ejercicio te sientes mal o experimentas dolor, no lo hagas.

Cualquier programa de acondicionamiento debería empezar lentamente y aumentar su intensidad poco a poco. Si no incrementas gradualmente el estrés sobre la musculatura a lo largo de tu programa de acondicionamiento, tu nivel de fuerza se estancará. Necesitas aumentar la resistencia con el tiempo para unir el aumento de fuerza y la preparación del músculo. Este concepto se llama principio de carga progresiva, y sin él no hay efecto de entrenamiento. Para entrenar para una maratón, necesitas incrementar progresivamente la distancia a correr. En la danza, este principio se aplica básicamente en el sentido del control neuromuscular, fortalecimiento y ejecución, y dominio de la dificultad aumentando los pasos de danza.

Existen muchos caminos para progresar. Puedes incrementar la carga sobre el músculo mediante el aumento de la intensidad, del volumen o de la frecuencia del ejercicio.

Intensidad. Puedes incrementar la intensidad del trabajo simplemente mediante la utilización de la resistencia proveniente de un compañero, de mancuernas pesadas o de la resistencia superior de las Thera-Bands. Para incrementar tu preparación cardiovascular necesitas ejercicios que te mantengan entre el 60% y el 77% de tu frecuencia cardíaca máxima (FCmáx) como mínimo durante 15 minutos. Puedes calcular tu FCmáx multiplicando tu edad por 7 y restándole 208 (FCmáx = 208 − [7 x edad]).

Otro camino para incrementar la intensidad específica de la danza es aumentar los desafíos de tu coordinación mediante nuevos y más difíciles ejercicios o pasos. El próximo capítulo incluye ejemplos de dichos retos. Cualquier tipo de ejercicio que incremente la actividad de un músculo de un modo sistemático mejorará la ejecución del mismo.

Volumen. También puedes incrementar la cantidad o volumen de trabajo mediante el aumento del número de repeticiones y series de un ejercicio. Generalmente, cuanto mayor es la resistencia (intensidad), menor es el número de repeticiones (volumen) que puedes realizar. Cuantas más repeticiones requieras, menor será la resistencia. Si tu objetivo es aumentar la fuerza máxima, realiza menos repeticiones con una gran resistencia; si es mejorar la resistencia muscular, ejecuta más repeticiones con menos resistencia. Una vez hayas realizado varias veces un ejercicio, habrás completado una serie. Las investigaciones han mostrado que es suficiente realizar una serie bien ejecutada de un ejercicio para mejorar la fuerza. Las series adicionales aumentan poco más la fuerza (Westcott 1996, pág. 34). Sin embargo, si lo deseas puedes aumentar el número de series hasta tres. El bailarín avanzado puede realizar una serie de fuerza máxima por la mañana y una de resistencia muscular por la tarde.

La calidad de la ejecución suele reducirse si la resistencia es demasiado alta. Y en el entrenamiento de danza la calidad es la clave. Los ejercicios de este libro destacan más las repeticiones con menos resistencia y utilizan imágenes para incrementar la resistencia muscular y las ganancias cualitativas del movimiento en cada ejercicio.

Frecuencia. Un bailarín debe entrenar a intervalos regulares para beneficiarse completamente de su entrenamiento. Una frecuencia de entrenamiento de tres veces por semana es suficiente para aumentar la fuerza y mantener la forma. Los bailarines suelen entrenar con más frecuencia porque el principal objetivo del entrenamiento de la danza es poder ejecutar los movimientos complejos que piden los coreógrafos. Estos movimientos abarcan todos los géneros, desde el semiacrobático hasta el ballet, el jazz, la improvisación y el contemporáneo. En la mayoría de los casos, los bailarines no son capaces de probar todos los géneros en una clase, de modo que tienen que asistir a varias clases de distintos estilos. Bastante a menudo la única clase que les enseña el estilo correcto es la que imparten los coreógrafos de las compañías a las que aspiran entrar. Muchos bailarines jóvenes intentan aprender tantos estilos de danza como les sea posible, lo que implica un sobreentrenamiento y acaban quemándose. Los colegas más experimentados han encontrado su especialidad y se centran en ella. Muchos bailarines lo harían mejor y disfrutarían de unas carreras más largas si siguieran estos principios de frecuencia:

- Limita el tiempo dedicado a clases a tres horas diarias.
- Utiliza más imágenes y otras disciplinas somáticas para pulir la técnica.
- Practica un programa de ejercicios de acondicionamiento tres veces por semana.

El cambio neurogénico frente al cambio miogénico

El efecto de la sobrecarga es un esfuerzo aumentado del sistema nervioso por organizar el músculo para que pueda superar la resistencia. El entrenamiento de la fuerza ayuda a mejorar la coordinación con y entre los músculos. De modo que la experiencia de aumentar la potencia después de mover la pierna en contra de la resistencia de una Thera-Band no está necesariamente relacionada con el aumento del músculo, sino que tiene más que ver con el modo en que el sistema nervioso controla el movimiento. Este tipo de cambio se denomina neurogénico. El entrenamiento de la fuerza, como mínimo al principio, es el resultado de una mejora, en el sentido de que el sistema nervioso controla los músculos. La activación de las fibras individuales dentro del músculo es orquestada con gran precisión, y los músculos individuales y las articulaciones aprenden cómo coordinarse de forma más eficaz.

Si realizas un entrenamiento de resistencia durante un largo período, especialmente a intensidades cercanas a la fuerza máxima, puedes también crear un cambio miogénico en el músculo. En este tipo de cambio, la estructura de proteína del músculo cambia, de modo que desarrollarás masa muscular.

Algunas veces los bailarines se preocupan porque el entrenamiento de fuerza les hará parecer más voluminosos. Sin embargo, los ejercicios de este libro no están diseñados para crear un significativo aumento en la masa muscular. De hecho, es más probable que ocurra lo contrario: los músculos se estilizarán y se alargarán. Los músculos experimentan esta adaptación para acelerar la entrega de nutrientes, una tarea que resulta más fácil si son más delgados. De modo que tu cuerpo parecerá más delgado, más fuerte y más tonificado una vez hayas completado las primeras semanas de entrenamiento.

Acciones de equilibrio excéntrico y concéntrico

A muchos bailarines, a pesar de haber entrenado durante muchos años, les falta fuerza en ciertos grupos musculares, mientras que otros están sobreentrenados. Por ejemplo, debido a que la acción de las puntas de los pies es prácticamente constante en la danza, los músculos que la realizan son fuertes, mientras que los músculos opuestos están a menudo abandonados y relativamente débiles. A pesar de que la inversión y la eversión del pie (movimiento del tobillo hacia dentro y hacia fuera estando de pie) son movimientos frecuentes en la danza, los músculos responsables de ellos no suelen entrenarse en una clase de danza, y permanecen peligrosamente débiles para la tarea requerida. A menudo los bailarines se especializan en ciertos pasos y pueden realizarlos con el mínimo esfuerzo. Si un bailarín se siente demasiado seguro de su fuerza basada en el dominio de un repertorio aprendido de pasos, puede lesionarse cuando un coreógrafo introduce uno nuevo e inesperado que requiera el uso de músculos que no ha reforzado.

Puedes mejorar los efectos de los entrenamientos con una mezcla de entrenamiento excéntrico (alargando) y concéntrico (acortando). Un músculo puede producir más fuerza en una contracción excéntrica, de modo que para los bailarines puede ser beneficioso aumentar el entrenamiento excéntrico debido a las mejoras de flexibilidad que se alcanzan con él (Hather y cols., 1991). Esto es especialmente cierto cuando la acción excéntrica se realiza lentamente, como en los ejercicios del psoasilíaco que aparecen en los capítulos siguientes. Pero no es una buena idea realizar demasiadas contracciones excéntricas consecutivas. Cualquiera que haya descendido una montaña sabe porqué: el cuádriceps se siente rígido porque ha realizado un movimiento excéntrico cientos de veces seguidas. Una de las mejores maneras de aumentar el trabajo excéntrico mientras se alcanza un buen equilibrio de acción concéntrica es tomarse más tiempo para la fase de alargamiento que para la fase de acortamiento de un ejercicio. Por ejemplo, si realizas una flexión de brazo con una mancuerna, utiliza cuatro tiempos para bajar el peso y dos para elevarlo.

El principio de periodización

Uno de los mejores caminos para asegurarse una progresión en el entrenamiento es desarrollar el programa alrededor de un sistema de tres fases que permita una progresión gradual de sobrecarga mezclada con períodos de reposo, de modo que el cuerpo sea capaz de regenerarse tanto física como mentalmente del estrés del entrenamiento. Este principio se conoce comúnmente como periodización.

1. Empieza con una fase preparatoria en la que realices ejercicios de baja resistencia y únicamente estiramientos ligeros. Esta fase puede durar entre dos y cuatro semanas. Es un excelente momento para tonificar el cuerpo y mejorar el alineamiento y la fuerza mental de acuerdo con la técnica individual y los objetivos de forma. Regresar a un horario completo de ensayos o cargas de clase en el primer día después de un descanso o unas vacaciones no es saludable para el cuerpo del bailarín. Es comprensible querer ponerse en forma tan rápido como sea posible, pero una caída en medio del curso no acelerará el entrenamiento.
2. Entre la tercera y la quinta semana de la fase de desarrollo, incrementarás gradualmente la resistencia y el número de repeticiones realizadas para cada ejercicio.
3. Durante la fase de mantenimiento, continúa la preparación para mantener lo que has logrado. A pesar de que esta fase requiere menos trabajo que la de desarrollo de fuerza y de flexibilidad, la duración dependerá de tu actividad como bailarín. Si eres un bailarín profesional de una compa-

ñía, la fase de mantenimiento debería durar tanto como tu temporada de actuaciones. Si estás en una escuela o colegio de danza, debería durar lo que dure el curso.

Cada una de estas tres fases incluye períodos de reposo. Si no te puedes permitir un tiempo de descanso, los beneficios del entrenamiento disminuirán o incluso se invertirán debido a que el cuerpo se sobreentrenará. Para recuperarte totalmente, te recomiendo un descanso de dos a tres semanas, dos o incluso tres veces al año. Y no creas que es una pérdida de tiempo, pues a menudo se regresa al entrenamiento con una nueva visión de la propia técnica de danza tras un descanso.

Justo cuando hayas terminado tu temporada de baile, debes permitirte una fase de desentrenamiento. Durante esta fase de reposo no deberías ir a clase ni ensayar, pero puedes continuar con algunos ejercicios de entrenamiento. Los ejercicios de equilibrio con pelota del capítulo 3, las series de ejercicios con Thera-Band del capítulo 8 y los ejercicios de centramiento con Thera-Band del capítulo 10 pueden practicarse en cualquier parte. Con 20 ó 30 minutos al día puedes mantener un buen nivel de forma física que reducirá la duración de la fase preparatoria cuando vuelvas a bailar.

Las clases intensas, los ensayos y los horarios de las actuaciones pueden causar sobreentrenamiento, agotamiento e incluso depresión si no los equilibras con reposo y un sueño adecuado. Una vez estás sobreentrenado, se requiere más tiempo para reconstruir la fuerza y la resistencia que cuando la recuperación y los períodos de reposo forman una parte regular de tu entrenamiento. Durante el reposo, puede que sientas que no estás progresando. Pero si no descansas, no te beneficiarás demasiado de tu trabajo de acondicionamiento, de las clases de danza o de los ensayos, porque el sistema nervioso no será capaz de asumir nueva información.

Puedes aumentar mucho las mejoras de la técnica con un día o dos de descanso a la semana, entre cualquier clase de danza, o mediante una actividad física completamente distinta, como nadar, para que reposen los músculos que más entrenas en danza. Alternar el baile con otra actividad, como correr, ayuda al cuerpo a adaptarse y a hacer progresos porque ofrece al sistema nervioso un reposo de sus patrones de actividad habituales. Una actuación de danza anual debería incluir también algunas semanas de reposo completo.

Un reposo constructivo, como el descrito en las páginas 234-242 de *Imágenes de danza para la técnica y la ejecución* (Franklin, 1996), durante el mediodía o por las tardes, es también un excelente modo de recuperarse mientras se reorganiza el cuerpo para mejorar la técnica de baile. En el reposo constructivo se emplean imágenes para relajar la respiración y la tensión, y para reorganizar los músculos, lo cual ayuda a utilizar menos energía durante las clases, los ensayos o las actuaciones (trataremos esta cuestión más detalladamente en el capítulo 4). Muchos de los ejercicios de los capítulos 4 y 7 pueden servir para períodos de descanso cortos, para el reposo o la regeneración.

El calentamiento

Empieza una clase, un ensayo o una sesión de entrenamiento gradualmente, para que los sistemas corporales tengan tiempo de adaptarse. Durante un calentamiento, la frecuencia cardíaca cambia, se acelera la respiración y aumenta la temperatura muscular. Un buen calentamiento debería incluir algunos movimientos corporales grandes, ligeramente aeróbicos, como el trabajo con Thera-Band detallado en el capítulo 7, el centramiento con Thera-Band descrito en el capítulo 10, o los ejercicios combinados de pelota y banda del capítulo 3. Los ejercicios beneficiosos de calentamiento son aquellos que aumentan las pulsaciones gradualmente y calientan y lubrican las articulaciones para hacerlas más fluidas.

Recuerdo haberme sorprendido con la experiencia de mi primer calentamiento en una compañía profesional de danza en Nueva York. Yo esperaba la habitual serie de estiramientos de isquiotibiales en el suelo, pero en su lugar se nos pidió que corriéramos en círculo e hiciéramos *jumping jacks*. Éste fue un modo directo de acelerar la respiración e incrementar el flujo de sangre, aumentar las temperaturas de los tejidos y, simplemente, despertarse y estar alerta. Sin embargo, si un calentamiento no incluye movimientos similares a los utilizados en la clase, el bailarín no realizará un calentamiento adecuado para la clase.

Si los pasos de danza en una clase, ensayo o actuación requieren que un lado del cuerpo esté muy activo mientras que el otro está estabilizado, el calentamiento debe incluir como mínimo algunos movimientos de esta naturaleza. Si los pasos destacan una acción diagonal a través del cuerpo, el calentamiento debería incluir patrones de movimiento diagonales. Si una danza incluye muchos giros o espirales, el calentamiento debería incluir movimientos similares. Algunas danzas requieren hacer equilibrios sobre las manos. El calentamiento para estas danzas deben incluir una buena preparación para colocar el peso sobre las manos, como hacer la vertical. Si el calentamiento se acerca a los pasos de danza, el bailarín sentirá los movimientos de danza más rápidamente.

Volianitis y cols. (2001) sugieren que en el deporte se debería dividir el calentamiento en tres fases: «dejar el cuerpo a punto (fisiológico), obtener un sentimiento (psicofisiológico) y preparar la mente (psicológico)» (pág. 78).

Un modo de «obtener una sensación» es estar atento a tu cuerpo cada día. Los bailarines suelen ver los cambios en su cuerpo día a día, e incluso hora a hora. Un bailarín experimentado debería saber utilizar su atención y adaptarla según lo requiera su cuerpo. Por ejemplo, si las articulaciones de la cadera se sienten más rígidas que el día anterior, debería pasar más tiempo calentando esa área.

Puede ser de ayuda empezar la parte mental del calentamiento durante la clase de baile sintonizando el cuerpo y examinando las áreas tensas que pueden requerir algo de coordinación o atención extra. Es recomendable emplear una imagen para indicar al cuerpo cómo funcionar óptimamente. La imagen también aumentará la vigilancia mental. Con imaginación se puede alinear la pelvis al caminar por la calle. Para ello, imagina el movimiento de los huesos de la pelvis o del alargamiento de los flexores de la cadera mientras la pierna se balancea hacia atrás y ayuda a elevar el frente de la pelvis. ¡Pero no te olvides de prestar atención a la calle!

Cuando empecé a bailar, la parte principal del calentamiento era estirarse, pero pruebas más recientes indican que la mayor flexibilidad se obtiene mediante la combinación de estiramientos suaves con actividades que elevan la temperatura del cuerpo (Volianitis y cols. 2001, pág. 75).

La mayoría de los ejercicios con Thera-Band descritos en los capítulos siguientes sirven tanto para calentar como para estirar los músculos del cuerpo.

Lo ideal sería utilizar una banda de baja resistencia (roja o verde) para calentar y una banda de resistencia alta (azul o gris) para el acondicionamiento. Las series de ejercicio de pie sobre la pelota en el capítulo 3 y los ejercicios de los capítulos 7 hasta el 10 incluyen muchas opciones de calentamiento con las Thera-Bands. Puedes elegir también realizar algunos ejercicios de psoasilíaco y de suelo pélvico (véase capítulo 5) como parte de tu calentamiento.

Los niños pequeños necesitan un calentamiento antes de una clase de danza, aunque estén excitados por empezar la clase de danza inmediatamente. Después de pasar horas y horas sentados en clase, estarán dispuestos a practicar pasos difíciles a medida que van entrando en el espacio de danza. Esto puede provocar un sobreestiramiento muscular. Habrá que estar atento, porque a veces los niños no informan de sus molestias musculares. Pero si se les educa en la sensibilidad de detectar sensaciones «extrañas», probablemente tendrán menos lesiones a la larga.

En *La danza y la imagen específica*, Daniel Nagrin destaca los siguientes puntos de calentamiento (Nagrin 1994):

- Los primeros estiramientos son para despertar los músculos, no para aumentar la flexibilidad.
- Practica los ejercicios de calentamiento de manera que vayan de lentos a rápidos, y de simples a complejos.

- Limita el número de *grand pliés* y mantenlos bien controlados cuando los realices.
- Introduce los saltos al final de la secuencia de ejercicios, y haz los pequeños saltos antes que los grandes.

Considera la eliminación de los *grand pliés* en el calentamiento, porque no son específicos de la mayoría de estilos de danza y suponen una gran tensión sobre las rodillas. Suprimirlos de una clase de calentamiento puede costar algunas quejas, pero también alargará algunas carreras de bailarines al no incentivar un movimiento que puede acabar en lesión.

La vuelta a la calma

Así como no es una buena idea empezar un ejercicio de repente, también es peligroso parar un ejercicio de modo brusco. He observado cómo alumnos y bailarines se quedan en sus camerinos tras menos de 15 minutos después de finalizar la clase o el espectáculo. Este cambio brusco del ejercicio a una posición sentada provoca que la sangre vaya hacia las extremidades inferiores, y el corazón y todos los sistemas del cuerpo se ralenticen rápidamente. Además, los productos de desecho acumulados por el músculo durante el ejercicio no son tan fácilmente eliminados por el tejido si no hay una fase de enfriamiento. El resultado son músculos rígidos y tirantes, articulaciones doloridas y menor resistencia general para el día siguiente.

Una reducción adecuada de la intensidad puede consistir en realizar algunos de los movimientos aprendidos durante la clase pero de un modo mucho más ligero, relajando como mínimo durante 5 minutos. Una vez el cuerpo se ha relajado, es también bueno hacer ligeros estiramientos, centrándose en los principales músculos utilizados durante la secuencia de ejercicios, clase o ensayo. Los bailarines deberían prestar atención a su intuición sobre lo que necesitan sus músculos en la sesión de estiramiento, aunque también deberían conocer los estiramientos adecuados a su estructura corporal. El capítulo 4 ilustra sobre estiramientos esenciales para el enfriamiento, aunque no suelen tenerse en cuenta.

No te aconsejo ningún estiramiento intenso después de clase porque los músculos necesitan tiempo para recuperarse del ejercicio previo. Aplaza estos estiramientos para como mínimo una hora después de que la clase haya finalizado. Esperar una hora puede ser incómodo, pero adecuado para tener menos rigidez muscular al día siguiente. Estos estiramientos pueden ejecutarse de forma muy específica y mejorar la flexibilidad.

Yo recomiendo particularmente utilizar el tiempo de enfriamiento para fijar algunos de los nuevos sentimientos y técnicas obtenidos durante la clase. Si no se obtuvo ninguna nueva noción técnica o artística durante la clase o rutina de acondicionamiento, los bailarines deberían utilizar ese tiempo para imaginarse en el futuro. La expectación es una poderosa parte del entrenamiento mental. Cuanto más tiempo pases siendo consciente de los cambios positivos que se producen en tu cuerpo, más ocurrirán porque el centro mental permanecerá estimulado.

Utiliza la parte final del tiempo de enfriamiento para una breve sesión de reposo constructivo (véanse págs. 234-242 de *Imágenes de danza para la técnica y la ejecución*). Debido a que el sistema nervioso está alerta después del entrenamiento, el reposo constructivo funciona especialmente bien en este momento.

Habrá momentos durante un ensayo en los que el bailarín no tenga nada que hacer salvo sentarse o estirarse en el suelo. Esto puede ser problemático, porque él necesita mantenerse físicamente a punto para bailar, y esta disposición suele perderse después de un corto período de inactividad. Durante estos espacios de tiempo, el bailarín debería permanecer ligeramente activo con estiramientos o bien ejercicios de acondicionamiento no activos. El bailarín cansado puede preferir el reposo, pero la actividad que se empieza o acaba repentinamente causa más estrés sobre los sistemas nervioso y cardiovascular que la que propone un cierto nivel de mantenimiento con algunos momentos de actividad intensa.

Utilizar las Thera-Bands para el acondicionamiento

La Thera-Band es una banda elástica de aproximadamente 14 cm de anchura y la longitud variada creada para ejercicios como entrenar la fuerza, la flexibilidad y la relajación. Cuando mueves tu brazo en contra de la resistencia de una Thera-Band repetidas veces, notarás que es mucho más fácil elevarlo después de retirar la banda. Éste es el efecto de la inervación recíproca.

Cuando entrenes con una Thera-Band tendrás que mantenerla en tus manos, pegada a una parte de tu cuerpo (como debajo del pie), o bien atarla a una fijación externa como una barra de ballet segura. Hay tres formas básicas de aplicar la resistencia de la Thera-Band en tu cuerpo:

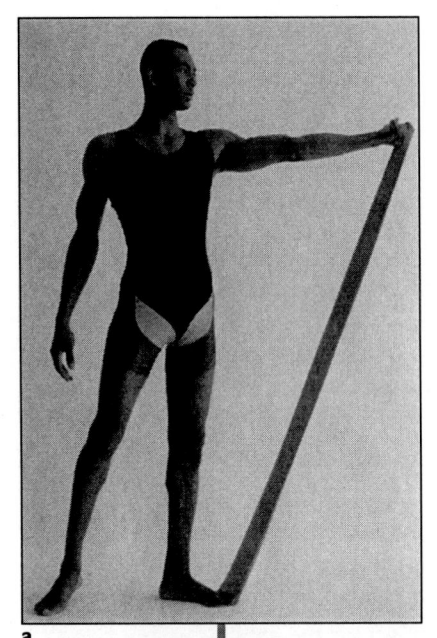

1. Ata la banda a un ángulo recto (perpendicular) de la extremidad en movimiento (figura 1.1a). Esto crea una gran resistencia al movimiento y sirve para fortalecerse porque la fuerza de la banda crea resistencia.
2. La banda puede colocarse paralela a la extremidad y estirada hacia el centro (figura 1.1b). En este caso la resistencia al movimiento es mínima, pero este tipo de tensión aumenta el tono muscular de las extremidades mediante la estimulación de los receptores de presión en las articulaciones. Es más frecuente utilizarlo en ejercicios para mejorar el alineamiento y en casos de hipermovilidad (exceso de flexibilidad). La figura 1.1c muestra un ejemplo de la banda cuando se emplea para incrementar el tono de la parte superior del cuerpo mientras se baja en *plié* y se aumenta la estabilidad utilizando pelotas.
3. La banda puede alinearse sobre el mismo eje de la extremidad estirando aparte del cuerpo (figura 1.1d). Si se realiza con una respiración relajada y un ligero movimiento de agitación de la extremidad, esta aplicación puede relajar la tensión en músculos y articulaciones.

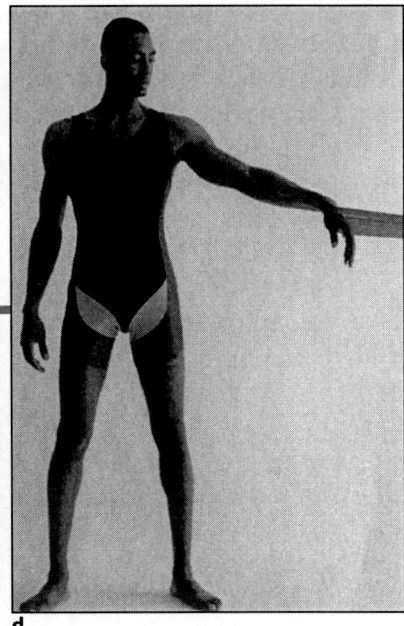

Figura 1.1. Hay varios modos de utilizar una Thera-Band eficazmente para el entrenamiento de la fuerza: (a) atándola al ángulo recto de la extremidad de movimiento; (b y c) atándola paralela a la extremidad, o (d) alineándola sobre el mismo eje de la extremidad.

Elegir la longitud adecuada

Cuando te ejercites con la Thera-Band, su ángulo relativo a la extremidad de movimiento cambiará constantemente y raramente verás bien definidas las situaciones que acabamos de describir. Eso es porque las extremidades no se mueven en línea recta a través del espacio, sino en curva. Los brazos y las piernas están ligados al tronco mediante articulaciones que crean un movimiento en arco de las articulaciones periféricas parecido al giro que los planetas realizan alrededor del Sol.

Los músculos pueden acortarse hasta la mitad de su longitud. Es absurdo realizar un ejercicio que ofrezca mucha resistencia cuando los músculos han alcanzado su máxima capacidad de acortamiento, porque en este punto tienen muy poca fuerza. La mayoría de los músculos tiene la máxima fuerza cuando superan ligeramente su longitud media. Teóricamente, éste es el punto en el que deberías dar a los músculos la mayor resistencia. Puedes acercarte a este punto determinando la longitud de la banda durante un ejercicio. Utiliza una Thera-Band para realizar el siguiente ejercicio con el músculo deltoides:

1. Coloca el pie firmemente sobre un extremo de la banda y sostén el otro extremo con el brazo estirado del mismo lado (figura 1.2a).
2. Ajusta la longitud de la banda de modo que no esté ni demasiado floja ni demasiado tensa.
3. Eleva el brazo (figura 1.2b). Probablemente sentirás algo de resistencia cuando el brazo esté diagonalmente hacia arriba.
4. Fíjate en cómo se siente el deltoides (el músculo por encima del pectoral). Tiene que trabajar duro mientras se acorta. Este tipo de entrenamiento tiende a provocar calambres musculares ante el esfuerzo de crear una fuerza máxima cuando está ya acortado.
5. Intenta el movimiento de nuevo, pero empieza con el brazo hacia abajo en un ángulo de 45°.
6. A medida que tires hacia arriba y la banda empiece a estirarse, sentirás una resistencia significativa cuando tu brazo esté horizontal con respecto al suelo. Esta posición ofrece un entrenamiento mucho mejor para el músculo. La primera resistencia resulta del hecho de que la longitud de la banda que utilizas es más corta para empezar.

Para la mayoría de ejercicios de este libro, empleamos la Thera-Band de aproximadamente 3 metros de largo. Puedes encontrar la longitud ideal para ti colocando la banda por encima de tu cabeza y teniendo los extremos de la banda en contacto con el suelo por ambos lados del cuerpo. Puedes también hacer algunos de los ejercicios con una banda más corta y menos resistente (1,3 metros de longitud), especialmente cuando ejercites tus pies y dedos de los pies, como se muestra en el capítulo 7. Lo ideal es tener dos bandas para el uso diario: una más corta (1,3 metros) para movimientos más cortos y de resistencia ligera, y una más larga con mayor resistencia para los ejercicios corporales completos.

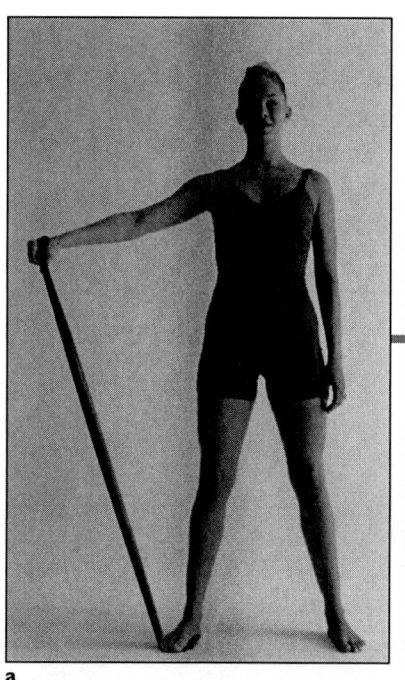

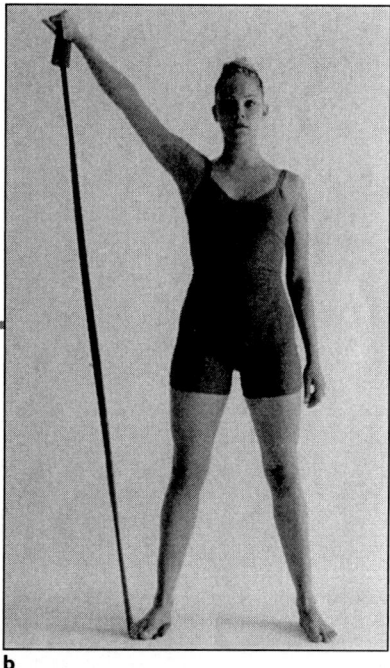

Figuras 1.2 a y b. Puedes determinar fácilmente la longitud adecuada de la Thera-Band para un ejercicio particular ajustándola durante el ejercicio.

Elegir la resistencia adecuada

Además de la longitud de la banda querrás elegir la resistencia adecuada para los ejercicios específicos. Diversos factores influyen en la resistencia de la Thera-Band. Cuanto más larga es la banda, menor es su resistencia, porque hay más material elástico que puede estirarse y adaptarse a los movimientos del cuerpo. La Thera-Band difiere en resistencia según su color:

Amarillo = resistencia ligera
Rojo = resistencia media
Verde = resistencia grande
Azul = resistencia muy grande
Negro = resistencia especialmente grande
Gris = resistencia máxima

Existe además la Thera-Band dorada, pero es tan rígida que no la he aplicado en las clases de danza. Esta gradación es un excelente camino para alcanzar la máxima intensidad de progreso en el entrenamiento de fuerza. Empieza con una banda roja o verde en cualquier trabajo y avanza hasta la azul o negra. Cuando lleves dos o tres meses, sigue utilizando la banda azul o negra para el calentamiento y la vuelta a la calma, y emplea la gris para el acondicionamiento, pero no empieces con la gris si te sientes incómodo. Ten en cuenta que si eliges una banda azul después de trabajar con una gris durante un tiempo, sentirás poca resistencia, lo cual será un reflejo de que los músculos están respondiendo a los efectos del entrenamiento con sobrecarga.

Elegir el volumen de trabajo

Si utilizas bandas, tienes dos opciones para variar las repeticiones y las series para alcanzar el tipo de trabajo deseado. Para la serie de fuerza, realiza menos repeticiones con una banda más corta (una sujeción más tensa) con el fin de incrementar la resistencia, y para la serie de resistencia muscular, realiza más repeticiones con una banda más larga (o una sujeción más suelta). También puedes variar las series con la misma longitud de banda pero con dos resistencias distintas: una Thera-Band gris de máxima resistencia para la serie de máxima fuerza y una roja de media resistencia para la serie de resistencia muscular.

Aumenta el número de series si estás utilizando la banda de acondicionamiento bastante tiempo. Los ejercicios de Thera-Band de los capítulos 7, 8 y 10 están especialmente adaptados para series de ejercicio completas. Los ejercicios destacados en estos capítulos también pueden realizarse como un circuito sin ningún descanso intercalado, excepto quizá para ajustar la posición de la banda. El entrenamiento en circuito es específico para el entrenamiento de danza porque un movimiento fluye hacia el siguiente, como si se realizan una combinación de pasos de danza. El trabajo de centramiento con Thera-Band del capítulo 10 y las series de tronco y brazos del capítulo 8 son programas excelentes de circuito.

Consejos generales sobre la Thera-Band

Debido a que muchos ejercicios de este libro utilizan la Thera-Band, he incluido guías sobre su aplicación para lograr mejores efectos. En clases de acondicionamiento, emplear una combinación de pequeñas fisiopelotas (de 7 a 9 cm de diámetro) y Thera-Bands es bastante efectivo para realizar cientos de ejercicios que entrenan cada músculo del cuerpo. La «máquina» completa de ejercicio (pelotas y banda) cabe perfectamente dentro de una mochila y ¡pesa tan sólo 0,5 kg! No estás limitado por los movimientos de una máquina; con las pelotas y la banda puedes realizar movimientos muy creativos e incluso coreografiados que simulen tu estilo de danza y aporten la resistencia adecuada.

- Antes de empezar el ejercicio, comprueba que tu Thera-Band no tenga cortes, bordes rotos ni agujeros, para que no salga disparada durante el ejercicio, lo cual podría ser doloroso, sin mencionar el peligro para los ojos.
- Mantén la anchura de la banda a lo largo del ejercicio. Mantenerla estirada puede depender de cómo ates el nudo y de cómo des la vuelta a la banda alrededor de tu cuerpo. Si la banda se enrolla, se desliza por el cuerpo y se siente cómo presiona los músculos.
- Si tienes pelos en las piernas, utiliza mallas largas y calcetines en la mayoría de los ejercicios para que el pelo no se enrede.
- Ata la banda de forma que no comprima el flujo de sangre.
- Si atas la banda a un objeto externo, como una cañería o una barra, asegúrate de que la estructura no se mueva. Nunca ates la banda a ningún tipo de calentador, porque el calor podría debilitarla.
- No mojes la banda. Estará pegajosa e inútil hasta que se seque.

Crear la potencia para moverse

¿Cómo creas más potencia para el movimiento? ¿Cómo aumentas dicha potencia eficazmente, sin aumentar el riesgo de lesionarte? La potencia es la combinación de coordinación y fuerza. La coordinación del bailarín depende del alineamiento, del sentido del equilibrio, de la orientación espacial, y de la habilidad para empezar un movimiento de forma eficaz. Estos factores los controla el sistema nervioso. Sin un aumento de la eficacia con la que el sistema nervioso dirige los movimientos, la fuerza muscular no hará nada bueno. La fuerza muscular mal entrenada puede, de hecho, causar lesiones.

Los ejercicios de este libro ayudarán a crear un sistema nervioso organizado que soporte una buena coordinación, la base de la potencia para el movimiento. El cerebro se adapta para apoyar lo que haces, escuchando cada uno de tus pensamientos y grabando cada uno de tus movimientos. El modo en que «piensas» tu danza establece el patrón para desarrollar tus habilidades. Si los movimientos son descoordinados y se realizan con mucha tensión, con miedo a las reprimendas del profesor y con los nervios que provoca el público, todos estos elementos se combinan para crear un estado global en el cerebro que guía a tu imagen como bailarín. El bailarín inteligente debe ser consciente del poder de todos sus actos, mentales y físicos. Muchos bailarines no se dan cuenta de lo poco que utilizan su potencia disponible para el movimiento deseado. Por ejemplo, muchos se tensan hacia arriba, distorsionando la mandíbula y la cara y tensando los hombros cuando saltan, a pesar de que la potencia se dirige mejor desde el suelo, como si se propulsara un cohete. La mayor parte de su potencia se pierde así en la tensión y la distorsión.

Una vez empieces a trabajar con la resistencia aumentada por las bandas o los pesos, tu coordinación será más importante. La resistencia aumentada llama al sistema nervioso para crear soluciones de movimiento. Si te estás moviendo con un alineamiento defectuoso y demasiada tensión, el sistema nervioso lo registrará. En este caso, tu entrenamiento disminuirá tu coordinación si la fuerza se desarrolla dentro de un patrón de movimiento no deseado. El resultado será que o no obtendrás una gran potencia para moverte, o la potencia que lograrás dañará tu cuerpo.

Hay, sin embargo, una delgada línea entre el sentido de potencia y la tensión. La clave para el éxito es aprender a distinguir el movimiento eficaz de aquel que no es coordinado. Empezaremos este proceso con la decisión de no entrenar jamás sin concentrarnos en realizar el movimiento más eficaz.

Capítulo 2

La integración de imágenes

¿Has tenido alguna vez algún pensamiento que te haya hecho sentir cambios físicos? ¿Te has dado cuenta de lo mucho mejor que bailas en los días que estás lleno de pensamientos inspiradores? Si es así, has tenido una primera experiencia de lo que la conexión mente-cuerpo puede hacer por ti. Dentro de cada pequeña célula, cada acto mental repercute en tu estado físico, y cada proceso químico y biomecánico de tu cuerpo te ayuda a tejer los patrones de tu pensamiento. Si eres capaz de entender esta interacción, estás preparado para alcanzar las más altas cotas de tus habilidades como bailarín.

Pero ¿cómo puede un bailarín conectarse con la sabiduría de su cuerpo? Fíjate en el modo en que piensas sobre la danza, y serás capaz de eliminar los patrones de pensamiento negativos y suplirlos por refuerzos positivos, los cuales te traerán a su vez una mejor técnica y expresividad. Aprende a sentir la influencia de tu imagen corporal en los movimientos y acciones de los músculos y las articulaciones. Cualquier paso de danza o serie de acondicionamiento que puedas realizar con la mente y el cuerpo, así como con una clara comprensión de cómo trabaja el cuerpo, te permitirá ganar fuerza y flexibilidad mucho más rápido que las repeticiones de movimiento sin la intervención mental. Los ejercicios de acondicionamiento se harán más interesantes e incluso placenteros, porque experimentarás de forma más completa el movimiento de los músculos, las articulaciones y los órganos.

Conciencia y control

Como ya habrán experimentado todos los bailarines, ciertos pasos parecen fluir con más naturalidad unos días que otros. A menudo los bailarines intentan dominar un paso confiando completamente en el control, esto es, recuerdan lo que hicieron ayer e intentan controlar hoy el movimiento basándose en la memoria. Este método puede ser muy frustrante, porque a menudo no funciona. El cuerpo y la mente experimentan cambios sutiles y ajustes todos los días. La estrategia de ayer simplemente puede no ajustarse al cuerpo y la mente de hoy. Si viajas en avión o tienes un largo y agotador ensayo, tu alineamiento puede ser distinto del que sería si has asistido a una buena clase de danza. Incluso la nutrición influye en los estados de la mente y el cuerpo. Si no bebiste suficiente agua el día anterior, puedes sentirte cansado y dolorido. Si no estiraste o realizaste ejercicios de flexibilidad, puedes notar ciertas restricciones en tus movimientos. Puedes estar viviendo una nueva relación que te hace muy feliz. Todas estas cosas pueden cambiar completamente el modo en el que experimentes tu cuerpo. Las razones de cambio son infinitas.

Zvi Gotheiner, coreógrafo y profesor de ballet, sugiere que «reemplacemos el control por la conciencia. Sin ser conscientes de lo que se necesita hacer de un nuevo modo todos los días, si no somos capaces de crear soluciones frescas, es duro desarrollarse técnicamente». Estas soluciones diarias sólo se hallan si se atiende al cuerpo momento a momento, notando sus respuestas a las imágenes y pensamientos de la mente, y detectando las sutiles modificaciones y cambios que son necesarios para dominar los pasos. Si colocamos la conciencia antes que el control, tendremos movimientos corporales más flexibles y vivos, dispuestos a responder a las realidades del momento. Uno de los objetivos del entrenamiento es automatizarlo. Pero realizar los pasos de forma automática no es bailar. Si tu única herramienta es el control, entonces bailarás bajo la tensión y los hábitos. Cuanta más tensión desarrolles, menos fluido y rítmico será tu movimiento, y ahí se acabará la danza.

Otro modo que tienen los bailarines de intentar ganar control de movimiento es creando fuerza, pensando que los músculos más fuertes les permitirán controlar las partes desobedientes de su cuerpo. A pesar de que el entrenamiento de la fuerza proporciona músculos más fuertes, no les da necesariamente mejor control de movimiento. A menos que la fuerza se cree con un patrón de movimiento más eficaz, puede incluso ser más dañina que buena para controlar el movimiento. La conciencia y la especificidad (como hemos tratado en el capítulo 1) son las claves del éxito del entrenamiento de la fuerza en la danza. Esto no quiere decir que reforzar los músculos abdominales no ayude. Muchos bailarines entrenan estos músculos por razones estéticas y para sentirse más fuertes y más seguros ante su aspecto. Éstas son buenas razones, pero a menos que la especificidad y la conciencia estén también implicadas, la aplicación incorrecta de la fuerza abdominal puede perjudicar la técnica. Yo ya he visto a bailarines con los músculos de los hombros y el cuello tensos reducir su nivel de tensión por medio de los abdominales. Y tienen problemas al girar porque su cuello está bloqueado, a pesar de que tengan bien musculados los abominales.

Es popular el entrenamiento de fuerza para resolver problemas técnicos porque ofrece una solución con resultados tangibles. Además, utilizar la conexión cuerpo-mente como recurso para ganar control de conciencia o aprender cómo utilizar la imaginación para este propósito requiere más tiempo y un mayor compromiso que un programa típico de entrenamiento de fuerza. Si el bailarín entrena los músculos conscientemente, alcanzará sus metas técnicas y estéticas, y provocará cambios a largo plazo, creando unos patrones de movimiento más eficaces que también reducirán las posibilidades de lesionarse. No se producen cambios permanentes hasta que el cerebro registra un patrón de movimiento más eficaz. Para asegurar un cambio permanente, el bailarín debe implicarse activamente y experimentar los cambios en el cuerpo mientras ocurren durante su entrenamiento y su serie de acondicionamiento.

El Dr. Rodolfo Llinas, jefe de fisiología y neurociencia de la New York University School of Medicine, es uno de los líderes de la neurociencia moderna y ha dedicado más de 40 años a estudiar las células cerebrales. Llinas no cree que las neuronas sean actores neutrales que simplemente transmiten mensajes; él ve las células nerviosas como complejas entidades con su propio punto de vista. Este punto de vista es la perfecta descripción de la experiencia del cuerpo con el movimiento. Conociendo el punto de vista diario del cuerpo, un bailarín puede bailar mucho mejor. No puedes bailar con el cuerpo de ayer. Cada paso necesita experimentar con el punto de vista del presente, incluso aunque se haya ejecutado miles de veces. De acuerdo con los antiguos filósofos griegos, la única certeza de la vida es *pantha rei*, es decir, que «todo fluye», todo está en cambio permanente.

El poder de las imágenes

La visualización mental puede definirse como «el ensayo cognitivo de una acción sin la plena actuación de los movimientos físicos implicados» (Moran, 1996, 203) o como «el ensayo simbólico de una actividad física en ausencia total de cualquier movimiento muscular» (Moran, 1996, 203).

Y, efectivamente, hay muchos tipos de aplicaciones de visualización para mejorar la técnica de la danza: visualización ideocinética, programada, intuitiva y simulación mental del movimiento. Las tratamos con detalle en las secciones siguientes.

La visualización ideocinética

La visualización ideocinética, o ideocinesis, fue desarrollada por los educadores del movimiento Mabel Todd, Lulu Sweigard, Barbara Clark y André Bernard con el objetivo de utilizar ciertas imágenes para crear una mejor coordinación neuromuscular. La visualización ideocinética se diferencia de la que se emplea en ensayos mentales. En el ensayo mental deportivo uno imagina el movimiento actual que intenta realizar, acompañado por una representación realista del entorno, lo que se estaría viendo y oyendo. En la ideocinesis se visualizan los cambios deseados en el alineamiento y en los gradientes de tensión del propio cuerpo, utilizando sobre todo metáforas. Entre otras muchas aplicaciones, la ideocinesis ayuda al bailarín a mejorar el alineamiento y el equilibrio de la acción de los músculos que rodean las articulaciones. Este tipo de visualización suele practicarse en la posición de «gancho tumbado», también denominada «posición de reposo constructivo»: tumbado en decúbito supino sobre el suelo con las rodillas en ángulo recto y los pies reposando sobre el suelo. (Para una discusión detallada de la posición véase *La visualización a través del alineamiento dinámico* de Franklin, págs. 59-61).

La ideocinesis es bien conocida por sus nueve líneas de acción sobre el cuerpo, propuestas por Lulu Sweigard (figura 2.1). Visualizar estas líneas sitúa el cuerpo en un patrón postural mejorado (más cercano al alineamiento de la persona). La visualización puede categorizarse de forma aproximada dentro de la activación y la relajación de la visualización de cada línea de acción. La imagen sirve tanto para crear un tono o actividad aumentados en ciertos músculos o grupos musculares, como para relajar la tensión en determinados grupos. Por ejemplo, si imaginas los músculos extensores de la columna que recorren ambos lados de la misma en la parte posterior de la espalda (erectores de la columna) deslizándose hacia abajo como muchas esponjas o burbujas espumosas de baño, estás empleando una imagen de tensión-relajación. Si imaginas la línea de acción entre el centro frontal de la pelvis (sínfisis púbica) y el centro de la columna (12ª vértebra torácica) y piensas en una banda elástica tensándose entre estos dos puntos, estás utilizando una imagen de activación de aumento de tono. En el último caso estás aumentando el tono estabilizador del músculo psoas.

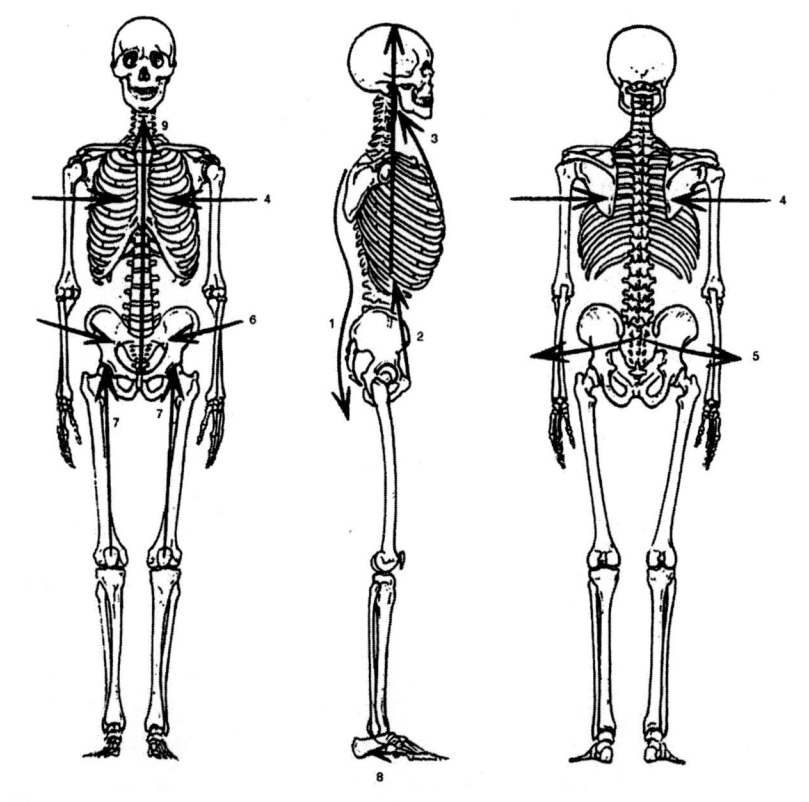

Figura 2.1. Las nueve líneas de acción corporal.

Mediante el desarrollo del uso de las imágenes más allá del alcance original de la ideocinesis y de las nueve líneas de acción, también puedes aprender a trabajar con la musculatura esquelética o la de los órganos, porque ambas caben en la imaginación. Por ejemplo, cuando visualizas la cabeza reposando sobre la columna (el atlas) o los nervios reposando en sus blandas cubiertas de protección (vainas de mielina), utilizas la imagen y la sensación de peso para crear un cambio.

La razón de estar tumbado mientras practicas la imaginación ideocinética es simple y efectiva: como estás intentado desarrollar nuevos patrones posturales, no quieres usar viejos patrones. De modo que cuando te tumbas (siendo lo contrario a estar de pie, caminar o bailar), el cuerpo está relajado y libre de necesidades posturales. Si estás de pie, caminas o bailas mientras intentas establecer nuevos patrones posturales, provocarás mensajes conflictivos en el sistema nervioso y ralentizarás el proceso de cambio. Tristemente, ésta puede ser una de las razones por las que la visualización no funciona al principio con algunas personas, porque el profesor utiliza demasiada visualización metafórica personal y el estudiante no puede integrarla en un movimiento. Pero una vez un bailarín aprende a usar la imaginación mientras está tumbado, puede empezar a emplearla mientras se mueve.

La visualización intuitiva

La mayor parte de la visualización descrita en *Imágenes de danza para la técnica y la ejecución* (Franklin, 1996) de hecho se me ocurrió intuitivamente durante los entrenamientos. La mente del cuerpo ofrece información sobre cómo mejorar el movimiento. Esto es similar a la premisa de Mabel Todd que oportunamente denominó *El cuerpo pensante* (Todd, 1937).

Otra defensora de este concepto de estado mental corporal es Boone Bainbridge Cohen, fundadora del Body-Mind Centering®, una técnica que reeduca los patrones de movimiento corporal a través de la imaginación, el contacto y el movimiento. Algunos de los ejercicios de este libro se basan en sus ideas.

Cuando un coreógrafo te presenta una imagen y tú la utilizas, como es el caso en la visualización ideocinética, empleas una visualización que proviene de una fuente externa e intentas experimentarla físicamente. Con el uso continuado de las imágenes, pronto empezarás a descubrir espontáneamente tus propias imágenes, las que se ajustan a ti.

Los profesores de danza pueden incentivar el desarrollo de la imaginación intuitiva en un bailarín. Cuando enseño técnica de danza, a menudo pregunto al bailarín cómo experimenta el movimiento en el que estamos trabajando. La mayoría de veces describe su experiencia como una imagen. Esta imagen es su punto personal de arranque para el cambio, su experiencia momentánea de su propio baile. Después continúo trabajando con él en esa imagen, haciendo sugerencias sobre la iniciación del movimiento, expresión o una nueva atención anatómica, o utilizo el contacto para ayudarle a experimentar de un modo más eficaz o expresivo la ejecución del movimiento. Le pregunto de nuevo sobre su experiencia con el movimiento, y lo más frecuente es que la imagen haya cambiado. Ahora se basa en su nueva integración del movimiento. Como profesor puedo entonces utilizar su nueva imagen creada a lo largo de la clase o ensayo para ayudarle a reforzar su nuevo y mejorado patrón de movimiento.

Guiar a los estudiantes a crear sus propias imágenes tiene la ventaja de la autenticidad. A través de tal guía, el bailarín se convierte al final en su propio entrenador, y la imagen que mejora su movimiento aparece espontáneamente cuando la necesita. Esta habilidad es un don del bailarín profesional, quien puede tener que estar durante largos períodos sin ninguna motivación externa. Tristemente, a los bailarines se les recalcan más los fracasos que los éxitos, lo cual les lleva hacia el estancamiento o incluso a empeorar su técnica.

Candance Pert, bióloga celular y descubridora del receptor de la endorfina, ve la mente como un elemento que se halla en cada célula del cuerpo. Asistí a una conferencia suya en la que destacó que cada célula contribuye a lo que llamamos mente. Sus estudios se han editado en muchas publicaciones científicas de renombre, y la fascinante historia de su descubrimiento puede leerse en *Las moléculas de la emoción* (Pert, 1999). Cuando desarrollas tu imagen intuitiva, tienes un diálogo con tus células. Si prestas plena atención a tu cuerpo, la mente de las células se convierte en una realidad, y el sistema de soporte inteligente detrás de cada tejido y movimiento se encuentra a tu disposición. Puedes utilizar todos los recursos internos de tu cuerpo para mejorar la técnica.

La visualización seminal

He acuñado la expresión visualización seminal para describir las imágenes iniciales que los profesores pueden suministrar a los estudiantes para ayudarles a desarrollar sus propias imágenes intuitivas durante el entrenamiento. Para trabajar efectivamente, una imagen seminal ha de ser accesible para el bailarín. Por ejemplo, para ayudar a la extensión de pierna puedo sugerir a un bailarín: «Imagina la mitad de la pelvis sobre el lado en extensión mientras una rueda gira hacia atrás para elevar la pierna. Piensa en la bola del fémur reposando en su cuenco». Como profesor, sé que ambas imágenes ayudan al bailarín a superar las limitaciones y alargar los músculos. Puedo reforzar la visualización mediante el contacto de la articulación de la cadera perfilando el movimiento imaginado de la mitad pélvica, o colocando mi mano sobre el sacro para asegurarme de que el bailarín no mueve la pelvis. Después, estas imágenes seminales se alejarán para que el bailarín cree su propia visualización.

Desafortunadamente, la sociedad no ayuda mucho al proceso de visualización espontánea; sólo solemos hablar de nuestros cuerpos cuando experimentamos una sensación negativa, como el dolor o la incomodidad. Nadie se sorprende demasiado al oír que sientes una pequeña rigidez o tensión, o que te duelen las rodillas. Pero afirmar que tu columna se siente como un cordón de perlas relucientes, o que sientes la energía disparada hacia el centro de tu cuerpo, resulta ridículo a todos excepto a los imaginadores más experimentados. Reforzar el proceso de visualización es la clave para ayudar a cualquier bailarín a desarrollar su propias habilidades. Fuera de la clase de danza no hay muchas oportunidades para practicar la visualización.

La estimulación mental del movimiento

Si te imaginas a ti mismo ejecutando un paso de danza, estás utilizando la visualización para estimular la sensación de movimiento real. Dave Collins, profesor de psicología del deporte en la Universidad de Edimburgo, denomina a esta visualización estimulación mental del movimiento (EMM).

Para trabajar del mejor modo la EMM, deberías crear una imagen vívida que incluya la característica física del movimiento (cómo se experimenta), el entorno (cómo es), la tarea de orientación (qué pasos se requieren) y la emoción. Por ejemplo, si usas la EMM para una actuación, deberías sentirte moviéndote de un modo realista, ver el entorno, oír a la gente observándote y notar tus reacciones e interpretaciones de todas estas sensaciones para crear una imagen realista del evento. Puedes sentir el aire en tu cuerpo, oír el sonido de tus saltos y aterrizajes, e incluso imaginar tu patrón respiratorio. En la mayoría de las clases he observado que los bailarines no utilizan el tiempo antes de la ejecución de los pasos para imaginarlos. Simplemente esperan o practican el movimiento real, si el espacio lo permite. Un bailarín puede mejorar su técnica de forma muy rápida y memorizar sus pasos si utiliza el tiempo para imaginar a través de la EMM.

Cuando practiques la EMM, intenta reflejar el movimiento que estás intentando imaginar en el plano físico. La posición constructiva de reposo ideocinético no es la ideal para el ensayo mental planteado para mejorar un vigoroso paso de danza. Mientras estás tumbado en el suelo, tu estado de excitación, de respiración y cardíaco no están relacionados con el movimiento que estás imaginando. La imagen de reposo constructivo se emplea para la reorganización corporal interna, mientras que la EMM es mejor para ensayar el movimiento que quieres ejecutar.

Aplicar la imagen de modo efectivo

Hay muchas maneras de aprender a bailar, y ningún método funciona igual para todo el mundo. Pero ciertas actividades pueden mejorar la velocidad de aprendizaje y reducir la posibilidad de lesiones. Estas actividades incluyen realizar un sólido acondicionamiento general; calentar adecuadamente antes de cada sesión; tomarse períodos de reposo con y entre las sesiones, y empezar en un ambiente de apoyo en el que los profesores, mentores y padres ofrezcan un entrenamiento educativo tanto en el plano técnico como en el psicológico, nutrido de la habilidad del bailarín y de la autoestima.

Un bailarín también necesita una instrucción suficientemente variada de movimientos. Se le debe mostrar cómo debería verse un movimiento, hay que describírselo con palabras e imágenes, y ayudarle a sentir y visualizar el movimiento que está ejecutando. Margaret Skrinar (Shell, 1986) dice que las instrucciones cinestésicas y visuales no se utilizan suficientemente en las clases de danza. Afirma que «enseñar métodos combinando todo tipo de señales es más efectivo que utilizar un único tipo» (pág. 190).

En este libro destaco los cambios sobre cómo te sientes durante un movimiento que resulta de un ejercicio. La atención a estos cambios entrena tu sentido cinestésico y lo convierte en una herramienta adecuada para guiar tu mejora de la coordinación corporal. Algunos de los ejercicios utilizan el contacto para aumentar el efecto y ampliar la experiencia. Sugiero también emplear breves ejercicios distribuidos durante la clase de danza o las series de acondicionamiento para mejorar la experiencia cinestésica. Tener nociones frescas basadas en las sensaciones conlleva un entendimiento que reemplaza un centenar de palabras. Y se ha comprobado que esta perspectiva interna aumenta mucho los efectos de la visualización (Holmes y Collins, 2001, 88).

Si un bailarín puede visualizar su aspecto por dentro, anatómicamente, puede relacionar mejor lo que siente con su estructura y función. Algunos bailarines se pasan años repitiendo patrones de movimiento sin saberlo. Con tan sólo unos minutos de información anatómica y señales cinestésicas, son capaces de corregir años de movimiento inapropiado con la ayuda de su nueva conciencia. Yo no digo que las habilidades de visualización anatómica solventen todos los problemas de un bailarín, pero pueden potenciar su abanico de opciones cuando trabaja en sus problemas de técnica, ejecución y coreografía.

Además, la visualización anatómica facilita la comprensión de las instrucciones, pues el bailarín puede relacionar las palabras del profesor o coreógrafo con una imagen anatómica adecuada. Visualizar el grupo muscular que está siendo entrenado durante el acondicionamiento hace el ejercicio más efectivo, porque el tiempo, la velocidad y el margen de movimiento pueden ejecutarse con más precisión. Recientes investigaciones muestran que la fuerza puede aumentarse a través de las técnicas de visualización, incluso sin ningún movimiento en absoluto. Sin embargo, el entrenamiento técnico, el acondicionamiento y el conocimiento anatómico no harán por sí solos a un bailarín. Para beneficiarte completamente de los ejercicios de este libro, considéralos como parte de una continua perfilación del cuerpo. Ningún amplio conocimiento anatómico o número de ejercicios de acondicionamiento puede compensar una falta de inspiración.

Para evitar las trampas de utilizar las imágenes y aplicarlas específica y efectivamente a la danza, los estudiantes y profesores deberían seguir los puntos explicados a continuación.

Mantener la imaginación dinámica. El resultado deseado en sí mismo puede no ser la mejor imagen. Por ejemplo, he oído a menudo a los profesores o coreógrafos decir «estírate», cuando en realidad quieren decir «alárgate» o «elévate». Un bailarín quiere andar derecho, pero para alcanzar un sentido natural de longitud en el cuerpo necesita que se le muestren qué estructuras articulares y corporales interactúan para crear la elevación sin tensión. Decir «estirar» a menudo produce el efecto opuesto, y el bailarín tensa los músculos en lugar de alargarlos.

Utiliza imágenes simples y comprensibles, y evita estropearlas con demasiadas instrucciones. Emplear demasiadas imágenes es agobiante y puede hacer que cualquier bailarín piense que es incapaz de usar la visualización.

Establece la visualización en positivo. Las imágenes siempre te llevan a lo que estás imaginando. Un profesor mío dirigió una vez la clase dividiéndola en tres grupos de modo que tuviéramos «más espacio para caer». Después de oír esta descripción, me vi a mí mismo y a todos mis compañeros cayendo mientras nos movíamos. El profesor de hecho quería dividirnos para que tuviéramos espacio de sobras para *bailar*.

Traduce la visualización en movimiento. No te separes de la imagen que estás intentando crear. Intenta trasladar lo que estás imaginando a todos los niveles de la experiencia. El profesor debería integrar las imágenes a sus enseñanzas y hacerlas más comprensibles. Incluso aunque no muestre completamente el paso, debería aspirar a ser tan musical y expresivo como le sea posible. Cuanto más se rodee un bailarín de las cualidades que crean a un buen bailarín, antes se reflejarán en su propio cuerpo.

Concéntrate en disfrutar del movimiento. He oído a algún profesor enseñar piruetas remarcando «no pienses en las piruetas; baila dentro del giro». Ésta es una buena estrategia. En lugar de concentrarse en la ansiedad o la aprensión que rodea la palabra pirueta, concéntrate en la experiencia física interna. Podrías decir «baila el equilibrio» para cualquier otro paso que esté impregnado de ansiedad. Utilizar este lenguaje te ayuda a concentrarte en la principal razón por la que estás aquí: el placer de bailar. Es también un excelente modo de crear una imagen física interna de un paso difícil antes de realizarlo.

Utiliza el ritmo. El ritmo desempeña un papel clave en la visualización de la danza. Recuerdo sentirme completamente confundido por la demostración arrítmica de algunos profesores de danza. Yo no podía formarme una imagen o un sentimiento interno de danza hasta que el profesor demostraba el movimiento con música. Todo es más fácil si se enseña marcando el ritmo y no sólo la forma y la posición. Si el paso de danza imaginado implica música o ritmo, mantenlo a una velocidad real y con una imagen vívida de su musicalidad y tiempo.

Mantén un centro de calma y control consciente. En un esfuerzo por progresar más rápido, los bailarines pueden tensarse. Es difícil utilizar el poder de la mente si no estás centrado en ti mismo. Cuando practiques la EMM, por ejemplo, mantén un nivel realista de alerta. Piensa en bailar como desplegándote en dos niveles de tu ser: encuentra un centro permanente, y entonces deja a la danza desplegarse alrededor con virtuosidad. Permanece en tierra y mantén un centro de calma, incluso en los pasos más rápidos y más complejos. Desarrollar un centro de calma es un reto, pero con la práctica puede lograrse, y vale la pena porque mejorará tu técnica.

Prepárate para moverte de lo visual a lo físico. Al igual que el ritmo es importante en la imaginación y el aprendizaje de los pasos, también lo es la habilidad de traspasar la concentración de fuera adentro. Una de las claves para aprender un paso rápidamente es desarrollar un sentido interno de las formas más externas que estás viendo; pasar de la impresión visual más externa a tu propia experiencia física. La próxima vez que aprendas un paso, enfatiza tu experiencia interna; no te quedes simplemente con lo que estás viendo. Con ello no solamente aprenderás más rápido, sino que también ejecutarás el paso con un físico crecido. Una vez hayas aprendido el paso, tómate un momento para revisarlo en tiempo real, con el sentimiento interno y el ritmo adecuados, e incluyendo tu perspectiva (lo que ves) del baile.

Un profesor debería también desarrollar la habilidad contraria, y moverse desde lo físico a lo visual. Debería convenir con su estudiante los pasos que está sintiendo en su propio cuerpo. Observando al estudiante, el profesor se daría cuenta de si el movimiento corresponde al sentimiento que está intentando transmitir. Utiliza la visualización para hacer más real el sentimiento interno. La mayoría de los profesores de danza lo hacen intuitivamente, pero usar una aproximación sistemática puede beneficiar a los estudiantes. El profesor puede preguntarse a sí mismo: «¿Qué sensaciones físicas estoy intentando transmitir con los pasos que estoy mostrando?» «¿Es el movimiento elástico y sedoso, o es duro y afilado?» A pesar de que pueda parecer evidente al profesor, puede no serlo para el estudiante.

Céntrate en los objetivos y no en los problemas. En lugar de intentar arreglar un error en un movimiento, enfatiza la sensación por la que te estás esforzando. Concentrarte en el problema es uno de los mayores obstáculos con los que puedes tropezar usando imágenes. Raramente he experimentado clases de danza en las que el profesor ofrezca al bailarín la información pertinente y el aspecto más importante sobre el que concentrarse en el momento. En la mayoría de los casos, éste no sabe decirle al bailarín lo que está haciendo mal. Y los bailarines necesitan oír qué es lo que deben mejorar. Sin un sentido de seguridad y de vínculo, el bailarín se tensará y perderá su habilidad para mejorar. Si el bailarín pierde la curiosidad espontánea por cómo mejorar su técnica, el proceso de aprendizaje correrá peligro. Si un estudiante es criticado delante de toda la clase, se puede sentir incómodo e inepto, y esos sentimientos son los más dañinos para el progreso. Los estudiantes aprenden mejor cuando saben que son aceptados con todo lo que deben mejorar. Sin hacer errores, ¿cómo se puede aprender?

Aplica la imagen con suficiente intensidad, claridad y potencia, y funcionará mejor. Permanece atento a las emociones fuertes negativas, como el miedo, la ansiedad y la ira, porque forman imágenes poderosas. Cuando tenemos miedo de algo, por ejemplo, lo imaginamos con mucha claridad. Visualizamos lo que no queremos que ocurra, y oímos lo que tenemos miedo de oír. Si utilizas esa misma intensidad, claridad y potencia en un sentido positivo, tu imaginación funcionará fabulosamente. Intenta decirte a ti mismo: *Yo ya sé cómo bailar, solamente he de dejar que ocurra por sí mismo.*

Sé sincero al querer cambiar los patrones de movimiento equivocados y además prepárate para encarar los problemas que te puedas encontrar en el proceso. Éste es el mensaje básico que Mabel Todd, autora de *El cuerpo pensante* (1937), transmite en su obra. Podemos cambiar tan sólo si queremos conseguirlo. Esto suena mucho más fácil de lo que es, porque nuestro comportamiento, no importa cuán dañino sea, puede parecernos natural. Pídele a un bailarín que imagine los hombros relajados mientras baila y la reacción puede ser: «Pero si lo hago, no siento que bailo con potencia».

Si el bailarín asocia la tensión de hombros con el inicio de los movimientos potentes de pierna, sentirá que algo falta cuando tenga los hombros relajados. Para pasar por la fase de reorganización corporal se necesita coraje. Si el bailarín persiste en ello, verá que desarrollará más potencia en sus movimientos de pierna si los hombros están relajados.

Recuerda, elige la seguridad por encima de la estética. Es interesante observar que ni el conocimiento de los patrones dañinos conduce a su corrección. Si el bailarín está creando demasiada abertura, dañará sus articulaciones. Si ayudas a un bailarín a encontrar un alineamiento más seguro, puedes también reducir la abertura, visto desde la perspectiva del pie. Esta reducción puede ser solamente momentánea hasta que se exploren otras opciones más seguras de aumentarla. Algunos bailarines, sin embargo, fomentan una abertura excesiva en favor de la estética, sin tener en cuenta las consecuencias en sus articulaciones. Éstas aparecerán en el futuro, y el premio emocional de tener una buena abertura en el presente puede ser una tentación demasiado fuerte. Los profesores desempeñan un papel en la duda entre alcanzar los objetivos de forma más rápida o vivir una carrera profesional más larga si utilizan una técnica de danza más saludable.

Permanece receptivo. Mientras utilizas las imágenes, crea un sentido de recepción al cambio que conlleva la imagen. Predeterminar el resultado de la imagen impide que fluya libremente. Utilizar las visualizaciones sin estar perceptivo al cambio y preparado a adaptarse y aceptar un nuevo modo de percibirte a ti mismo y el modo en que te mueves evita que el cuerpo se beneficie del entrenamiento. Permite que la nueva imagen y sus sensaciones se asienten.

Sé consistente. La imaginación trabaja mejor si se emplea consistentemente. Puede llevar semanas y meses de práctica repetida imaginar la coordinación de la pelvis y las piernas en un *plié* de la forma más efectiva, especialmente si estabas utilizando previamente tensión y exceso de fuerza. Entrena con un sentido de tiempo ilimitado. La sensación constante de competición y velocidad agota el cuerpo y la mente. Usa al menos una imagen en cada clase de danza, y mira cómo afecta tu técnica. Incluso imágenes aparentemente sencillas, como la de los hombros que se derriten o la de los dedos de los pies sintiendo el espacio, pueden revolucionar tu técnica si las aplicas de un modo constante.

Desarrollar tus imágenes personales

Como ya he sugerido anteriormente en este capítulo, las imágenes personales son las más poderosas. Ninguna imagen sugerida por otra persona encaja tan bien con tus necesidades como las imágenes que descubres a través de tu experiencia personal. Con la práctica descubrirás el profesor que llevas dentro, y que has de estar preparado para guiarte por el camino de una mejor técnica. El camino que en último término escojas es único, y puede variar día a día y de situación a situación. Las imágenes poderosas te vienen a la mente. No las creas tú; ellas florecen cuando tu sistema de mente y cuerpo ha preparado los cimientos para ellas, y estás preparado para recibirlas. La siguiente sección te ofrece algunas ideas para desarrollar tus imágenes personales. Todas las ideas que describo son simplemente puntos de arranque, imágenes seminales, para tu propia exploración personal.

Concéntrate selectivamente

Para experimentar el cuerpo, necesitas tranquilizar la mente inquisitiva. Si el diálogo mental es demasiado alto, es difícil sentir lo que está ocurriendo en el cuerpo. Los nervios sensoriales ofrecen constantemente a la médula espinal y al cerebro una mezcla de información sobre el estado de los músculos, articulaciones y órganos. Parte de esta información llega a tu atención consciente; la mayoría de los problemas se solventan a un nivel inconsciente. El sistema nervioso elimina gran parte de la información para evitar una sobrecarga mental. Imagina por un momento cómo sería el mundo si notaras todo lo que ocurre dentro de tus fibras musculares, órganos, glándulas y vasos en todo momento. Sería perturbador e incluso inmovilizador.

No obstante, para mover el cuerpo de un modo preciso, necesitas aprender cómo ser consciente de estas situaciones de forma selectiva. Hablando metafóricamente, debes colocarte en medio del flujo entrante de información sensorial y cambiar tus hábitos de movimiento basado en la información. Más o menos sería como caminar en medio de un rayo de luz en lugar de estar a un lado y recibir únicamente la iluminación periférica y aleatoria.

Digamos que quieres saber más sobre la articulación que conecta la base de la columna (el sacro) con los huesos de la pelvis (los innominados) en la parte posterior de la pelvis: la articulación sacroilíaca. Esta articulación desempeña un papel central en la coordinación del cuerpo, ya que es la interfaz entre la parte superior del cuerpo y la inferior. Puedes tener una fotografía visual, o un sentimiento sobre su localización, pero careces de la percepción suficiente en esta área para recibir información precisa. Mediante la concentración intencionada en las articulaciones, puedes tener de repente una experiencia clara de su exacta orientación espacial, de la longitud y la anchura de las superficies articulares, y del nivel relativo de las articulaciones sacroilíacas izquierda y derecha. Puedes notar que en la ejecución de una pirueta las articulaciones no están al mismo nivel. Ahora que puedes experimentarlas, puedes corregir esta falta de alineamiento y sorprenderte de cómo mejoras tu equilibrio.

¿Cómo es posible que no hayas tenido esta sensación anteriormente? La respuesta es sencilla: es necesario bastante tiempo y práctica para crear una conciencia detallada sobre la geografía corporal interna. Puedes utilizar la concentración selectiva para tener más clara la relación o el conocimiento de ciertas áreas del cuerpo, y así corregir desequilibrios. Si el mismo desequilibrio lo corrige manualmente un profesor, el resultado puede que no sea permanente. A menos que tu sistema nervioso pueda grabar el cambio en la articulación, el efecto de la manipulación será de corta duración. El contacto es valioso, pero necesita el mismo tipo de claridad que permite tu propia concentración. La persona tocada necesita tener un sistema sensorial suficientemente entrenado para visualizar y sentir los cambios mínimos en el cuerpo que aporta el tacto. Para crear cambios permanentes, debes repetir esos cambios mínimos una vez el contacto desaparezca.

El seguimiento es un ejercicio para ayudarte a entrar dentro del flujo de información del cuerpo. Puedes practicarlo en una posición de reposo o durante un movimiento de danza familiar o fácil.

Escoge un área del cuerpo sobre la que te gustaría saber algo más, y concéntrate en ella sin fatigarte para visualizarla. Tan sólo permanece allí de un modo meditativo y espera a que ocurra algo. Imagina que estás en el centro de la información sensorial que llega de esa área. Báñate en esa información. Es parecido a abrir un libro en blanco y esperar que esa parte de tu cuerpo escriba alguna información en él. Al final (y esto puede llevar mucho o poco tiempo) recibirás una imagen, una idea o una sensación. La clave aquí es la paciencia.

Podrías, por ejemplo, concentrarte en tus pies durante un *plié*. ¿Se sienten tus pies adaptables y elásticos, o, por el contrario, pegados y rígidos? ¿Cuáles son los cambios que ocurren cuando te mueves abajo y arriba en un *plié*? ¿Sienten los pies lo mismo en el movimiento de bajada que en el de subida? ¿Cómo cae el peso a través de los pies? ¿Sientes algún hueso, articulación o músculo ajustándose? ¿Cuál es la imagen que tienes de tus pies? ¿Sientes los huesos pesados o ligeros? Podrías moverte después a otra parte del cuerpo: ¿Cómo se siente el cuello cuando realizas un *plié*? ¿Se ajusta también? ¿Se siente suave y relajado? ¿Hay puntos de tensión? ¿Sientes que los músculos cambian de longitud o permanecen igual? Observa la cima del cuello justo por debajo del cráneo. ¿Encuentras alguna de las sensaciones aquí relacionadas con lo que está ocurriendo en tus pies mientras realizas un *plié*? Intenta ser tan preciso como sea posible al explicar tus sensaciones.

Si practicas este ejercicio con decisión, descubrirás que el cuerpo te ofrece un área para concentrarte y mostrarte lugares que no están en equilibrio o necesitan un cambio cualitativo. Es como si una pantalla se encendiera de repente en la mente y algo llamara tu atención: de este modo la columna podría alargarse, los talones podrían relajarse, los hombros están desequilibrados. Entonces puedes disfrutar y seguir la nueva percepción, o bien corregir el desalineamiento. Estos acontecimientos que te permiten corregir tu alineamiento son la clave del acondicionamiento. Tan pronto como realices cualquiera de los ejercicios para mejorar la fuerza ofrecidos en este libro, reforzarás también las señales sensoriales del sistema nervioso central. Si las señales fuertes afloran de una estructura corporal desequilibrada, serán reforzadas en el sistema nervioso y causarán un aumentado desequilibrio en la fuerza.

Empieza con una imagen o una frase

Si tus propias imágenes son las mejores, ¿cómo evitas estancarte en tu colección estándar de imágenes? Utiliza las imágenes de otra gente para empezar, o emplea imágenes de anatomía para enriquecer tu repertorio de sensaciones internas y cualidades de movimiento. En los capítulos siguientes te ofrezco varias imágenes (como también en mis otros libros) para ayudarte. Otro modo de desarrollar imágenes es observar el dibujo o la fotografía de la estructura anatómica que quieres experimentar. Intenta sentirla en tu cuerpo y visualizarla con el ojo de la mente. Muévete cinesiológicamente sobre la estructura, intentando sentir su tamaño y sus dimensiones. ¿Qué hay por encima, por debajo y entre ella? ¿A qué se parece la superficie? ¿Qué peso y color tiene? ¿Se mueve en algún sentido? ¿Cómo cambia a medida que la miras? ¿Qué ocurre si colocas tu ojo mental en esta estructura? Imagina que estás chupando la sensación de este lugar específico en tu cuerpo entero, como si fueras una esponja absorbiendo agua. Registra tus sensaciones y cualquier imagen que pueda aparecer en una revista para que se conviertan en los puntos de arranque de descubrimientos posteriores.

Puedes realizar este ejercicio con una afirmación o una frase. Encuentra algo en tu cuerpo que te gustaría mejorar. Por ejemplo, unos hombros libres de tensión. Encuentra una frase que te dé la sensación de que te mueves en la dirección de este objetivo, como *Mis hombros flotan lejos de mi cuello*. Repite esta frase a menudo en tu mente. Siente que te estás moviendo dentro de la experiencia de liberar los hombros de tensión. De repente, puedes notar que ya no tienes que repetir la frase más, porque los hombros están relajándose por sí mismos.

Utiliza el tacto

El tacto puede mejorar mucho la efectividad de tu acondicionamiento. Puedes utilizarlo sobre ti mismo mientras te mueves o justo antes de ejecutar un ejercicio, o puedes pedir a un compañero que te ayude. El tacto puede ayudarte a entrenar de la siguiente forma:

- Puede ayudarte a encontrar la localización exacta, origen e inserción de un músculo o grupo muscular sobre el que te estás centrando.
- Puede relajar músculos cansados o tensos después del entrenamiento.
- Puede incrementar la efectividad de un ejercicio de estiramiento.
- Puede aumentar la circulación de un músculo o grupo muscular.
- Puede incrementar el ritmo al que el músculo se calienta.

Utiliza el tacto para ayudarte a ampliar tu experiencia. Primero, decide sobre qué área quieres experimentar. Intenta delinear los límites de su estructura a través del tacto. Por ejemplo, si es un hueso, trázalo con el dedo. ¿Cómo afecta la experiencia un tacto ligero o fuerte? ¿Qué tipo de tacto se relaciona mejor con esta área del cuerpo? ¿Utilizas el mismo tipo de tacto para sentir un órgano que para recorrer un hueso? Utiliza el tacto para facilitar el movimiento del área y sostener su movimiento. Emplea el contacto para sentir el área, revivirla o resistir su movimiento. Proyecta tu sensación de contacto dentro de cada célula del tejido.

Te ofrezco información sobre cómo utilizar el tacto durante ejercicios específicos a través de este libro. Pero te sugiero que intentes primero el siguiente experimento con un compañero para tener una sensación de cómo puede ayudarte el contacto. Sostén pesas de 400 g a 2 kg en cada mano. El peso debería ser igual en ambos lados. Si no dispones de pesas, utiliza dos libros de igual peso. Pide a tu compañero que ponga sus manos delante y detrás de tu brazo derecho. Flexiona y extiende tus codos, y nota qué brazo se cansa primero. Es muy probable que el que está siendo tocado tenga más resistencia y se sienta más flexible y menos fatigado después del ejercicio.

Puedes experimentar otro interesante experimento de tacto con la fuerza abdominal y la resistencia: coloca las manos sobre los músculos abdominales mientras realizas flexiones de tronco. Notarás que el ejercicio parece menos activo y que tienes más resistencia muscular que cuando no colocas las manos sobre los músculos.

Utiliza el movimiento

Puedes también utilizar el movimiento para aumentar tu experiencia de visualizaciones. Trata de llevar a cabo este experimento: empieza decidiendo sobre qué parte del cuerpo quieres experimentar. Imagina esta área iniciando el movimiento. Ello no quiere decir que el resto del cuerpo no se mueva; significa que la primera inclinación, el agente causante del movimiento, reside en ese lugar. Elige un sitio fácil desde el que moverte, como el codo. Después intenta algo inusual. Por ejemplo, trata de empezar el movimiento desde un órgano, como el riñón derecho. ¿Cuál es la diferencia sensitiva? Finalmente, practica iniciar el movimiento a distintas velocidades.

Otro modo de aumentar las imágenes personales a través del movimiento es dar un paseo experimental. Sal a caminar con la única intención de ser consciente de tu paseo. Mientras caminas, nota qué áreas del cuerpo estás dibujando con tus percepciones. Mantente en un área hasta que tu atención se centre en otra parte del cuerpo. Nota las imágenes que afloran y cómo afectan tu caminar. ¿Algún lugar se resiste al movimiento? ¿Qué áreas sientes libres y fluidas?

Tal vez notes que te sientes atraído automáticamente a un área del cuerpo donde aflora una sensación o una imagen. Puedes notar que puedes moverte de modo distinto o con menos esfuerzo. Este cambio puede ocurrir varias veces durante el transcurso de un día, o incluso durante una clase de danza o una serie de acondicionamiento. Este diálogo espontáneo entre la mente y el cuerpo te informa de que los mecanismos de autocorrección del cuerpo están renaciendo.

Utiliza la respiración

Utiliza la respiración para encontrar un lugar en el cuerpo que te gustaría explorar. Permanece en este lugar solamente con la respiración, mientras la mente se mantiene tranquila y receptiva. Nota cómo la respiración afecta esta área. ¿Se crea movimiento? ¿Cambia la sensación de espacio que tienes en esta área? Respira hacia el interior del brazo derecho durante unos minutos. Imagina que puedes sentir el brazo derecho con la respiración. Intenta guiar la respiración a lugares exóticos como el espacio entre la rótula o las suturas (articulaciones firmes) del cráneo.

Escribe la experiencia

Escribir, o entrevistar, es un proceso utilizado para crear una simulación mental adecuada del movimiento. La entrevista es una excelente herramienta para desarrollar imágenes personales realistas con la ayuda de otra persona.

Considera este escenario: un profesor quiere ayudar a un bailarín en su ejecución mediante imágenes lo más reales posibles de lo que de hecho ocurrirá, de modo que así no se sorprenderá ante ningún aspecto de la actuación y la realizará con facilidad. El profesor se sienta con el bailarín y lo entrevista sobre todos los aspectos del acontecimiento: el entorno; lo que ve, oye y siente; sus reacciones a esas sensaciones, y el significado que tienen esas sensaciones para él en el momento en que aparecen. El profesor anota toda esta información.

Una vez terminada la entrevista, el profesor narra lo escrito de nuevo al bailarín, de modo que pueda experimentar el acondicionamiento del modo más real posible. Cuando practiques este ejercicio, si el escenario real de actuación está cercano, explora todos los significados del sonido, la vista e incluso el olor del escenario para que todo sea muy real. Continúa trabajando sobre lo escrito hasta que el bailarín sienta que está imaginando su verdadera experiencia. Si es apropiado, añade algún ambiente de actuación en forma de público tosiendo, aplaudiendo y de gente tardona abriendo las puertas del teatro, así como también las reacciones del bailarín ante estos tipos de interrupciones.

Utiliza el diálogo interior y la expectación positiva

Los pensamientos en tu mente tienen una gran influencia sobre tu ejecución. Los grandes actores han aprendido a mantener su flujo de pensamientos en el lado positivo y motivador. Algunos bailarines se preocupan cuando se enfrentan a esta idea, porque están demasiado sumidos en la perfección y autocrítica. No hay nada de malo en intentar alcanzar la perfección y analizar tu técnica, pero sí en el constante monólogo de autocrítica. He observado a bailarinas cuyas caras tienen siempre un semblante apologético y cuyo lenguaje corporal revela su insatisfacción con todas sus actuaciones. He oído a bailarinas reaccionar a una demostración de pasos difíciles con «esto es duro», «no hay manera» o «no puedo hacerlo». Con la entrevista a estos bailarines confirmé que sus mentes estaban impregnadas de una barrera constante de negatividad.

Cuando los bailarines empiezan a pasar del autodiálogo negativo al positivo, pueden experimentar un pensamiento en su forma de bailar. Algunos empiezan pensando en positivo y automotivándose, y sus técnicas mejoran instantáneamente. Saltan más alto al minuto de haber dejado la autocrítica. Sus músculos se vuelven más elásticos y flexibles, porque no se agarran al próximo comentario negativo. Sus nuevos lemas son «Lo que no puedo hacer hoy, lo dominaré mañana», o «Estoy por encima de cualquier desafío».

La última imagen que tienes en la mente, el último pensamiento que tienes antes de realizar un movimiento, es muy importante para una práctica exitosa. Si piensas «fácil, cabeza equilibrada sobre la columna», no necesariamente en palabras, pero como una imagen de sentimiento que toma un pequeño segundo para moverse a través de tu cuerpo, tendrás probablemente un mejor resultado que si piensas «¡Mi cuello está tan rígido hoy!». Observa qué ocurre cuando seleccionas un pensamiento que funciona para ti y dejas que fluya por tu mente justo antes de empezar el movimiento. Podría ser la sensación de estar conectado al suelo, de estar alineado, relajado o respirando.

No caigas en la trampa de pensar en ideas positivas durante unos minutos y después, si no experimentas resultados instantáneos, volver a los pensamientos negativos. Si has tenido siempre un diálogo interior negativo, puedes pensar que esta inversión es extraña o incluso una atadura. Pero si reconocer que tus mejoras y otras reacciones positivas para tu baile es una atadura, entonces, ¿por qué preocuparse por bailar? Es mejor ser demasiado positivo que demasiado negativo. Rodéate con el aroma de tus pensamientos positivos, crea un cojín de ideas reforzadas positivamente (no ilusiones) que te envuelvan en todo momento, y empezarás a notar una diferencia. Ten siempre en mente que no importa dónde estás ahora, la mejora es siempre posible, y más fácil, si se apoya en tu fuerte intención e imaginación.

Capítulo 3

El equilibrio reflexivo

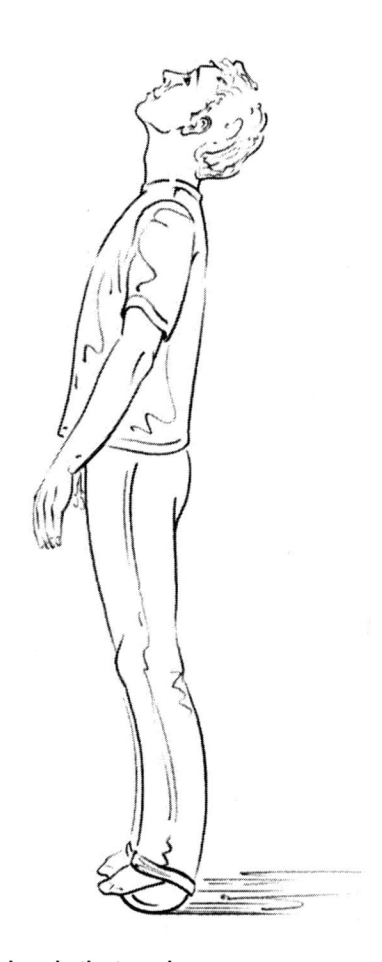

El equilibrio es una de las habilidades más importantes de la danza, aunque muchos bailarines la eluden. El cuerpo se equilibra ingeniosamente en una gran variedad de posiciones a cada paso que damos. Cuando encuentras un alineamiento centrado, con los huesos bien colocados y los músculos bien coordinados, necesitas, de hecho, menos actividad general para permanecer en esa posición que si estuvieras desalineado. De modo que, si eres un bailarín que trata de mejorar su equilibrio implicando a más músculos, estás haciendo lo contrario de lo que ocurre durante el equilibrio alineado. Éste requiere menos esfuerzo.

Para mejorar el equilibrio, primero necesitas concentrarte en lo que estás realizando mientras intentas equilibrarte. Alcanzas esta concentración a través de la observación de ti mismo, priorizando tu objetivo de equilibrio sin esfuerzo en todas las situaciones.

Veamos un ejemplo de lo que un patrón de movimiento significa para el equilibrio. Si estás intentando hacer un *relevé* en una posición de preparación, y estás cayéndote o no puedes mantener la posición, puedes mover tu cuerpo por partes en oposición a una unidad completa bien alineada. Para hacer un *relevé* y enlazarlo con una posición de *demi-pointe* o *pointe*, necesitas primero hacer un *plié* con la pierna de apoyo. Si el hombro derecho se mueve más que el izquierdo y la columna gira, el cuerpo utiliza la tensión en alguna de sus partes para compensar la falta de equilibrio en esa pierna. Mientras realizas el *relevé*, esta tensión hace más difícil mover el cuerpo uniformemente hacia arriba; un lado de la espalda y un brazo se mueven más rápido que el otro, y de nuevo debes compensar para permanecer en equilibrio. La compensación es compleja y mucho más difícil que experimentar el cuerpo como un todo. Además, al desequilibrarte, te pones a pensar qué es lo que fue mal, con lo que te preocupas más y estás aún más tenso en la próxima prueba de equilibrio.

No puedes mejorar el equilibrio únicamente a partir del acondicionamiento, pero a partir del aumento de la atención consciente de tu fuerza puedes realizar un movimiento equilibrado con el mínimo esfuerzo. El miedo a no ser capaz de equilibrarte cuando es necesario es una de las razones por las que los bailarines luchan por el equilibrio. En varios ejercicios de este capítulo realizarás movimientos de danza mientras te equilibras sobre pelotas pequeñas (a veces con los ojos cerrados). Desafiar tu equilibrio en estas situaciones extremas mejorará tu equilibrio general y facilitará la acción de equilibrarse. Estos ejercicios te aportarán confianza mientras aprendes lo fácil que es equilibrarse. La clave del éxito será transferir tu experiencia de los ejercicios a una situación real de danza, acercándote lo máximo posible a la realidad de estar en un escenario con luces deslumbrándote y un gran espacio negro en frente cuando el público está esperando tu gran actuación.

Los reflejos y las reacciones de corrección

Los reflejos primitivos son el puntal de todo movimiento. Son respuestas de movimiento a estímulos que están en el primer plano cuando, de niños, aprendemos a movernos y a caminar. Pasa una pluma por la planta del pie de un bebé, y doblará sus dedos y recogerá sus piernas; hazle cosquillas en un lado de la espalda, y se flexionará hacia ese lado.

Los reflejos o reacciones de corrección son los que llevan la cabeza hacia el alineamiento con la columna, o el eje corporal completo hacia el alineamiento con la gravedad. Estos reflejos nos reorientan hacia nuestro centro, de modo que sabemos dónde estamos en relación con nuestro eje y podemos responder a otros estímulos eficazmente. Las reacciones de corrección están controladas por numerosos órganos sensoriales en los músculos del cuello (husos musculares) y por los órganos del equilibrio del oído interno (vestibular) y de los ojos (corrección óptica). Intenta eliminar selectivamente el reflejo de corrección óptico cerrando los ojos mientras ejecutas una tarea difícil, y siente lo mucho que confías en este mecanismo. Para los bailarines es especialmente importante entrenar los mecanismos de corrección vestibular y del cuello. Los ejercicios de este capítulo te ofrecerán opciones para hacerlo.

Las respuestas de equilibrio son reacciones complejas para situaciones difíciles de reequilibrio: los movimientos son simplemente demasiado complicados. Por ejemplo, déjate caer hacia delante y automáticamente el pie se mueve hacia delante para evitar que caigas. Es maravilloso sentir que puedes perderte en tus pensamientos y dejar que tu cuerpo dirija tus respuestas de equilibrio. Ellas cuidan de nuestras necesidades de equilibrio como una madre cuida de su bebé.

Equilibrar los órganos del equilibrio

El cuerpo tiene muchas maneras de sentir su equilibrio y movimiento (figura 3.1). La mayoría de estos mecanismos sensoriales responden a cambios en la longitud, la presión y la tensión de las articulaciones, los tendones, la piel y los músculos en forma de reflejos. Como ya tratamos de forma breve anteriormente, los ojos y los órganos vestibulares de los oídos también contribuyen al equilibrio.

El reflejo de agarre plantar provoca que el pie agarre un objeto que estimula la planta del pie. Este reflejo está integrado más en los niños que en los adultos. El reflejo de extensión de los dedos de los pies es otro importante reflejo para la danza. Colocar peso sobre la bolas y los dedos de los pies provoca que los dedos se extiendan. Esta acción aumenta sorprendentemente el tono de los músculos del tronco. Este reflejo asegura que la columna se eleve del suelo tan pronto como los pies experimentan la impulsión. Si la columna se desplomara cuando los pies empujan el suelo, no podrías aterrizar después de un salto. Muchos bailarines desafortunadamente visten zapatos de danza y zapatillas de ballet que son demasiado finas, en las que los pies se mueven con dificultad e impiden este reflejo. Bajo circunstancias normales, el reflejo ayuda sin esfuerzo a sentir la elevación. Si un bailarín sintoniza bien la función de los órganos del equilibrio, también sintonizará sus reflejos para mejorar su equilibrio y experimentará un sentimiento de ligereza elevando su cuerpo sin tensión.

Los órganos vestibulares están compuestos por dos partes distintivas: el laberinto, llamado así por sus tres anillos localizados en los tres distintos planos, y el sáculo y el utrículo, los cuales sensibilizan tu relación con la gravedad. En el sáculo y el utrículo hay pequeñas células sensitivas pilosas

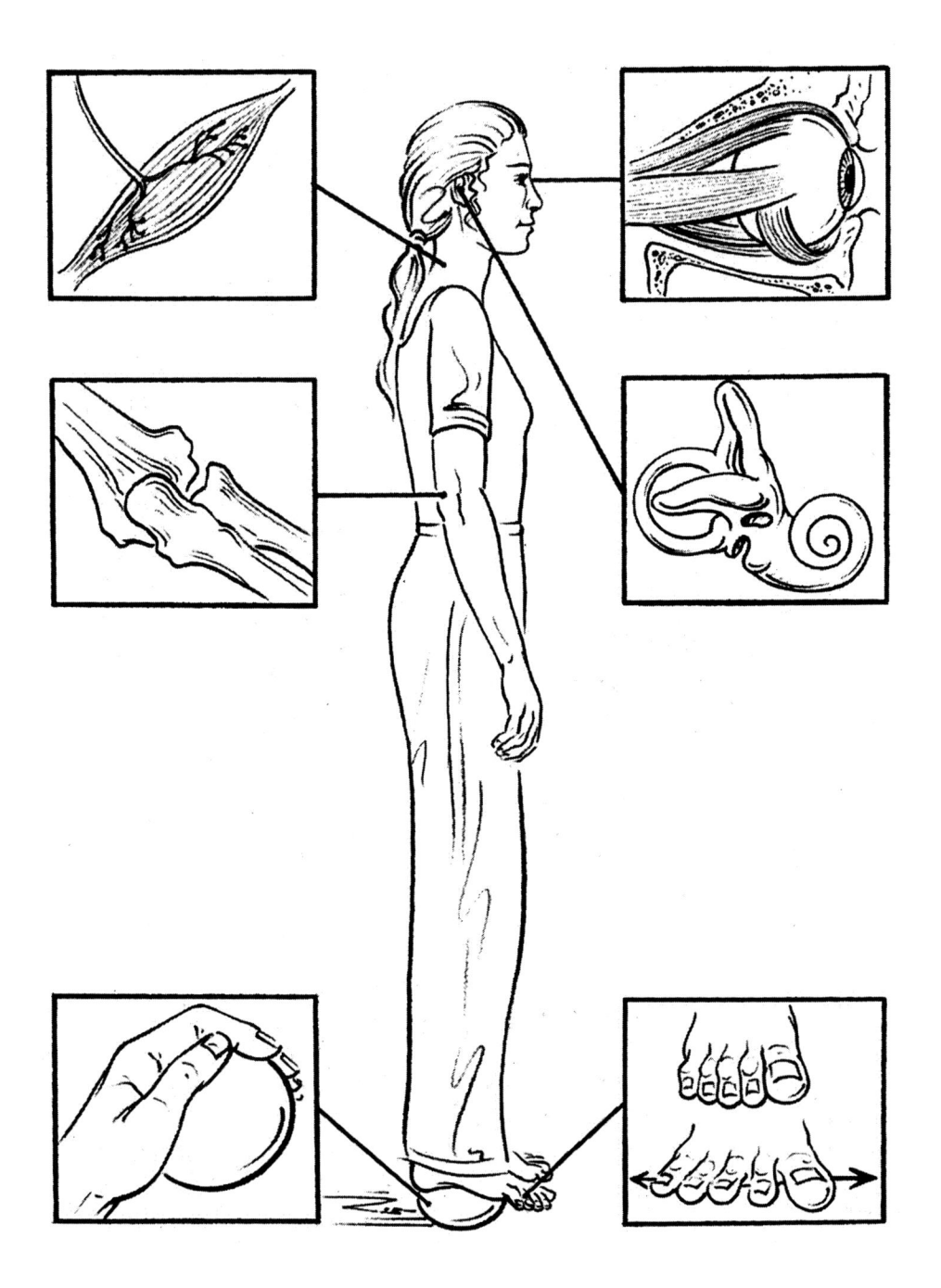

Figura 3.1. Mecanismos sensoriales que el cuerpo utiliza para determinar el equilibrio y el movimiento.

o cilios sensoriales, que flotan en una sustancia gelatinosa llamada membrana otolítica. Encima de esta sustancia están los otolitos, pequeñas estructuras que parecen piedrecitas. Cuando mueves la cabeza y creas una nueva relación con la gravedad, los relativamente pesados otolitos tienden a desplazar la membrana otolítica con los cilios. El doblamiento de los cilios informa al sistema nervioso central de la posición de tu cabeza en el espacio.

Si sueles mantener la cabeza en una posición desalineada, el sistema nervioso se acostumbra a este desequilibrio, y deja de informarte sobre este problema. Si un profesor corrige tu alineación, la posición correcta te parecerá errónea, porque te habrás acostumbrado a la incorrecta. No la sentirás bien hasta que reajustes tus órganos sensoriales, incluidos los ojos.

3.1 ENTRENAR LOS OJOS PARA EL EQUILIBRIO

Los ojos son espejos del alma, una directa conexión con el cerebro visible en la superficie del cuerpo. Puedes tocar el espacio con los ojos, tal y como puedes tocarlo con el cuerpo. Los ojos pueden iniciar el movimiento y aumentar tu habilidad de equilibrio. Intenta sentirlos como una boca principal que capta imágenes del exterior y las refleja con su propia esfera.

Puedes entrenar tu vista para mejorar tu sentido del equilibrio y del espacio. En general, las mujeres tienen mejor visión periférica, mientras que los hombres ven mejor las cosas con foco estrecho. La teoría que fundamenta este hecho es que en la prehistoria las mujeres necesitaban ver todo cuanto sucedía a su alrededor, al igual que los niños, para evitar cualquier peligro, mientras que los hombres necesitaban detectar a los animales en la distancia (Pease, 2001).

1. Cuando miras hacia delante, ¿sientes que tus ojos están al mismo nivel? Mírate en el espejo y observa si tus sensaciones y la realidad son iguales.
2. Mientras miras hacia delante, ¿puedes también observar que está ocurriendo a tu lado?
3. Pon tus brazos a los lados y mueve los dedos. ¿A qué distancia máxima puedes mantener los brazos y todavía ver los dedos?
4. Equilíbrate sobre una pierna y observa los movimientos de tus ojos. ¿Fijas tus ojos en un objeto para ayudarte a controlar el equilibrio? Mueve tus ojos alrededor y observa que fácil o difícil es equilibrarse.
5. Imagina que tus ojos son como un reflector e iluminan cada cosa que miran. (Este ejercicio es también bueno para verificar el alineamiento de la cabeza en varias posiciones.)
6. Imagina que tu cara es un gran ojo, de modo que puedes ver con la cara entera y no sólo con los dos ojos.
7. Coloca tus ojos sobre varias partes de tu cuerpo, como en la parte posterior de la cabeza o en las plantas de los pies. Mientras bailas, ¿qué ven esos ojos?
8. Mira un foco de luz que sale de lo alto de la cabeza. Si estás bien alineado, una mancha justo encima de tu cabeza debería iluminarse.
9. Coloca la mano derecha sobre el ojo derecho. Imagina la calidez de la mano relajando los músculos circulares alrededor del ojo. Piensa también en cómo se relajan todos los músculos circulares que hay alrededor de la boca. Piensa en el ojo reposando en su cavidad. El ojo está lleno de un fluido claro. Siente el peso del ojo como si una bola llena de fluido reposara en su cavidad. Ahora quita la mano derecha, y nota la diferencia entre los hombros. Haz una extensión con la pierna derecha hacia el lado o hacia delante. Realiza el mismo movimiento con la pierna izquierda. Notarás que tienes más flexibilidad en el mismo lado que el del ojo relajado. La tensión del ojo influye en la flexibilidad de otras áreas del cuerpo, de modo que repite el ejercicio con el lado izquierdo.

Los músculos del equilibrio

Los músculos son órganos sensoriales que contribuyen fuertemente a la habilidad del equilibrio. Para entender cómo crean movimientos coordinados, hagamos un pequeño viaje a través de la historia de la evolución.

El cuerpo humano está formado sobre todo de músculos creados para mover el cuerpo en contra de una resistencia. Esta resistencia puede ser el propio peso del cuerpo con sus tejidos elásticos, o bien alguna fuerza externa como el agua o la puerta de la cocina. En los primeros océanos los organismos unicelulares se movían principalmente con las corrientes que rodeaban el agua. El acceso a la comida fue el resultado de un juego caótico de encuentros casuales entre los nutrientes y la célula. Los tentadores trocitos de comida en la orilla del río estuvieron siempre fuera del alcance de la célula debido a que las corrientes los alejaban lejos de su deseado desayuno. Hasta que nacieron los cilios –los motores propulsores de la célula, las pequeñas protecciones peludas que oscilan como campos de trigo azotados por el viento–, la célula no pudo desplazarse.

Nosotros todavía tenemos estructuras parecidas a los cilios en nuestro cuerpo que eliminan polvo de nuestros pulmones y empujan la comida a lo largo del canal intestinal. Las moléculas musculares que forman diminutos bloques de construcciones de los músculos más grandes mueven los cilios. El movimiento ciliar en el organismo unicelular era demasiado débil para aguantar las fuertes corrientes de los principales líquidos que circundaban la célula. Por ello surgió una maquinaria celular más sofisticada, o la célula se habría quedado para siempre restringida geográficamente. Las células se unieron entonces para formar grandes estructuras, como las esponjas o las medusas, pero también desarrollaron músculos. Y así nació la molécula de la miosina, capaz de realizar los movimientos de doblarse y estirarse con la misma potencia, aunque miniaturizada, de un impresionante samurai cuando se inclina ante su maestro. Junto con otros filamentos, la miosina crea una unidad contráctil, la sarcómera, el bloque básico constitutivo del músculo.

Una vez el músculo llegó al estadio de los primeros océanos, la propulsión estaba al alcance. El próximo paso fue crear una forma corporal que pudiera usar un mecanismo de acortamiento y alargamiento para crear movimiento a través del agua. Esta forma corporal llegó con unas células musculares alineadas a lo largo de un cordón que permitían la contracción alternada de ambos lados.

Como una serpiente, las criaturas ondulantes empezaron a vagar, aparecieron nuevas corrientes, se exploraron nuevos territorios para sus ricas cosechas de comida con el fin de capacitar al organismo a construir grandes cuerpos con músculos más fuertes. Moviendo sus cabezas fuera de los mares poco profundos, las primeras criaturas terrestres pudieron probar la fuerza de sus músculos. Pasó algún tiempo todavía hasta que un animal pudo elevar su barriga del suelo. Incluso ahora, millones de años después, nuestros bebés reproducen este drama. El arte de levantarse y tenerse en pie es un desafío al que se enfrentan con resistencia y gracia. Sin controlar delicadamente sus músculos, nunca se moverían ni se sostendrían sobre sus piernas. A partir de toda esta información acerca de la evolución, podemos deducir algunos de los primordiales estados mentales del músculo: contracción y extensión, movimiento en el espacio, sentido de nuestro movimiento y amortiguación de nuestras caídas.

Ahora, observemos con más detalle algunos de los acontecimientos que gobiernan el movimiento muscular. Los músculos trabajan en parejas, o en grupos, que equilibran las funciones de cada uno: agonistas y antagonistas (figura 3.2). A pesar de sus nombres, es-

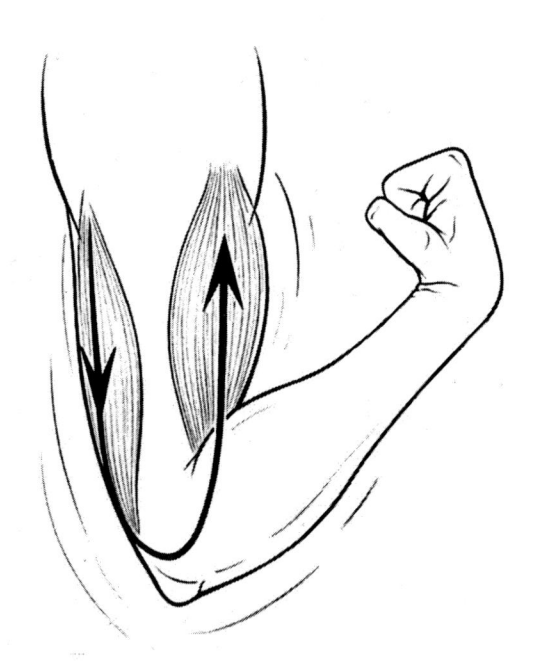

Figura 3.2. Siempre trabaja una pareja de músculos. Cuando uno se contrae, el otro músculo se extiende para permitir el movimiento de la articulación.

tos grupos deberían verse como un único equipo. Cuando un músculo de un lado de una articulación se contrae, el músculo del otro lado necesita extenderse para crear el movimiento en esa articulación. Si dos músculos colaboran para crear movimiento, y si pensamos en estos dos músculos como parte del mismo arco en la dirección deseada, el movimiento será más fácil de ejecutar. El término de músculo antagonista parece entonces un nombre equivocado; más que enfrentarse, las acciones se ayudan entre sí. La nomenclatura anatómica no aporta una buena imagen del movimiento.

Cuando un músculo se estira, su tendencia natural es protegerse con un reflejo de acortamiento denominado reflejo de estiramiento. Si el estiramiento continúa hasta cierto punto, el músculo se rasgará. Acortar el bíceps y los músculos braquiales para flexionar el codo provoca el alargamiento del tríceps, que estira el codo. En este caso, los músculos acortados envían, a modo de reflejo, instrucciones a sus compañeros para calmar o inhibir el reflejo de estiramiento. Sin esta llamada inhibición recíproca, el movimiento no sería posible. En otras palabras, el bíceps y el tríceps y todos los grupos musculares opuestos están en constante diálogo. Las herramientas de medición para tales cambios de longitud son los husos musculares que corren a lo largo de las fibras musculares regulares.

Los husos musculares son fibras especializadas rodeadas por el tejido conectivo. Este tejido está ligeramente apartado de las fibras y lleno de un fluido que le da su forma de huso. Los husos son capaces de detectar la cantidad y la velocidad de alargamiento muscular con la ayuda de las terminaciones nerviosas que rodean sus fibras. Si el músculo se estira rápidamente, los husos se estiran también, estimulando las terminaciones sensoriales que rodean sus fibras, y provocando una contracción aumentada del músculo al completo. Los husos provocan esta contracción mediante el envío de la señal de contracción a través de la médula espinal hasta las fibras regulares con el mismo músculo. De este modo, el músculo no se sobreestira ni se daña.

Con la ayuda del huso, el músculo puede actuar como un muelle ajustable. Si aterrizas de un salto, el músculo se estira, los husos se estimulan para la contracción de los músculos y de nuevo ya estás preparando para el próximo salto.

El huso muscular mide la longitud de los músculos y la rapidez con la que el músculo cambia de longitud. Si echamos un vistazo a las fibras localizadas en el huso, nos damos cuenta de la diferencia entre el centro y los extremos. Los extremos tienen músculo estriado y aun así son capaces de contraerse como un músculo normal. En otras palabras, la herramienta que mide la longitud del músculo que es capaz de cambiar es nuestra propia longitud. Esto significa que puede «intuir» cuándo vamos a estirarlo. Vamos a suponer que estás a punto de realizar una serie de pequeños saltos. Ante ese solo pensamiento, el cerebro ya prepara la sensibilidad de tu huso y tus músculos para la acción. En algún sentido, la elasticidad de tus músculos puede ajustarla tu pensamiento. Uno de los efectos de la imagen es que de algún modo preestablece la sensibilidad del huso. Todos nosotros hemos experimentado el hecho de que cuando tenemos miedo, los músculos se tensan y hacen el movimiento más difícil e irregular. La tensión ocurre por los cambios en los husos musculares a través de las conexiones complejas con nuestros centros emocionales del cerebro. Por otro lado, un estado de calma y confianza mental nos ayuda a movernos de un modo suave, relajado y bien controlado.

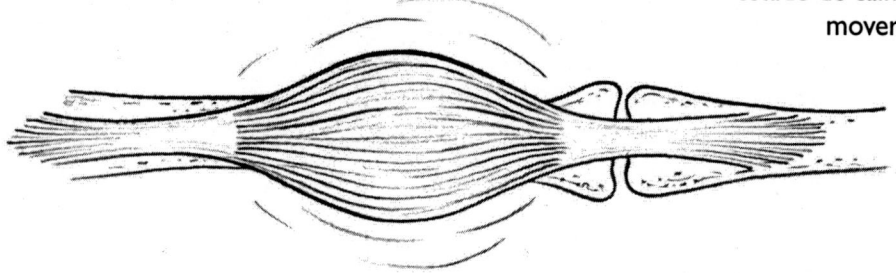

El equilibrio reflexivo

LA CONEXIÓN IMAGEN-HUSO 3.2

Una imagen puede establecer el nivel de tensión de los músculos a través de la actividad de los husos musculares. Una vez conoces este hecho, puedes ser mucho más selectivo acerca del tipo de visualización que utilizas mientras bailas.

1. De pie en paralelo, da un paso adelante y mueve el mismo pie hacia atrás. Nota la sensación en todo tu cuerpo mientras realizas este cambio de peso.
2. Ahora imagina que hay una blanda, cálida y arenosa playa delante de ti. Visualízate descalzo y da un paso adelante en la arena sedosa. Nota cómo reaccionan los músculos ante esta imagen. Tal vez notas las articulaciones un poco más flexibles y los músculos más relajados y blandos.
3. Mueve el pie hacia atrás hasta la posición de inicio e imagina una escena un poco menos atractiva, como un suelo de afiladas rocas entre tú y la playa a la que necesitas llegar. Da un paso adelante con los pies desnudos sobre las rocas, y nota cómo reaccionan tus músculos (aunque sólo se trate de una imagen). Al saber que no pueden empujar tus pies hacia la roca, los músculos están tensos para empezar la tarea que los aguarda.
4. Practica con visualizaciones que hagan el equilibrio más fácil. ¿Te resulta más fácil equilibrarte si piensas que tu pie está enterrado en la arena?

Menos estrés, más equilibrio

Debido a que tu nivel de estrés influye en los husos musculares, tu estado mental influye mucho en tu coordinación muscular. Cuanto más preocupado estés acerca de tu técnica y habilidad para ejecutar un paso, más sensibles estarán tus husos, lo que hará que los grupos musculares opuestos restrinjan los movimientos de los otros. Investigaciones recientes han encontrado que hay una conexión entre el estrés y la lesión en danza (Smith y cols., 2000). Por tanto, para mejorar tu técnica, trata de centrarte en un punto relajado de tu cuerpo con el fin de mejorar la función de los músculos como órganos sensoriales.

Los bailarines suelen sufrir mucho estrés al comparar su técnica con la de sus colegas. Irónicamente, si pudieras dejar esta idea aunque fuera por un momento, te darías cuenta de lo bien que eso le va a tu técnica. Si estás tranquilo y nada te preocupa, tu equilibrio es mejor. Ningún ejercicio físico puede reemplazar tu equilibrio mental. Durante la clase de danza o en un ensayo, utiliza el diálogo interior (véase capítulo 2). Dite interiormente: «Me estoy moviendo con completa confianza. Me siento relajado y realizo todos los pasos sin esfuerzo», y nota cómo este diálogo afecta tu movimiento. Incluso aunque al principio sientas que estas frases no reflejan tu estado mental real, finge que sí lo hacen. De repente notarás que empiezan a ser verdad.

3.3 EQUILIBRAR EL CUELLO

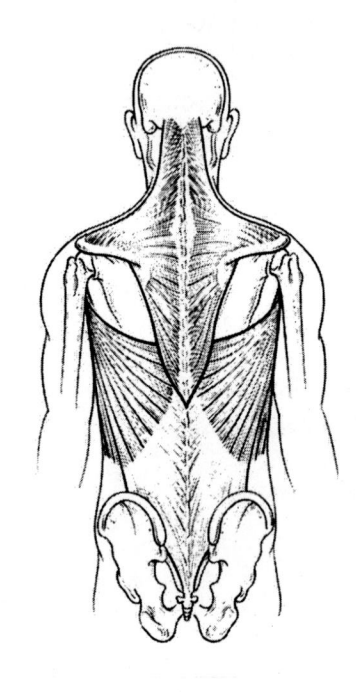

Los músculos grandes de la espalda y del cuello son muy importantes para el equilibrio porque contienen muchos husos musculares.

El dorsal ancho es la extensión muscular más grande del cuerpo, y ayuda al equilibrio de la espalda. Pero, a pesar de que cubre una gran parte de la espalda, no es un verdadero músculo de la espalda. Se origina en el tejido conectivo de la parte más baja de la espalda (fascia toracolumbar) y en la cresta ilíaca. Se inserta en la parte anterosuperior del hueso del brazo (el húmero). Puede extender, aducir y rotar el brazo, y puede estirar el brazo hacia abajo y hacia atrás desde una posición elevada con gran potencia. Está relacionado con otros dos músculos, uno debajo de la escápula (el subescapular) y el otro que conecta la escápula con el brazo (el redondo mayor). Como este músculo es demasiado grande y ancho, su posición afecta mucho tu equilibrio. Debido a sus inserciones en la zona lumbar y la pelvis la tensión en el músculo tiende a inclinar la pelvis hacia delante cuando se elevan los brazos, haciendo los equilibrios y los giros más difíciles. Si puedes tener el dorsal ancho derecho e izquierdo alargado, flexible, y hacer que trabaje por igual, tu equilibrio y el margen de tus movimientos de brazo mejorarán mucho. Esto no significa que el dorsal ancho, de hecho, eleve el brazo. Esa función la realizan el deltoides y los músculos que rotan la escápula (trapecio y serrato anterior).

1. Nota la sensación de alargamiento (acción excéntrica) y la anchura del dorsal ancho mientras mueves los brazos.
2. Imagina los dos lados del dorsal ancho iguales en expansión y en actividad. Siente la amplitud del músculo envolviendo la espalda.
3. Estira los brazos por encima de la cabeza y muévelos por detrás. Rota externamente los brazos de modo que las palmas miren atrás y los codos adelante. Entonces siente el alargamiento del dorsal desde la pelvis hasta el brazo. Mantente en esa posición durante medio minuto respirando profundamente. Entonces baja los brazos a los lados y nota la sensación de amplitud y de soporte en la espalda.
4. Ponte de pie sobre una sola pierna. Observa que estás más equilibrado cuando puedes sentir los dos lados del dorsal ancho.
5. El dorsal ancho se enrosca como si se insertara dentro de la cara anterosuperior del hueso del brazo. Imagina esta espiral continuando dentro del bíceps del brazo y de los flexores de la muñeca y los dedos. Piensa en esta cadena flexora en espiral de los músculos alargándose en el espacio para crear más apoyo a los brazos.
6. Piensa en cómo el músculo sostiene al brazo desde abajo. Imagina el músculo empujando hacia arriba en contra del hueso del brazo.
7. Imagina que hay unas cortinas deslizándose bajo tus brazos y creando más anchura y amplitud en la espalda.

PIRÁMIDES Y TRIÁNGULOS   3.4

La pirámide es una estructura estable y sólida. Por ello, no es de extrañar que las piernas tengan varias estructuras musculares piramidales: largas y delgadas, con tres lados y los bordes creados por la barriga de un músculo. Los músculos de la pirámide formada por el sartorio, el grácil y el semitendinoso tienen una inserción común dentro del extremo superior de la antepierna (tibia), también denominada pata de ganso *(pes anserinus)*.

1. Localiza la pata de ganso en la cima de la espinilla (tibia). Puedes encontrarla mejor siguiendo el borde óseo frontal de la espinilla hasta el punto justo por debajo de la rodilla. Mueve tus dedos una pulgada hacia dentro de la espinilla y estarás encima de la pata de ganso. Esta área suele ser sensible al tacto. Rózala ligeramente con tus dedos.
2. El sartorio es uno de los músculos que se insertan en la pata de ganso. Es el músculo más largo del cuerpo, y se origina en la cresta ilíaca anterosuperior (CIAS), el hueso que hay frente a la pelvis que a veces se engancha y puede lesionarse si rodamos por el suelo.
3. Roza la CIAS derecha durante un momento y desliza tus dedos hacia abajo alrededor de la parte frontal de la pierna hasta la punta interior del hueso derecho de la espinilla. Son las espirales del camino del músculo.
4. El grácil se origina en la parte inferior del hueso púbico. Este lugar es difícil de tocar, pero puedes palpar delante del hueso púbico derecho y enviar el ojo mental atrás y abajo hasta su origen. Luego desliza tus dedos hacia abajo dentro del muslo derecho hasta la pata de ganso.
5. El semitendinoso se origina en la tuberosidad isquiática. Toca la tuberosidad isquiática derecha y desliza el dedo hacia abajo dentro de la pierna (puedes tener que cerrar las manos) hasta la pata de ganso.
6. Ahora que has tocado el origen y la inserción de todos estos músculos, equilíbrate sobre tu pierna derecha.
7. Visualiza el triángulo creado por los orígenes de los músculos sartorio, grácil y semitendinoso mientras te equilibras sobre la pierna. Junto con su inserción crean la forma geométrica de una pirámide colocada sobre su vértice (véase figura).
8. Ahora equilíbrate sobre la pierna izquierda. Puedes notar que el lado sobre el que te has concentrado es mucho más estable.

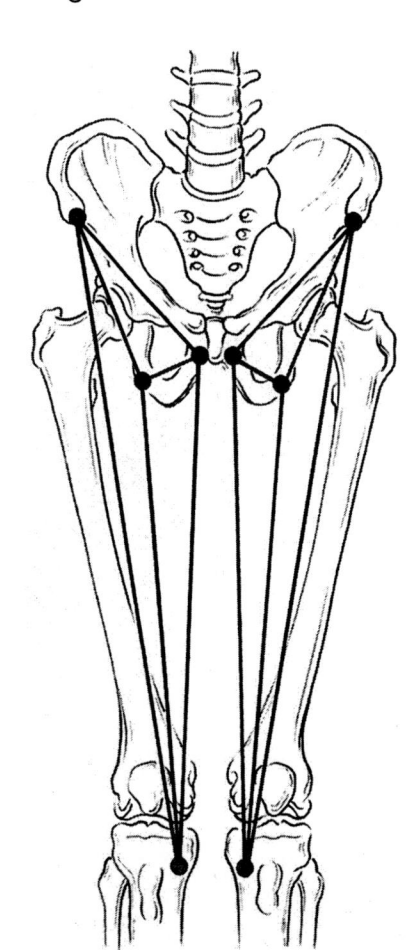

3.5 ALARGAR LOS MÚSCULOS

Si has montado alguna vez a caballo e intentado girar a la derecha, probablemente te habrás dado cuenta de que los músculos pares trabajan juntos. Para girar a la derecha, debes tensar la rienda de un lado y alargar la rienda del otro. Si únicamente acortas un lado sin dar margen al otro, el cuello del caballo se contrae. El mismo principio se aplica para alargar los músculos: para alargar uno, debes acortar el otro. Si los músculos anteriores del brazo (bíceps y braquial) se contraen y los músculos posteriores del brazo (tríceps) se alargan, el codo se flexiona.

1. Céntrate en los músculos anteriores de tu brazo. Flexiona el codo y piensa en los músculos que se contraen para crear el movimiento. ¿Cómo los sientes?
2. Explora si el movimiento se nota de forma diferente si te centras en la acción del músculo antagonista (el tríceps) en la parte posterior del brazo.
3. Imagina el tríceps alargándose para flexionar el codo (véase figura 3.2). ¿Cómo sientes este movimiento?
4. Compara la sensación de acortamiento de la parte anterior del brazo para flexionar el codo con la sensación de alargamiento del músculo de la parte posterior del brazo para flexionarlo. ¿La visualización del alargamiento del músculo antagonista hace que el movimiento se sienta más fácil y fluido? ¿Ayuda a crear más flexibilidad en el codo?

3.6 EQUILIBRAR LAS ABERTURAS

Equilibrar la fuerza muscular ayuda a crear una mejor abertura. Este libro ofrece muchos ejercicios para ayudar a mejorar la abertura, incluida una sección especial en el capítulo 6. En este ejercicio, debes emplear el alargamiento de la imagen antagonista para mejorar tu *battement tendu*. Durante muchos años los profesores de baile han utilizado esta visualización con éxito.

1. Desde la primera posición, realiza un *battement tendu* (barrido) hacia delante. Piensa en los músculos delanteros de la articulación de la cadera acortándose para realizar esta acción.
2. Ahora piensa en los músculos posteriores de la pierna alargándose para alcanzar la misma meta. Observa que todo resulta más fácil.
3. Toca el interior de los isquiotibiales (músculos semitendinoso y semimembranoso).
4. Desliza tus dedos diagonalmente hacia abajo desde la tuberosidad isquiática derecha hasta la punta y el interior de la espinilla derecha. Repite este deslizamiento varias veces hasta que puedas visualizar la dirección de los isquiotibiales internos (mediales).
5. Realiza un *battement tendu* girado con la pierna que tocaste antes. Piensa en el isquiotibial interno aumentando la distancia entre las tuberosidades isquiáticas y el interior de la espinilla.
6. Después de practicar estas ideas durante varios *battement tendus* sobre una pierna, compara la pierna elegida con la otra. Puede que sientas que la pierna que no has ejercitado requiere más esfuerzo para iniciar el movimiento, sobre todo los músculos flexores de la cadera delante y por encima de la articulación de la cadera.

Equilibrar las dos mitades del cuerpo

Un hecho importante para crear equilibrio es utilizar los músculos de los dos lados del cuerpo de igual modo. De especial interés son los músculos del tronco que no están directamente implicados en la movilidad de las extremidades, pero sirven para hacer del tronco y la pelvis una cavidad que forma la estructura muscular central (figura 3.3). Los principales músculos del tronco son el suelo pélvico, los abdominales, los intercostales, el cuadrado lumbar y los escalenos. Antes de que un bebé pueda utilizar la musculatura de sus extremidades, suele tender a rodar e iniciar el movimiento desde la musculatura del tronco. Si podemos llegar a ser conscientes de que el tronco es el primer recurso y el iniciador del movimiento, el cuerpo se alineará y la musculatura de las extremidades se librará del exceso de tensión. A menudo bailamos con demasiada tensión en la musculatura de las extremidades, porque no estamos atentos al apoyo que el tronco puede ofrecernos. El psoas mayor, el dorsal ancho y otros músculos conectan los músculos del tronco con las extremidades. Son, en un sentido, mediadores importantes tanto para la estabilidad del centro como para el movimiento de las extremidades. El elevador de la escápula y el serrato anterior son los músculos del tronco que se han transformado para poder mover los brazos. Si estos músculos están desequilibrados en longitud y tensión, es difícil que las extremidades funcionen de un modo equilibrado. Los siguientes ejercicios de visualización se centran en los escalenos y en el elevador de la escápula.

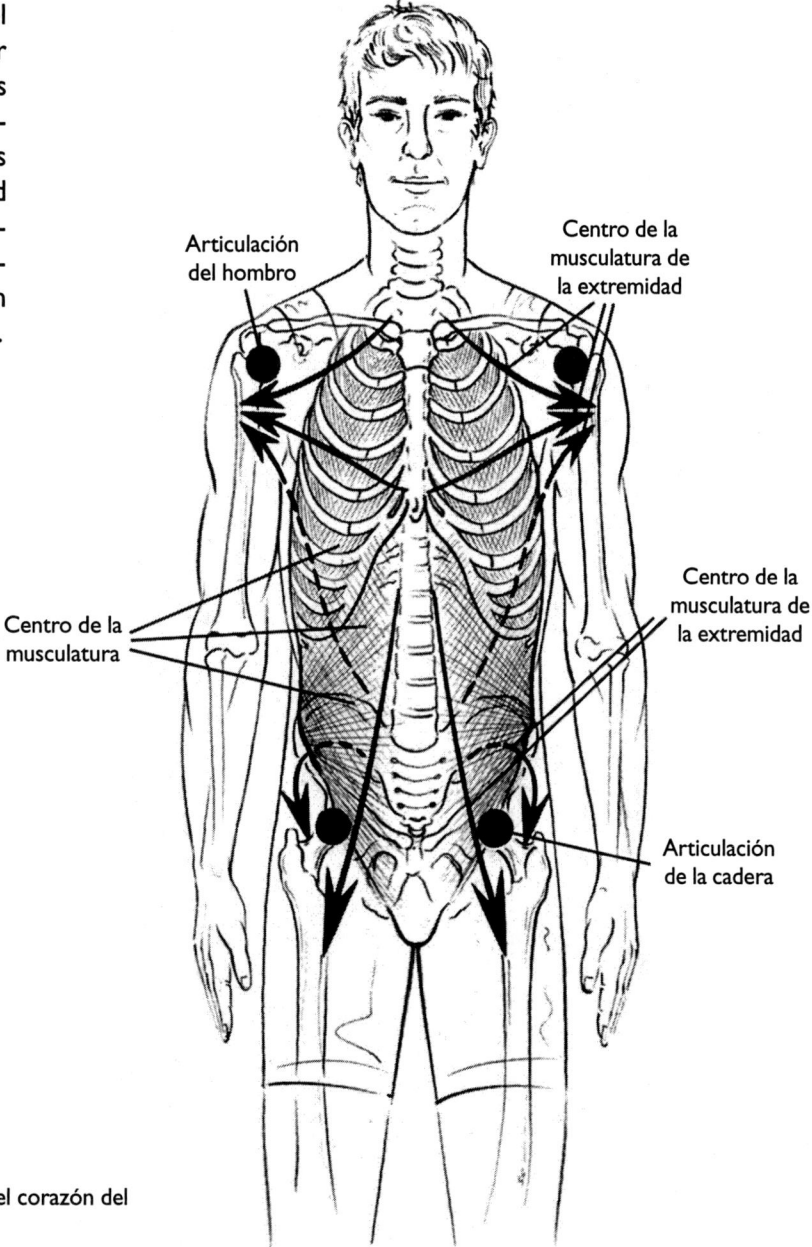

Figura 3.3. Los músculos del tronco son el corazón del cuerpo que soporta todos los movimientos.

3.7 EQUILIBRAR LOS ESCALENOS

Los escalenos conectan cada uno de los lados de la columna cervical con las costillas superiores (véase figura). De hecho, las costillas torácicas superiores son como aros suspendidos del cuello por estos músculos. Hay también un escaleno que conecta la apófisis transversa del axis (segunda vértebra) con la primera costilla. Si estos músculos tienen distintas longitudes y distintos niveles de tensión en los lados derecho e izquierdo del cuello, la cabeza y el tronco estarán desequilibrados. Una vez estimules estos músculos, sentirás una relajación de la tensión de los hombros y el cuello, tus giros serán más centrados, y los músculos pectoral menor y mayor se alargarán, con lo cual se eliminará su tendencia a redondear los hombros.

1. Toca el hueso que hay detrás de los oídos (el mastoideo). Para sentir los escalenos, desliza tu dedo hacia los lados del cuello por debajo del mastoideo. ¿Sientes los dos músculos igual de gruesos en ambos lados?
2. Desliza los dedos hacia los lados del cuello una vez más, y piensa en la primera costilla que cuelga de los lados de la columna, se inclina un poco hacia abajo y provoca el estiramiento de los escalenos y su tonificación. Siente la actividad de los escalenos de igual modo en ambos lados del cuello.
3. Imagina las costillas suspendidas por los músculos intercostales. Piensa en los dos lados de la caja torácica suspendida del cuello en equilibrio. Imagina la continuación del tronco desde las costillas a través del cuadrado lumbar en la espalda, desde los abdominales a los lados y la parte frontal del cuerpo, y todo a lo largo hasta el suelo pélvico. Si esta visualización y el contacto hacen que sientas el cuello más largo y los hombros más bajos, lo estás haciendo correctamente. Puedes también notar una relajación en la tensión del pectoral mayor y del menor, y en el romboides entre los hombros.
4. Imagina la primera costilla en un plano totalmente horizontal, y siente el viento soplar sobre la parte delantera de la columna y elevar las costillas. Esta imagen facilita el estiramiento de los escalenos anteriores y aumenta la longitud de los posteriores.
5. Practica algunos giros e intenta sentir la primera costilla colgando de forma equilibrada desde el extremo superior de la columna. Crea un sentimiento de equilibrio en ambos lados de la caja torácica mientras giras.

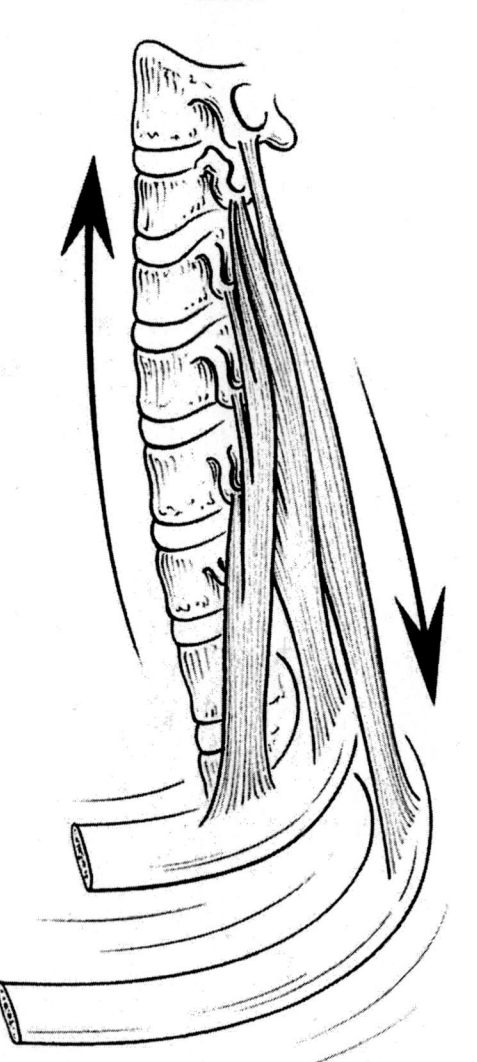

El equilibrio reflexivo

EQUILIBRAR EL ELEVADOR DE LA ESCÁPULA   3.8

En la figura puedes ver que la escápula cuelga desde el extremo superior de la columna sujeta por el elevador de la escápula. Si uno de estos músculos es más corto que el otro, elevará la escápula por un lado y provocará una posición desigual de la línea de los hombros. Puedes tocar tú mismo los puntos descritos en el ejercicio siguiente, pero es más fácil si tienes un compañero que te ayude.

Elevador de la escápula
Romboides
Serrato anterior

1. Haz que tu compañero rastree las escápulas de modo que puedas tener una idea de dónde está este hueso.
2. Pide a tu compañero que encuentre el extremo superior interno de cada una de las escápulas donde se origina el elevador de la escápula.
3. Haz que deslice sus dedos hacia los lados del cuello hasta un punto justo por debajo de la apófisis mastoides. Aquí es donde el elevador se engancha a la apófisis transversa del atlas.
4. Repite este deslizamiento de la escápula hasta el atlas tres veces mientras piensas en equilibrar los músculos.
5. Imagina estos músculos con la misma longitud mientras tratas de equilibrarlos.

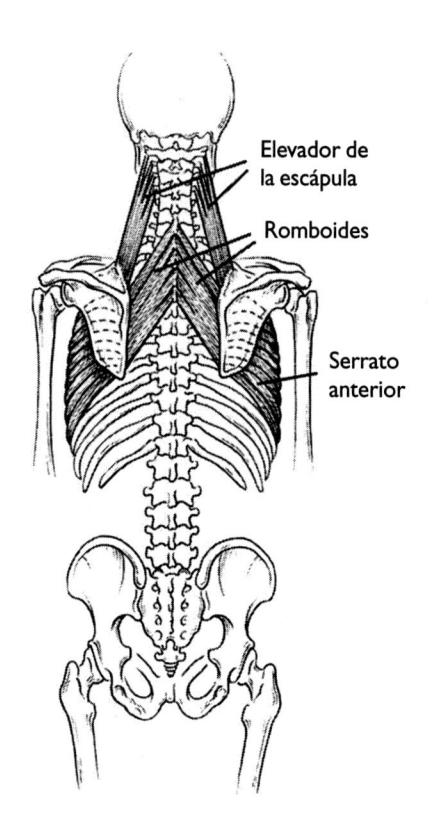

EQUILIBRAR EL TRIÁNGULO DEL CUELLO   3.9

La parte superior de la columna es crucial para el equilibrio y el alineamiento. Ya has tocado la apófisis mastoides, la protuberancia ósea detrás de la oreja. Ahora visualizarás algunos de los músculos que se originan en este punto. Éstos son el esternocleidomastoideo, el longísimo de la cabeza y el esplenio de la cabeza (véase figura). El esternocleidomastoideo se extiende hasta el esternón y la clavícula, y el longísimo de la cabeza y el esplenio de la cabeza se extienden hasta la parte posterior de la columna.

1. Desliza tus dedos desde la apófisis mastoides hasta el esternón y la clavícula.
2. Desliza tus dedos desde la apófisis mastoides hasta el extremo superior de la columna torácica por detrás. Esta apófisis forma el punto de un triángulo creado por estos músculos.
3. Realiza algunos pasos de danza mientras sientes el movimiento de la apófisis mastoides. ¿Los sientes en el mismo plano horizontal cuando giras?
4. Visualiza el diseño de los músculos en el cuerpo como una ayuda para sentir la relación de la cabeza con la columna y el esternón.

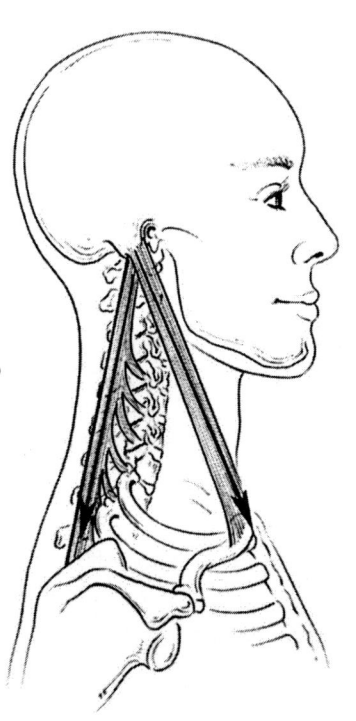

3.10 EQUILIBRAR EL CUADRADO LUMBAR

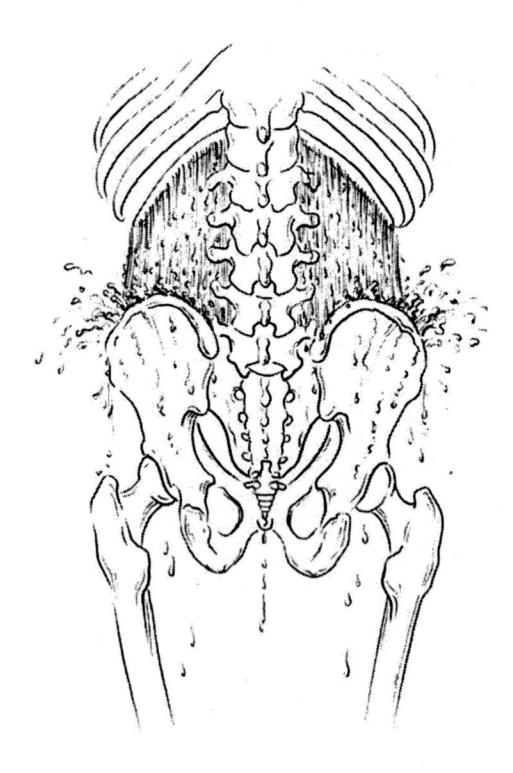

El cuadrado lumbar se extiende desde la última costilla flotante de la espalda hasta el borde superior de la pelvis, denominado cresta pélvica. Tiene también inserciones con las apófisis transversas de la columna lumbar. Actuando sobre un lado, el cuadrado lumbar flexiona lateralmente el tronco hacia el mismo lado. Cuando estamos sobre una pierna, evita que la pelvis caiga hacia un lado. Trabajando a la vez los dos lados, se puede extender la columna lumbar. El cuadrado lumbar equilibra la relación entre las costillas posteriores y la pelvis.

1. Toca las costillas inferiores en ambos lados del cuerpo. Puedes sentirlas justo por encima de la cresta pélvica.
2. Utiliza tu pulgar para presionar el extremo superior de la cresta pélvica, moviéndolo desde la espalda cerca de la columna hasta el costado del cuerpo.
3. Visualiza el cuadrado lumbar como una cortina de lluvia. Piensa en las decimosegundas costillas como si fueran surtidores de los que sale esa agua (véase figura). Ambas aportan la misma cantidad de agua.

3.11 EQUILIBRAR LA CONEXIÓN COLUMNA-ISQUIOTIBIALES

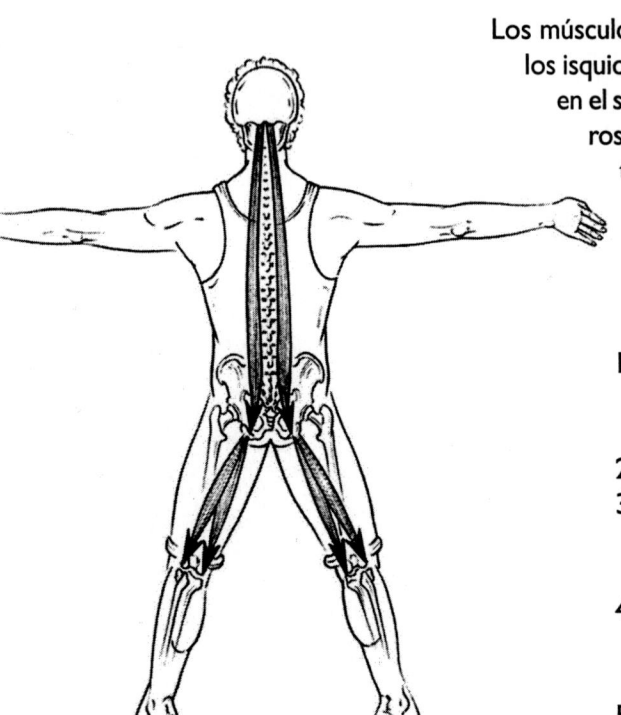

Los músculos de la columna pueden percibirse como conectados con los isquiotibiales. Algunos de los músculos de la columna se insertan en el sacro, y los ligamentos fuertes conectan el sacro con la tuberosidad isquiática (ligamentos sacrotuberosos). Estos ligamentos forman conexiones de tejido conectivo con los músculos isquiotibiales. Puedes crear un poderoso sentido del equilibrio mediante la visualización de la conexión entre la cabeza y la parte posterior de la pierna a través de estos músculos y ligamentos.

1. Haz que un compañero deslice sus manos por tu espalda hacia abajo, empezando por el cráneo y terminando en los talones.
2. Repite la acción tres veces.
3. Con este sentido de la conexión posterior de arriba abajo, visualiza una conexión de músculo con tejido conectivo desde la cabeza hasta la rodilla y hasta los talones.
4. Visualiza dos cadenas musculares equilibradas a cada lado de la columna y otras dos en la parte posterior de las piernas (véase figura).
5. Realiza un *relevé* sobre ambos pies en primera y segunda posición, y nota cómo la imagen ayuda a alinearte y equilibrarte, y a la vez te mantiene firme en el suelo.

EQUILIBRAR LAS CURVAS DE LA COLUMNA 3.12

La columna presenta una forma de doble S. La primera S invertida se extiende desde el fondo del cráneo hasta el final de la columna torácica. La segunda abarca la columna lumbar, el sacro y el cóccix. Esta forma hace que la columna sea elástica y flexible sin perder su capacidad de soportar peso. Para crear un sentido de centramiento y alineamiento, las curvas de la columna necesitan equilibrarse entre ellas. Si una curva es exagerada o demasiado plana, las otras también sufrirán. El equilibrio es algo fácil cuando las eses de la columna están armonizadas (véase figura).

1. Visualiza la forma de doble S de la columna. En el cuello la columna se curva sutilmente. La columna torácica se curva hacia atrás. La columna lumbar se curva hacia delante. La columna sacra se curva hacia atrás. El cóccix se curva hacia delante.
2. Imagina todas las curvas de la columna equilibradas sobre la cima de cada una. Siéntelas y encuentra su óptima profundidad y longitud.
3. Piensa en la columna como una ola armónica, y nota la continuación de la ola hacia arriba y hacia abajo. Sobre la columna cervical la columna imaginaria se curva hacia delante, lo mismo que la continuación imaginaria de la columna por debajo del cóccix.
4. En la fase hacia abajo de un *plié*, imagina que las curvas de la columna son un poco más pronunciadas. Imagina las apófisis espinosas, las protuberancias en la parte posterior de los huesos de la columna, como si flotaran. En la fase hacia arriba de un *plié* imagina las curvas de la columna alargándose. Inclina las apófisis espinosas hacia abajo para soportar esta acción. Las curvas de la columna están en constante cambio dinámico como respuesta a la acción de la extremidad.
5. Nota cómo te sientes al realizar un ejercicio de equilibrio con una columna dinámica perfectamente equilibrada.

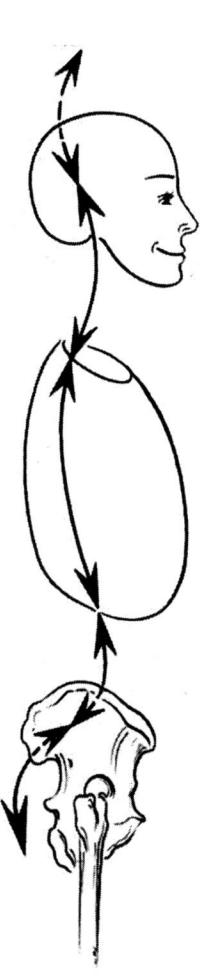

Equilibrio sobre pelotas

Un modo de mejorar una habilidad es practicarla en una situación más desafiante. Puedes hacer esto practicando ciertos pasos de danza durante una clase. Pero si tu equilibrio no progresa, o si sientes ansiedad acerca de tu habilidad de equilibrio, elige un método que sea divertido y que lleve tu habilidad hasta niveles más altos mediante el entrenamiento de todos tus órganos del equilibrio. Si haces esto, cuando vuelvas a bailar verás que has mejorado, y casi sin esfuerzo.

Teniendo esto en mente, te recomiendo utilizar dos pelotas de 10 cm de diámetro para practicar el equilibrio. Cualquier tipo de pelota inflable más o menos de esta medida servirá, siempre que todas las pelotas sean de la misma medida, elásticas y lo bastante resistentes para aguantarte a ti de pie encima de ellas. (Véase la lista de recursos al final de este libro para informarse sobre dónde encontrar estas pelotas.) Un par de pelotas de este tamaño ofrecen los siguientes beneficios para el equilibrio:

- Hacen que los movimientos del pie sean independientes y tridimensionales.

- Sostienen el pie debajo del arco para estimular ciertos reflejos importantes para tu equilibrio. Son necesarios tantos días para aprender a equilibrarse sobre las pelotas como para equilibrarse sobre una tabla, pero es muy valioso realizar este esfuerzo extra para el equilibrio específico de la danza.

- Los pies estimulados por las pelotas aumentan el tono de los músculos del tronco, hecho que ayuda a tu equilibrio. Este aumento de tono se amplifica por la extensión de los huesos que se produce cuando el pie presiona una pelota (Roberts, 1995, 117). Si la columna está más erecta y equilibrada, los hombros pueden relajarse como si la tensión superficial desapareciera.

- Las pelotas elásticas permiten una reacción de empuje de extensión, un empuje de la pierna contra el suelo. Este empuje da la sensación de elevarse sin esfuerzo.

- Ponerse de pie sobre las pelotas también estimula las reacciones correctas ópticas y vestibulares, y entrena los órganos sensoriales de los músculos del cuello y de todo el cuerpo. El resultado es una sensación de que el equilibrio y la alineación resultan más fáciles después de practicar con las pelotas y realizar un ejercicio de equilibrio.

- Como las pelotas son ligeras y relativamente pequeñas, las puedes llevar en la bolsa donde llevas tu equipo de danza, lo cual es muy práctico.

TRANSFERIR EL PESO A UNA PELOTA 3.13

Para practicar el equilibrio sobre una pelota, hay que comenzar lentamente y avanzar poco a poco, ejercitando sólo un pie cada vez. Si no tienes una pelota, utiliza una toalla bien enrollada o una buena bolsa de agua caliente. Si llenas la bolsa de agua caliente, te servirá además como calentador en invierno.

1. Coloca un pie delante del otro y pon el arco del pie delantero (el centro del pie) sobre la pelota (figura a).
2. Mécete adelante y atrás, transfiriendo rítmicamente tu peso sobre y fuera de la pelota (figura b). Mientras cambias tu peso sobre la pelota, imagina que los dedos y el talón se derriten encima de ella.
3. Balancea los brazos hacia delante mientras transfieres tu peso adelante, y hacia atrás cuando te mezas de nuevo hacia atrás.
4. Espira mientras meces tu peso sobre la pelota. Las dos últimas acciones sirven para relajar la tensión mientras aprendes a equilibrarte.
5. Después de unas 20 repeticiones, retira el pie de la pelota y coloca los pies uno junto al otro. Eleva una pierna, y después la otra. Equilíbrate en la posición de *passé retiré*. Observa la diferencia en equilibrio, estabilidad y relajación entre los dos lados del cuerpo.
6. Repite lo mismo con el otro lado.
7. Piensa en el peso del cuerpo reposando sobre la pelota.

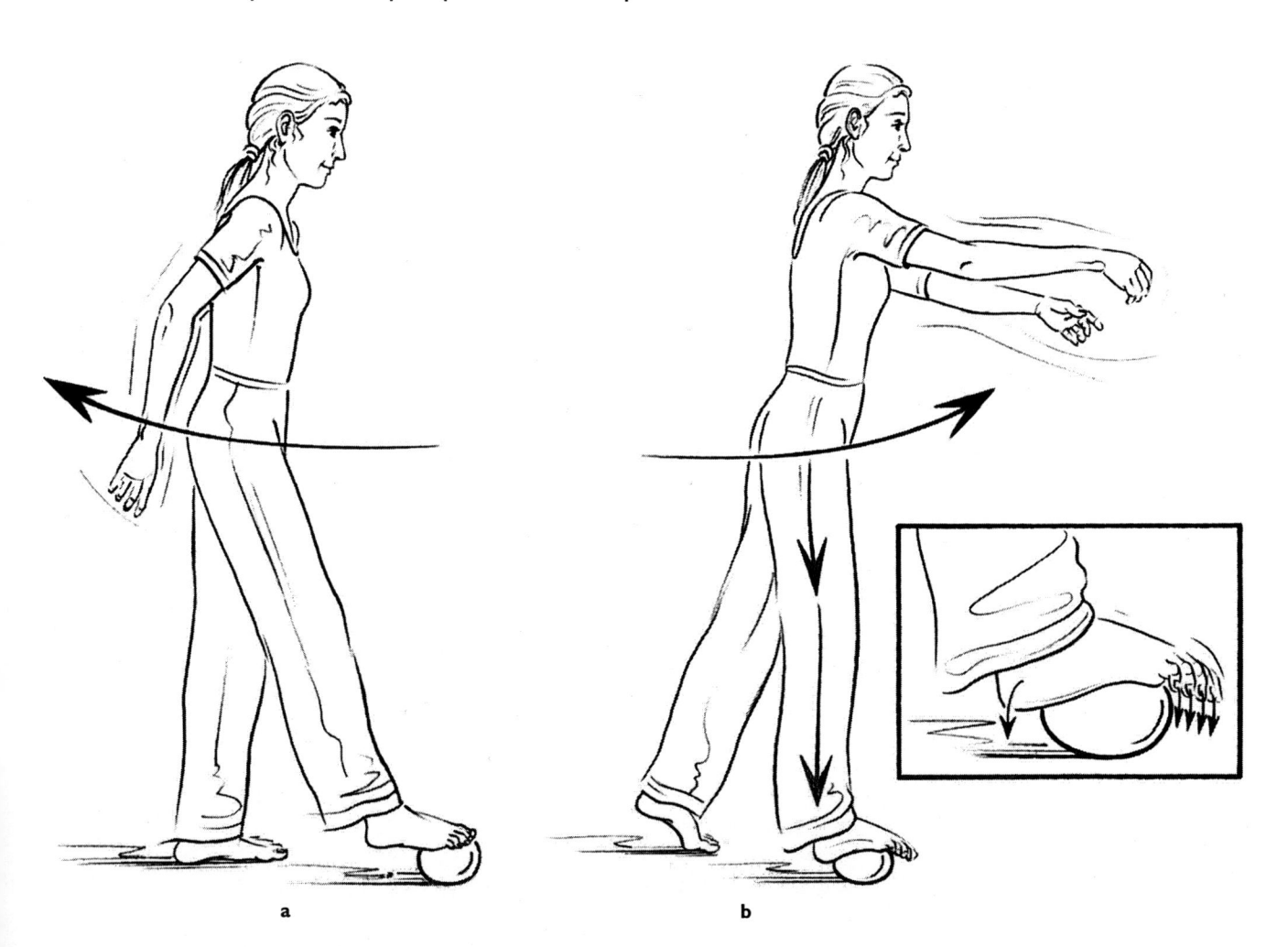

a

b

DANZA. Acondicionamiento físico

3.14 DE PIE SOBRE DOS PELOTAS

Una vez hayas practicado con cada pie por separado, intenta ponerte de pie sobre las dos pelotas a la vez. Este ejercicio parece difícil al principio, pero si practicas a menudo puedes llegar a dominarlo en una semana.

1. Coloca tus pies sobre las dos pelotas e intenta equilibrarte.
2. Sujétate en una barra, o practica con un compañero para empezar (véase figura).
3. Intenta soltar a tu compañero o la barra, y equilíbrate solo.
4. Imagina los músculos de la espalda relajándose hacia abajo y el eje central alargándose.
5. Deberías ser capaz de equilibrarte sin ninguna ayuda externa después de practicar diariamente durante aproximadamente una semana.

3.15 FUERZA Y EQUILIBRIO

Utiliza una Thera-Band o unos pesos libres mientras te colocas de pie sobre las pelotas para una práctica efectiva de fuerza y equilibrio que ejercite tanto la parte superior del cuerpo como la inferior mientras mejoras tu equilibrio. Te proponemos a continuación un ejemplo de este tipo de combinación de ejercicio de fuerza y equilibrio.

1. Ponte de pie sobre la pelotas sujetando los dos extremos de una banda alrededor de la espalda y por debajo de los brazos.
2. Estira los brazos hacia los lados y relájalos lentamente llevándolos a su posición inicial; repite la acción ocho veces (figura a).
3. Piensa en empujar desde el centro del pecho. Puedes incluso intentar iniciar el movimiento desde el corazón (figura b).
4. Eleva los brazos hasta 45°. Realiza pequeños círculos con las manos ocho veces hacia delante y ocho veces hacia atrás.
5. Baja los brazos, suelta la banda y relájalos.
6. Repite la secuencia, pero esta vez extiende y flexiona los brazos y las piernas simultáneamente.
7. Observa tu alineamiento, equilibrio y nivel de tensión después del ejercicio. Puede que te sientas más fuerte, más equilibrado y más flexible. En un solo ejercicio has entrenado muchas de las habilidades que requiere la danza.

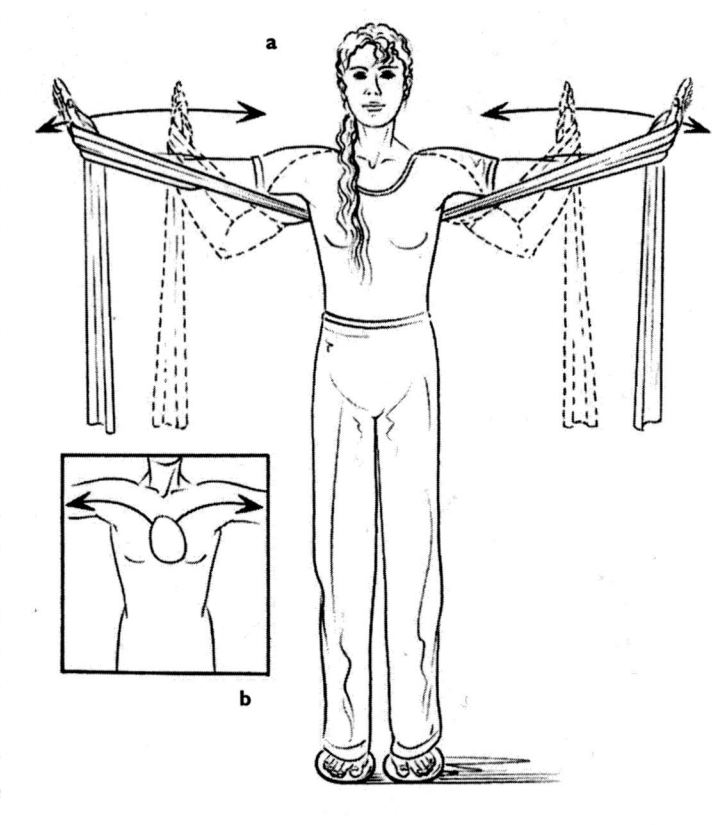

EQUILIBRAR LA FLEXIÓN Y LA ROTACIÓN DE LA COLUMNA 3.16

Después de dos o tres semanas de práctica de equilibrio, intenta hacer este ejercicio para superar otro reto.

1. De pie sobre las pelotas, rebota ligeramente para flexionar y extender rítmicamente las piernas.
2. Eleva los hombros e inspira; baja los hombros suavemente mientras espiras.
3. Coloca las manos detrás de la cabeza (figura a). Envía el aire que inspiras al cuello.
4. Visualiza cómo se alarga la columna cervical, pero no trates de alargar el cuello físicamente.
5. Deja caer los brazos a los lados y nota la longitud del cuello.
6. Coloca las manos de nuevo sobre el cuello.
7. Con las manos sobre el cuello, rota el tronco cuatro veces hacia la derecha y después hacia la izquierda.
8. Mueve las manos a lo largo del cuello hasta que queden detrás de la cabeza.
9. Flexiona muy lentamente la columna cervical y la dorsal superior (figura b). Alarga ligeramente el cuello. Imagina el cóccix alargándose en dirección opuesta.
10. Extiende lentamente la columna, deja caer los brazos a los lados y bájate de las pelotas.
11. Nota cómo el cuello y la columna entera se alinean, estabilizan y alargan sin esfuerzo. Intenta girar el tronco y flexiona la columna, y observarás un aumento en la flexibilidad y en la facilidad de movimiento.
12. Practica unas cuantas posiciones de equilibrio.

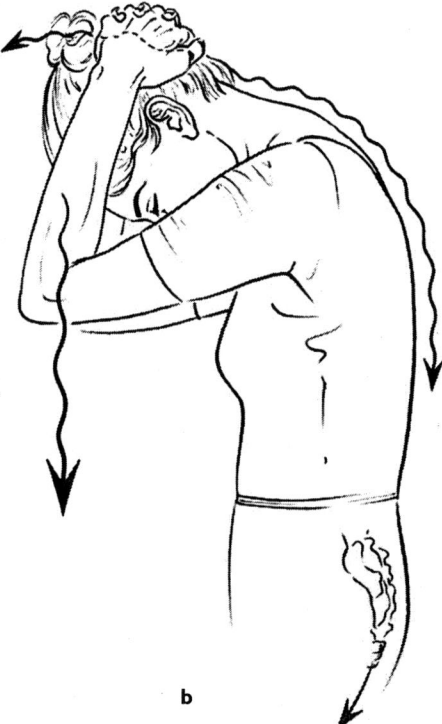

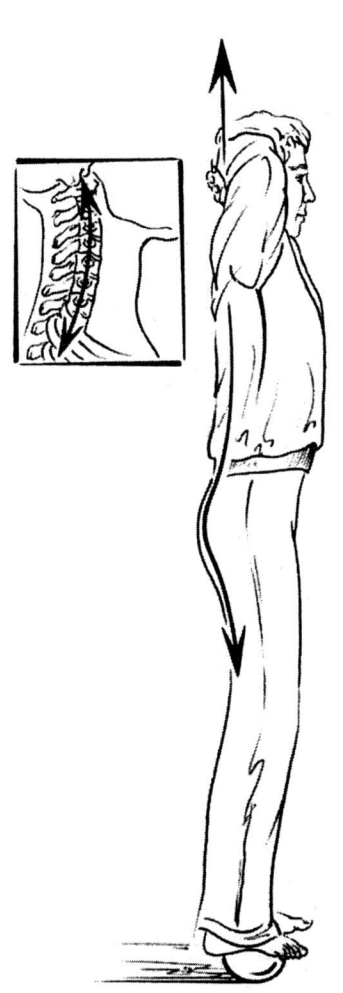

a

b

3.17 EL EQUILIBRIO DE LA EXTENSIÓN DE COLUMNA

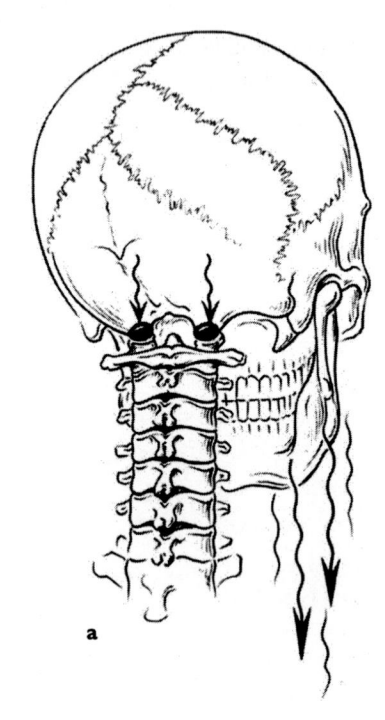

Después de practicar durante varias semanas, equilibrarse sobre las pelotas debería parecer fácil. Llegado a este punto, puedes añadir algunos movimientos más difíciles a tu repertorio. Si cierras los ojos, por ejemplo, eliminas el reflejo de corrección óptica y tienes que confiar en otros órganos sensoriales. Este ejercicio es de mucha ayuda, porque el uso excesivo de los ojos para guardar el equilibrio puede llevar al desastre cuando nos enfrentamos a la oscuridad durante las actuaciones nocturnas en lugar de hacerlo delante del espejo de clase. Este ejercicio también mejora todas las acciones de arqueo de espalda.

1. Ponte de pie sobre dos pelotas con los brazos relajados a los lados.
2. Cierra los ojos e intenta mantener el equilibrio. ¿Puedes mover los brazos y colocarlos en varias posiciones con los ojos cerrados?
3. Abre los ojos.
4. Visualiza el punto donde la cabeza reposa sobre la columna. Dos articulaciones redondas en miniatura (cóndilos) al fondo del cráneo reposan sobre dos facetas profundas en el extremo de la columna. La vértebra en la punta de la articulación es el atlas (figura a). Siente cómo se relaja la mandíbula para que centres tu atención en el peso del cráneo, que reposa sobre el atlas.
5. Mueve la cabeza hacia delante y hacia atrás, y siente el mismo peso sobre las dos facetas.
6. Extiende la columna cervical y eleva el esternón hacia arriba, como si estuviera siendo estirado por un cordón imaginario (figura b). Mira hacia el techo. Intenta mantener la posición durante unos 30 segundos.
7. Amplía el espacio entre las vértebras como si tus discos intervertebrales se expandieran en forma de acordeón apretado que se ha relajado y está regresando a su forma. Piensa en las apófisis espinosas cayendo hacia abajo (figura c).
8. Retorna la cabeza a su posición neutra.
9. Baja de las pelotas y observa el alineamiento.
10. Intenta dibujar un arco hacia atrás con la cabeza mientras estás de pie y notarás que tu flexibilidad ha aumentado.

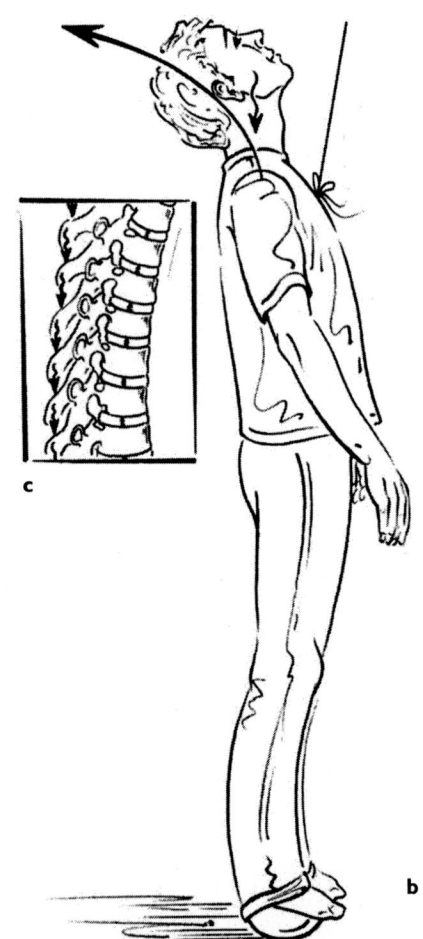

LA FORMA CARDIOVASCULAR Y EL EQUILIBRIO 3.18

La siguiente tarea está diseñada para aumentar tu frecuencia cardíaca mientras entrenas el equilibrio y la fuerza. Si dispones de un espacio limitado para el calentamiento, este ejercicio es idóneo. También refuerza gran parte de los grandes músculos, como el deltoides, el serrato anterior, los glúteos y el erector de la columna.

1. Ponte de pie sobre las dos pelotas. Coloca la Thera-Band detrás de tus muslos (figura a) a una longitud y resistencia adecuadas (véase capítulo 1). Es más fácil colocar primero la banda detrás de las piernas y después subirse a las pelotas.
2. Con cada extremo de la banda en una mano, estira los brazos hacia delante.
3. Flexiona las rodillas y eleva los brazos extendidos. Mientras flexionas las rodillas, espira y piensa en el alargamiento de los glúteos (figura b). Mientras elevas los brazos, piensa en el alargamiento del elevador de la escápula y el romboides (figura c).
4. Estira las rodillas y baja los brazos. Inspira mientras estiras las rodillas, y piensa en el alargamiento de la columna.
5. Repite la secuencia 12 veces, y después descansa durante 30 segundos.
6. Recoloca la banda y estira los brazos hacia delante.
7. Baja los brazos mientras flexionas las rodillas y elévalos mientras las estiras.
8. Repite la secuencia 12 veces, después suelta la banda y sigue haciendo el mismo movimiento sin ella durante unos 3 minutos más.
9. Para añadir un poco de ejercicio cardiovascular, toca el suelo cuando las rodillas estén completamente flexionadas.

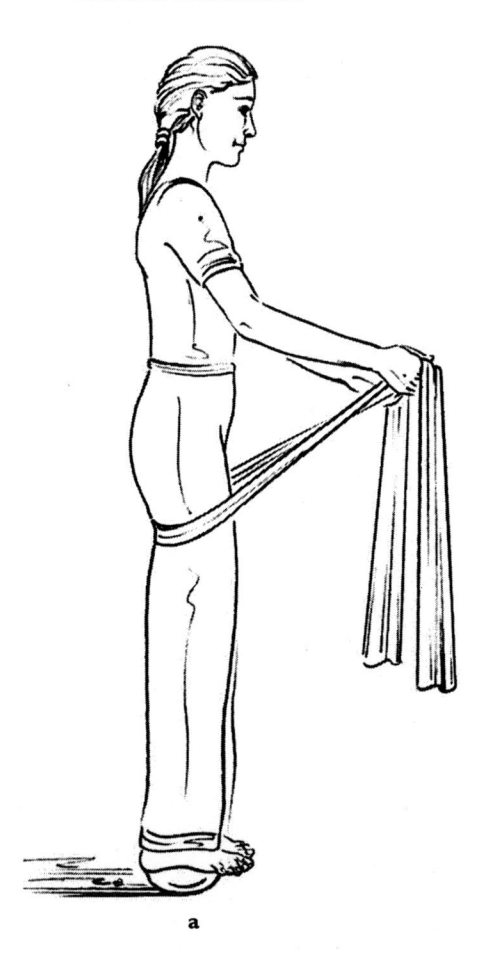

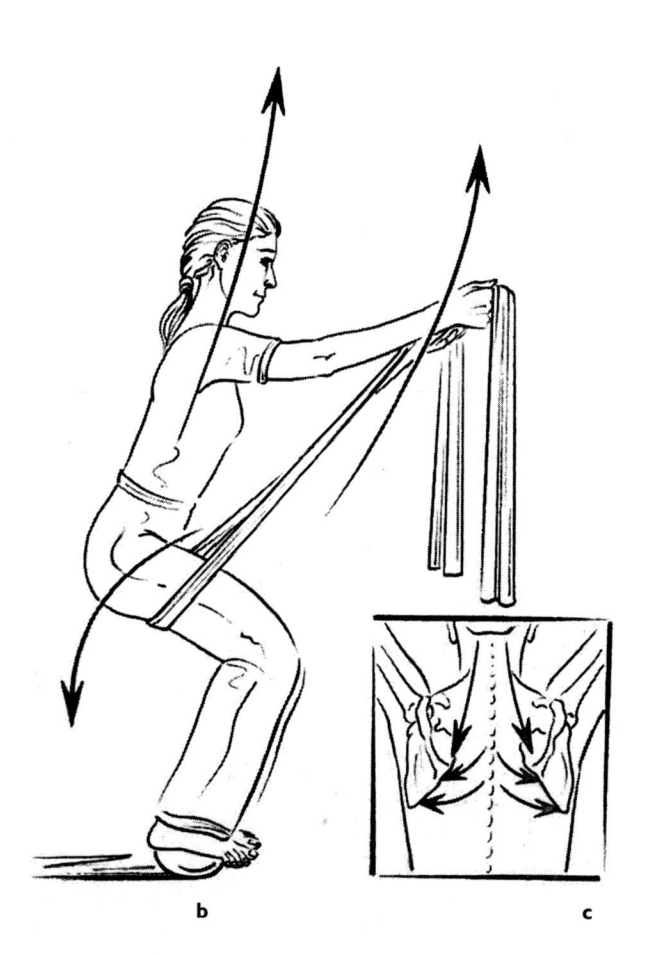

a

b

c

Capítulo 4

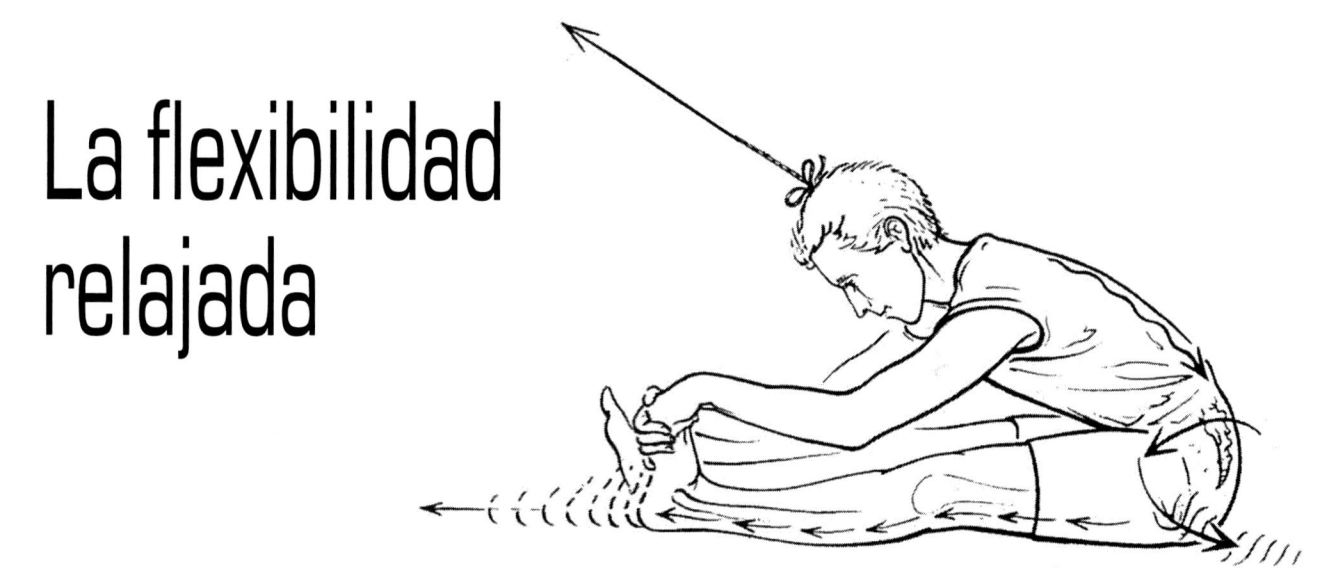

La flexibilidad relajada

El ritmo, la fluidez, el alineamiento y la libertad de movimiento son los conceptos claves de la danza relacionados con el nivel de tensión y la flexibilidad corporal. Por ejemplo, el músculo trapecio conecta la cabeza con la columna y los omóplatos. Cuando se acorta, tira de la cabeza hacia atrás y de los omóplatos hacia atrás y arriba. Para experimentar el eje central y liberar las piernas, necesitas que los músculos se relajen. Es difícil hacer piruetas o equilibrarse bien si el trapecio está tenso, aunque un trapecio rígido es muy común entre los bailarines.

Estar libre de tensiones no sólo hace que nos sintamos bien, sino que es esencial para bailar adecuadamente. Este capítulo pretende ayudarte a experimentar la relación entre la flexibilidad y la tensión, y a mejorar la técnica mediante la reducción de esta última. También describe los principios básicos de cómo estirarse correctamente y explica cómo mejorar los estiramientos con la imaginación. Está dirigido a las áreas clave del cuerpo que experimentan tensión, como los hombros y el cuello, y describe el papel de los órganos en la flexibilidad.

El objetivo del entrenamiento de la flexibilidad es aumentar el grado de movilidad (ROM) disponible en las articulaciones y en otras estructuras corporales para darte una sensación de libertad y espacio en todos tus movimientos. Los ejercicios de este capítulo también pueden ayudarte a sentirte libre cuando bailes y a deshacerte de la rigidez en lugares del cuerpo aparentemente bloqueados. Siempre que dos partes articuladas puedan moverse cada una en relación con la otra, habrás creado más flexibilidad. Eso no quiere decir que estas partes o superficies estén restringidas por las articulaciones. Puedes crear también más flexibilidad moviendo órganos relacionados entre sí.

El entrenamiento de la flexibilidad también contribuye al mantenimiento general y a la salud del cuerpo porque aporta la fluidez sanguínea necesaria para ello a través de los tejidos y la lubricación de las articulaciones. Además, hay una fuerte conexión entre la flexibilidad equilibrada, la estabilidad y la reducción de lesiones.

Trataré dos tipos de flexibilidad:

1. La *flexibilidad estática* es el ROM que permiten las articulaciones cuando realizamos un estiramiento sin movimiento. Lo importante aquí no está en la habilidad para moverse. Tu flexibilidad estática depende de la estructura de las articulaciones, de la capacidad de elongación de los músculos y de la elasticidad de los tejidos conectivos y otros circundantes.

2. La *flexibilidad dinámica* es la cantidad de ese ROM que puedes utilizar mientras bailas. La necesitas cuando realizas una extensión de pierna *(développé)*. Esta flexibilidad puede o no estar correlacionada con tu flexibilidad estática.

Los incrementos de la flexibilidad estática no necesariamente se traducen en un aumento del margen dinámico de movimiento. Tu flexibilidad sólo puede aprovecharse completamente en el movimiento activo si tienes suficiente fuerza y coordinación para mover las extremidades a posiciones que las articulaciones permitan. El cuerpo puede estar estructurado y estirado para permitir la flexibilidad, pero puede que el sistema nervioso no sea capaz de coordinar los músculos, huesos y articulaciones en un mismo sentido para aprovecharlo. Alguien que tiene comparativamente poca flexibilidad estática puede moverse flexiblemente si su movimiento está bien coordinado por el sistema nervioso.

Hace varios años, una bailarina de una de mis clases de ballet vino a mí frustrada por su abertura. Me mostró lo flexible que era en varias posiciones, y se dio cuenta de que otras bailarinas con el mismo nivel de flexibilidad tenían mucha más abertura mientras bailaban. Pensó que su flexibilidad no se traducía en un apropiado nivel de abertura. De modo que le pedí que realizara un *plié*. Mirando cómo lo ejecutaba, me di cuenta de que su flexibilidad estática era excelente, pero el problema estaba en su flexibilidad dinámica. Creaba tensión cuando coordinaba la pelvis, las piernas y la columna, y de este modo eliminaba gran parte de la flexibilidad que había ganado con el estiramiento. Detecté estos problemas observando la alineación de sus piernas a cada momento, de su pelvis, sus pies y su columna. Si las rodillas, por ejemplo, se mueven de delante atrás durante distintas fases del descenso y ascenso desde un *plié*, la bailarina no permite que la coordinación articular adecuada ni los músculos equilibrados creen el alineamiento, pero en su lugar utiliza una gran variedad de estrategias de tensión, como deslizar los glúteos y los cuádriceps. Otros signos seguros son los pies que se balancean hacia dentro o hacia fuera y desestabilizan el alineamiento pélvico. Al haber realizado estrategias de tensión para controlar el movimiento durante largo tiempo, la bailarina no se da cuenta de su efecto negativo, y estos hábitos se han convertido en algo automático. La visualización y las señales cinestésicas basadas en el contacto pueden cambiar estos patrones en un período corto de tiempo. Los patrones permanecerán modificados si la bailarina los incorpora en su imagen corporal.

De acuerdo con la ideocinesis (véase capítulo 1), la flexibilidad óptima es el producto de un buen alineamiento y del equilibrio muscular resultante. Mediante la transferencia del peso corporal a una guía centrada a través de los huesos y las articulaciones, los músculos abandonan los patrones de sostén que inhiben la flexibilidad. Si el alineamiento es incorrecto, la musculatura aguanta demasiado peso y la tensión aumenta, mientras que la flexibilidad disminuye.

Lo contrario también confirma esta verdad: si tienes una flexibilidad equilibrada, eres más estable, porque las articulaciones se reparten bien el peso. La flexibilidad equilibrada crea estabilidad, pero la estabilización con tensión la reduce. Todos los bailarines con quien he trabajado han mejorado su flexibilidad mediante la aplicación de estos principios. Sin embargo, queda mucho por investigar sobre la conexión entre flexibilidad y alineamiento. Finalmente, la flexibilidad también depende de muchos otros factores adicionales como los genes, las diferencias entre hombres y mujeres, e incluso la nutrición.

La conexión flexibilidad-tensión

La reducción está relacionada con el aumento de la flexibilidad y de la capacidad de movimiento. ¿A qué se debe esto? La razón más obvia es que el exceso de tensión provoca que soportes con mayor rigidez de la necesaria las articulaciones y estructuras para realizar un movimiento determinado. Una razón menos obvia es que toda tensión necesita compensarse con una contratensión, lo cual nos resta fuerza de movimiento. Todas las áreas excesivamente tensas impiden un alineamiento adecuado, y alteran los patrones respiratorios y el equilibrio. Una vez relajas el exceso de tensión, muchos de los lugares que has estado intentando estirar aumentarán su flexibilidad como si los hubieras tocado con una varita mágica.

Cuando empecé a experimentar la conexión entre la tensión y la flexibilidad, esta relación vino a mí como una revelación. Siempre pensé que mi espalda era inflexible, especialmente en cuanto a la extensión. Un día relajé mis hombros con ayuda de las imágenes y el contacto, y en un instante mi movilidad aumentó por encima de lo que jamás habría creído que fuera posible. Mi columna era instantáneamente más flexible, con sólo pensar de modo distinto. Esta experiencia me llevó a darme cuenta de que mi problema residía en cómo había utilizado mi cuerpo, y no sólo en que tuviera un músculo corto.

Estas ideas son similares a las propuestas por muchas disciplinas somáticas, como la Feldenkrais®, la Técnica de Alexander, la Centralización Cuerpo-Mente® (BMC tm) y la ideocinesis. A lo largo de este libro he elegido la ideocinesis, la Centralización Cuerpo-Mente y mi propia técnica, la Metodología Franklin®, denominada ahora el Método Franklin®, como tres técnicas somáticas que pueden integrarse fácilmente en las formas tradicionales y los movimientos de todos los estilos de danza.

Un músculo está compuesto de tejido conectivo, fibras musculares, vasos sanguíneos y nervios. Cuando te estiras, necesitas que todos estos elementos se alarguen. Las estructuras óseas y articulares son factores limitantes. La resistencia que sientes cuando estiras un músculo generalmente emana del tejido conectivo más que del músculo en sí. La inflexibilidad está más relacionada con la existencia de un tejido conectivo tenso (Alter, 1988, pág. 31). Un estiramiento consistente y regular estimula las células del tejido conectivo para adaptar el incremento de longitud que necesitas (Albrecht, Mayer y Zahner, 1997, pág. 23). Debes tener mucho cuidado cuando realices estiramientos, porque el sobreestiramiento puede ser dañino para los nervios. Los vasos sanguíneos son tubos, y si son estirados se estrechan, con lo que se reduce el flujo de sangre al músculo y los nervios que contiene (Van der Berg, 1999, pág. 230). Esto puede producir una menor conducción de mensajes al nervio, o, en un caso extremo, un desgarro de la fibra nerviosa.

Los nervios y los vasos sanguíneos están de algún modo protegidos por el hecho de que habitualmente transcurren a través del músculo, no en sentido lineal sino como una ola. Un recubrimiento de tejido conectivo con fibras en forma de ola rodea la mayoría de los nervios. El hecho de estirarse primero endereza las olas y estira el tejido conectivo antes de que el nervio en sí mismo sea estirado. Si un nervio es estirado más de un 15%, probablemente se dañará (Van der Berg, 1999, pág. 227). La tensión muscular crónica es igualmente deformadora. Si un músculo se contrae un 20% de su máxima fuerza de contracción, el flujo sanguíneo se interrumpe debido al incremento de presión en el músculo. Si se mantiene durante demasiado tiempo una tensión muscular, se provocarán serias restricciones del flujo sanguíneo y se dañará el músculo. (Van der Berg, 1999, pág. 177). Estos hechos deben tomarse en consideración cuando estiramos musculaturas tensas.

Debido a que hay muchas afirmaciones contradictorias en la bibliografía, te aconsejo que tengas mucho cuidado a la hora de estirarte. Un interesante estudio descubre que hay gente poco flexible que puede alcanzar gran flexibilidad si toma narcóticos para dormir. Durante el sueño son muy flexibles, pero al despertar el cerebro se pone en guardia, los músculos se tensan de nuevo y la flexibilidad vuelve a ser limitada (Albrecht y Gautschi, 2001, pág. 27). Esto indica que en la flexibilidad reside un alto grado de control cerebral y con él la imagen de nuestra flexibilidad. Mediante la modificación de esta imagen podemos cambiar nuestra flexibilidad; éste es un hecho que he observado incontables veces en mis clases. Por tanto, recomiendo que veamos los estiramientos tan sólo como un método más para aumentar la flexibilidad, de entre muchas técnicas somáticas que mejoran el alineamiento, relajan la tensión y crean un equilibrio muscular.

4.1 EXPERIMENTAR LA CONEXIÓN FLEXIBILIDAD-TENSIÓN

La tensión puede provocar una secuencia de acontecimientos capaces de distorsionar seriamente tu técnica. Por ejemplo, muchos bailarines mantienen una tensión en la lengua y en la mandíbula, con lo que impiden el alineamiento adecuado de la columna cervical e incrementan la tensión de los hombros y de los músculos abdominales para contraequilibrarse. Si un bailarín se desequilibra en los giros y en otros movimientos, intenta compensarlo mediante la elevación o la suspensión de la respiración. Esta acción provoca todavía más tensión, y pronto la facilidad y fluidez abandonan el movimiento y el bailarín se frustra. La tensión también reduce el flujo de sangre del músculo, lo que causa una falta de oxígeno y una acumulación de toxinas, que a su vez provocan fatiga y dolores musculares.

A menos que puedas detectar un patrón de movimiento dañino, no lograrás cambiarlo. Lo que no puedes sentir no puedes cambiarlo en otra nueva sensación. Acostúmbrate a observar durante algunos minutos los cambios en tu nivel de tensión mientras te mueves.

La conexión mandíbula-cuello

1. Concéntrate en el cuello mientras mueves la cabeza hacia delante y hacia atrás.
2. Presiona la mandíbula, ciérrala firmemente y mueve la cabeza otra vez hacia delante y hacia atrás. Observa cómo la mandíbula afecta el nivel de tensión del cuello.
3. Rota la cabeza hacia la izquierda y hacia la derecha. Luego presiona la mandíbula y observa cómo afecta esto la rotación de la cabeza.

La conexión cuello-mandíbula-salto

1. Realiza unos cuantos saltos con los dos pies. Nota cuánta elasticidad tienen tus piernas.
2. Presiona la mandíbula y salta de nuevo. ¿Sientes las piernas más tensas?
3. Friégate las manos y colócalas sobre el cuello. Imagina el cuello blando como si fuera gelatina.
4. Envía aire dentro del cuello y deja caer los hombros.
5. Retira las manos y agita los brazos.
6. Salta arriba y abajo, y fíjate en cómo sientes los saltos cuando el cuello está relajado.

La conexión mano-hombro

1. Eleva el brazo derecho y muévelo alrededor mientras notas la flexibilidad del hombro.
2. Haz un puño con la mano derecha y nóta como afecta esto la flexibilidad del hombro. Relaja la mano, agítala y muévela alrededor de nuevo para sentir la libertad en el movimiento del hombro.
3. Repite este ejercicio con el otro brazo.

La conexión hombro-columna

1. Rota el tronco hacia la derecha y hacia la izquierda. Siente la flexibilidad de la columna.
2. Eleva los hombros y rota el tronco de nuevo mientras notas qué ocurre con la movilidad de la columna.
3. Deja caer lentamente los hombros y rota el tronco hacia la derecha y la izquierda. Descubre cómo se relacionan la posición y la tensión del hombro con la flexibilidad de la columna.

La conexión hombro-pierna

He visto a menudo bailarinas que son muy flexibles en una posición de estiramiento, pero cuyas piernas se acortan cuando bailan debido a la tensión de hombros.

EXPERIMENTAR LA CONEXIÓN FLEXIBILIDAD-TENSIÓN (continuación) 4.1

1. De pie, eleva la rodilla derecha mediante la flexión de la articulación de la cadera. Después baja la pierna.
2. Tensa los hombros, elévalos un poco hacia arriba y eleva otra vez la pierna derecha. Notarás que el movimiento en la cadera derecha está más restringido.
3. Deja caer los hombros, relájalos y eleva la pierna de nuevo. Si has calentado, da una patada de pierna alta *(grand battement)* con los hombros elevados, y observa la restricción en la articulación de la cadera.
4. Eleva los hombros y déjalos caer lentamente, y mientras llegan al punto más bajo posible, al más relajado, realiza un *grand battement* con la pierna. Ésta llegará más arriba y se moverá con más libertad en la articulación de la cadera.

La conexión columna-cadera

Otro factor que afecta la flexibilidad de la cadera es la longitud de la columna. Si la columna está comprimida y acortada, la flexibilidad de la cadera se reduce.

1. De pie, imagina un fuerza empujándote la cabeza hacia abajo, comprimiendo la columna.
2. Con esta imagen en tu mente, balancea una pierna hacia delante, y fíjate en el efecto que esto ejerce sobre la cadera y los músculos isquiotibiales en la parte posterior de la pierna.
3. Imagina la cabeza flotando hacia arriba y el cóccix cayendo hacia abajo. Imagina que la columna es una cadena flexible de perlas.
4. Balancea la pierna una vez más y observa si sientes alguna diferencia en la facilidad de movimiento y en la flexibilidad en la cadera y los isquiotibiales.

APRENDER A OBSERVARSE 4.2

En una situación ideal, utilizarás el mínimo esfuerzo para realizar cualquier movimiento determinado. En ese caso, sólo emplearás los circuitos necesarios del sistema nervioso, liberando los sistemas corporales para una coordinación eficaz. El primer paso para ello es descubrir tus patrones de tensión a través de la observación, con la ayuda de ejercicios sencillos o de un profesor habilidoso o un terapeuta corporal. Muchos de estos patrones y sus compensaciones se convierten en una parte del sentir del cuerpo entero, de parte de la imagen corporal del bailarín. Nada cambiará hasta que tú no experimentes una alternativa que mejore tu técnica.

Aprende a liberarte del patrón con el que acostumbras a moverte, y observa tu movimiento objetivamente. Utiliza la observación para perfeccionar tu técnica. No estoy hablando de un baile incorpóreo, sino de un ligero cambio en tu forma de practicar la danza. Si te enfrentas a una dificultad técnica, este ejercicio puede ofrecerte grandes pautas acerca de lo que es incorrecto y de lo que puedes hacer.

1. Mientras bailas, observa si mantienes el cuello demasiado rígido o tensas la lengua y la mandíbula.
2. Intenta moverte sin esas tensiones; detecta los signos de tensión en tu cuerpo. Al principio puede ser extraño. Inicialmente esto ocurre porque el anterior sistema de movimiento se sentía como el natural.
3. Ahora observa otras áreas del cuerpo: la zona lumbar, los talones y los hombros.
4. Aplica este método hasta que el sistema que facilita el movimiento parezca el natural.

4.3 EXPERIMENTAR LA CONEXIÓN PESO-FLEXIBILIDAD

El ejercicio anterior muestra que la tensión en una parte del cuerpo afecta el grado de movilidad de otra. El siguiente ejercicio ejemplifica la conexión entre la percepción de tu peso y la de tu flexibilidad. Los bailarines suelen concentrarse en el alargamiento de sus cuerpos; mediante el intento de alargarse, están de hecho creando una distorsión. Según mi experiencia, el elongamiento sólo ocurre una vez liberas y organizas las estructuras del cuerpo. Uno de los mejores sistemas para alargar la columna, por ejemplo, es utilizar la imaginación con el suelo pélvico y relajar la mandíbula (véase también capítulos 5 y 7).

1. De pie en la segunda posición.
2. Eleva el brazo izquierdo y flexiona el tronco hacia la derecha, elevando el cuerpo para alargarte.
3. Regresa a la posición centrada y siente tu peso sobre el suelo. Imagina los pies relajados, deshaciéndose y cubriendo el suelo, y respira profundamente. No te estás derrumbando, tan sólo experimentas cómo el peso del cuerpo cae en forma de cascada al suelo en lugar de imaginar que el cuerpo te sostiene derecho en contra de la gravedad.
4. Eleva el brazo izquierdo y flexiónate hacia el mismo lado. Imagina que una larga curva recorre la columna mientras todavía sientes los pies enterrados en el suelo.
5. Observa el cambio en el ROM. No olvides que también estás creando más fuerza con esta aproximación, a pesar de que puedas sentirte más relajado. Con el aumento de tu margen de flexibilidad, estás reforzando los músculos que soportan este nuevo grado de movilidad. Si tu movimiento está restringido, tus ganancias de fuerza están también restringidas al tener que soportar posiciones menos flexibles.

4.4 PRESTA ATENCIÓN A LO QUE QUIERES

La flexibilidad no es solamente una cuestión de conseguir alargar los tejidos, sino también de ajustar el sistema nervioso para crear un nuevo sentido de longitud mientras te mueves. Cuando enseñamos al sistema nervioso nuevos modelos de moverse, *lo que experimentas se refuerza*. Si empiezas un programa de flexibilidad prestando atención a los movimientos que no puedes hacer, harás que el sistema nervioso registre lo contrario de lo que quieres conseguir. Analizar las limitaciones puede ser valioso como una herramienta analítica, pues ayuda a detectar las áreas que necesitan ayuda. Sin embargo, te sugiero que te concentres en sentir e imaginar tu flexibilidad y no tus limitaciones.

Tal como Zvi Githeiner apuntó, la clave para un aumento permanente de la flexibilidad no está tan sólo en realizar ejercicios de flexibilidad de manera regular, sino en crear una imagen corporal que contenga una autoimagen de flexibilidad incrementada.

1. Realiza una extensión *à la seconde* con la pierna derecha y luego eleva la pierna.
2. Mantente en esta posición y visualiza la extensión de la derecha. Imagina la pierna yendo aún más arriba. Sé preciso en tu sensación mientras te esfuerzas para elevar la pierna más arriba. Te sorprenderás cuando efectivamente se eleve más, sentirás que la fuerza de apoyo hace un mayor esfuerzo, y notarás que tratarás de mantener los hombros relajados. En otras palabras, haz que la situación parezca tan real como sea posible. Repite la extensión imaginaria con la pierna derecha tres veces más, y muévela más arriba con cada intento.
3. Después de un minuto o dos, intenta de nuevo la extensión con la pierna derecha, y nota si sientes alguna diferencia.
4. Repite los pasos 2 y 3 con la pierna izquierda.

El deslizamiento muscular y la flexibilidad

Imaginar un músculo deslizándose es un excelente camino para aumentar la flexibilidad en ese músculo sin forzarlo para alargarlo. Cuando los músculos se contraen, de hecho no se acortan desde un punto de vista microscópico. De acuerdo con la teoría del filamento deslizante de la contracción muscular, los músculos se acortan cuando los filamentos que cubren el músculo –actina y miosina– se deslizan juntos.

Para entender la acción de los filamentos musculares, imagina una barca de remos (figuras 4.1 a y b). La barca con su equipo de remos son los filamentos de miosina, y los remos son las cabezas de los filamentos. El agua es la actina. Mientras las palas empujan hacia atrás en el agua, la barca se mueve en dirección opuesta a la misma, y acorta la distancia con la línea de meta. En realidad, se trata de una situación más tridimensional, en la que la miosina está rodeada por seis filamentos de actina.

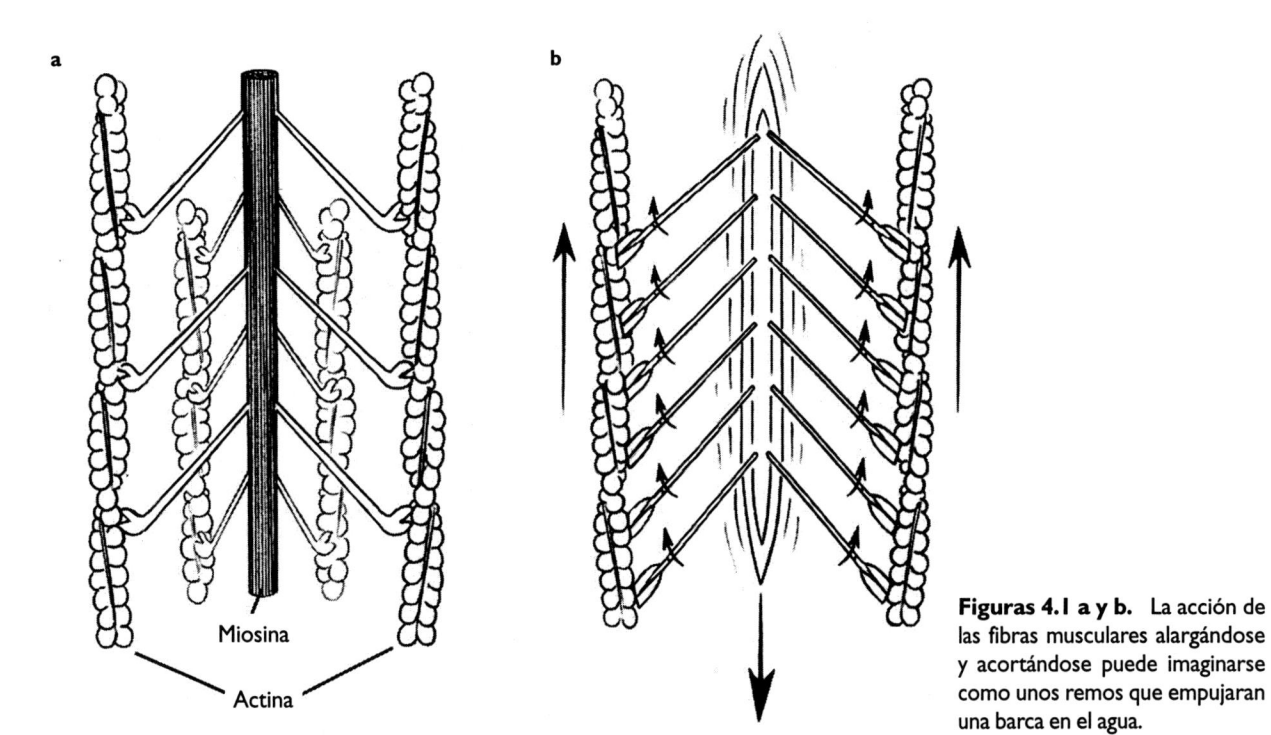

Figuras 4.1 a y b. La acción de las fibras musculares alargándose y acortándose puede imaginarse como unos remos que empujaran una barca en el agua.

Si te acercas para hacer una fotografía más grande de la contracción del músculo, puedes imaginar las barcas de miosina dentro de los muelles de actina cuando el músculo se acorta al máximo, y las barcas se deslizan fuera de los muelles cuando el músculo se alarga totalmente. La clave de esta imagen es que ni la barca ni el muelle se acortan; las proteínas que cubren el músculo no se acortan, sino que lo hace el músculo al completo. Además, cuando los filamentos de deslizan juntos, el tendón, que conecta el músculo con el hueso, se estira. Cuando los filamentos se deslizan alejándose, el tendón se afloja.

Puedes bailar e improvisar con facilidad mientras las células musculares experimentan este deslizamiento. Esta fijación mental difiere de la aproximación contráctil más tradicional. Compara el deslizamiento con la idea de unas articulaciones resbaladizas y bien lubricadas, y lograrás una visión que liberará el sistema musculosquelético. Las articulaciones bien lubricadas, creadas por el deslizamiento de millones de filamentos, soportan todos los movimientos.

4.5 CREAR ACCIÓN EN EL MÚSCULO LISO

Vamos a aplicar el deslizamiento muscular a músculos específicos. Si colocas una mano sobre tu brazo, tocarás el bíceps y por debajo el músculo braquial. Estos músculos son buenos modelos para utilizar la imagen de los filamentos deslizándose. A través de este ejercicio experimentarás tanto la facilidad de movimiento como el aumento de la flexibilidad.

1. De pie, coloca la mano izquierda sobre el bíceps del brazo derecho.
2. Siente el músculo bajo la mano mientras lo flexionas por el codo.
3. Ahora imagina los filamentos de los músculos deslizándose juntos (figura 4.2a) mientras flexionas el codo y separándose (figura 4.2 b) mientras lo extiendes.
4. Repite esta acción una docena de veces de modo que tengas tiempo de visualizar claramente la acción muscular. Imagina que estás dentro del músculo y sientes el deslizamiento. Puedes reforzar tu visualización con tu respiración.
5. Deja que los brazos cuelguen a los lados, y nota si sientes diferencias al percibirlos.
6. Flexiona ambos codos y observa la sensación de la acción muscular. Flexiona ambos codos al máximo, y fíjate en qué lado es más flexible. Puedes notar que el brazo donde visualizaste el deslizamiento de los filamentos se siente más liso, y que el codo de ese lado es más flexible.
7. Repite el ejercicio con el otro brazo.

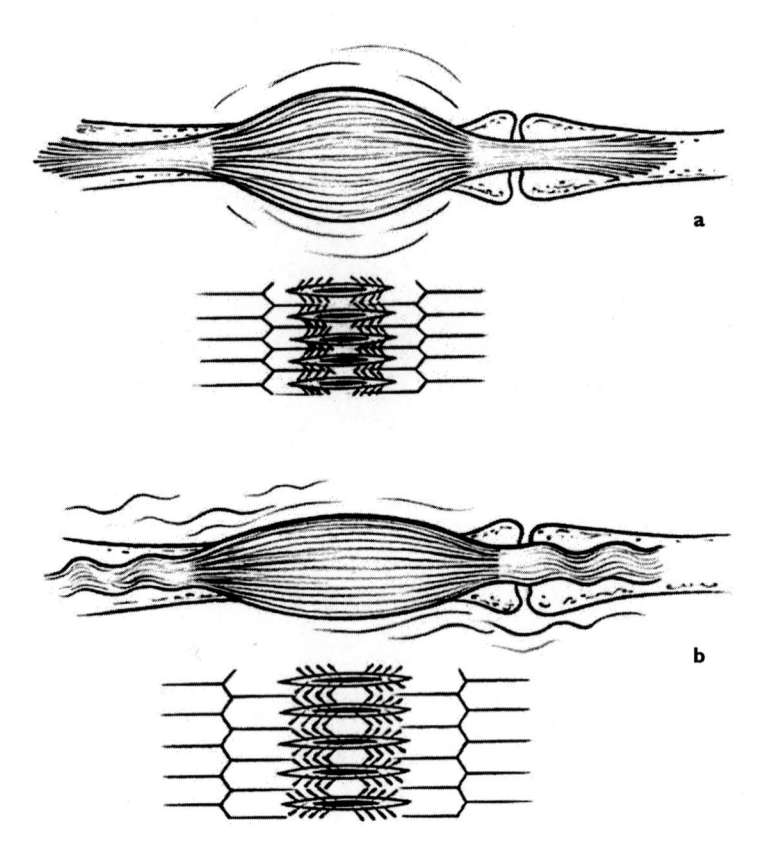

Figuras 4.2 a y b. Los elementos de cada fibra muscular no se acortan durante la contracción, sino que las fibras se deslizan juntas como una barca que entre en un muelle.

ABERTURAS DE LA PARTE SUPERIOR DEL PECHO 4.6

El siguiente ejercicio te deja con una sensación de abertura en el pecho y de mayor flexibilidad en los hombros. El músculo pectoral mayor conecta el brazo con la clavícula, el esternón y las costillas superiores. Se puede mover el brazo hacia delante con fuerza, como se demuestra en el boxeo y el kárate. También se activa cuando se baja el brazo en contra de una resistencia o durante la elevación del cuerpo en las flexiones de brazos. Si este músculo está tenso, los hombros rotan hacia delante. El deslizamiento muscular es un modo efectivo de relajar la tensión e incrementar la flexibilidad del pectoral mayor y de los músculos de alrededor.

1. Coloca la mano derecha sobre el músculo pectoral mayor izquierdo, sobre el interior del hombro izquierdo y en el exterior del esternón.
2. Eleva el brazo izquierdo delante de ti y en horizontal con respecto a tu cuerpo (figura a).
3. Mueve el brazo hacia atrás e imagina los filamentos separándose (figura b). Para aumentar la concentración, cierra los ojos.
4. Mueve el brazo hacia delante de nuevo y piensa en los filamentos juntándose.
5. Haz que la respiración acompañe a la acción. Mientras inspiras, mueve el brazo hacia atrás, y mientras espiras, muévelo hacia delante. Siente el deslizamiento como algo resbaladizo. Para ello, emplea por ejemplo la imagen de la espuma de jabón.
6. Mueve el brazo hacia delante y hacia atrás una docena de veces, y después deja colgar los brazos a los lados.
7. Observa si hay diferencias entre los lados. El hombro izquierdo puede sentirse más hacia el lado del cuerpo, y el derecho más hacia delante. Si mueves simplemente el hombro derecho hacia atrás para unirlo con el izquierdo notarás molestias. Estira ambos brazos horizontalmente hacia delante. Sentirás el brazo izquierdo más largo que el derecho.
8. Mueve los dos brazos horizontalmente hacia atrás, y observa qué lado está más flexible. Si mueves los dos brazos a la misma distancia, el que no visualizaste puede sentirse relativamente poco flexible y tenso y además te molestará. El contacto y la visualización pueden mejorar la flexibilidad.

Este ejercicio también afecta el pectoral menor. Conecta la coracoides de la escápula con la cara frontal de la caja torácica. Su acción es empujar la escápula hacia abajo. Si bajas el codo mientras llevas el brazo frente a ti durante el ejercicio anterior e imaginas la escápula cayendo, reforzarás la acción de acortamiento del pectoral menor. Si elevas el codo de nuevo mientras mueves el brazo hacia el lado, aumentarás la longitud del pectoral menor.

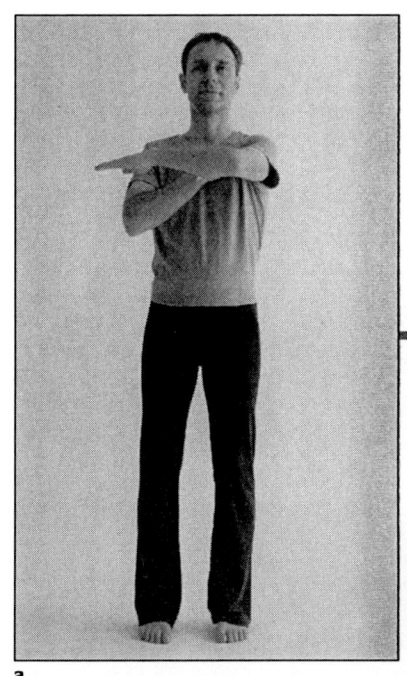

a   b

4.7 PROFUNDIZAR TU *PLIÉ*

La coordinación, la flexibilidad y el alineamiento del *plié* son la clave de la danza, porque el *plié* está implicado en la iniciación, la transición o la fase final de casi cada paso de danza. A pesar de que en la ejecución de un *plié* participan muchos músculos, el mayor volumen de trabajo lo realizan los glúteos y el cuádriceps. Mientras te mueves hacia abajo en un *plié*, estos músculos actúan excéntricamente para reducir el peso corporal. Con la visualización del deslizamiento de los filamentos de estos músculos, puedes aumentar el margen, la estabilidad y la fuerza del *plié*.

1. Realiza un *plié* sobre una pierna con la pierna de gesto en una posición de *coupé* en el tobillo (el pie que trabaja reposa cerca del tobillo) en cada lado. Advierte la facilidad y el margen de movimiento.
2. Mantente sobre una pierna en una posición moderadamente abierta.
3. Visualiza los glúteos y los cuádriceps. Nota la dirección de las fibras musculares, y piensa en cómo se alargan cuando haces el *plié*.
4. Mientras empiezas el *plié* sobre la pierna derecha, siente la elongación sincronizada del glúteo y el cuádriceps derechos. Siente los filamentos deslizándose hacia fuera suave y continuamente hasta que completes el *plié* (véase figura).
5. Sin parar, invierte la acción y muévete lentamente hacia arriba. Si sueles bajar demasiado al hacer tu *plié*, este ejercicio te resultará duro, lo cual es una señal de que ejerces demasiada fuerza. Visualiza cómo se nivela la cresta pélvica en lo alto a ambos lados.
6. Coloca la mano derecha sobre el glúteo derecho para ayudarte a visualizar la acción muscular.
7. Repite el *plié* ocho veces, e intenta alcanzar la máxima suavidad y continuidad en la acción.
8. Una vez hayas finalizado el ejercicio sobre el lado derecho, compara la profundidad y la facilidad para hacer el *plié* de la pierna derecha con la pierna izquierda. Después practica el ejercicio ocho veces con la pierna izquierda.
9. Sube y baja el cuerpo en otras posiciones, como con la pierna extendida en la segunda posición, por ejemplo.
10. Practica esta visualización diariamente hasta que logres bajar y subir suavemente el peso del cuerpo apoyado en una pierna.

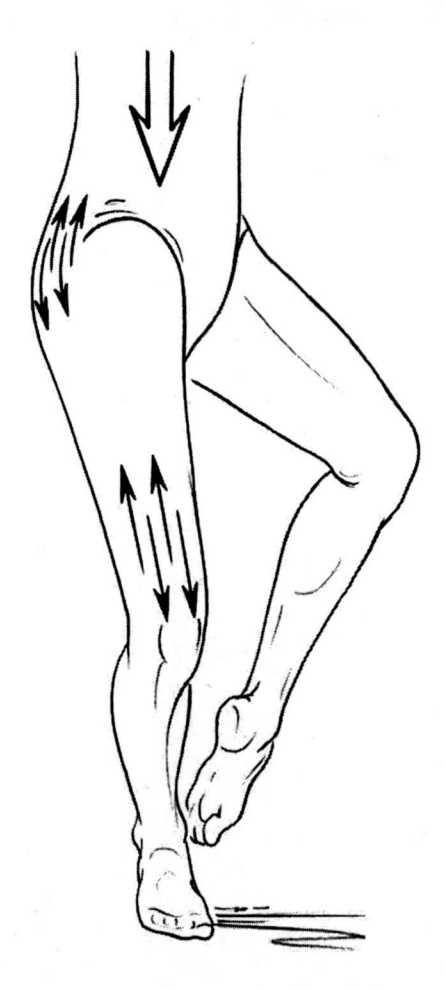

MEJORAR LA ABERTURA CON EL CONTACTO Y LA IMAGEN   4.8

Muchos bailarines desean mejorar sus aberturas, y la mayoría lo pueden hacer sin tensión si aprenden a utilizar el potencial completo de sus músculos. El siguiente ejercicio emplea la imagen de una esponja y la del deslizamiento de los filamentos para aumentar la abertura en el *passé retiré* y las extensiones altas de pierna. El procedimiento de los dos pasos implica aumentar la circulación del área ejercitada y la imaginación del movimiento en los músculos. Estas dos acciones combinadas crean un incremento sorprendente en el ROM de la cadera.

1. Con la mano izquierda apóyate en una barra de ballet o en otro objeto estable de similar altura. Cambia tu peso hacia la pierna izquierda, de modo que la pierna derecha se apoye únicamente sobre el pulpejo (parte lateral del pie).
2. Coloca el pulgar derecho delante del trocánter mayor de la pierna derecha, y los otros dedos alrededor de los músculos que hay por detrás y alrededor del trocánter mayor. Estos músculos son los glúteos y bajo ellos están los rotadores externos profundos de la pierna.
3. Aprieta los músculos con la mano, y relaja el agarre lentamente, imaginando que los músculos se deshacen.
4. Aprieta los músculos de nuevo. Suéltalos lentamente e imagina que son esponjas llenas de agua caliente (véase figura). Imagina el agua mojando todas las esquinas del músculo, extendiéndose fuera y creando espacio.
5. Repite la acción de apretar y relajar tres veces más con la imagen que prefieras, la del músculo que se deshace o la de la esponja.
6. Deja la mano donde está, y flexiona la rodilla derecha. El pulpejo del pie derecho debería estar sobre el suelo con el talón elevado.
7. Visualiza los músculos que mueven la pierna hacia el lado (abductores) (son el glúteo mayor y los rotadores profundos).
8. Rota la pierna hacia dentro moviendo la rodilla hacia el frente y delante de la otra pierna. Visualiza los músculos debajo de la mano deslizándose hacia fuera.
9. Separa la pierna e imagina los músculos deslizándose juntos.
10. Repite el movimiento y la visualización seis veces.
11. Ahora saborea los resultados de tus esfuerzos: realiza un *passé développé* con la pierna derecha. Fíjate en tu margen de abertura y en tu flexibilidad en la articulación de la cadera.
12. Cambia y apóyate en la barra con la otra mano. Realiza un *passé* con la pierna izquierda. Observa la diferencia en la facilidad de movimiento y en la abertura. ¿Se desplaza más la cadera en este lado? ¿Están los músculos trabajando más para alcanzar la posición sobre la izquierda?
13. Repite el ejercicio con el otro lado. En el capítulo 9 encontrarás más ejercicios para mejorar tu abertura.

4.9 OBTENER EXTENSIÓN INSTANTÁNEA

La mayoría de bailarines quieren lograr elevaciones más altas, pero no saben que forzarse para elevar las piernas más alto es exactamente lo que impide su objetivo. En este ejercicio explorarás la relación entre las extensiones de pierna y la tensión de hombro, los órganos y el contacto. Observarás que no puedes ganar una completa flexibilidad en las piernas a menos que relajes la tensión de los hombros y entres en contacto con el espacio interno del torso.

1. Realiza una extensión de pierna (*développé*) hacia el frente y hacia el lado con la pierna derecha, y observa lo alto que la pierna llega y lo libre que se siente la articulación de la cadera.
2. Realiza un *grand battement* o una patada alta de pierna con la misma pierna hacia delante y hacia el lado. Nota lo libre que se siente la pierna y lo alto que llega. También puedes intentar un *arabesque* hacia atrás.
3. Coloca la mano izquierda sobre el hombro derecho y presiona el músculo trapecio, próximo al cuello.
4. Suelta lentamente deja el músculo e imagina que se deshace. Repite la misma acción e imagina otro punto sobre el hombro (figura a).
5. Ahora imagina que el trapecio es una esponja llena de agua. Presiona la esponja (músculo del hombro) para vaciarla. Mientras la dejas de nuevo y se expande, siente cómo la llena el agua caliente y cómo penetra en todos sus poros.
6. Repite la presión y relájate con la imagen de la esponja cuatro veces.
7. Deja caer los brazos a los lados y agita las manos.
8. Ahora realiza un *développé* y un *battement* con la pierna derecha hacia delante y hacia el lado, y observa cualquier cambio en la facilidad del movimiento. Compara la sensación del mismo movimiento con la pierna izquierda. Realiza también un *arabesque* con cada pierna.
9. Coloca la mano izquierda sobre la parte frontal del cuerpo, justo por debajo de las costillas (sobre el hígado) y la mano derecha en la parte posterior del cuerpo aproximadamente al mismo nivel (cerca del riñón derecho) (figura b).
10. Envía el aire que inspires hacia los riñones e imagina cómo se relajan.
11. Imagina los riñones como bolsas de agua caliente. Mientras espiras, visualiza los riñones subiendo, y mientras inspiras, visualízalos bajando, siguiendo el movimiento del diafragma.
12. Retira las manos y agítalas. Nota la diferencia de sensación entre los lados derecho e izquierdo del cuerpo. Eleva el brazo derecho y después el izquierdo por encima de la cabeza, y observa la diferencia en la flexibilidad del hombro.
13. Realiza un *développé* y un *grand battement* con la pierna derecha adelante, al lado y atrás, y compara la sensación con la ejecución de la pierna izquierda. Tal vez notes que la pierna derecha se mueve con más facilidad o se eleva más alto.
14. Otra comparación interesante es el cambio en la elasticidad de la pierna para saltar. Realiza unos saltitos sobre la pierna derecha y después sobre la izquierda, y notarás que el lado derecho llega más arriba y requiere menos esfuerzo.
15. Repite el contacto del hombro y del riñón en el otro lado del cuerpo para equilibrar.

OBTENER MÁS MOVILIDAD 4.10

Puedes mejorar tu margen de movimiento en una articulación equilibrando la acción de los flexores y los extensores. Prestar más atención a los flexores que a los extensores (o viceversa) en una articulación específica provoca un sobreuso de algunos músculos y un desequilibrio de la articulación, lo cual es una causa de lesiones. Este ejercicio equilibra los flexores y los extensores de la articulación de la cadera.

1. Concéntrate en los flexores y extensores de la cadera. No necesitas ser específico, piensa únicamente en los músculos anteriores y posteriores. La pierna de apoyo puede estar en una posición cómoda ligeramente abierta mientras balanceas la pierna derecha hacia delante o hacia atrás.
2. Cuando balanceas la pierna hacia delante, los músculos anteriores de la cadera se acortan (p. ej., los filamentos se deslizan juntos; figura a).
3. Cuando balanceas la pierna hacia atrás, los músculos anteriores de la cadera se alargan (p. ej., los filamentos se deslizan hacia fuera; figura b).
4. Concéntrate en este hecho mientras balanceas la pierna varias veces.
5. Ahora mira si puedes balancear la pierna hacia delante y hacia atrás mientras alargas los extensores y los flexores en el momento apropiado. Imagina los filamentos deslizándose hacia fuera.
6. Mientras sigues balanceando la pierna, imagina los flexores y los extensores acortándose en el momento apropiado. Imagina los filamentos juntándose.
7. Acaba tu visualización de los filamentos alargándose con unos cuantos balanceos más con la pierna derecha.
8. Reposa un momento. Después balancea la pierna derecha tan alto como puedas sin que te resulte incómodo. Compara la acción con el balanceo de la pierna izquierda:
   - ¿Has ganado algo de margen en la articulación de la cadera derecha?
   - ¿Has mejorado tu equilibrio al usar la pierna derecha como pierna de apoyo?
   - ¿Sientes más claridad y fluidez en la pierna derecha en general?
9. Repite el movimiento y la visualización con la otra pierna.

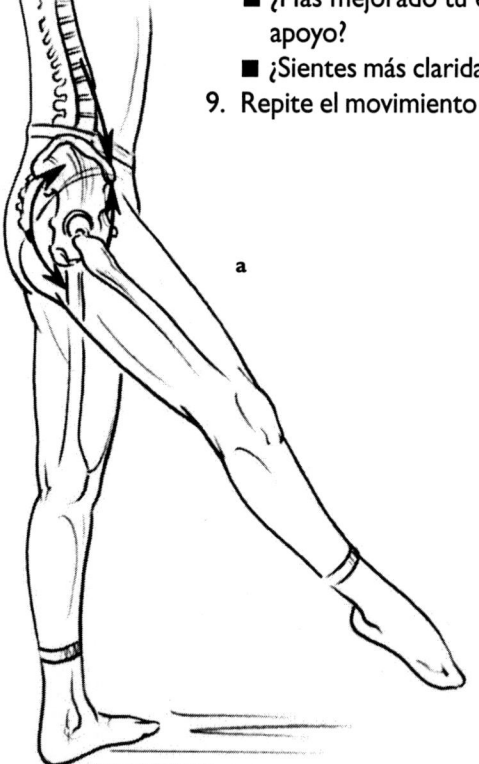

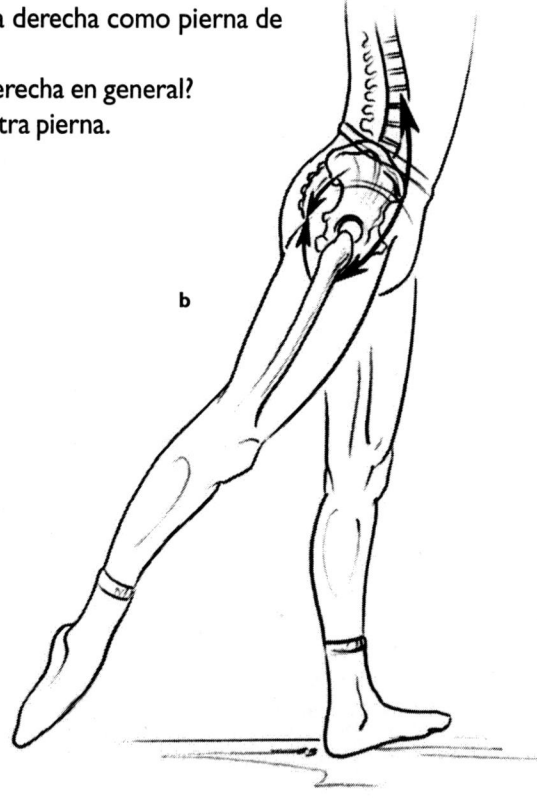

Relaja los hombros

Tener los músculos de los hombros y del cuello libres de tensión es importante para los bailarines. Éstos facilitan el movimiento, favorecen la estética y el aumento de la resistencia y, por último, pero no menos importante, ayudan a sentirse bien. Uno de los resultados más sorprendentes de relajar la tensión de los hombros es aumentar la flexibilidad de las piernas.

La tensión de la parte superior e inferior del cuerpo está relacionada. La articulación del hombro y de la cadera reflejan cada una la flexibilidad de la otra. Siempre que tengas los hombros tensos, nunca alcanzarás el potencial completo de flexibilidad en las articulaciones de la cadera.

Algunas de estas interacciones están basadas en la homología. El músculo deltoides del hombro, por ejemplo, es homólogo a los glúteos, es decir, está relacionado con su función. Los glúteos extienden y abducen la cadera, mientras que el deltoides abduce poderosamente y contribuye a la extensión de la articulación del hombro. Entre las células nerviosas que controlan los músculos del cuerpo hay un diálogo constante. Muchos de estos intercambios ocurren de forma inconsciente en la columna vertebral y en el cerebro. En este sentido, un cambio en un área del cuerpo es instintivamente comunicado a las otras áreas. Las conexiones mecánicas también se dan a través del tejido conectivo, el cual es como una gran red. Si haces un nudo en cualquier rincón de la red, el resto de la red también se atará.

El alineamiento libre de tensión en la parte superior del cuerpo permite a las piernas desarrollar una potencia completa. Si el hombro y el cuello están relajados (¡no caídos!) el empuje de las piernas se dirige a través de la vía más eficaz, y un centro de gravedad más bajo mejora el equilibrio. Estos beneficios sólo los apreciarás una vez los hayas experimentado, momento en que mejorarán tu técnica. Una vez hayas relajado la tensión del hombro e incrementado la flexibilidad, podrás ganar más fuerza, porque los músculos se acortan y se alargan con un grado de movilidad mayor si las articulaciones tienen un ROM mayor. Este mayor grado, a su vez, aumenta el efecto del entrenamiento sobre los músculos.

Practica un paso de danza antes y después de cada uno de los ejercicios siguientes para notar cualquier mejora en la facilidad de movimiento. No te sorprendas si el movimiento parece más difícil al principio. ¡Recuerda!: se necesita tiempo para que el sistema nervioso se adapte a una nueva organización. Bailar con los hombros relajados te premiará con más libertad y con una gran potencia de movimiento.

ADIÓS, TENSIÓN DE HOMBROS 4.11

Este sencillo y efectivo ejercicio relaja la tensión muscular, particularmente del trapecio y del elevador de la escápula. En los peces, los trapecios sirven para elevar las branquias. En los humanos, todavía está relacionado con la respiración, pero en un sentido completamente distinto: cuanto más relajado está, más profunda es la respiración.

El trapecio consta de una parte descendente, una horizontal y una ascendente (véase figura). Estas partes necesitan tener una acción equilibrada para permitir una buena colocación de la escápula. Las partes descendente y ascendente se contraen para rotar la escápula cuando el brazo se eleva por encima del plano horizontal. El elevador de la escápula se inserta en la esquina superior interna de la escápula y la conecta con la columna cervical. Se puede sentir tensión en el elevador de la escápula sobre el extremo del margen interno de la escápula donde el músculo está insertado. Los cuatro delgados ventrículos musculares y las vértebras hacen que la inserción parezca la jarcia de un velero. Si el hombro está habitualmente elevado o algo flojo, este músculo y el trapecio descendente están crónicamente acortados.

1. Coloca la mano derecha sobre el hombro izquierdo. Pon la mano cerrada en el cuello de modo que sujetes el trapecio y el elevador de la escápula por debajo.
2. Encuentra un punto que sientas tenso, y presiona hacia abajo sobre él con los tres dedos centrales. Imagina que los dedos pueden deshacer toda la tensión en esta área.
3. Eleva el brazo mientras sigues presionando sobre este punto, y observa cualquier cambio en el músculo.
4. Baja el brazo y relaja los dedos. Ahora encuentra otro punto donde presionar. Eleva el brazo de nuevo y observa cualquier cambio en el músculo.
5. Repite la acción de nuevo con un tercer punto. Esta vez, cuando eleves el brazo, agita la mano e imagina que la muñeca está muy suelta. Debes sentir la mano muy relajada.
6. Baja lentamente el brazo, todavía agitando la mano.
7. Relaja el hombro derecho, baja ambos brazos y agita las manos hacia fuera. Reposa los brazos a los lados.
8. Estira los brazos hacia el frente para notar la diferencia de longitud. ¿Únicamente sientes la diferencia, o también la ves?
9. Eleva ambos brazos por encima de la cabeza. ¿Qué hombro sientes más flexible? Estira los brazos a los lados (segunda posición de brazos). Estira el brazo izquierdo para igualar su longitud con la del derecho. Verás que al aumentar la longitud por medio de la tensión sentirás molestias.
10. Con los brazos todavía a los lados, balancea la pierna izquierda y después la derecha hacia el frente. ¿Notas alguna diferencia de flexibilidad y facilidad de movimiento entre las articulaciones de la cadera derecha e izquierda?

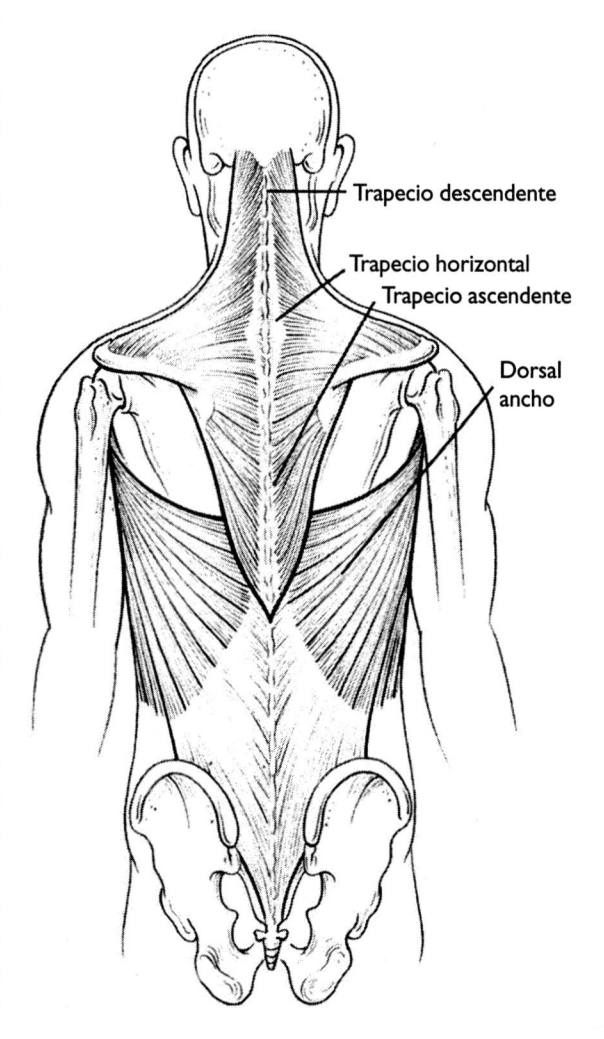

Trapecio descendente
Trapecio horizontal
Trapecio ascendente
Dorsal ancho

4.12 LIBERAR LAS ESCÁPULAS

Desde una perspectiva muscular, la escápula es un hueso muy popular. Nada menos que 17 músculos se insertan en ella y permiten moverla en las tres direcciones primarias y en dos secundarias. Ancla el movimiento del brazo en el espacio y crea una base para el movimiento del tronco cuando las manos están colocadas sobre el suelo o se apoyan en un objeto fijo. La escápula tiene forma de triángulo y su borde interno está alineado con la columna. Es ligeramente cóncava hacia la caja torácica, de modo que se adapta bien a la curvatura de la caja torácica superior. Tiene una cresta, denominada la espina de la escápula, y dos protuberancias más lejanas, la apófisis coracoides, delante del cuerpo, y el acromion, que sobresale por encima de la articulación del hombro. El siguiente ejercicio relaja la tensión del hombro, aumenta la longitud de la columna, incrementa la movilidad de la articulación del hombro y hace más agradables sus movimientos.

1. Inspira mientras elevas los hombros y espira mientras los bajas lentamente. Visualiza los filamentos deslizándose en el músculo trapecio. Mientras elevas los hombros, los filamentos se deslizan juntos; mientras los bajas, se separan al deslizarse.
2. Repite la elevación y el descenso dos veces más, y luego mueve las escápulas en diversas direcciones.
3. Imagina la escápula deslizándose por la espalda, flotando sobre un cojín de aire. Mientras inspiras, imagina el incremento de la profundidad de este cojín (figura 1).
4. Ahora imagina el acromion blando y tierno como la oreja de un conejito. Céntrate en la estructura interna de la escápula: hueso de aire y esponjoso. Imagina la respiración llenando los espacios dentro de este hueso, haciendo de la escápula algo ligero y cubierto de pelusa como la espuma de un baño de burbujas.
5. Eleva las escápulas mientras inspiras y bájalas mientras espiras. Imagínalas cayendo hasta el suelo.
6. Eleva los brazos por encima de la cabeza, imaginando que las escápulas caen hacia el suelo. Relaja toda la tensión haciéndola descender por la espalda y fuera del cóccix (figura b).
7. Cuando tus escápulas estén relajadas, notarás que es más fácil sentir el movimiento de la columna superior y que la columna entera se siente alargada.

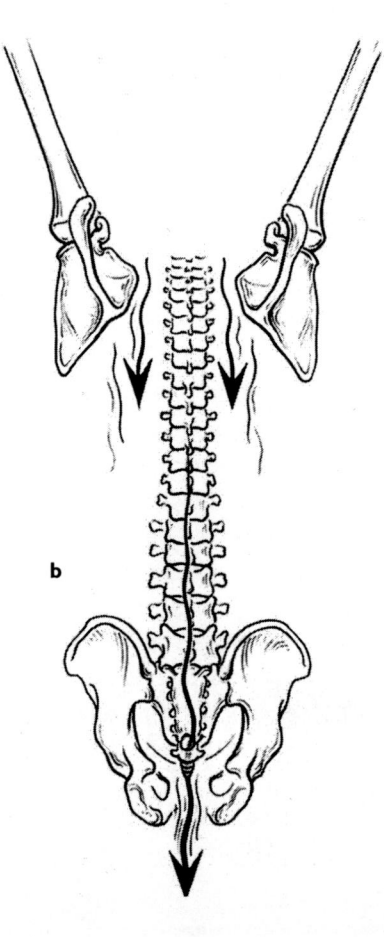

La flexibilidad relajada

RELAJAR LOS HOMBROS EN EL *PLIÉ* CON UN COMPAÑERO   4.13

Este ejercicio ofrece un camino efectivo de relajar la tensión de los hombros con un compañero. El objetivo es conectar la sensación de relajación de los hombros con movimientos comunes de la danza. Realiza este ejercicio antes de una clase o de una rutina de acondicionamiento para incrementar tu libertad de movimiento en todas las extremidades.

1. Haz que una compañera realice un *plié* en segunda posición. Observa hasta dónde puede llegar, y fíjate en su facilidad de movimiento. Pregúntale el grado de suavidad con que siente la acción.
2. De pie junto a tu compañera, sostén sus brazos y eleva sus hombros empujándolos contra los brazos (figura a).
3. Baja lentamente los hombros de forma suave y regular (figura b).
4. Repite la elevación y el descenso dos veces más. Tal vez notes que tu compañera quiere hacer el movimiento por sí misma y no es capaz de relajar los hombros y confiar su peso en tus manos. Hazle saber que está segura.
5. Eleva los hombros de tu compañera de nuevo y realiza un *plié* con ella mientras bajas lentamente sus hombros (figuras c y d).
6. Regresad del *plié* juntos y repetid el ejercicio dos veces más.
7. Deja que tu compañera practique sin tu ayuda. Más que elevar y bajar los hombros, debería imaginarse la caída de los hombros como si se moviera hacia abajo.
8. Fíjate en la profundidad, la facilidad de movimiento y la sensación del *plié*:
    - ¿Tu compañera tiene más margen de movimiento? ¿Cómo siente la articulación de la cadera? ¿Ha aumentado su abertura?
    - ¿Parece la acción menos rígida?
    - Pregunta a tu compañera cómo siente el *plié*, y observa los cambios en la alineación de la espalda y de la pelvis.
9. Cambia los papeles con tu compañera y repite el ejercicio.

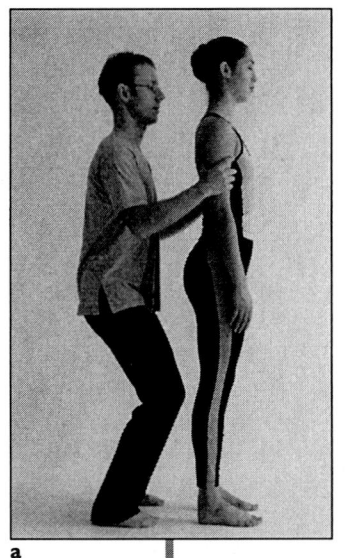

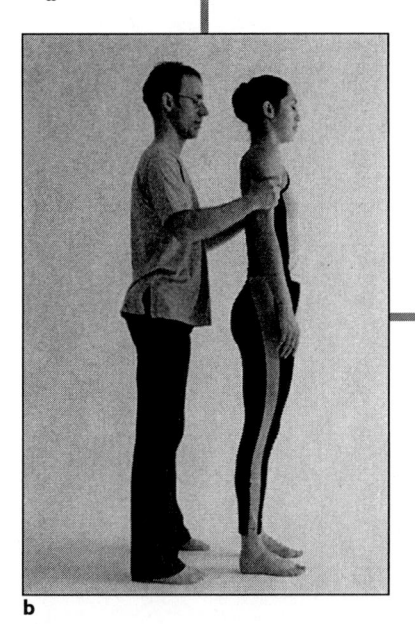

4.14 LA THERA-BAND AUMENTA LA SUAVIDAD DE LOS HOMBROS

El siguiente ejercicio estira, refuerza y relaja la tensión en la mayoría de los músculos del hombro. Quizá prefieras llevar una camiseta para realizar este ejercicio, porque la banda ha de envolverse alrededor del hombro. Una vez tengas asimilado el procedimiento básico, sé creativo e intenta tus propias variaciones de movimiento.

1. Escoge una Thera-Band de 3 metros de longitud roja o verde. Coloca el pie derecho sobre sus extremos para sostener firmemente la banda contra el suelo. Ahora coloca el otro extremo alrededor del hombro izquierdo. Una parte de la banda estará estirada por delante y la otra por detrás del cuerpo. Deberías sentir una cantidad moderada de tensión sobre el hombro izquierdo.
2. Dibuja un círculo con el hombro izquierdo elevándolo hacia arriba, hacia delante, hacia abajo y hacia atrás de nuevo (figura a). Repite este movimiento cuatro veces, imaginando una articulación de hombro bien lubricada mientras lo haces.
3. Dibuja círculos con el hombro izquierdo hacia atrás cuatro veces.
4. Eleva el hombro izquierdo hacia la cabeza, e inclina ésta hacia el hombro (figura b).
5. Baja lentamente el hombro y mueve la cabeza lejos de la banda. Imagina el deslizamiento de alejamiento de los filamentos del trapecio y del elevador.
6. Repite la elevación y el descenso tres veces.
7. Ahora retira la banda y observa la libertad de movimiento en el hombro izquierdo. Compara los gestos de los brazos, realiza un *port de bras*, y fíjate en la diferencia en el movimiento de la escápula entre los lados derecho e izquierdo.

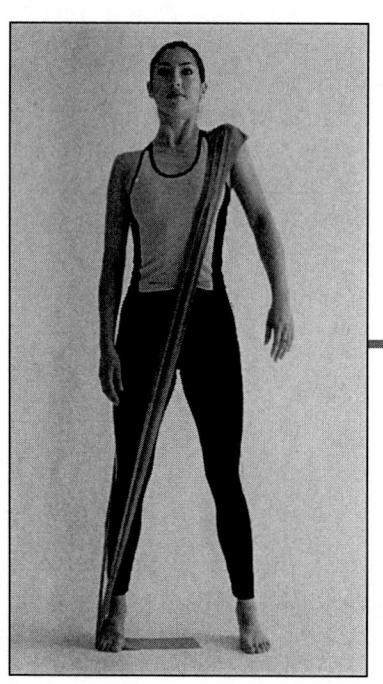

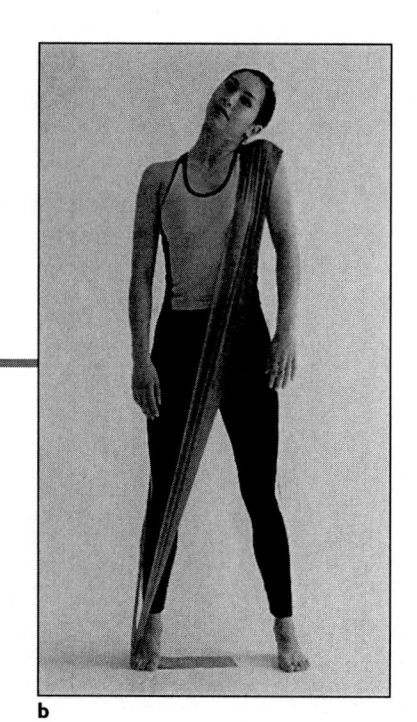

a   b

Huesos flexibles, articulaciones flexibles

Las articulaciones son el punto donde dos huesos se encuentran, y pueden moverse en relación con las otras de un modo determinado por la estructura de cada articulación y de los ligamentos que la rodean. Una articulación clásica incluye la superficie ósea cubierta por cartílago hialino, una cápsula articular y varios ligamentos estabilizadores. El cartílago, junto con el fluido articular, denominado sinovial, permite un movimiento prácticamente libre de fricción. Pensar en algo resbaladizo te ayudará a imaginar el líquido sinovial. A través de este líquido puedes sentir el deslizamiento en todas las articulaciones corporales.

Un desequilibrio en los músculos puede corregirse a menudo equilibrando los huesos. Puedes aproximarte a la experiencia de las articulaciones directamente a través del movimiento, pero si no tienes experiencia en la localización corporal ni has observado el movimiento de una articulación específica, puede ayudarte empezar con la visualización o el contacto.

LAS ARTICULACIONES LUBRICADAS 4.15

Si mueves la mano y el brazo vigorosamente, estimulas los cientos de órganos sensoriales de la tensión, presión, longitud y vibración de las articulaciones del brazo, los músculos y la piel, y ofreces al cerebro un mapa claro del potencial de movimiento del brazo a la vez que marcas el camino hacia una acción más flexible y dirigida.

1. Agita los dedos, y después mueve la muñeca y todas las articulaciones de una mano. Piensa en las pequeñas articulaciones de la mano moviéndose sin esfuerzo, en superficies resbaladizas deslizándose una sobre la otra en un mundo sin fricción.
2. Extiende el movimiento hacia el antebrazo y el codo. Siente un movimiento liberado, con posibilidades infinitas, mientras empiezas a mover el brazo y el hombro. Visualiza la imagen del jabón y piensa que todo está tan enjabonado y resbaladizo que salta fuera de la mano con el apretón más ligero. O imagina la sensación de un aceite de masaje que te frotara la piel.
3. Después de un minuto o dos, relaja los brazos a los lados y mira si notas alguna diferencia entre ellos.
4. Mueve los dos brazos y elévalos por encima de la cabeza para ver si un hombro y su brazo se sienten más flexibles y activos.

4.16 LOS HUESOS Y LA CLARIDAD ESPACIAL

Los huesos acompañan a muy distintas sensaciones, según en qué punto te concentres. Por ejemplo, según la forma: planos y delgados, largos y cortos, redondos y cuadrados. En el ejercicio siguiente bucearás dentro del mundo interior del hueso. Lo que descubras puede aumentar gratamente tu libertad de movimiento.

Dado que las células óseas (osteoblastos y osteoclastos) construyen y reabsorben el hueso, éste se mantiene en un delicado equilibrio entre la acumulación y la reabsorción. La vida del hueso es dinámica como una casa que unos albañiles construyeran mientras otros la destruyeran. Si uno de los dos grupos de albañiles tuviera ventaja, el hueso se destruirá lentamente, como en el caso de la osteoporosis y la osteoartritis.

1. Para imaginar las capas de un hueso, trabaja con un compañero y sujeta su hueso inferior del brazo o de la pierna.
2. Siente la piel del hueso, el periostio. Es el abastecimiento resbaladizo del hueso que recorre todo el cuerpo. La cápsula articular es una continuación más densa del periostio. Desliza las yemas de tus dedos por encima del periostio y lo sentirás como una pista de patinaje sobre hielo, pero sin el frío.
3. A menudo pensamos que el hueso es la parte compacta debajo del periostio. Si piensas en los huesos, sentirás algo duro y tubular sobre tu pantalla cinestésica interior. Esta capa bajo el periostio es el material duro del hueso, la parte que soporta el peso y nivela el cuerpo a través del espacio. Si te adentras más profundamente en el hueso, entrarás en el reino de las trabéculas.
4. Las trabéculas, literalmente «pequeñas láminas de madera», son responsables de distribuir las fuerzas a través del hueso en una gran multitud de direcciones. Siempre que las fuerzas viajan a través del hueso en el ojo de la mente, las trabéculas se acumulan para soportar esta ruta. El arreglo de los anclajes y vigas de la torre Eiffel en París es un buen ejemplo de cómo funcionan las trabéculas. La ruta de las trabéculas es continua incluso a través del espacio articular dentro del hueso contiguo. Imagina las fuerzas del hueso viajando como olas que se mueven a través del hueso y las articulaciones, y que crea una sensación de comunicación y conexión entre todos los huesos del cuerpo.
5. Tómate un momento para sumergirte cinestésicamente entre las trabéculas, para sentirlas a tu alrededor, magnificadas hasta el tamaño de un bosque.
6. Podrías sentirlas como rocas duras e inamovibles, pero a través de la imaginación y el contacto puedes darles una nueva identidad como apuntalamientos elásticos y flexibles del hueso cortical.
7. Descubre no únicamente la compresión, sino también el aspecto tenso de las trabéculas. Imagina la flexibilidad residente en la estructura celular, con los anclajes, los mangos y los innumerables elementos entretejidos que forman las minúsculas proteínas.
8. Pide a tu compañero que mueva ambos brazos simultáneamente, y observa la diferencia de flexibilidad y facilidad de movimiento.
9. Cambia los papeles con tu compañero y repite el ejercicio.

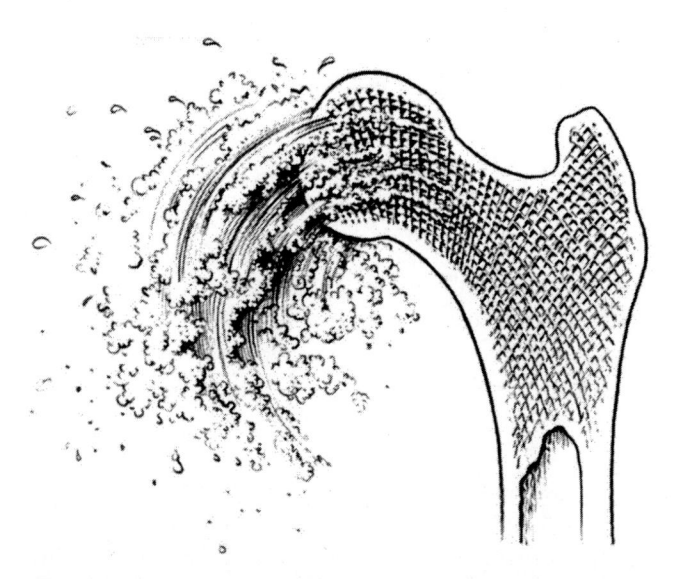

LA LIGEREZA DEL ETMOIDES 4.17

Debido a que en este libro no hay suficiente espacio para cubrir todos los huesos y articulaciones del cuerpo humano, he escogido un hueso facial para una exploración más profunda. Lo normal es que no prestes mucha atención al modo en que los huesos de esta área influyen en la técnica de la danza. Para más información sobre huesos y articulaciones, véase *Alineamiento dinámico a través de las imágenes* (Franklin, 1996b).

1. El hueso etmoides está envuelto dentro del cráneo. Visualízalo detrás de la nariz y debajo de la frente. Pesa tan sólo 1,5 g y se ha comparado a veces con un palacio de cristal en miniatura.
2. Cuando respiras por la nariz, el aire pasa a lo largo del etmoides. Las diminutas terminaciones nerviosas dentro del etmoides recogen los olores y los envían al cerebro. Imagina el aire acariciando el etmoides por detrás de la nariz.
3. Concéntrate en el etmoides para crear una columna más erecta, y para dar más libertad al cuello y ayudar a centrar la cabeza. Es una estructura ósea delicada y ligera. Imagínalo flotando como una cometa en el aire. Esta imagen mejora la flexibilidad de los hombros y de la articulación de la cadera, y crea más espacio en la unión entre el cráneo y el extremo superior de la columna. Centrarte en el etmoides te dará la sensación de tener la cabeza centrada y verás más claro el movimiento que estás a punto de ejecutar.

Puede parecerte extraño que el etmoides esté relacionado con la sensación de elevar la columna, pero en los animales el sentido del olfato funciona como un sistema de alarma que eleva la cabeza de modo que los ojos puedan tener una visión mayor del área que les rodea. Debido a que las terminaciones nerviosas relacionadas con el sentido del olfato están en el etmoides, esta elevación está muy conectada con este hueso. En una situación peligrosa, un animal también se prepara para bajar el centro de gravedad y asegurarse de que su equilibrio le permite moverse en cualquier dirección. Una columna alargada y un centro de gravedad bajo son también de ayuda en la técnica de la danza, pues permiten una rápida coordinación y mejoran el equilibrio.

Crear una movilidad de cuello fluida

Muchos bailarines presentan tensión en el cuello, la lengua y la mandíbula. Una vez relajas el cuello, te das cuenta de que la cabeza tiene más movilidad y está mejor alineada, y de que tienes más potencia en la pelvis y las piernas. He observado que los bailarines que relajan la tensión del cuello pueden saltar y girar mejor.

Un bailarín puede ser fuerte desde el punto de vista de la potencia muscular cuando ésta se mide desde una articulación individual, pero cuando se trata del cuerpo entero, la potencia se pierde por la falta de coordinación. Por ejemplo, dos coches pueden tener la misma potencia, y por tanto alcanzar la misma velocidad, pero si uno de ellos está atrancado, el coche deberá superar primero esa resistencia antes de que pueda transferir la potencia al movimiento. La tensión en el cuello es especialmente dañina para el movimiento coordinado, porque el cuello es el punto donde el cuerpo (con ayuda de los husos musculares) mide la relación entre la cabeza y el resto de los miembros. Si la cabeza está tensa, la coordinación general del cuerpo se ve entorpecida.

4.18 EL AUTOMASAJE SUBOCCIPITAL

Los músculos pequeños (suboccipitales) conectan la base del cráneo con el extremo superior de la columna vertebral. Estos músculos son importantes para la posición correcta de la cabeza en relación con la columna. Si están tensos, restringen el movimiento de la cabeza y hacen que toda la columna esté menos flexible. Muchos bailarines de ballet cargan tensión en esta área, porque se han entrenado para mirar ligeramente hacia arriba por razones estéticas. Si estos músculos pueden alargarse con otros sistemas, mirar hacia arriba no será ningún problema.

1. Realiza unos cuantos movimientos, como un *plié*, y si estás suficientemente calentado, haz una extensión de pierna, algunos *battements* en cualquier dirección y un *pas de bourré*. También puede ser interesante hacer piruetas en paralelo o aberturas. Si realizas estos movimientos al principio del ejercicio, serás capaz de apreciar mejor sus resultados.
2. Coloca los dedos centrales de ambas manos en la parte posterior del cráneo y deslízalos hacia abajo hasta el extremo superior del cuello. Coloca los dedos en el extremo del cuello, justo por debajo del cráneo (figura a).
3. Mueve los dedos circularmente, hacia arriba y después hacia el lado (figura b). Tras realizar diversos círculos, relaja los dedos durante un momento.
4. Inclina ligeramente la cabeza hacia atrás, y deja que los dedos se hundan dentro de los músculos posteriores del cuello. Imagina que estás hundiendo los dedos en un cuenco lleno de pudin. Con la cabeza ligeramente hacia atrás y los dedos más adentrados en la carne, repite el movimiento circular. Sigue respirando mientras haces esto.
5. Finaliza moviendo la cabeza adelante y atrás y pensando en los filamentos musculares deslizándose separadamente y juntos. Se separan mientras te inclinas adelante y se juntan cuando te inclinas hacia atrás.
6. Agita las manos, déjalas caer a los lados y nota cómo sientes el cuello y los hombros.
7. Repite las acciones que practicaste antes de empezar el ejercicio, y nota los cambios que se hayan producido. Si este ejercicio te hace sentir vértigo, puede ser a causa de que has estado sosteniendo mucha tensión en el área que ahora está relajada. Siéntate durante un momento y haz varias respiraciones profundas para recuperarte.

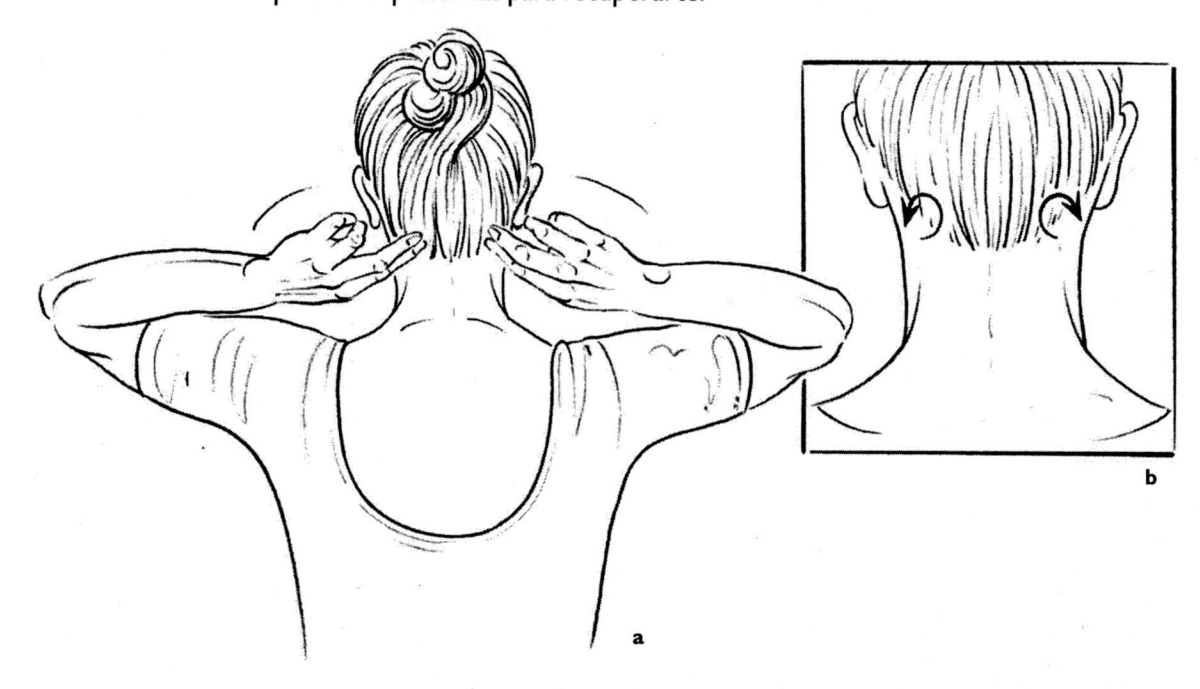

La flexibilidad relajada

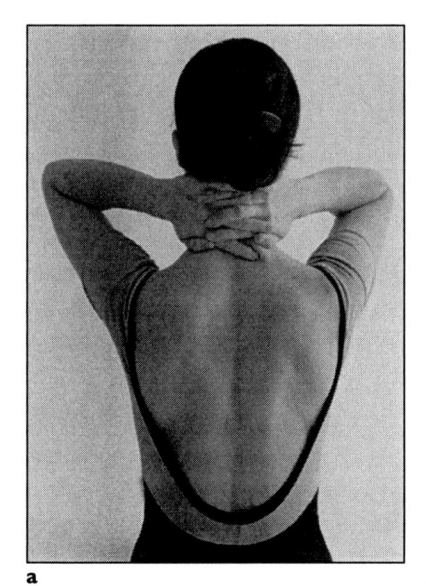

LA CAÍDA DE CORTINAS 4.19

Ya has utilizado el contacto con el cuello para algunos ejercicios anteriores. Ahora combinarás la visualización del cuello con la del hombro para lograr una relajación de la tensión superior. Como siempre, notarás los efectos sobre tu alineamiento y tu estado mental. Relajar la tensión en el cuello y los hombros ayuda siempre cuando estás nervioso antes de una actuación o una audición.

1. Coloca las manos detrás del cuello con los dedos entrelazados (figura a).
2. Tómate un momento para enviar el aire que inspiras hacia el cuello.
3. Piensa en las numerosas capas de los músculos del cuello relajándose una tras otra, como una serie de telones que cayeran. Siente cada músculo del cuello deshaciéndose mientras imaginas cada telón cayendo, relajándose.
4. Cuando el ojo de la mente llegue a la columna ósea, imagina el músculo liberándose de todo exceso de apoyo de los huesos.
5. Haz varias respiraciones profundas y envía el aire a través de las fibras, hasta las vértebras cervicales. Mueve la cabeza suavemente en varias direcciones mientras creas esta imagen.
6. Retira lentamente las manos y colócalas en las axilas (figura b).
7. De nuevo, empieza enviando el aire hacia las axilas. Deja que la respiración se expanda hacia fuera y cree más espacio en las axilas (figura c).
8. Imagina que la respiración puede extraer la tensión de las axilas, y siente cómo sucede esto.
9. Retira lentamente las manos.
10. Observa la nueva sensación de alineamiento y relajación que has logrado.

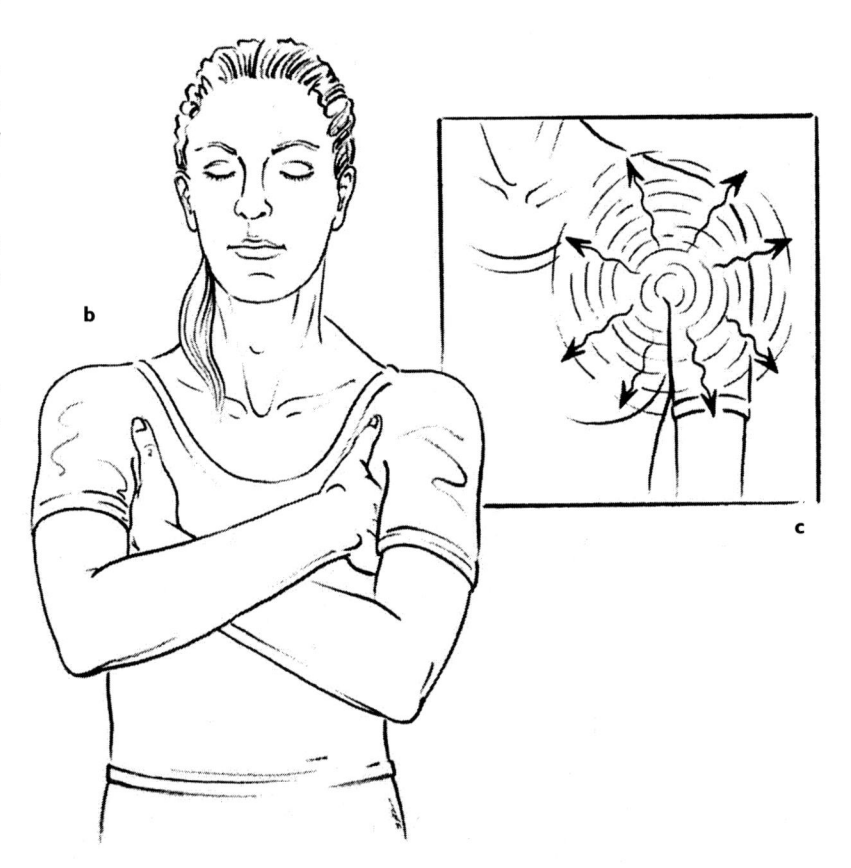

75

DANZA. Acondicionamiento físico

4.20 UNA BANDERA VIBRANTE

El gran ligamento de la nuca (ligamento del cuello) va desde el fondo de la parte posterior del cráneo hasta la cima de las vértebras de la columna dorsal. También se inserta en las apófisis espinosas cervicales y, de hecho, parece una bandera colocada en la parte posterior de la espalda. Muchos músculos se insertan en esta bandera, que ahora intentarás relajar con ayuda de una toalla y la visualización.

1. Coge una toalla con las dos manos y colócala atravesada por encima de la parte posterior del cuello (figura a).
2. Mueve la toalla atrás y adelante, e imagina los músculos del cuello relajando toda la tensión interior.
3. Imagina el ligamento de la nuca vibrando como una bandera al viento (figura b). Mientras mueves la toalla, imagínala como viento soplando sobre el ligamento.
4. Mueve la toalla mientras no te moleste, y disfruta de la nueva facilidad de movimiento que has aportdo a tu cuello.

4.21 EL CARPIANO SUSPENDIDO

La tensión en las manos se traduce en tensión en los hombros y en el cuello, y viceversa. La siguiente imagen libera las manos a través de los huesos de la muñeca (los carpianos).

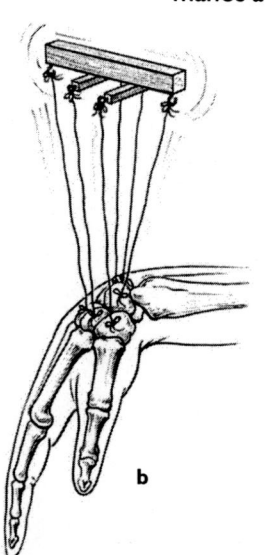

1. Mueve los brazos y las manos con muy distintos gestos. Por ejemplo, eleva los brazos por encima de la cabeza, a los lados y atrás en la posición de reposo próxima al tronco. Balancéalas hacia delante y hacia atrás o a los lados, y observa la facilidad de movimiento en los hombros.
2. Imagina que los carpianos están hechos de corcho y flotan en el agua (figura a). Mueve las manos y los brazos con esta imagen.
3. Ahora mueve las manos con la imagen de los huesos carpianos colgando de la muñeca suspendida desde arriba como si fuera una marioneta (figura b).
4. Mueve los brazos por encima de la cabeza de nuevo, a los lados, adelante y atrás utilizando la visualización del corcho o de las cuerdas de marioneta.
5. Utilizando esta visualización, realiza algunos movimientos básicos de danza con el brazo.

Pelotas rodantes para la relajación

Young Soon Kim, directora de la White Wave Dance Company de Nueva York, nunca va a ninguna parte sin sus pelotas rodantes. Las busca antes de empaquetar su ropa de danza. Cada pelota es como mínimo ligeramente más grande que una pelota de tenis. Están hechas de caucho (o plástico) lleno de aire, lo cual garantiza su resistencia. (Véanse las referencias y la lista de recursos en la página 241 para saber dónde encontrarlas.) Descubrí la relajación de la tensión y la mejora del alineamiento que proporcionan las pelotas en el estudio de Elaine Summers, en Nueva York, pero al principio no vi que su utilización mejorara también la técnica de danza. Sin embargo, después de intentar algunos ejercicios, me quedé boquiabierto ante el efecto positivo que tenían sobre la técnica. Los ejercicios mejoraron mi alineamiento y flexibilidad y me liberaron de los puntos de tensión que había creado mi técnica. (Véase también el capítulo 3, págs. 46-51)

Lo que sigue es mi aproximación personal, desarrollada a lo largo de los últimos 15 años, a la utilización de las pelotas rodantes para ayudar a los bailarines a experimentar más libertad de movimiento. Resumo el trabajo con pelotas rodantes en tres fases: *búsqueda, descubrimiento y liberación* (de tensión). Puedes colocar la pelota debajo de varias áreas del cuerpo para utilizarla como un soporte entre tu cuerpo y el suelo. Esto te permitirá moverte muy lentamente comprimiendo y relajando los músculos, y dependiendo del tamaño de la pelota, te descubrirá los puntos de tensión, que podrás deshacer con las propias bolas, la visualización y la respiración.

Una de las razones por las que la pelota rodante es tan efectiva es que sobre ella te mueves en patrones más variados que cuando estás de pie, lo que determina un entrenamiento cruzado, en el que liberas los músculos y las articulaciones de la tensión habitual y los activas de modos más frescos e innovadores. El sistema nervioso puede descubrir nuevos caminos para controlar el movimiento y la resistencia de la gravedad sobre el cuerpo en distintos ángulos. De nuevo, para hacer que las bolas rueden, asegúrate de aplicar a la danza tu nueva libertad muscular y articular. De este modo, el sistema nervioso registrará tu nuevo margen de movilidad mejorado.

Cuando utilices las pelotas rodantes, sigue las siguientes pautas:

- Nunca ruedes la pelota bajo una lesión o en un área de dolor agudo, aunque sí ayuda rodarlas debajo de áreas con tejido cicatrizado de lesiones anteriores para crear más flexibilidad y elasticidad. Si sientes un dolor que es meramente el resultado de la tensión muscular, el uso de las pelotas es aconsejable.
- Muévete muy lenta y fluidamente. Si lo haces demasiado deprisa, saltarás sobre los puntos de tensión en lugar de deshacerlos.
- Continúa respirando profunda y tranquilamente, especialmente si descubres un punto de tensión.
- Sé creativo sobre cómo iniciar el movimiento.
- No utilices pelotas de tenis como pelotas rodantes. Sobre muchas superficies las pelotas de tenis resbalarán en lugar de rodar, y no podrás cambiar de posición sin utilizar las manos. Además, las pelotas de tenis son más duras y pequeñas y pueden causar demasiado dolor cuando las presionamos en un punto doloroso, lo cual dificultará que te relajes.
- Una vez hayas practicado suficiente con una pelota blanda, puedes pasar a una más dura y pequeña.
- No utilices pelotas rodantes si padeces de ciática aguda.

4.22 LIBERAR LA CADERA

Los glúteos suelen estar llenos de puntos de tensión que no notas hasta que utilizas las pelotas rodantes. Si estás practicando este ejercicio por primera vez, hazlo muy lentamente y ejercítate como máximo durante 5 minutos con las pelotas bajo la pelvis. El siguiente ejercicio relaja la tensión en la zona lumbar y en los glúteos, y mejora la flexibilidad de la cadera.

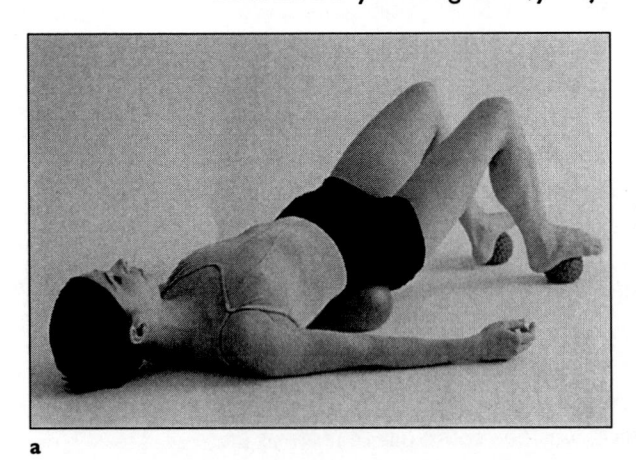

1. Coloca dos pelotas rodantes bajo tus nalgas. Separa las pelotas lo suficiente para sentirte cómoda. La figura a muestra una variación del ejercicio que mejora el equilibrio y emplea los isquiotibiales colocando dos pelotas bajo los pies.
2. La posición de las pelotas es variable. Puedes colocarlas bajo la porción baja del glúteo mayor hacia el interior del trocánter mayor (figura b). Aquí relajarán la tensión de los rotadores internos y de los músculos relacionados con el nervio ciático, el cual se representa en las líneas discontinuas de la ilustración.
3. Mueve la pelvis muy lentamente. Intenta moverte en todas las direcciones.
4. Imagina la pelvis como una barca meciéndose sobre un mar de olas tranquilas. Las pelotas son las olas, y el movimiento de la pelvis es el resultado del movimiento de las olas.
5. Cuando encuentres un punto de tensión, imagínatelo deshaciéndose. Piensa en un terrón de azúcar disolviéndose en el té, y transfiere la idea de disolución a los puntos de tensión.
6. La respiración también es un agente poderoso para disolver la tensión. Envía el aire dentro de los nudos e imagínalo penetrándolos, disolviéndose desde dentro hacia fuera. Deja que el punto de tensión salga desde el centro y su residuo desaparezca en el suelo, lejos del cuerpo.
7. Después de 5 minutos, retira las pelotas y observa la sensación en la zona lumbar.

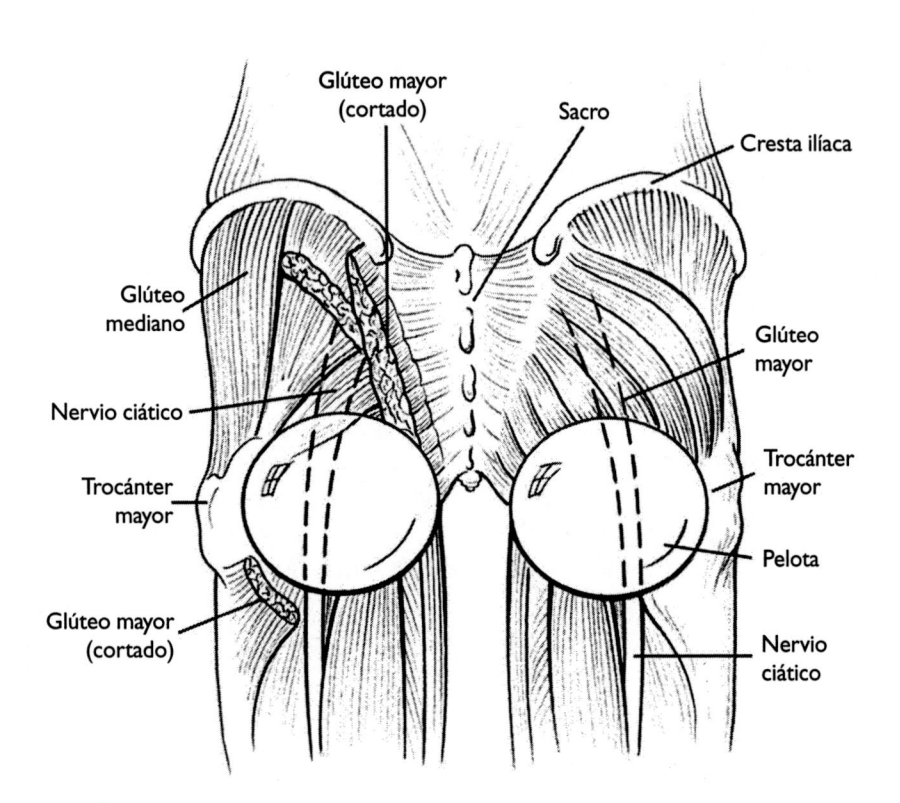

ESPALDA Y BRAZOS SIN TENSIÓN   4.23

Las pelotas rodantes son efectivas para relajar la tensión de los hombros. Este ejercicio afecta muchos músculos del hombro y del brazo, como el tríceps y los músculos que se insertan en la escápula. Si se realizan creativamente, pueden ser sorprendentemente efectivos para relajar la tensión del hombro y el cuello y para aumentar el margen de movimiento en los brazos.

1. Túmbate en decúbito supino. Coloca una o dos pelotas bajo un brazo. Deberías ser capaz de mover el brazo y la escápula en varias posiciones. Coloca una toalla enrollada o una pelota bajo tu cabeza para estar más cómodo.
2. Estira el brazo lejos del tronco y acércalo otra vez. Ahora experimenta con varios movimientos: gira el brazo hacia dentro y fuera, y mueve la escápula arriba y abajo. Sé creativo y muévete lentamente. También puedes mover la cabeza (figura a).

a

3. Cuando gires el brazo hacia fuera, visualiza el subescapular y el pectoral mayor relajándose mientras se alargan (figura b).
4. Una vez hayas explorado esta sensación durante unos minutos, acerca la pelota y colócala debajo del extremo más externo de la escápula. Muchos músculos de esta zona pueden beneficiarse de la relajación (redondo mayor y menor e infraespinoso), pero si sientes mucho dolor, coloca otra vez la pelota bajo el brazo o el antebrazo.
5. Después de unos minutos más, retira la pelota y compara la sensación entre los hombros. Tal vez sientas que la escápula del lado que has ejercitado está más baja y se funde con el suelo.

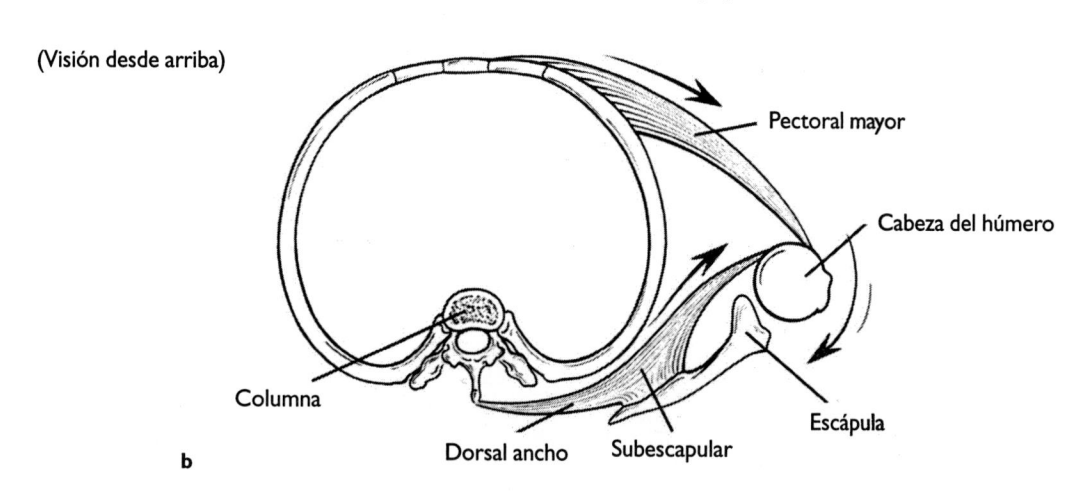

b
(Visión desde arriba)

4.24 DESHACER LA TENSIÓN DE LAS PANTORRILLAS

Este ejercicio es excelente para relajar la tensión en los músculos de la pantorrilla. Realízalo después del ensayo del estreno, de clase o de una actuación para reducir la rigidez que puede experimentarse al día siguiente.

1. Siéntate y estira las piernas delante de ti. Coloca una pelota rodante debajo de cada pantorrilla (véase figura).
2. Mueve los pies en distintas direcciones: flexiona y extiende el tobillo, haz círculos con el tobillo, y mueve, flexiona y extiende los dedos.
3. Descansa un momento e imagina los músculos de la pantorrilla fundiéndose por encima de las pelotas.
4. Recoloca las pelotas más arriba o más abajo de la pantorrilla y repite los movimientos de pie en esta posición.
5. Rebota las pantorrillas suavemente sobre las pelotas con los pies relajados. Cambia la posición de las pelotas varias veces hasta que hayas trabajado la pantorrilla al completo.

4.25 VACACIONES SOBRE PELOTAS

Este ejercicio sirve para recuperarse. Relaja la columna vertebral, el cuerpo entero y la mente mientras creas un mejor alineamiento corporal. El efecto que se logra con esto se parece a unas vacaciones en la playa. Los nervios espinales liberan su tensión y los órganos se benefician de ello.

1. Coloca tres pelotas medianas en una línea.
2. Coloca la espalda sobre las pelotas de modo que sientas puntos de apoyo en la cabeza, la espalda y la pelvis.
3. Ahora simplemente descansa, o bien realiza pequeños movimientos.
4. Permanece sobre las pelotas mientras te sientas a gusto.
5. Baja de las pelotas lateralmente y observa lo fácil que te resulta ahora el alineamiento en las posiciones supina y de pie.

Crear flexibilidad a través de los órganos

Una de las últimas cosas en las que pensamos cuando intentamos mejorar la flexibilidad es en nuestros órganos. Pero como descubrirás más adelante, deberías incluirlos en tu repertorio de métodos para mejorar la flexibilidad. Considera lo siguiente: si tus órganos fueran estáticos, sería imposible mover la columna. Por ejemplo, el hígado tiene que moverse hacia atrás, arriba y abajo por encima del estómago si flexionas la columna. Los movimientos de los órganos no sólo están intrínsecamente conectados con los de los músculos o articulaciones, sino que, a menudo, lo que percibimos como una restricción de movimiento en músculos y articulaciones tiene una naturaleza orgánica.

Los órganos tienen una gran variedad de posibilidades de movimiento. Pueden moverse en relación con ellos mismos o bien con las estructuras óseas, musculares o de tejido conectivo adyacentes. Los órganos están rodeados por un fluido que hace estos movimientos más fáciles y blandos. El fluido puede ser comparado por sus funciones con el líquido sinovial de las articulaciones. El objetivo de los siguientes ejercicios es descubrir lo fácil que es mejorar tu flexibilidad una vez eres consciente de los órganos.

COLUMNA FLEXIBLE CON EL CORAZÓN Y LOS PULMONES 4.26

Los órganos forman entre sí articulaciones blandas. El pulmón izquierdo y el corazón, por ejemplo, forman una articulación orgánica de cuenco y bola (figura a). Las habilidades del corazón para moverse sin los pulmones y fuera de su propia cavidad, el saco pericárdico, son importantes para su funcionamiento saludable.

1. Visualiza el pulmón izquierdo creando un articulación en forma de cuenco alrededor del corazón. El corazón es la bola de la articulación (figura b).
2. Ahora eleva el brazo por encima de la cabeza, y flexiona lentamente la columna y el brazo hacia la derecha.
3. Visualiza el pulmón izquierdo (el cuenco) deslizándose por encima del corazón (figura c). El pulmón derecho se desliza hacia abajo. Regresa a la posición inicial, e imagina el pulmón izquierdo deslizándose hacia abajo a lo largo del corazón y el pulmón derecho deslizándose hacia arriba.
4. Repite la flexión lateral con la imagen del deslizamiento varias veces hasta que puedas visualizar claramente el movimiento.
5. Baja el brazo, y observa cómo se sienten los dos lados del cuerpo.
6. Estira ambos lados hacia delante, y mira si sientes alguna diferencia en la longitud. Flexiona la columna hacia la izquierda y la derecha, y fíjate en si hay diferencias en la flexibilidad y facilidad de movimiento de la columna.
7. Ahora visualiza el movimiento del corazón en relación con el pulmón. Si el pulmón rota hacia la derecha, el corazón lo hará hacia la izquierda. Si el pulmón rota hacia la izquierda, visualiza el corazón girando hacia la derecha.

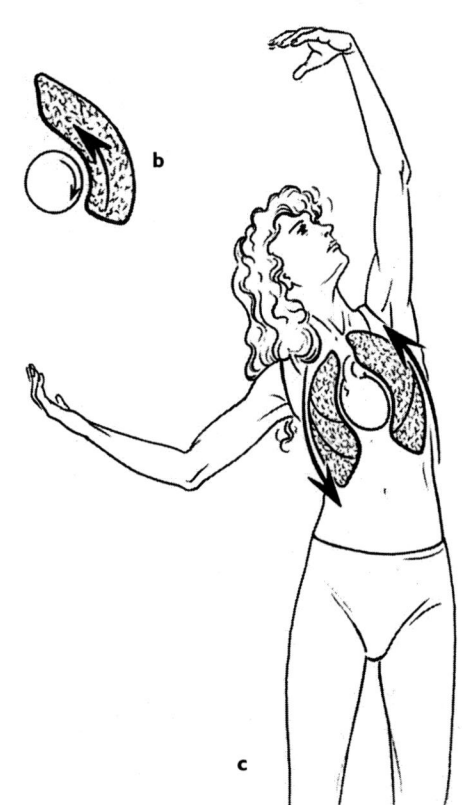

4.27 EL HÍGADO Y EL *ARABESQUE* MÁS ALTO

El hígado es la mayor glándula del cuerpo y desempeña una importante función en la desintoxicación del sistema. Pesa alrededor de 1,5 kg, y su movimiento tiene un efecto considerable sobre el alineamiento y la flexibilidad. Está bajo el diafragma y lo rodean la caja costal a la derecha y el estómago a la izquierda. El riñón izquierdo está detrás del hígado, y el intestino grueso está por debajo. Gran parte del hígado se encuentra en la parte derecha del cuerpo, pero el lóbulo izquierdo, una sección más pequeña, cubre el estómago por el lado izquierdo.

El hígado forma una articulación orgánica de «cuenco-bola», tanto con el diafragma como con el estómago. El diafragma desempeña el papel de cuenco frente al hígado, y el estómago sería la bola del hígado. Si sientes que entras en calor durante este ejercicio, puede deberse a que la temperatura del hígado es un poco superior a la temperatura mediana del cuerpo. Este ejercicio es particularmente ideal para un calentamiento invernal.

1. Coloca la mano derecha sobre las últimas costillas en la parte posterior del lado derecho del cuerpo. Pon la mano izquierda sobre las últimas costillas por delante del cuerpo (figura a). Ahora estás tocando la parte más grande del hígado, que está cubierto a medias por la caja costal.
2. De pie, en una posición cómoda, flexiona la parte dorsal de la columna (torácica), y visualiza el pulmón y el diafragma deslizándose hacia delante y hacia abajo sobre el hígado.
3. Eleva de nuevo la columna, y piensa en el diafragma deslizándose por encima del hígado (figura b).
4. Repite esta acción varias veces, después desliza el diafragma y los pulmones lateralmente hacia la derecha y hacia la izquierda sobre el hígado.
5. Después de repetir esta acción varias veces, visualiza la articulación entre el hígado y el estómago. Flexiona hacia delante, y desliza el hígado sobre el estómago. Estira la columna y desliza el hígado de nuevo arriba.
6. Repite la acción varias veces, y luego mueve el hígado hacia el lado que quieras. Puede moverse hacia delante, atrás o a los lados, o puede girar en cualquier sentido. Imagina el hígado como un órgano que baila con los demás órganos a su alrededor: pulmones, diafragma, estómago, riñones e intestino. El hígado se desliza con facilidad en medio de todas estas estructuras.
7. Ahora retira las manos y realiza las siguientes pruebas:
   ■ Eleva ambos brazos por encima de la cabeza y muévelos hacia la espalda. ¿Qué lado sientes más flexible?
   ■ Eleva la pierna derecha y después la izquierda. ¿Qué articulación sientes más flexible y suave al moverse?
   ■ Equilíbrate sobre la pierna derecha e izquierda alternativamente.
   ■ Realiza una extensión lateral y un *arabesque* con la pierna derecha y después con la izquierda, y compara la altura y la facilidad de elevación de ambas.
8. Los órganos que ocupan el lugar del hígado en el lado izquierdo del cuerpo son el bazo, el páncreas y el estómago. Coloca la mano izquierda sobre la parte posterior lateral de la costilla inferior, y la mano derecha delante del lado izquierdo de la caja costal inferior.
9. Flexiona la columna adelante, atrás y a los lados, e imagina el bazo moviéndose arriba y el estómago abajo. Extiende la columna e imagina el estómago moviéndose arriba y el bazo abajo.
10. Repite la acción de balanceo varias veces mientras visualizas los órganos.
11. Realiza un pequeño baile con los órganos en el lado izquierdo del cuerpo.
12. Retira las manos, y observa tu alineamiento vertebral, tu flexibilidad y la relajación de la tensión en los hombros.

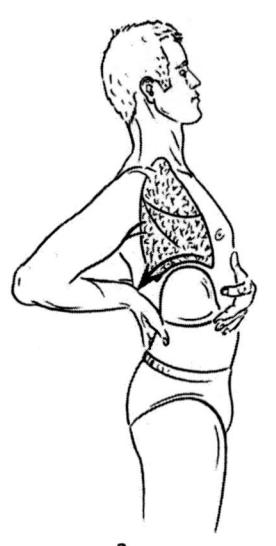

LOS ÓRGANOS QUE FACILITAN LA FLEXIBILIDAD DE LA CADERA 4.28

El intestino grueso afecta la flexibilidad de la cadera y al alineamiento pélvico. Consta de varias partes que forman una especie de puente rectangular. El colon ascendente está en la parte derecha del cuerpo, el descendente en la izquierda, y el horizontal ocupa el área entre las costillas inferiores a la derecha y a la izquierda de la caja costal. El ciego es el área donde el intestino delgado entra en el grueso, y el sigmoides es el espacio en la mitad izquierda de la pelvis. El recto es el final del segmento del intestino grueso (figura a). El intestino grueso responde a la inspiración al ser ligeramente estirado en la caja costal, que se expande con la respiración.

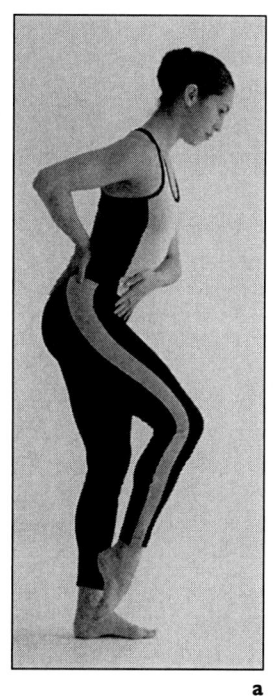

1. Toca el área entre la cresta pélvica derecha y el ombligo. Ahí está el colon sigmoideo.
2. Flexiona la pierna derecha en la articulación de la cadera e imagina el colon sigmoideo reposando abajo, dentro del bol pélvico. No empujes el órgano hacia delante como si elevaras tu muslo, sino que imagina el órgano cayendo abajo y atrás, asistido por un gentil empuje de las manos (figuras a y b).
3. Repite la flexión cinco veces, mientras sigues visualizando el colon sigmoideo reposando abajo.
4. Tómate un momento para comparar la flexibilidad de la cadera sobre los lados derecho e izquierdo del cuerpo, y después repite los pasos del 1 al 4 sobre el lado izquierdo. Presta especial atención a la observación del alisamiento de la barriga. Puedes descubrir que el músculo abdominal se siente más tonificado en esta área que has estado tocando. Además, elevarás con menos esfuerzo la mitad pélvica sobre el colon sigmoideo.
5. Ahora realiza un *plié* en segunda posición y visualiza el intestino grueso reposando abajo, dentro de las superficies interiores de las alas ilíacas (figura c). Imagina cómo los órganos aumentan la flexibilidad al informar a la cadera sobre la calidez y la suavidad conseguidas. Quizá te resulta más fácil realizar el *plié* y llegas más abajo. Este resultado se debe a la relación entre el recto y el suelo pélvico. La tensión en el recto se transfiere al suelo pélvico, el cual evita que los huesos de la cadera hagan los ajustes necesarios para un *plié* flexible.
6. Realiza una extensión de pierna en segunda posición mientras mantienes el colon sigmoideo a la izquierda y el ciego a la derecha, cayendo dentro de la pelvis, mientras la pierna se extiende. Este movimiento ayuda a crear más flexión en el cuenco de la cadera mientras mantiene la alineación pélvica.

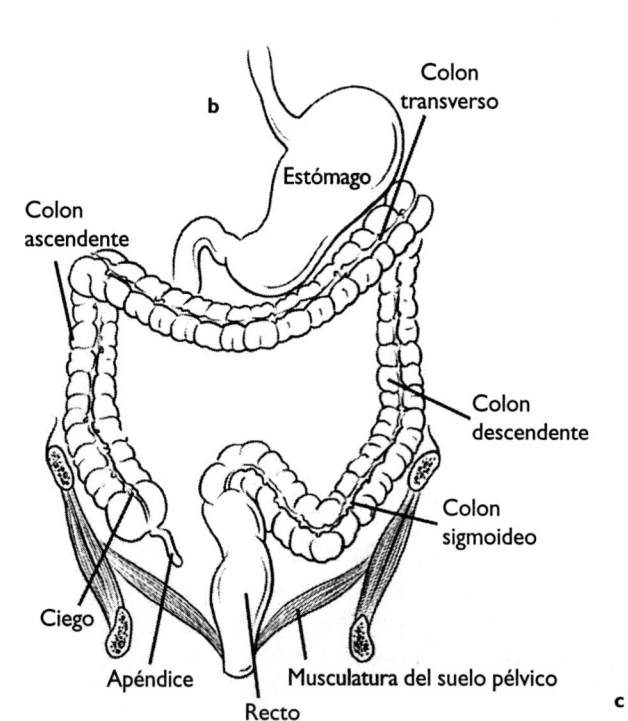

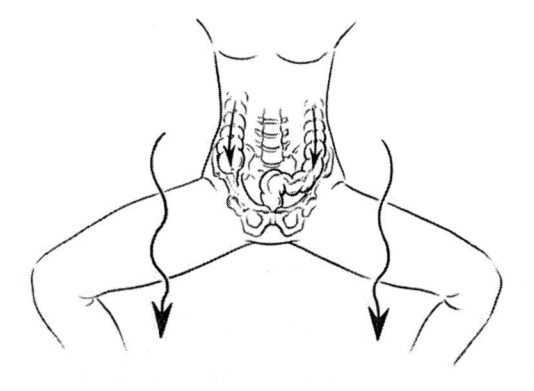

4.29 LOS RIÑONES Y LA FLEXIBILIDAD DE LA COLUMNA

Los riñones filtran la sangre y regulan el fluido. Se hallan en la parte baja de la espalda, debajo del diafragma, y están medio cubiertos por las costillas (véase figura). Cada riñón está conectado a la vejiga con un largo tubo denominado uréter. Tocar y mover los riñones ayuda a relajar la tensión lumbar y a aumentar la flexibilidad de la columna, especialmente en cuanto a las rotaciones. La respiración y los riñones están relacionados. Cuando inspiras, los riñones se mueven abajo una pulgada o dos con el diafragma; cuando espiras, se mueven arriba de nuevo. Observar el movimiento de los riñones y su colocación sobre los lados derecho e izquierdo de la columna puede ayudar en los giros. Te puede parecer extraño sentir tus riñones, pero inténtalo y aprende a hacerlo con la práctica. El siguiente ejercicio mejora el equilibrio y relaja la tensión de los hombros.

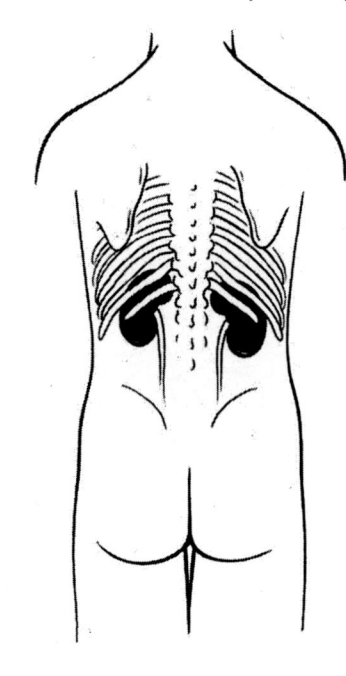

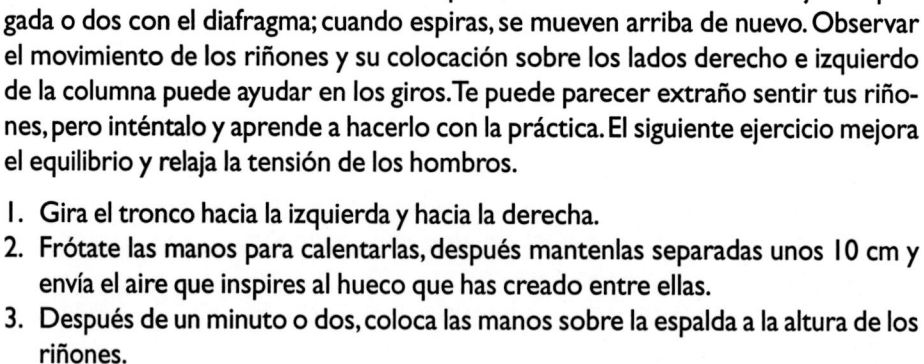

1. Gira el tronco hacia la izquierda y hacia la derecha.
2. Frótate las manos para calentarlas, después mantenlas separadas unos 10 cm y envía el aire que inspires al hueco que has creado entre ellas.
3. Después de un minuto o dos, coloca las manos sobre la espalda a la altura de los riñones.
4. Imagina que los riñones se bañan en el calor de las manos. Envía el aire de la respiración dentro de los riñones e imagina cómo se expanden y contraen rítmicamente con la respiración.
5. Mientras inspiras, siente los riñones moviéndose hacia abajo, y mientras espiras, siéntelos moviéndose hacia arriba.
6. Retira las manos y observa tu alineación. Flexiona la columna a la derecha y a la izquierda, luego gírala también a la derecha y a la izquierda y fíjate si notas mayor facilidad de movimiento.

Estiramientos para la flexibilidad

El estiramiento es el método más común para mejorar la flexibilidad. Si has llegado hasta aquí, habrás descubierto otras maneras de mejorar la flexibilidad: relajando la tensión, moviendo los órganos, utilizando pelotas rodantes y mediante la visualización. Pero estos métodos no hacen que los estiramientos queden obsoletos, pues todavía forman parte de un programa completo de entrenamiento de la flexibilidad. Dado que disponemos de una extensa bibliografía sobre los estiramientos, esta sección sólo se centra en la mejora y el mantenimiento de sus efectos a través de la atención y la imaginación.

Si se realizan correctamente, los estiramientos relajan la tensión muscular, aumentan la temperatura de los músculos para hacerlos más fluidos y flexibles, liberan las toxinas de los músculos, dan mayor elasticidad a los músculos y articulaciones, y mejoran la fuerza al aumentar las ventajas mecánicas que ofrecen las extremidades. Estirar puede prevenir las lesiones y ayudar en la rehabilitación después de una lesión. También hace que te sientas mejor, y es un método intuitivo para incrementar la concentración para la danza. Además, puede enseñarte mucho acerca de la función articular y muscular.

Estirarte puede ayudarte además a evitar lo que no quieres: tener un movimiento limitado. Cuando experimentas un estiramiento profundo, estás acostumbrado a llevarlo al extremo (incluso hasta el dolor). Una vez sientes un estiramiento en el músculo, los órganos sensoriales envían instrucciones a las fibras musculares para contraerse y proteger el músculo del sobreestiramiento.

Esta contracción es lo contrario de lo que buscas. Las técnicas de respiración y de relajación pueden mejorar esto, pero no arreglarlo. Dado que la flexibilidad está relacionada con el modo en que experimentamos el cuerpo, deberías evitar las sensaciones que refuercen la sensación de restricción de movimiento y tensión, por que éstas se suman a los patrones de tensión registrados por los miedos que te llevaron a practicar estiramientos. En ese caso, puede ser mejor alcanzar la flexibilidad mediante estrategias de ejercicio que impliquen movimiento, contacto y visualizaciones.

En la mayoría de los casos, es más fácil para el bailarín asociar los nuevos hallazgos de flexibilidad con los movimientos que está realizando. Si quiere alcanzar una extensión mayor, puede aprender a aumentar la altura ofreciendo a los músculos y articulaciones el alineamiento necesario, el contacto adecuado y la información visualizada. La pregunta principal que debes hacerte antes de estirar es: *¿Me ayuda esto a moverme mejor?* Eso depende de si eres capaz de transferir los beneficios del estiramiento a una sensación de movimiento en todo el cuerpo.

Utilizar las imágenes puede ayudar a mejorar un estiramiento, pues aumentará tu concentración y relajará tu respiración, que fluirá de un modo más profundo. También puede ayudarte a localizar el estiramiento y concentrarte en los músculos específicos, órganos o articulaciones que necesitan estirarse mientras aumentas la implicación del cuerpo entero. La siguiente lista describe diversos tipos de imágenes que son adecuadas para la práctica de estiramientos.

- Imagina el músculo como miel cristalizada que se vuelve líquida después de fundirse en agua cálida. Esta imagen es similar a lo que de hecho pasa en el músculo. Concéntrate en el proceso de ablandamiento, no únicamente en el músculo como un elemento líquido.
- Visualiza el área que estás estirando como si fuera helado deshecho, mantequilla o cera que ha sido colocada al sol. Concéntrate en el área donde sientes la mayor tensión y observa cómo se funde, sea ésta o no el área específica de estiramiento. Este punto de tensión puede cambiar después a otro. Síguelo con el ojo de la mente. No lo dejes escapar. Fúndelo.
- Ablanda suavemente el músculo, como si fuera la masa de un pastel, para hacerlo más flexible y elástico.
- Imagina que puedes respirar a través del músculo, como si las células musculares fueran pulmones diminutos. Imagina la respiración expandiéndose por todos los tejidos y creando más espacio entre ellos.
- Dirige la respiración a los puntos que sientas más tensos. Imagina que ablanda las distintas áreas de tu cuerpo, como las burbujas de aire de un jacuzzi.
- Respira dentro de los espacios que hay entre los huesos pequeños, como los carpianos y tarsianos, y en las articulaciones entre las costillas y la columna dorsal.
- Si notas un punto específico de tensión, imagina que es una bola de arena; empújala y observa cómo se desmorona.
- Imagina agua (o tu líquido favorito) flotando sobre la superficie de los huesos entre los músculos, calmándolos y expandiéndolos.
- Imagina un cepillo moviéndose a lo largo de la línea de acción del músculo desde el origen hasta su inserción en el hueso o desde su inserción hasta el origen (dependiendo de la localización y el propósito del estiramiento). Imagina el cepillo desenredando las fibras y ablandando todos los nudos. También puedes imaginar dos cepillos realizar su labor desde el centro de la barriga del músculo y alejarse en direcciones opuestas.
- Imagina que cada fibra individual reluce como una cuerda de plata al sol. Lleva la luz reflectante entre las fibras y deja que reflejen la luz entre sí.
- Visualiza las cuerdas tensas del músculo estirándose como caramelo o chicle.

Capítulo 5

Alinear el movimiento para mejorar la técnica

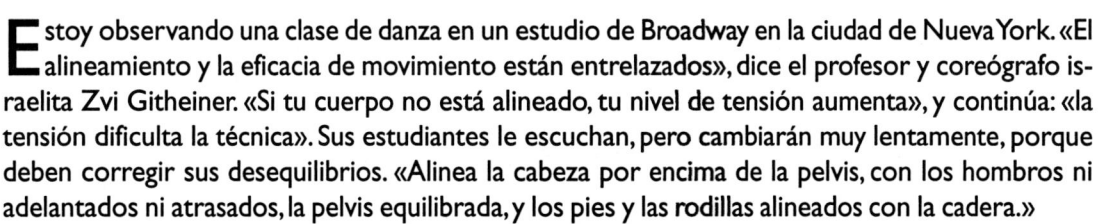

Estoy observando una clase de danza en un estudio de Broadway en la ciudad de Nueva York. «El alineamiento y la eficacia de movimiento están entrelazados», dice el profesor y coreógrafo israelita Zvi Githeiner. «Si tu cuerpo no está alineado, tu nivel de tensión aumenta», y continúa: «la tensión dificulta la técnica». Sus estudiantes le escuchan, pero cambiarán muy lentamente, porque deben corregir sus desequilibrios. «Alinea la cabeza por encima de la pelvis, con los hombros ni adelantados ni atrasados, la pelvis equilibrada, y los pies y las rodillas alineados con la cadera.»

¿Por qué es tan difícil traducir estos cambios de palabras a acciones? Una razón es que una vez el cuerpo se ha acostumbrado a sostener un nivel de tensión alto, lo cual es indicio de un alineamiento incorrecto, le parece normal. Los cambios, aunque sean beneficiosos desde un punto de vista biomecánico, pueden ser molestos al principio.

Continúo observando la clase y detecto cada imagen corporal de los bailarines mientras se mueven por el suelo. La percepción de su cuerpo se ha ido conformando a lo largo de muchos años de interacción con profesores y bailarines, y además en él han influido sus miedos y aspiraciones.

Algunos bailarines realizan correcciones de alineamiento cuando se les indica que lo hagan, otros las hacen para sobrecompensar, y otros simplemente aumentan su nivel de tensión cuando tratan de cambiar. Algunos son capaces de integrar las correcciones y cambiar sus posturas al notar sus desequilibrios y aplicar un nuevo sentido de alineamiento, y otros necesitan urgentemente una orientación. Sus imágenes corporales actuales están en vías de progreso técnico. Será necesario algún tiempo para que sus cuerpos ensayen, acepten y apliquen las nuevas estrategias de sentir, iniciar y experimentar el movimiento.

Pero los estudiantes de esta clase pueden considerarse afortunados. Su profesor es experimentado, y sabe cómo ayudarlos a alcanzar un mejor alineamiento. Él ve el potencial de cada estudiante y les ofrece la información cinestésica necesaria para ayudar a cada uno a hacer los cambios que mejorarán su forma de bailar.

Relajar la tensión para lograr un alineamiento dinámico

Algunos bailarines tensan los músculos del cuello y los hombros en cada movimiento, incluso con un simple gesto de la pierna. Como no están bien alineados, aumentan el esfuerzo necesario para iniciar el movimiento. Pueden pensar que están desarrollando potencia, cuando en realidad lo que están desarrollando es lo que impide su potencia, pues fuerzan precisamente músculos que no son necesarios en el movimiento que están realizando. Esta ineficacia no es sólo perjudicial para la técnica, sino que también predispone al bailarín a lesionarse y a un temprano deterioro de las articulaciones, músculos y tejidos blandos. Muchas estrategias para crear estabilidad se basan en fijar los músculos y huesos en posiciones estáticas, lo que funciona razonablemente bien cuando el movimiento es mínimo, pero no en la danza, que requiere estabilidad durante amplios gestos de movimiento.

Desde un punto de vista biomecánico, la meta del entrenamiento de la danza es transferir el peso corporal eficazmente, con la mínima distorsión, tensión y uso de energía. Esta definición técnica, sin embargo, no debería hacerte olvidar que la danza es una forma artística y no simplemente un ejercicio técnico.

De acuerdo con Roger Tully, un profesor de Londres de danza clásica que se formó en la tradición del Mariinsky, un bailarín necesita moverse con aplomo, un término del ballet clásico que describe la imagen de la plomada que delinea el eje central del cuerpo y nos guía hasta nuestro centro de gravedad. «El aplomo permite al bailarín establecerse en relación con su centro de gravedad, y tener no solamente un centro sino una circunferencia desde donde moverse adentro y afuera del espacio», afirma, mientras discute su metodología de enseñanza conmigo. «Mover un cuerpo bien alineado (con aplomo) permite a las piernas, brazos y cabeza encontrar una buena posición de un modo natural. Con sólo concentrarse en la acción de una pierna y un brazo sin pensar en el cuerpo como un todo, se creará un baile mecánico sin fluidez ni línea.»

Para entender mejor el movimiento con alineación dinámica (aplomo), observa un ejercicio común de danza, como el barrido de pierna o un *battement tendu*. Lo ideal sería mover la pierna desde la articulación de la cadera con el mínimo esfuerzo, creando un ajuste general en los músculos posturales pero no un aumento en la tensión. La acción en este caso se centra en la articulación de la cadera, mientras que el resto del cuerpo permanece bastante calmado y estable. La acción de la pierna es parte del movimiento global del cuerpo, no un gesto aislado. La estabilidad no se alcanza a través de la restricción del movimiento, sino mediante un equilibrio eficaz de las fuerzas.

- El alineamiento dinámico es el fruto de fuerzas equilibradoras con un esfuerzo mínimo, para compensar la distorsión postural con un aumento de tensión.
- En el alineamiento dinámico, la interacción equilibrada de las articulaciones, los músculos y los sistemas corporales garantiza una transferencia económica de peso a través del ciclo de movimiento deseado.
- El equilibrio se crea contrarrestando las fuerzas en su lugar de origen, no compensando un desequilibrio con un aumento del nivel de tensión.
- El alineamiento es una sensación general del cuerpo, no la fijación posicional de sus partes. Estar centrado es un estado físico que permite al cuerpo moverse con gran libertad sin forzarse en ninguna posición.

Muchos bailarines inclinan la pelvis y flexionan la columna hacia el lado de la pierna de apoyo en un barrido lateral (segunda posición). Después de que un bailarín haya estado haciendo este movimiento adicional miles de veces, se convierte en habitual. Sin embargo, la mayoría de los bailarines tienen la articulación de la cadera lo suficientemente flexible para que esto sea completamente innecesario. A menudo, cuando preguntas a un bailarín por qué realiza este movimiento, se sorprende bastante al oír que su pelvis no está alineada. En el peor de los casos, este tipo de distorsión de alineamiento conlleva dolor y lesión. Aunque las lesiones se achacan a un error del día anterior, en realidad la mayoría son el resultado de acumulaciones de movimientos inadecuados a lo largo de los años. Prepararte para la alineación en danza te ayudará a descubrir la solución más eficaz y más sencilla para cada movimiento.

Aunque estés bien alineado cuando no bailas, ello no garantizará que sigas estándolo al bailar con sólo esconder la barriga y contraer los glúteos. Una postura alineada mientras estás de pie no es útil si no conlleva una economía de movimiento. De modo que el movimiento, y no las posturas rígidas que se han convertido en hábito, es el criterio que define el alineamiento para la danza. Tan pronto como te muevas, puedes seguir centrado o bien recuperar tu centro con las fuerzas de equilibrio del cuerpo (véase capítulo 3). Si tus movimientos te descentran y tensas los abdominales, hombros y cuello, puedes estabilizarte momentáneamente mediante la reducción del movimiento para recobrar tu centro. En la danza, sin embargo, esta aproximación es contraproducente. La tensión preventiva no es la solución. Recientes investigaciones apoyan esta noción de que la habilidad de movimiento es inversamente proporcional a la actividad muscular innecesaria que acontece durante su realización (Charman, 1999). En otras palabras, cuanto más innecesaria sea la actividad muscular, menor será la facilidad técnica que ofrezca.

La vieja escuela de alineamiento se centró alrededor de la enseñanza de cómo sostener o fijar ciertas partes del cuerpo hacia una mejor posición mientras se mueven las extremidades. Los métodos que se basan en sostener o tensar crean la sensación de que un buen alineamiento está conectado a cierto nivel de tensión, de modo que los bailarines pueden pensar que mediante el fortalecimiento abdominal lograrán un buen alineamiento. Ésta es una cuestión problemática. Mientras trabajé con el equipo Suizo olímpico de gimnasia, durante muchos años, aprendí que puedes tener una potencia increíble en los músculos abdominales y aun así estar desalineado e inestable cuando te mueves. La cuestión no es si *los bailarines necesitan fortalecer los abdominales*; en la mayoría de los casos ya lo hacen. La clave de la estabilidad está en distinguir y después equilibrar los diversos músculos abdominales entre sí (activación muscular local) y con el sistema completo de músculos (activación muscular global) para crear una mejor alineación de movimiento.

Por ejemplo, las investigaciones han demostrado que el músculo transverso necesita visualizarse separado de los demás músculos abdominales en su función para crear la estabilidad del tronco (Richardson, 1999). Este grado de control requiere que el bailarín observe si el músculo está activo durante el ejercicio. Una buena imagen que apoya la función del transverso es la de una cremallera moviéndose hacia la parte frontal de la pelvis para activar los músculos locales.

Abandona la idea de que hay un músculo milagroso en el que puedes apoyarte para crear estabilidad. Si piensas así, crearás un patrón de tensión en una parte de tu cuerpo que causará otro patrón de tensión, y así sucesivamente. Por ejemplo, la tensión en el diafragma puede activar un cuello tenso y causar que subas los hombros más de lo necesario. Eso elevará el centro de gravedad y conducirá a una continua degradación de la eficacia del movimiento. Además, aguantar la respiración como respuesta habitual a un esfuerzo durante el entrenamiento o acondicionamiento de danza puede llevar a aumentos sustanciales de la presión sanguínea.

He visto clases en las que varios pasos hermosos de danza acompañados de música hacen que el bailarín se sienta grande, pero en los que los alumnos refuerzan patrones de movimiento que no les ayudan a mejorar porque no se les corrige. El bailarín a menudo tiene un conocimiento intuitivo de cómo bailar correctamente, pero puede haber sido anulado por la información contradictoria de profesores y presiones. La mente suele acallar la voz del cuerpo. En los cientos de seminarios y clases en los que he enseñado, he encontrado a menudo a bailarines que necesitan ser reconectados con su intuición corporal. Una vez ocurre esta reconexión, su potencial da un salto adelante y realizan grandes progresos en su ejecución de danza.

Ahora descubrirás cómo alinearte mediante el equilibrio de las fuerzas en lugar de con tensión.

Equilibrar las fuerzas para mejorar el alineamiento

Si, estando de pie, quieres elevar la pierna sin alterar el alineamiento de tu columna, tienes dos opciones:

1. Puedes contraer los músculos abdominales y tensar la espalda y todos los músculos para evitar mover la espalda. Pero si contraes los abdominales, respirar será difícil, porque son antagonistas del diafragma. Además, de acuerdo con McGill (2002), contraer (esconder) los abdominales es generalmente menos efectivo que activarlos con la estabilización de la columna.
2. Puedes equilibrar las fuerzas de la cadera visualizando como ésta se mueve en su cavidad alrededor de la cabeza del fémur para contrarrestar el gesto. En este caso, te centras en lo que debe moverse para mantener el alineamiento en lugar de hacerlo en lo que debe permanecer estático. El sistema nervioso humano es capaz de encontrar una solución eficaz cuando nos centramos en el movimiento. La idea es que es preferible mantener el alineamiento mediante la acción equilibradora de las articulaciones y los músculos a que el movimiento cree una distorsión que deba corregirse a través de la tensión.

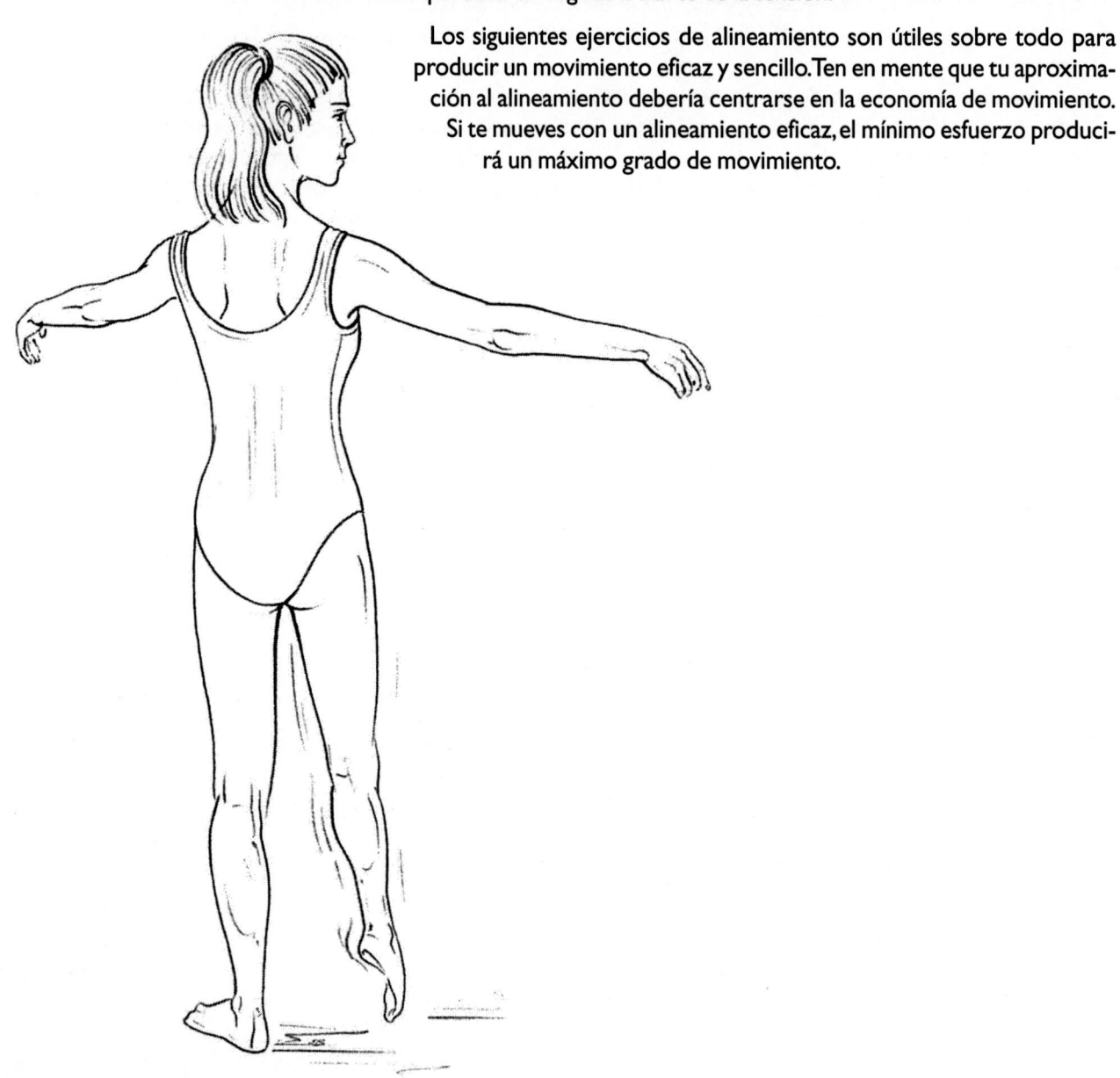

Los siguientes ejercicios de alineamiento son útiles sobre todo para producir un movimiento eficaz y sencillo. Ten en mente que tu aproximación al alineamiento debería centrarse en la economía de movimiento. Si te mueves con un alineamiento eficaz, el mínimo esfuerzo producirá un máximo grado de movimiento.

EXPERIMENTAR CON EL ALINEAMIENTO 5.1

En este experimento, observa los efectos de las fuerzas de equilibrio en la articulación de la cadera.

1. Fíjate en la sensación de tu postura cuando estás de pie. ¿Se inclina la pelvis hacia delante o hacia atrás? ¿Cómo sientes la posición de la cabeza en relación con la columna y la pelvis?
2. Flexiónate para tocar el suelo, y nota lo lejos que puedes llegar y lo fácil que resulta el movimiento a los músculos de la pierna. ¿Qué altura puedes alcanzar cómodamente al elevar la pierna?
3. Ahora visualiza la articulación derecha de la cadera. Observa la cabeza del fémur en su cavidad. Mientras elevas la pierna, la cabeza rota hacia atrás. Mientras bajas la pierna, la cabeza rota hacia delante en su cavidad.
4. Visualiza la rotación atrás y adelante de la cabeza en su cavidad durante varias veces, y después compara la facilidad de movimiento en la cavidad de la cadera entre las dos piernas.
5. Repite la visualización con la pierna izquierda.
6. Ahora flexiona el tronco hacia delante desde la cadera (mantén la columna relativamente estirada).
7. Visualiza la cavidad de la cadera moviéndose por encima de la cabeza del fémur. Imagínala deslizándose con facilidad como una pelota bien engrasada.
8. Regresa arriba, y visualiza la cavidad deslizándose hacia atrás por encima de la cabeza del fémur. Repite este movimiento varias veces hasta que puedas visualizarlo claramente.
9. Repite el mismo movimiento, pero ahora visualiza la cabeza rotando hacia atrás en relación con la cavidad mientras te flexionas hacia delante y la cabeza rota hacia delante en relación con la cavidad mientras regresas arriba. Repite esta visualización varias veces.
10. A medida que regresas a la posición de pie, nota si la cavidad de la cadera ha cambiado en algún sentido:
    - ¿Qué facilidad tienes para elevar la pierna?
    - ¿Ha aumentado la flexibilidad de la cadera? Eleva la pierna, y observa si es más fácil realizar este movimiento. Haz un barrido o un *battement tendu*, y observa la facilidad de movimiento.
    - Fíjate en si es más fácil tocar el suelo.
    - Observa tu alineación pélvica y da un pequeño paseo para sentir si el movimiento de la pierna en la cavidad de la cadera es ahora más eficaz.
11. Probablemente descubrirás una mejora en la flexibilidad y en la facilidad de movimiento, así como una sensación de alineamiento en la pelvis. Pero no obtendrás tales beneficios si intentas mantener tu alineamiento mediante una contracción. Tensa los músculos abdominales y eleva la pierna. Observarás que no puedes elevar la pierna tan arriba y probablemente estarás tensando los hombros.

DANZA. Acondicionamiento físico

Sentir tu alineamiento

La clave para perfeccionar tu alineamiento es percibir tus hábitos posturales y desarrollar una estrategia que te ayude a crear un alineamiento eficaz. Como ya he mencionado anteriormente, puedes tener un alineamiento deficiente pero no sentir que sea erróneo, pues puede que el sistema nervioso no te envíe información sobre los desequilibrios estructurales con los que vives todos los días. De modo que tienes que introducirte en el flujo de información entre la mente y el cuerpo y sentir las distorsiones en tu postura, o nada podrá cambiar. Basándote en este conocimiento, puedes utilizar la imaginación, los ejercicios de equilibrio muscular y articular, y otros métodos para mejorar tu alineamiento. El proceso de sentir un desalineamiento y utilizar imágenes o ejercicios correctivos debe ser algo constante.

El alineamiento es una relación específica de los huesos del cuerpo con los planos geométricos. En este caso, un plano sagital mediano imaginario disecciona el cuerpo humano por la nariz, el centro de la barbilla, el esternón y la sínfisis púbica. Un plano frontal imaginario disecciona el cuerpo humano en la articulación atlantooccipital, la punta del hombro, el trocánter mayor y justo en frente del hueso más saliente del tobillo. Una distorsión en la postura puede hallarse en el plano horizontal. La cabeza puede inclinarse hacia la derecha en relación con el hombro y la pelvis, y hacia la izquierda en relación con los pies. Si observas el cuerpo desde arriba, ambas orejas, las puntas de los hombros, los trocánteres mayores y los tobillos deberían estar aproximadamente sobre el mismo plano frontal (véase figura 5.1). (Para más información sobre este tema, véase Franklin, 1996b, págs. 71-74.)

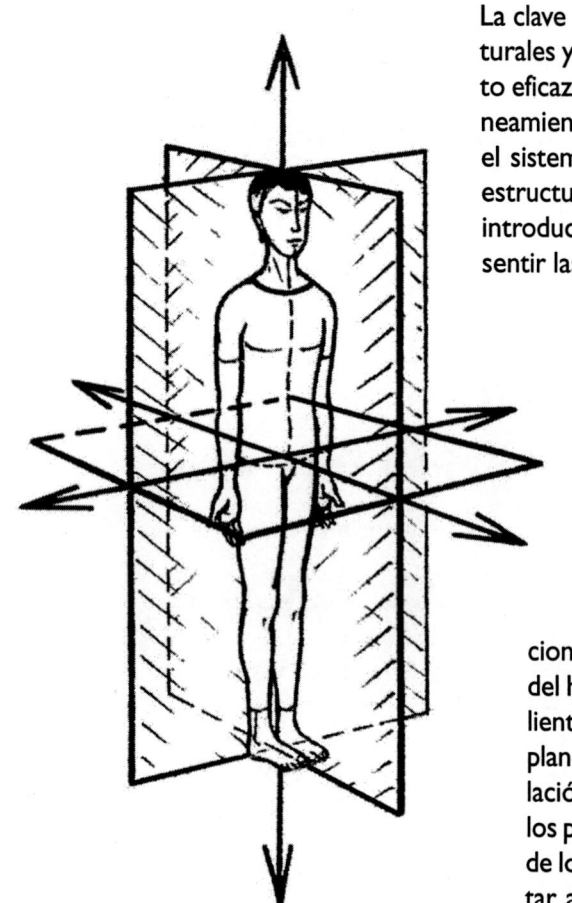

Figura 5.1. Los planos sobre el cuerpo.

El poder del suelo pélvico

Un suelo pélvico fuerte, coordinado y alineado mejora significativamente la técnica de danza. Si el suelo pélvico está débil o tenso, la columna y las piernas cuentan con el apoyo necesario y tienden a estar desalineadas. Los beneficios del entrenamiento del suelo pélvico incluyen un *plié* más profundo y elástico, saltos más altos, una mejor abertura, más potencia para las elevaciones y, claro está, una mejor alineación.

El suelo pélvico consta de diversas capas musculares estiradas hacia el fondo de la pelvis que están muy relacionadas con los órganos profundos de la misma. Su función es bastante compleja. Por un lado, deben poder soportar los órganos, y por otro, necesitan ser muy elásticos para facilitar funciones como la excreción y el parto. Puedes alcanzar este soporte aumentando la elasticidad, la fuerza y el equilibrio de todas las estructuras implicadas. Los siguientes ejercicios (adaptados de mi libro, *El poder pélvico: ejercicios mentales/Ejercicios corporales para la fuerza, flexibilidad, postura y equilibrio en hombres y mujeres*, Franklin, 1003, págs. 34-36) están diseñados para iniciarte en la atención al suelo pélvico en tu técnica de danza.

VISUALIZAR EL SUELO PÉLVICO 5.2

El suelo pélvico está delimitado por las siguientes estructuras óseas: el cóccix y el sacro en la espalda, la sínfisis del pubis y los huesos púbicos por delante, y las tuberosidades isquiáticas a los lados (véase figura). Si dibujas unas líneas imaginarias entre las tuberosidades isquiáticas, divides la pelvis en una mitad anterior y otra posterior, o en dos triángulos colocados uno sobre otro. Si dibujas una línea entre la sínfisis púbica y el cóccix, creas dos mitades o dos triángulos contiguos. Si imaginas ambas líneas cruzándose, creas cuatro triángulos. Estas secciones triangulares del suelo pélvico necesitan ser equilibradas tanto en forma como en fuerza por el suelo pélvico para soportar tu alineamiento.

1. Desde una posición de pie, toca la tuberosidad isquiática derecha y el hueso del pubis izquierdo.
2. Visualiza el área entre tus dos puntos de contacto. Éste es el triangulo anterior derecho del suelo pélvico.
3. Continúa tocando la tuberosidad isquiática derecha, pero ahora toca también el cóccix. Visualiza el área entre estos dos puntos; éste es el triangulo posterior derecho.
4. Retira tus manos y observa la distinta sensación entre las dos mitades del suelo pélvico.
5. Eleva la rodilla derecha y después la izquierda, y observa si la cadera derecha se siente más suelta y flexible.
6. De pie sobre la pierna derecha, y después sobre la izquierda. Notarás que tu equilibrio ha mejorado sobre el lado derecho y que sientes más elevada la mitad pélvica derecha comparada con la izquierda. Las imágenes y el tacto crean alineamiento sin aumentar la tensión ni interferir en el movimiento.
7. Repite los ejercicios de tacto y visualización con el otro lado.

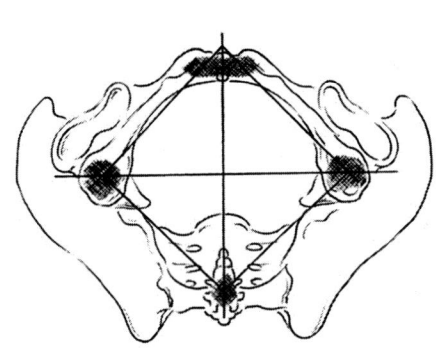

EL MOVIMIENTO DE PIERNA Y EL SUELO PÉLVICO 5.3

El alineamiento de la pierna y la columna está muy relacionado con el del suelo pélvico. El puente entre la columna y la pelvis es el sacro, el cual forma la base de la columna y parte del aro pélvico. Una vez has descubierto cómo se mueven los huesos de la pelvis, el suelo y el sacro, puedes equilibrar tu alineamiento hacia abajo a través de los pies y hacia arriba por la cabeza.

1. Ponte de pie con las piernas en paralelo y las rodillas ligeramente flexionadas. Inclina la pelvis hacia delante y hacia atrás, y observa cómo afecta esta acción el suelo pélvico. Fíjate en qué posición se alargan los músculos del suelo pélvico y en cuál se acortan.
2. Realiza un *plié* con los pies colocados en una posición amplia y abiertos (segunda posición), y observa cómo afecta esto el suelo pélvico. Observa en qué posición se alargan los músculos del suelo pélvico y en cuál se acortan.
3. Con las rodillas ligeramente flexionadas, rota las piernas hacia dentro y hacia fuera, y siente cómo afecta esto el suelo pélvico.
4. Flexiona alternativamente las rodillas derecha e izquierda, y observa cómo afecta esto el suelo pélvico.
5. Realiza una elevación de pierna *passé retiré* y luego haz extensiones de pierna hacia delante, al lado y hacia atrás, o bien otro movimiento que elijas tú. ¿Puedes sentir si se mueven las tuberosidades isquiáticas, el sacro o los huesos del pubis? ¿Sientes algún cambio de longitud en la musculatura del suelo pélvico?

5.4 UN *PLIÉ* MÁS PROFUNDO CON EL SUELO PÉLVICO

El *plié* es un movimiento básico en la mayoría de las formas de entrenamiento de danza. Suelo preguntar a mis estudiantes de danza por qué practican *pliés* en sus entrenamientos, y a menudo tienen dificultades para responderme. Las respuestas que he oído incluyen el *refuerzo de las piernas*, el *aumento de la abertura* y la *ayuda a sentir el centro*.

Estas respuestas son todas correctas. El *plié* actúa como un muelle para mover el tronco en dirección vertical o para propulsarlo en el espacio. Los *pliés* se ejecutan al principio y al final de la mayoría de los pasos de danza. Si tu *plié* no está bien alineado, tu técnica se resentirá.

El *plié* es un excelente ejercicio de acondicionamiento para los músculos de las piernas, el suelo pélvico y la columna lumbar. Un suelo pélvico coordinado facilita un *plié* flexible y bien alineado. La concentración en esta área puede aumentar el margen de movimiento y la facilidad de movimiento de un *plié* en cuestión de minutos.

1. Concéntrate en la acción de las tuberosidades isquiáticas mientras te mueves hacia abajo en *plié* en segunda posición (figura a). Puedes notar que éstas se separan ligeramente mientras los músculos del suelo pélvico actúan excéntricamente (se alargan) y el cóccix se mueve sutilmente hacia atrás.
2. Durante el movimiento de elevación, imagina las tuberosidades convergiendo mientras los músculos actúan concéntricamente (se acortan) y el cóccix se mueve sutilmente hacia delante (figura b).
3. Si realizas el movimiento opuesto, notarás cómo interfiere el suelo pélvico en el alineamiento. Intenta moverte hacia abajo en un *plié* mientras tensas el suelo pélvico. Esta tensión conlleva un doloroso empuje hacia delante de las rodillas. La única solución ahora es empujar las rodillas hacia atrás para alinearlas, lo cual causa mucha tensión o incluso dolor en la cadera. Cuando un bailarín envuelve su pelvis tensando el suelo pélvico para alinearlo, está de hecho alejando sus piernas del alineamiento. Si mantienes las tuberosidades isquiáticas separadas y el cóccix hacia atrás cuando estiras las piernas mientras te mueves hacia arriba desde un *plié* profundo, la columna lumbar se arquea.
4. Realiza el *plié* varias veces más con la coordinación correcta: la acción excéntrica de los músculos que permite a las tuberosidades separarse mientras bajas, con el cóccix balanceándose hacia atrás y la acción concéntrica de los músculos con las tuberosidades moviéndose para juntarse y el extremo balanceándose hacia delante mientras subes. Recuerda que estos movimientos son una parte automática de tu coordinación. Visualiza únicamente el movimiento correcto de los huesos y los músculos para reforzar la acción, pero no exageres el movimiento.
5. Imagina el suelo pélvico como una alfombra voladora que te hace descender y te eleva en un *plié*.
6. Cuando realices un *plié* con un *port de bras* de acompañamiento, imagina que el movimiento del brazo se inicia desde el suelo pélvico. Deja que la pelvis se mueva un poco antes que los brazos.
7. Si piensas en el suelo pélvico y en los pies separándose mientras realizas el *plié*, ganarás flexibilidad en las articulaciones de las piernas.

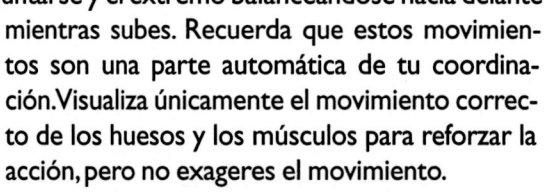

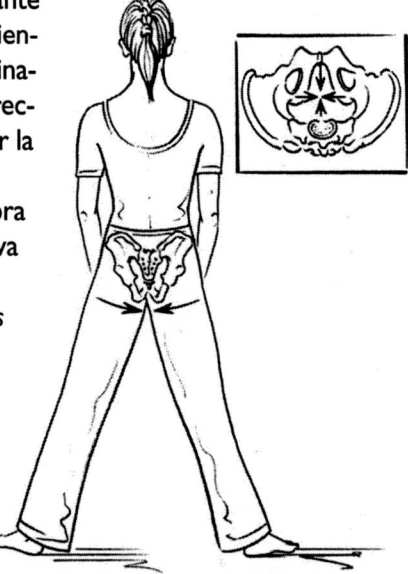

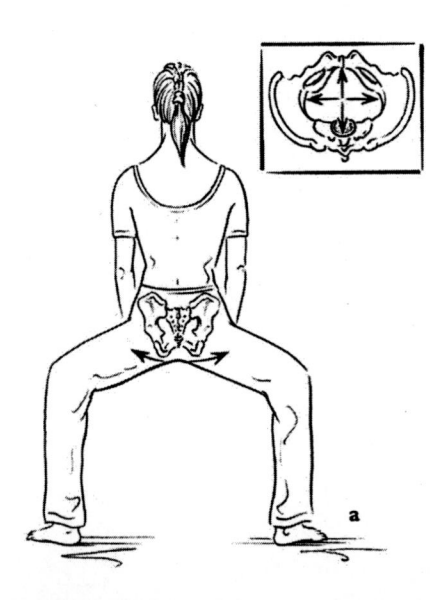

Alinear el movimiento para mejorar la técnica

LA INCLINACIÓN PÉLVICA 5.5

Inclinar la pelvis afecta el suelo pélvico. Las inclinaciones pélvicas son comunes en la danza, y cuando las refuerza la concentración en el suelo pélvico, eliminan la opción de tensar la columna lumbar o las rodillas. Cuando la pelvis se inclina hacia delante (anteriormente), el suelo pélvico se expande y el cóccix se mueve alejándose de la sínfisis púbica (figura a). Cuando la pelvis se inclina hacia atrás (posteriormente), el suelo pélvico se tensa y el cóccix se mueve hacia la sínfisis púbica (figura b).

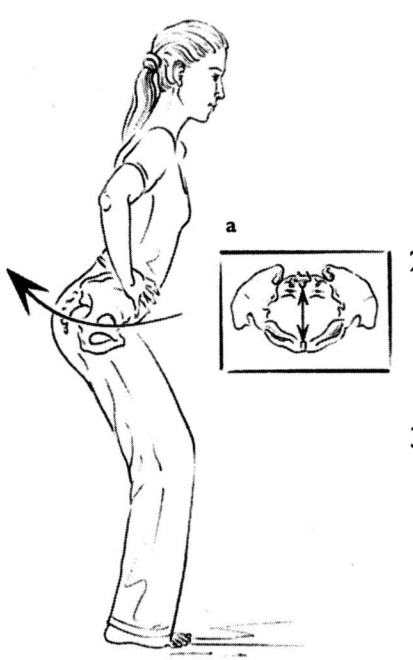

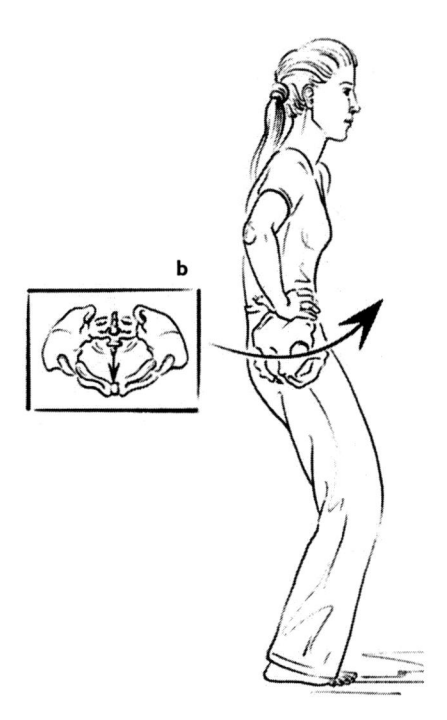

1. Inicia la inclinación de la pelvis desde los músculos del suelo pélvico. Esta sensación difiere de crear el mismo movimiento desde los músculos flexores o extensores de la cadera o los abdominales o lumbares. Mira si puedes actuar en el suelo pélvico a través del margen de movimiento con la mínima implicación de otros músculos.
2. Observa que si contraes los abdominales contraes también la musculatura del suelo pélvico. En la flexión de la columna, estos dos grupos de músculos actúan como sinergistas (se contraen juntos).
3. Fíjate en la relación del suelo pélvico con la respiración. Durante la inspiración, tanto los abdominales como los músculos del suelo pélvico se alargan para acomodar los órganos desplazados por el movimiento hacia abajo del diafragma. En la espiración, se acortan para soportar el regreso de los órganos hacia arriba.
4. Observa qué es lo que le ocurre al suelo pélvico cuando rotas las piernas hacia dentro y hacia fuera. Cuando las rotas hacia fuera, la musculatura de la mitad posterior del suelo pélvico se acorta mientras que la anterior se alarga. Cuando rotas las piernas hacia dentro, la mitad anterior se acorta y la mitad posterior se alarga (figura c).

95

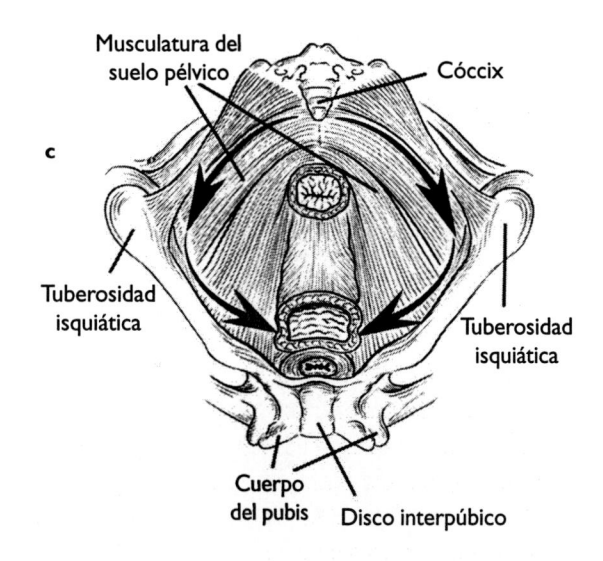

DANZA. Acondicionamiento físico

5.6 EL SACRO ES EL CENTRO

El sacro es el hueso más cercano al centro geométrico del cuerpo. En una posición erguida alineada, el centro de gravedad está justo frente a este hueso. Cuando mueves las piernas o la columna, el sacro reacciona. Este hueso puede soportar o impedir los movimientos constantes de la danza. Este ejercicio te ayudará a entender la conexión entre el sacro, la pelvis, las piernas y la columna.

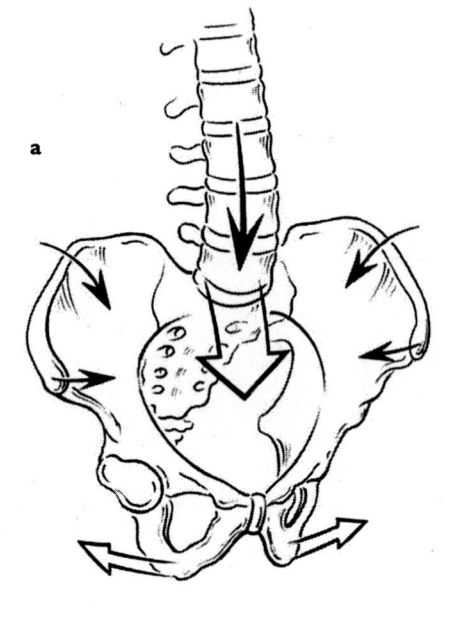

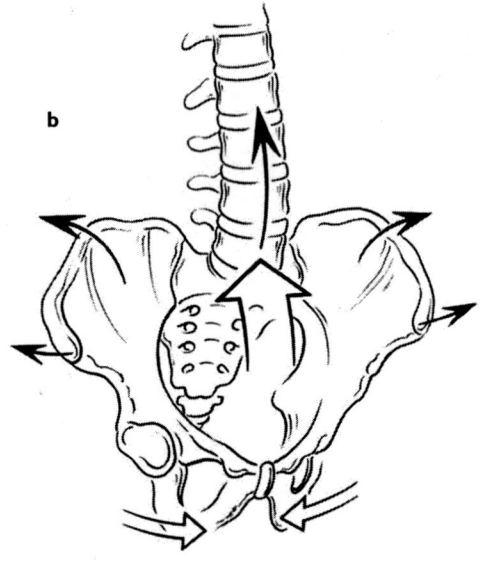

1. Coloca una mano sobre el sacro y detecta las protuberancias que hay en la parte posterior del hueso. Estas protuberaciones son las apófisis espinosas de sus cinco vértebras fusionadas. Para sentir el movimiento del sacro, es más fácil palpar los huesos adjuntos, pues son más fáciles de sentir bajo la piel: el cóccix y la columna lumbar.
2. Coloca el dedo corazón de una mano sobre el extremo del cóccix y el de la otra sobre la apófisis espinosa de la cuarta o quinta vértebra.
3. Inclina la pelvis hacia delante, y observa cómo se mueven las apófisis espinosas lumbares hacia delante y el cóccix hacia atrás. El sacro está haciendo un movimiento de rotación. En este punto el sacro se halla en el punto medio de una inclinación (figura a).
4. Inclina la pelvis hacia atrás, y observa cómo el sacro se mueve hacia atrás y adelante. Este movimiento se llama contrarrotación, la segunda parte de la inclinación (figura b).
5. Inclina la pelvis hacia delante de nuevo y verás cómo la rotación está conectada con la expansión de las tuberosidades isquiáticas.
6. Inclina la pelvis hacia atrás, y verás que la contrarrotación está conectada con la convergencia de las tuberosidades.
7. Observa que la rotación provoca que la espalda lumbar se extienda (lo notarás por el ahuecamiento de la columna), mientras que la contrarrotación provoca la flexión de la columna lumbar (la sensación es una columna redondeada).
8. Nota cómo el cóccix se mueve en la dirección opuesta del extremo superior del sacro. Con el cóccix hacia dentro no podrás extender (ahuecar) la columna lumbar. Trata de arquear la columna con el cóccix metido hacia dentro y notarás que no puedes moverte de este modo.
9. Si mueves el cóccix hacia atrás, no puedes contrarrotar (flexionar) la columna lumbar porque ésta se resiste. Esta resistencia es inherente al cuerpo. Si respetas el modo en que los huesos se mueven con naturalidad, tu técnica mejorará. Si te opones a ellos, causarás tensión.
10. Retira la mano que estaba en contacto con el sacro y mantén la pelvis en una posición neutra. Tal vez sientas la pelvis de una forma distinta, quizá más alineada y libre. Es el resultado de concentrarte en cómo el movimiento de los huesos alinea el cuerpo.

EL SACRO ASEGURA LAS PIERNAS 5.7

El sacro realiza una sutil rotación cuando te mueves hacia abajo en un *plié* y una ligera contrarrotación cuando te mueves hacia arriba. Si puedes reforzar estos movimientos con imágenes, tendrás una columna y unas piernas bien alineadas y lograrás un *plié* más profundo.

1. Realiza un *plié* en segunda posición. Imagina el sacro rotando mientras bajas. El cóccix se balancea sutilmente hacia atrás.
2. Imagina el sacro contrarrotando mientras subes. El cóccix se balancea ligeramente hacia delante.
3. Imagina lo que ocurre cuando realizas el movimiento contrario: cuando te mueves abajo en *plié*, visualiza el sacro contrarrotando. Probablemente sentirás un empuje hacia atrás en las rodillas como en el paso 3 del ejercicio 5.4. Cuando te muevas hacia arriba en el *plié* imaginando el sacro rotando, la espalda se arqueará.
4. Practica de nuevo con la coordinación correcta (pasos 1 y 2).
5. Si la espalda se arquea, a menos que metas el cóccix hacia dentro cuando realizas el *plié*, los flexores de la cadera pueden estar tensos. Estira o alinea los flexores de la cadera para ofrecer más longitud para estos músculos. Los flexores de la cadera son antagonistas en relación con el suelo pélvico. Cuando éstos se acortan, la musculatura del suelo pélvico se alarga. Practica los ejercicios expuestos en este capítulo para alinear el suelo pélvico, así como los referentes al psoasilíaco del capítulo 7 (ejercicios del 7.11 al 7.15).
6. Imagina la columna como si estuviera relacionada con la rotación sacra y el *plié*. Mientras bajas imagina que permites que la columna se curve, o bien que una ola blanda la recorre de arriba abajo. Cuando subas, piensa que estás alargando las curvas de la columna, o visualiza una cuerda que tira de la cabeza hacia arriba y alarga la columna. Si inviertes estas imágenes en la bajada y subida del *plié*, sentirás que tus piernas no se mueven con la misma libertad, porque esas imágenes no reforzarán el movimiento equilibrado de los huesos y las articulaciones.

5.8 EL SUELO PÉLVICO COMO UN ABANICO

Los músculos del suelo pélvico están dispuestos en varias capas en patrones que pueden visualizarse como un abanico que empieza en el cóccix (figura a). El margen externo del abanico está formado por el músculo coccígeo, que conecta el cóccix y el fondo del sacro con la espina del isquion. El músculo elevador del ano lo forman el iliococcígeo y el pubococcígeo. El iliococcígeo conecta el lado del cóccix con el interior de la pelvis opuesto a la articulación de la cadera. Las fibras externas del pubococcígeo conectan el cóccix con el hueso del pubis, y las fibras interiores forman una curva alrededor del ano.

El recto abdominal es la continuación muscular del pubococcígeo y habitualmente actúa en sinergia con el músculo del suelo pélvico (figura b, pelvis femenina). Me centro en el pubococcígeo porque este músculo, si lo sentimos y visualizamos, ayuda a crear una columna lumbar y una pelvis bien alineadas. El pubococcígeo también ayuda a reducir el exceso de tensión en los glúteos.

1. Toca la tuberosidad isquiática derecha y desliza un dedo hacia arriba y atrás del hueso aproximadamente una pulgada. Si mantienes el dedo cerca del hueso, notarás que una protuberancia te impide seguir subiendo. Este obstáculo es el músculo obturador interno y la espina del isquion, y es lo que estás buscando.
2. Coloca un dedo sobre la espina y toca el cóccix a la vez. Esta posición no es demasiado cómoda, pero intenta mantenerla durante un minuto.
3. Visualiza la conexión entre los dos puntos, cóccix y espina del isquion, como algo activo y vivo. Imagina la comunicación entre estos dos puntos.
4. Visualiza los dos puntos acercándose, como si pudieras contraer el pubococcígeo a voluntad.
5. Imagina los dos puntos separándose, como si pudieras alargar el músculo a voluntad.
6. Repite los puntos 4 y 5 una vez más antes de finalizar el contacto.
7. Compara la alineación de los lados derecho e izquierdo de la pelvis sosteniéndote sobre una pierna. Eleva la derecha y después la izquierda, y extiende cada pierna para comparar la flexibilidad entre los lados. Notarás que la pelvis sobre el lado que has tocado y visualizado se siente más elevada, mientras que la cadera se siente más suave y flexible.
8. Repite el ejercicio con el otro lado.

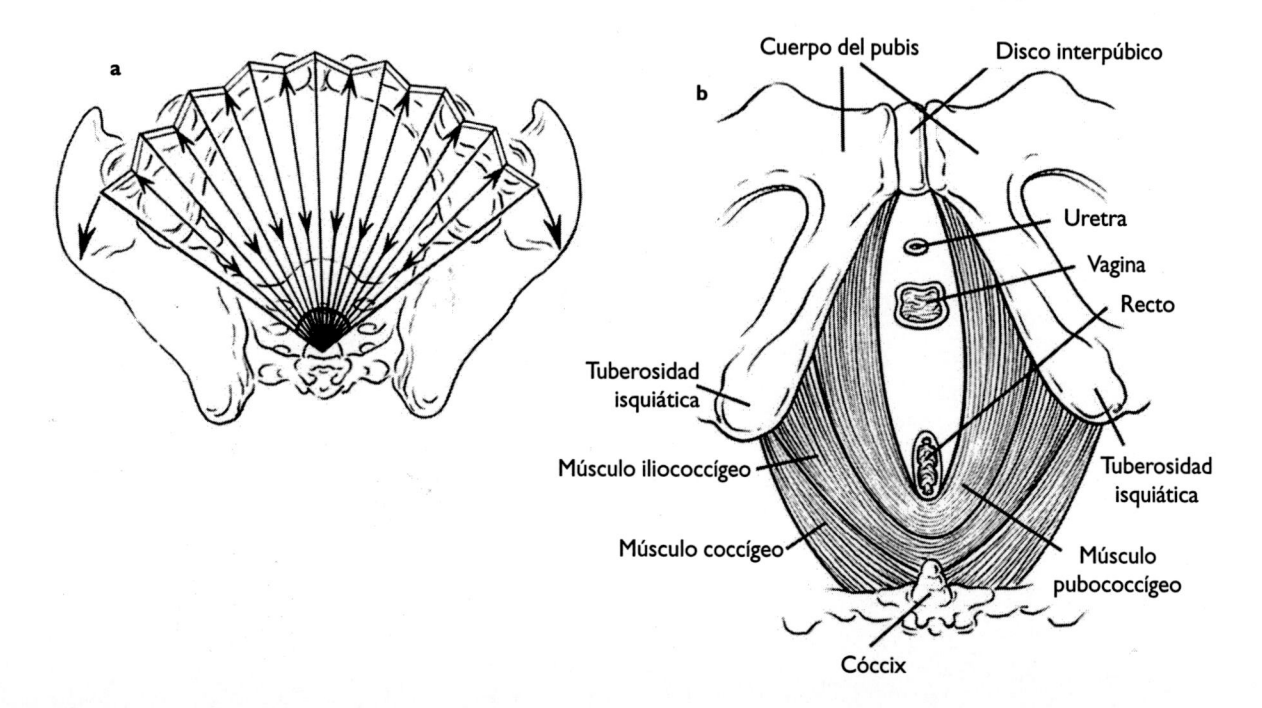

EL TRIÁNGULO DEL SUELO PÉLVICO 5.9

El elevador del ano deja una abertura en la mitad anterior del suelo pélvico. Esta área triangular está cubierta por una expansión de músculo y tejido conectivo denominado **periné**. Éste se inserta en las tuberosidades isquiáticas y los huesos del pubis (figura a). El periné consta de una vaina muscular, denominada transverso del periné, y de tejido conectivo.

Cuando bajas en *plié*, estiras el periné. Cuando vuelves arriba, el periné puede soportar la acción mediante contracción. La fuerza del músculo es relativamente pequeña, pero su acción es importante para la acción coordinada de la pelvis. El periné aumenta el margen de tu abertura y te ayuda a organizar la potencia de tus saltos. Debido a las relaciones del tejido conectivo entre los músculos del suelo pélvico y los isquiotibiales y aductores, la flexibilidad de los músculos de la pierna puede mejorarse creando más elasticidad en el suelo pélvico.

1. Realiza un *plié* en segunda posición, y observa la profundidad de tu movimiento y la cantidad de abertura disponible.
2. Túmbate en decúbito supino y coloca dos pelotas o toallas enrolladas debajo de la pelvis.
3. Flexiona ambas piernas por la cadera y las rodillas.
4. Coloca las manos sobre la parte interna de las rodillas.
5. Visualiza los músculos del triángulo perineal.
6. Eleva los músculos iniciando una contracción en el triángulo perineal. Imagina el triángulo encogiéndose (figura b).
7. Baja las piernas iniciando una contracción excéntrica en el triángulo perineal. Imagina el triángulo ampliándose (figura c).
8. Repite el movimiento seis veces, concentrándote en la iniciación desde el triángulo perineal.
9. Retira las pelotas, reposa y después ponte de pie y realiza un *plié* en segunda posición. Observa los cambios en tu flexibilidad y facilidad de movimiento.

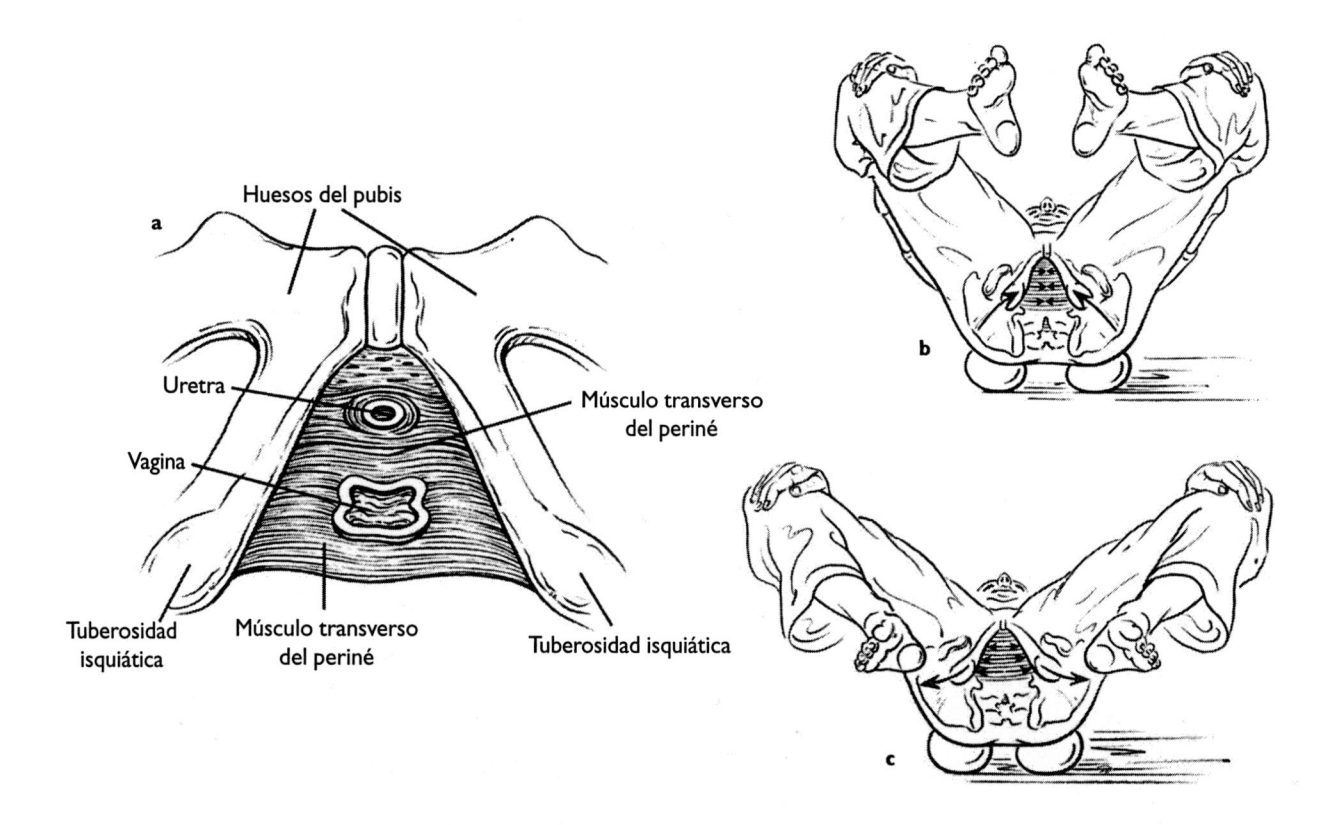

5.10 LA MITAD PÉLVICA COMO UNA RUEDA

Visualiza las dos mitades pélvicas como si fueran ruedas que giraran sutilmente cuando flexionas la pierna desde la cadera. Esta rotación de la mitad pélvica es mínima, pero debe equilibrarse en ambos lados de la pelvis para crear una buena alineación y prevenir el dolor lumbar. La imagen también mejora la estabilidad cuando estamos de pie y ayuda a aumentar la flexibilidad en la cadera.

1. Realiza un *plié* en segunda posición.
2. Túmbate en decúbito supino y sostén la pierna derecha con las manos sobre la rodilla. Imagina la mitad derecha de la pelvis como una rueda rodando hacia ti (véase figura).

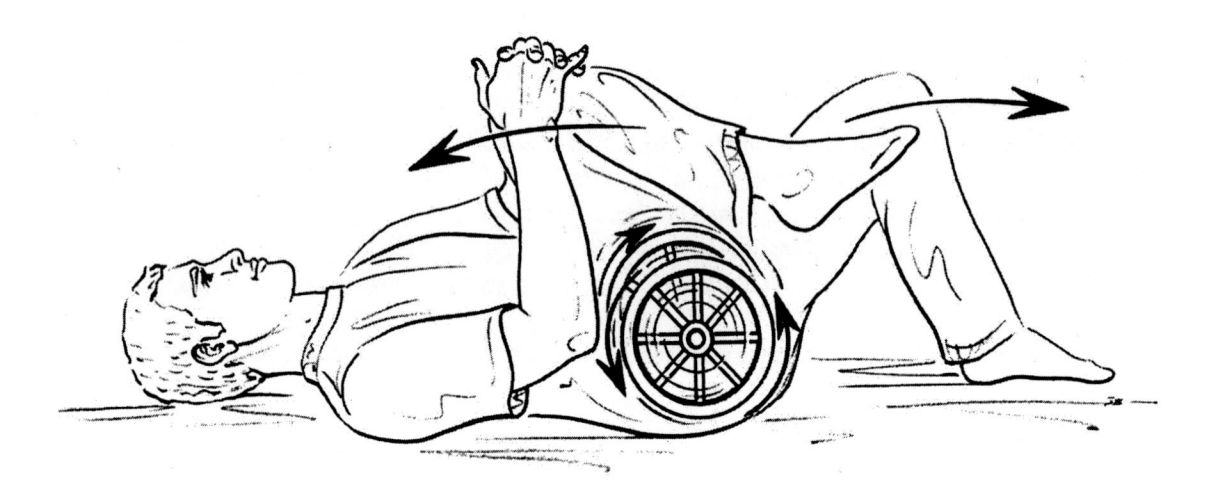

3. Relaja la pierna, y mientras bajas el pie hasta el suelo, imagina la mitad pélvica derecha como una rueda alejándose rodando de ti.
4. Repite la acción y la imagen cinco veces.
5. Mientras elevas la pierna de nuevo, piensa en la otra mitad pélvica como una rueda que gira en la dirección contraria.
6. Repite esta acción y la visualización tres veces.
7. Estira ambas piernas y balancea la pierna derecha. Después eleva la izquierda desde la cadera. Observa la diferencia en la potencia de inicio del movimiento entre las piernas.
8. Levántate y fíjate en la diferencia de estabilidad y alineación entre las dos mitades pélvicas balanceándote primero sobre la derecha y después sobre la izquierda en posición de *passé retiré*.
9. Repite el ejercicio con la otra pierna.
10. Una vez hayas practicado con ambas piernas, levántate, realiza un *plié* en segunda posición y observa tu alineamiento pélvico y tu mayor facilidad de movimiento.

Alinear el movimiento para mejorar la técnica

EL PLATO TORCIDO 5.11

Como ya has visto en la sección anterior, los músculos del suelo pélvico actúan excéntricamente durante la bajada del *plié*. Todos los músculos están equilibrados por otro grupo de músculos; en este caso, el abdominal transverso y los músculos lumbares (erector de la columna) se oponen a la acción de los músculos del suelo pélvico. El recto abdominal refleja los cambios de longitud de los músculos del suelo pélvico mientras realizas un *plié*. Si equilibramos estos músculos opuestos al suelo pélvico, creamos una fuerza y alineación superior mientras nos movemos.

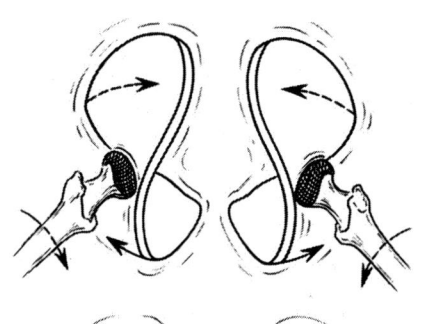

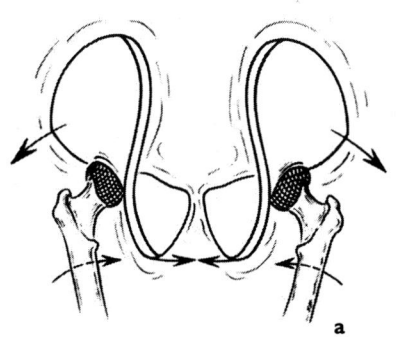

1. Realiza un *plié* y observa cómo se separan las tuberosidades isquiáticas. Los huesos de la pelvis son platos torcidos (figura a). Mientras las tuberosidades se separan, las mitades pélvicas rotan hacia dentro, y la parte superior y la frontal de la mitad pélvica se unen.
2. El otro extremo de las tuberosidades sobre la mitad pélvica es la espina ilíaca anterosuperior (EIAS). Puedes sentirla como una protuberancia ósea bajo la piel situada delante y arriba de la pelvis. Aquí y a lo largo de todo el margen de la parte interna de la cresta pélvica están las inserciones del músculo abdominal transverso, el cual transcurre horizontalmente hacia el recto abdominal, localizado en el centro, y se inserta en su vaina de tejido conectivo. Por encima de la pelvis el músculo transverso se inserta en el tejido conectivo de la musculatura lumbar (fascia lumbodorsal) y crea una tensión del tejido conectivo para soportar esta zona.
3. A pesar de que el movimiento de los huesos es pequeño, este músculo actúa concéntricamente en oposición a los músculos del suelo pélvico cuando se baja en *plié* (figura b). El recto abdominal trabaja junto con el suelo pélvico. Coloca las manos sobre la parte anterior de la pelvis y deslízalas hacia el centro mientras haces un *plié* para reforzar la sensación de acortamiento (reunión de los filamentos) del abdominal transverso.
4. En el movimiento de subida del *plié*, el abdominal transverso actúa excéntricamente. Coloca las manos delante de la pelvis y deslízalas hacia las crestas ilíacas mientras realizas la fase de ascensión del *plié* para reforzar la sensación de ampliación (separación de los filamentos) del transverso.
5. Repite los *pliés*, concentrándote en el alargamiento y acortamiento de la relación del suelo pélvico con el abdominal transverso.
6. Siente cómo la musculatura lumbar está relacionada con la acción del suelo pélvico. Coloca la punta de los dedos de ambas manos sobre los músculos lumbares, las protuberancias próximas a las apófisis espinosas lumbares. Mientras bajas en *plié*, visualiza y siente la musculatura del suelo pélvico ampliándose y la musculatura lumbar acortándose sutilmente. Mientras subes, visualiza y siente la musculatura del suelo pélvico acortándose y la lumbar alargándose. Éstos son cambios sutiles, de modo que trata de sentirlos y visualizarlos, pero no exageres la acción.
7. Observa cómo se eleva la pelvis y cómo aumentan tu margen de movilidad y tu estabilidad. Sentirás que la columna se alarga y los hombros se relajan. Una vez hayas logrado detectar estas relaciones, no tienes que pensar en nada más que en bailar, pues la coordinación se habrá convertido en algo automático.

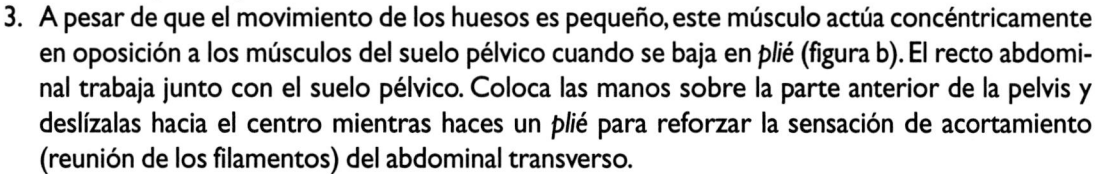

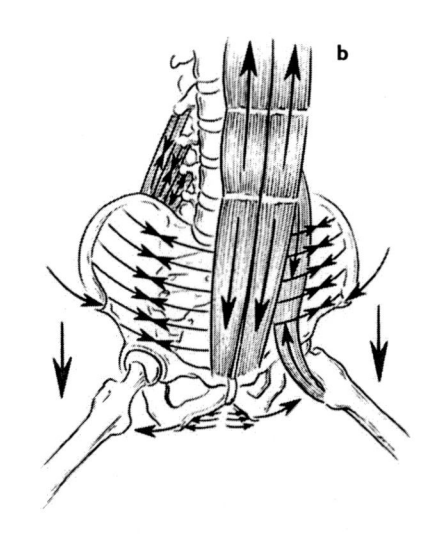

5.12 COORDINAR LA PELVIS

Si los músculos del suelo pélvico y el abdominal transverso trabajan en un sentido equilibrado y antagonista, tendrás un buen alineamiento pélvico con mucha libertad en la cadera. Cada *plié* constituye un entrenamiento dinámico de los músculos del suelo pélvico y profundos del abdomen.

Si, por otro lado, tu estrategia de mantener la pelvis alineada es contraer los abdominales, bloquearás la acción de giro de las mitades pélvicas, porque sostienes la espina ilíaca anterosuperior en una posición fija. Esta acción frena el movimiento del sacro e impide los movimientos de la cadera. Si anulas el movimiento natural de los huesos con fuerza, provocarás presión sobre las articulaciones de la cadera. Ésta es una de las razones por la que los bailarines suelen sentir tensión y rigidez en la cadera y no logran alargarse tanto como querrían. Ello no se debe a una sobrecarga muscular, sino a una falta de información sobre cómo crear un equilibrio dinámico y fuerza en el *plié* activando y alineando el suelo pélvico. Si no entiendes muy bien cómo funcionan los músculos y los huesos, usa imágenes metafóricas para sentirlos mientras te mueves.

1. En el movimiento de bajada en un *plié*, la parte posterior de la pelvis se amplía como un abanico, y la parte anterior se integra (figura a). En el movimiento de subida, la parte anterior se amplía como un abanico y la posterior se integra (figura b).
2. Repite la acción varias veces concentrándote solamente en la parte anterior de la pelvis, y después en la posterior.
3. Finalmente, intenta combinar la actividad de la parte anterior y la posterior en una sola imagen.

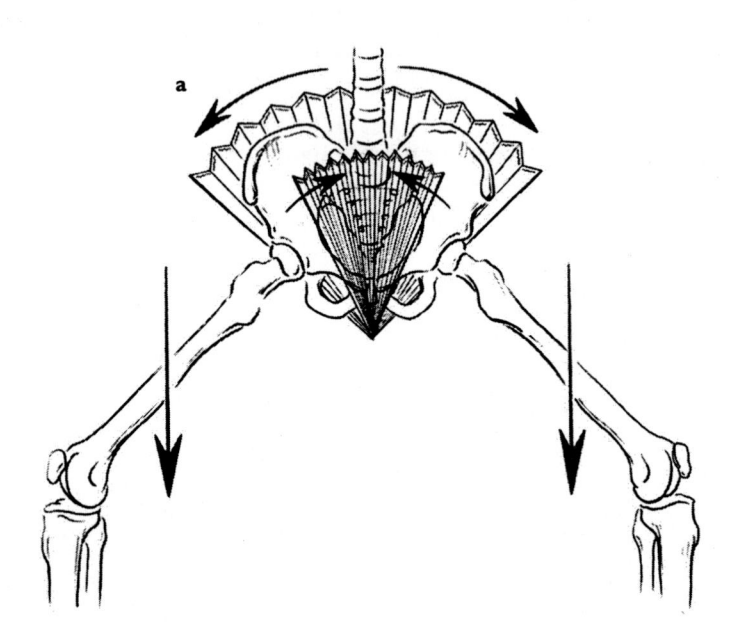

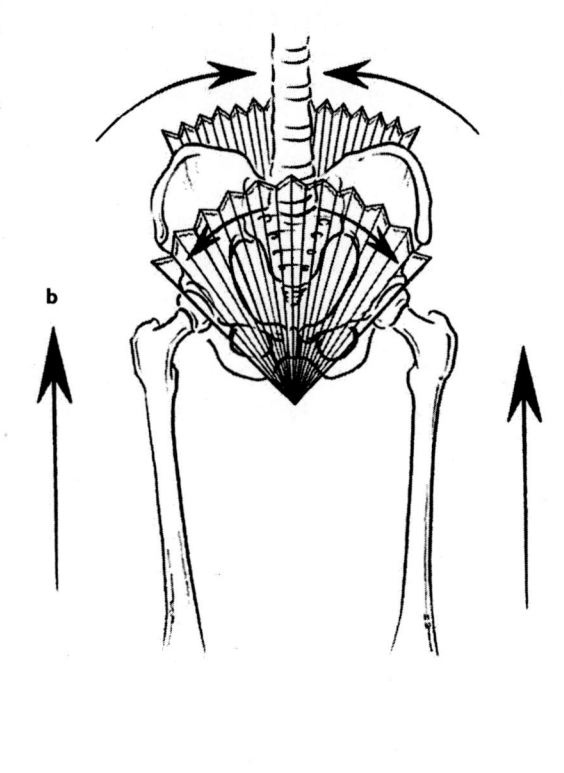

ALINEAR LOS TRES SUELOS DEL CUERPO 5.13

El suelo pélvico no es el único suelo del cuerpo. El círculo de la primera costilla y el diafragma forman otras importantes particiones horizontales. Los tres suelos corporales deberían coordinarse para crear alineamiento. En el siguiente ejercicio, utilizarás la respiración y la visualización para concentrarte en esto y fortalecer las conexiones entre estos tres suelos.

1. De pie, visualiza los suelos desde el fondo hasta arriba: el suelo pélvico, el diafragma y después el círculo de la primera costilla.
2. Inspira y observa los cambios en los suelos. El suelo pélvico y el círculo de la primera costilla se expanden, y el diafragma desciende y se acorta (los filamentos se juntan) (figura a).
3. Espira y observa los cambios en los suelos. El suelo pélvico y el círculo de la primera costilla se integran, y el diafragma asciende y se alarga (figura b).
4. Sigue respirando e imaginando hasta que puedas crear una clara conexión entre la actividad de todos los suelos.
5. Si los suelos están bien alineados, tus giros y saltos mejorarán. Si has hecho un buen calentamiento, intenta hacer algunos giros y saltos mientras visualizas los suelos. Observa también la relación cambiante de los suelos en los movimientos de flexión anterior y lateral del torso.

Puedes también practicar el alineamiento de los suelos en una posición de reposo constructivo. Imagina los suelos como círculos que hay que alinear entre sí y en perpendicular con respecto al suelo. Después imagínalos hundiéndose hacia el suelo simultáneamente. Una vez te levantes, mueve los brazos por encima de la cabeza, hacia delante y a los lados. Observa la relación cambiante del círculo de la costilla con el suelo pélvico. Realiza un *arabesque* y varias extensiones de pierna *developpé* hacia delante, al lado y atrás, y observa el cambio harmonioso en la relación entre los círculos. Nota como se inclinan los círculos cuando realizas esto (figura c); ¿son los cambios similares en ambas piernas?

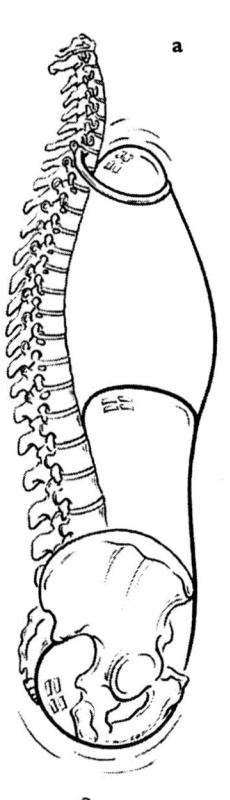

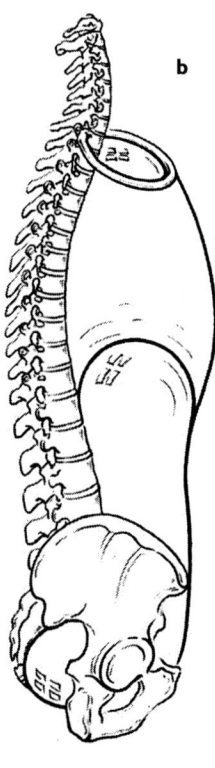

5.14 ALINEAR LOS HOMBROS Y LA PRIMERA COSTILLA

El alineamiento del tronco es muy importante para la danza. Los hombros mal colocados deben corregirse tanto por razones técnicas como estéticas. Si los hombros están hacia delante, la movilidad de los brazos y cuello se ve reducida. Equilibrarse y girar es mucho más difícil con unos hombros que no estén rectos. Y el problema no se soluciona simplemente estirando hacia atrás los hombros.

Para tener los hombros relajados y alineados de modo natural, el nivel de la primera costilla debería alcanzar el plano horizontal, los omóplatos deberían localizarse abajo en la espalda, y las apófisis espinosas deberían notarse como colgando hacia abajo (véase también Franklin, 1996b, págs, 215-223). Si la primera costilla es empujada hacia abajo y al frente, comprime las costillas y los órganos y aumenta la tensión muscular. Al relajar los músculos de los hombros, especialmente el trapecio, sentirás la primera costilla.

1. Toca la parte posterior del cuello con la mano derecha y masajea sus músculos. Piensa en las muchas vainas de músculos que mantienen la alineación del cuello, como si fueran los pliegues de una suave cortina de terciopelo.
2. Desliza los dedos hacia abajo hasta que notes una protuberancia al final del cuello. Este bulto es la apófisis espinosa de la séptima vértebra cervical. Frota suavemente esta apófisis, y después empújala hacia abajo suavemente y piensa en ella como si se fundiera. Visualiza el esternón flotando hacia arriba.
3. Si puedes alcanzarla cómodamente, frota la apófisis espinosa justo por debajo.
4. Repite el procedimiento utilizando la otra mano.
5. Agita ambos brazos un momento para relajar toda la tensión y después observa la alineación del tronco; sentirás el esternón más elevado que antes.
6. Ahora eleva los omóplatos y déjalos caer lentamente, pensando en el músculo trapecio deshaciéndose y la escápula deslizándose hacia abajo de la espalda. Eleva de nuevo los hombros y déjalos caer lentamente, y piensa en la parte frontal de la primera costilla flotando hacia arriba como si una cuerda mágica la elevara.
7. Realiza un movimiento *port de bras*, y visualiza el círculo de la primera costilla expandiéndose como ondas en el agua (véase figura).
8. Ahora siente la posición de la primera costilla mientras mueves los brazos en varias direcciones. ¿Sientes nivelada la primera costilla? ¿Sientes los brazos como una extensión de la primera costilla?
9. Intenta visualizar la primera costilla mientras haces piruetas. (Esta imagen puede ser difícil al principio.) ¿Se mueve hacia atrás? ¿Se inclina hacia un lado?

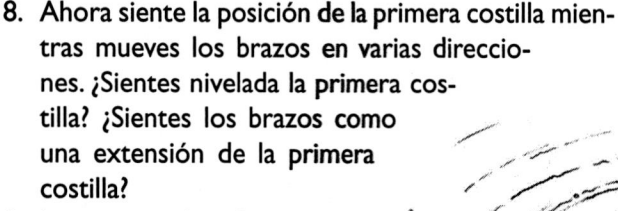

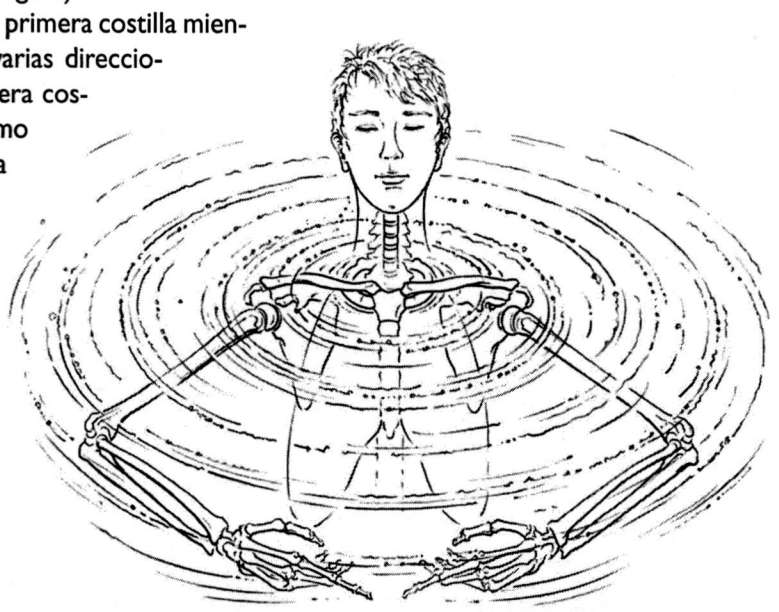

Alineamiento orgánico

Los órganos no son solamente pesos muertos que cargas de un lado a otro para regular las funciones corporales. Son, de hecho, importantes para la postura y el buen funcionamiento de las articulaciones. Si los órganos están tensos, se añade esa tensión al sistema musculosquelético. A menudo el dolor de espalda y los problemas de alineamiento pueden aliviarse si se descubren los órganos implicados en su movimiento. Este descubrimiento incluye hacerse una idea de su tamaño, peso, localización y relación espacial. Si un órgano se contrae o se tensa, los músculos esqueléticos vecinos a menudo se tensan como resultado. Prestar atención a los órganos facilita el movimiento y mejora la alineación, el equilibrio y la flexibilidad.

Acceder a los órganos a través del tacto y las imágenes ayuda a concentrarse en el peso, el espacio, la expansibilidad y el suelo, así como en un concepto más fluido del tiempo. Otro modo de acceder a los órganos es a través de su movimiento durante la respiración y a través de sus ritmos fisiológicos.

Cada órgano tiene su propia sensación de movimiento y tacto y su específico estado mental. De acuerdo con la medicina tradicional china, los riñones son los órganos básicos de la energía. Son también órganos que filtran y regulan, y de este modo equilibran el volumen de agua corporal. Las glándulas suprarrenales, las cuales están encima de los riñones como pequeños sombreros inclinados, son los órganos de reposo en actividad y de reposo activo (este último a diferencia de un reposo inconsciente). Los riñones y las glándulas suprarrenales se localizan justo por debajo del diafragma y se mueven constantemente de arriba abajo con la respiración. Entre los riñones encontramos el plexo celíaco o solar, una acumulación de nervios (figura 5.2). La concentración en estos órganos, desarrollada a partir de la experiencia con el tacto, el sonido y la visualización, puede ayudarte en las rotaciones en la danza.

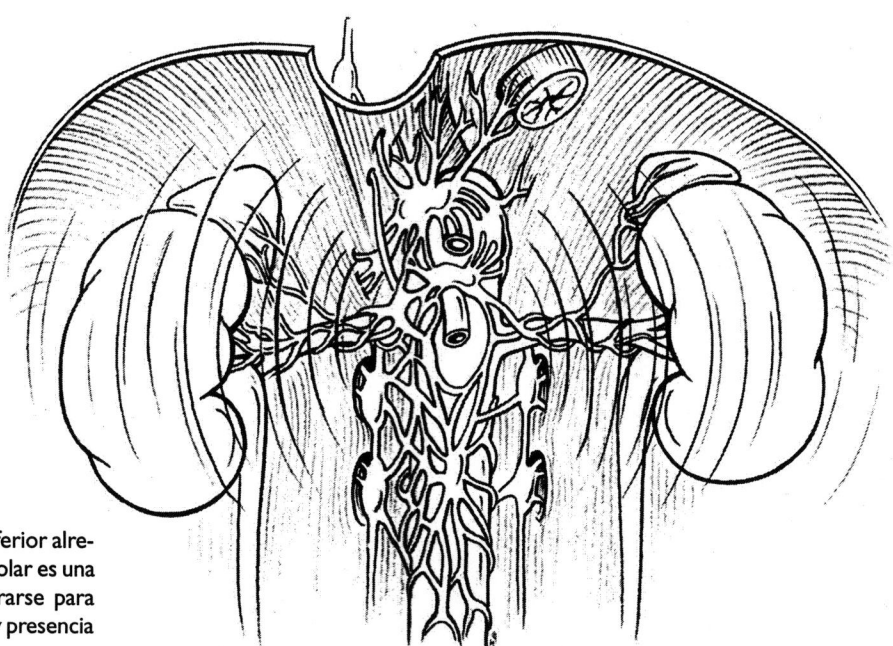

Figura 5.2. El área abdominal inferior alrededor de los riñones y del plexo solar es una buena región en la que concentrarse para crear un sentido de expansividad y presencia espacial mientras bailamos.

Los órganos están suspendidos por ligamentos y mantenidos por otros órganos. La acción de los pulmones y el diafragma los eleva, pues aquéllos actúan como herramientas antigravitatorias que sostienen y apilan los órganos de la columna. El hígado, por ejemplo, pesa 1,5 kg, pero su peso no se nota porque el diafragma lo mantiene en suspenso.

5.15 EL TRIÁNGULO RIÑÓN-VEJIGA-RIÑÓN

Los riñones son filtros biológicos vitales para tu salud. Cada minuto, una quinta parte de tu sangre viaja a través de los riñones, que la purifican y adaptan según las necesidades específicas de las células. Ello supone una capacidad de filtraje de 1.800 l al día. Los riñones excretan la orina que recoge la vejiga.

Los dos riñones y la vejiga forman un triángulo imaginario. El triángulo riñón-vejiga-riñón es una imagen que crea alineamiento, equilibrio y más potencia de movimiento. Si te concentras en este triángulo, ganarás un centro tridimensional y una sensación de profundidad en el abdomen.

1. Desde la posición de pie, coloca la mano derecha sobre el hueso del pubis. La vejiga está detrás de este hueso, delante del centro de la pelvis.
2. Coloca la mano izquierda sobre la parte superior izquierda del abdomen, justo por debajo de las costillas izquierdas a la altura del riñón.
3. Concéntrate en ambos órganos, y piensa en ellos como si estuvieran relacionados y conectados. Puedes sentir que se acercan o que se separan. Ambos órganos están de hecho siempre moviéndose un poco como resultado de la respiración y otros procesos orgánicos. El aire que respiras entra dentro de estos órganos. Empieza con los riñones, y después concéntrate en la vejiga.
4. Espira con una audible «s» mientras te concentras en estos órganos. Imagina que tu «s» hace que los órganos se expandan.
5. Retira las manos, y oberva cualquier diferencia entre los lados del cuerpo.
6. De pie sobre la pierna izquierda, observa cómo sientes el *plié*. A continuación haz lo mismo pero sobre la pierna derecha.
7. Eleva el brazo izquierdo estirado, y fíjate en cómo sientes los hombros. Concéntrate en el brazo conectado al triángulo riñón-vejiga-riñón. Haz lo mismo con el otro brazo y notarás que en este caso la conexión no es tan clara.
8. Ahora practica el tacto y la imagen con el otro lado del cuerpo.
9. Eleva los brazos concentrado en los hombros y compara la diferencia. Los hombros se sienten menos tensos cuando los elevas desde el triángulo.

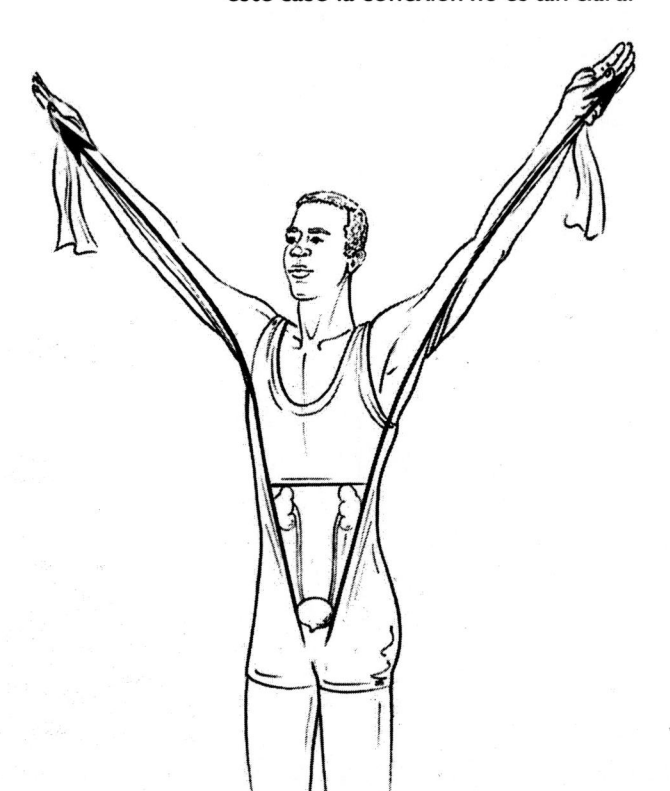

LOS PILARES DE SOPORTE 5.16

El intestino puede compararse a un fuerte tubo muscular. No es un músculo frágil, pues trabaja muchas horas todos los días. Si imaginas el intestino como un soporte interno, descubrirás un nuevo sentido de alineamiento y fuerza.

1. Túmbate en decúbito supino sobre el suelo, y tómate un momento para sentir la respiración. Siente cómo el suelo soporta tu cuerpo.
2. Visualiza el interior de tu cuerpo, los órganos que crean tu volumen y tu peso interno. ¿Los sientes, delante o detrás del cuerpo? ¿Los sientes hacia la derecha o hacia la izquierda? ¿Sientes alguno de ellos moviéndose con la respiración? ¿Puedes visualizar algún órgano específicamente?
3. Concéntrate en el intestino grueso y en cómo sus partes ascendente y descendente se tumban a cada lado del cuerpo. Nota su longitud desde la cavidad pélvica hasta los riñones. Ahora visualiza el intestino grueso reposando en la pared corporal posterior. Envía el aire de tu respiración al intestino grueso, y siente cómo se alarga mientras inspiras y acortarse mientras espiras. Mantén la respiración dentro del intestino hasta que tengas una buena sensación de su longitud y localización.
4. Estira los brazos por encima de la cabeza, y visualiza el intestino grueso sobre cada lado del cuerpo alargándose entre la pelvis y el diafragma. Coloca los brazos a los lados para sentir el peso del intestino grueso. Déjalos caer como si pudieras hundirlos a través del cuerpo y dejar que reposen sobre el suelo.
5. Vacía tu mente de cualquier imagen durante 1 ó 2 minutos. Después gira hacia el lado derecho y levántate lentamente. Observa si sientes cambios en tu alineación.
6. Imagina el intestino grueso soportando tu peso mientras realizas una extensión *développé* u otro movimiento de danza (véase figura).

Pulmones y corazón

Muchos bailarines no se fijan en la tensión que hay en sus pulmones; simplemente piensan que es una tensión muscular normal. Pero los pulmones contienen una gran cantidad de musculatura blanda alrededor de los alvéolos y bronquios. Los alvéolos son sacos donde la sangre absorbe el oxígeno. Las paredes de estos sacos son extremadamente delgadas, de sólo 0,002 mm, es decir, del grosor de tres células. Los alvéolos me recuerdan la espuma que envuelve las ramas de los bronquios, los tubos que transportan el aire.

Si relajas la tensión de los pulmones, la parte superior del pecho empezará a sentirse ancha y ligera, y mejorarás la alineación pélvica y la espinal. La parte superior del pecho se elevará de un modo natural, y los brazos tendrán más libertad para moverse en el espacio. La contracción y expansión de los pulmones está relacionada con el círculo de la primera costilla y el suelo pélvico. Cuando inspiras, los pulmones se expanden, y el círculo de la primea costilla se ensancha. El diafragma se contrae (los filamentos de deslizan para juntarse) y desciende, lo que hace que el suelo pélvico se ensanche. Cuando espiras, los pulmones se contraen a través del movimiento de ascenso del diafragma. La primera costilla y el suelo pélvico se estrechan. Hablando muscularmente, la acción del diafragma es opuesta al movimiento del suelo pélvico, el círculo de la primera costilla y los pulmones (figura 5.3).

Hay una relación muy estrecha entre la caja torácica y los pulmones. La libertad de éstos aumenta la flexibilidad de la caja. Imagina las costillas como un recipiente que llenan los pulmones (aunque también el corazón y partes de otros órganos). Si la sustancia dentro de este recipiente es rígida, su superficie no tendrá libertad para moverse. Si el contenido es flexible, la superficie también lo será. No se puede cambiar la forma de un globo lleno de agua si ésta está congelada. Pero si no lo está, la superficie del globo es absolutamente flexible. Eso es lo que pasa cuando los pulmones empiezan a liberar su tensión. La caja torácica es elástica, y flota sobre los pulmones que la soportan.

Los pulmones están divididos en partes separadas, denominadas lóbulos. El pulmón derecho tiene tres lóbulos, y el izquierdo dos (para dejar espacio para el corazón). Para simplificar, hablaré solamente de los lóbulos superiores e inferiores. Los lóbulos superiores están delante del cuerpo, y los inferiores detrás.

En una postura errónea, los lóbulos superiores sienten presión hacia abajo por encima de los inferiores. Si utilizas la fuerza muscular para elevar los hombros y subir el tronco con el fin de lograr una mejor alineación, sentirás otra vez una

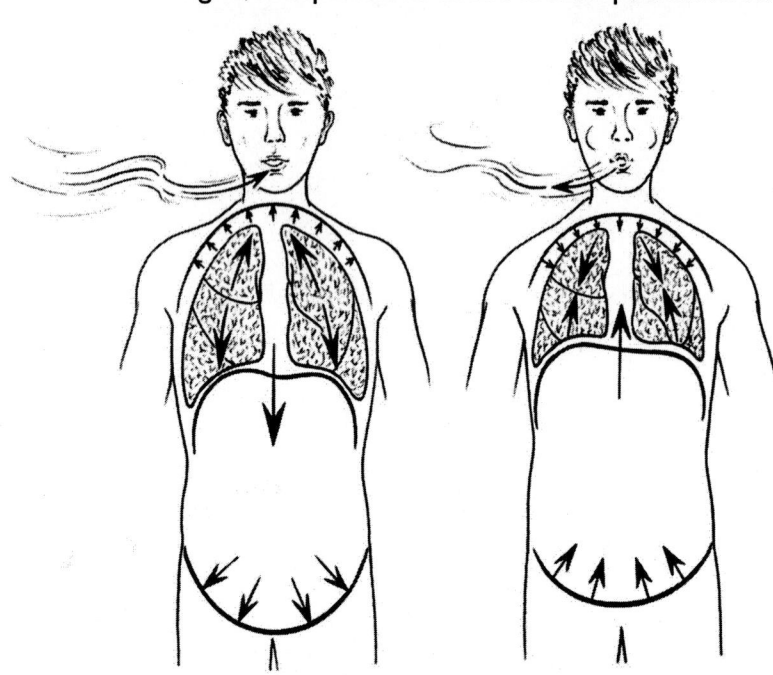

Figura 5.3. Nota el movimiento del círculo de la primera costilla y el suelo pélvico mientras inspiras y espiras.

tendencia a una postura errónea. Debido a que todo el tejido del cuerpo es adaptable, los pulmones y los alrededores del tejido conectivo han cambiado para acomodarse a esta posición, a pesar de que ello vaya en detrimento del cuerpo. Para modificar una posición del pulmón demasiado baja, es útil trabajar directamente con él, utilizando el tacto e imaginando una recolocación de los lóbulos.

REALINEAR LOS LÓBULOS DE LOS PULMONES   5.17

Este ejercicio mejora el alineamiento del tronco, eleva el pecho sin causar tensión muscular y crea más espacio para una respiración profunda. Además, reduce la presión sobre el corazón y el diafragma.

1. Visualiza los lóbulos de los pulmones como cuñas apiladas que se deslizan unas encima de otras. Si es posible, pide a un compañero que delinee la separación de los pulmones con sus manos por delante y detrás del cuerpo utilizando la figura 5.3 como guía.
2. Mueve el pecho arriba y abajo, y visualiza los lóbulos superiores deslizándose sobre los inferiores (figura a).
3. Una vez hayas conseguido un sentido de movilidad en los dos lóbulos, imagina que los inferiores se deslizan abajo y adelante. Imagina luego los superiores deslizándose atrás y arriba (figura b). Esto será más fácil si inspiras mientras deslizas el lóbulo superior arriba. Piensa en el lóbulo inferior reposando, o incluso presionando el diafragma mientras deslizas el lóbulo superior arriba.
4. Fíjate en lo fácil que es mantener el alineamiento del tronco. Siente cómo los lóbulos inferiores reposan sobre el diafragma y los superiores flotan arriba.
5. Trata de hacer algunos movimientos de danza con la imagen de los pulmones soportando la columna.

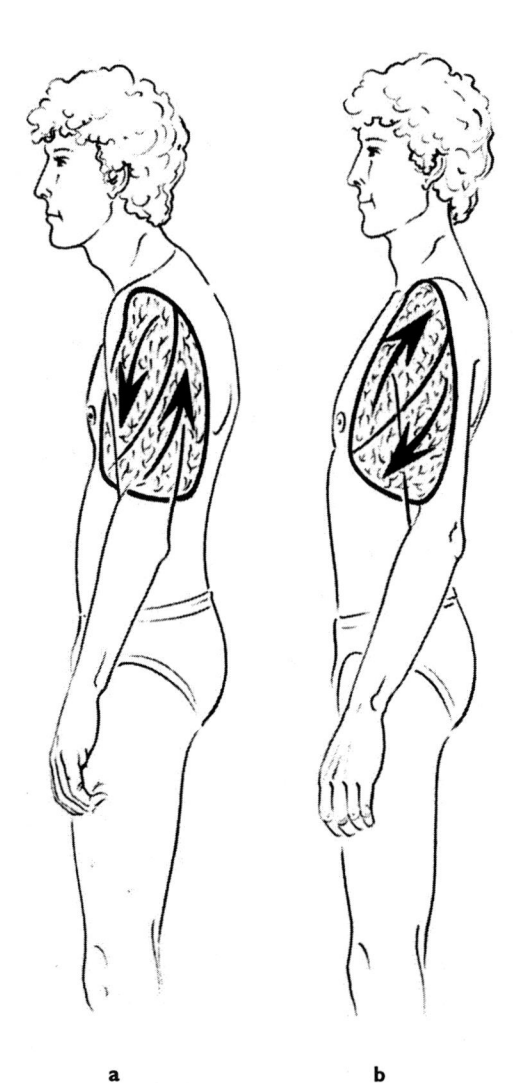

a   b

5.18 ELEVAR EL CORAZÓN

Visualizar el corazón es una manera rápida y sencilla de mejorar el alineamiento. En pocos minutos puedes crear con esta imagen un sentido de elevación de la parte superior del pecho, lo que además elevará tu estado de ánimo. El corazón está en constante movimiento. Reposa sobre el diafragma y se mueve con la respiración. Durante la espiración, gira en la dirección de las agujas del reloj, y se comprime ligeramente mientras el diafragma asciende. En la inspiración gira en dirección opuesta a las agujas del reloj, y se estira un poco cuando el diafragma desciende. Estas acciones constituyen un masaje interno constante para este órgano vital y soportan el flujo de sangre del corazón como músculo.

1. Inclínate hacia delante y observa si este movimiento te resulta cómodo o no.
2. Regresa a la postura erguida y coloca una mano sobre el corazón, la que prefieras.
3. Visualiza el corazón detrás de las costillas y el esternón, enmarcado en los pulmones derecho e izquierdo. Está inclinado hacia abajo a la izquierda y ligeramente hacia atrás, y se halla más a la izquierda que a la derecha del cuerpo.
4. Ahora piensa en el espacio entre el corazón, el esternón y las costillas en la parte delantera del cuerpo. Envía el aire de tu respiración a ese espacio.
5. Ahora imagina un espacio entre el corazón y los vasos sanguíneos y la columna por detrás, y envía el aire ahí.
6. Imagina un espacio entre el corazón y el pulmón derecho. Imagina un espacio entre el corazón y el pulmón izquierdo. Visualízate enviando el aire dentro de estos espacios. Siente cómo el corazón se mantiene en el espacio que lo rodea.
7. Piensa en el corazón como un órgano ligero que flota hacia arriba e imagina cómo la aorta lo sostiene por detrás, como un tallo que elevara su flor hacia el cielo (véase figura).
8. Retira la mano y observa la postura de tu tronco. ¿Te sientes todavía poco firme? ¿O hay ahora una resistencia que mantiene elevada la parte superior del tronco?
9. Realiza algunos movimientos de danza con esta nueva sensación.

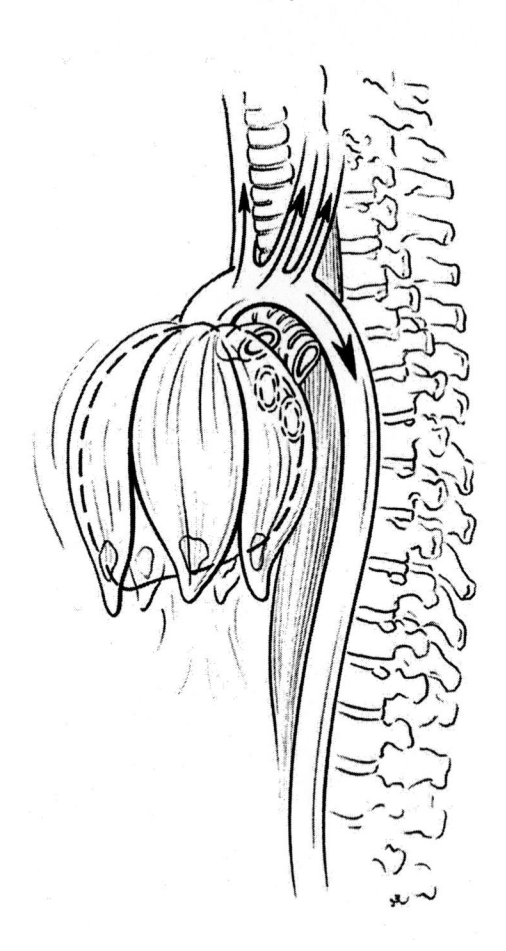

EL ALINEAMIENTO POR MEDIO DE LA FLEXIÓN Y EXTENSIÓN DE LA COLUMNA 5.19

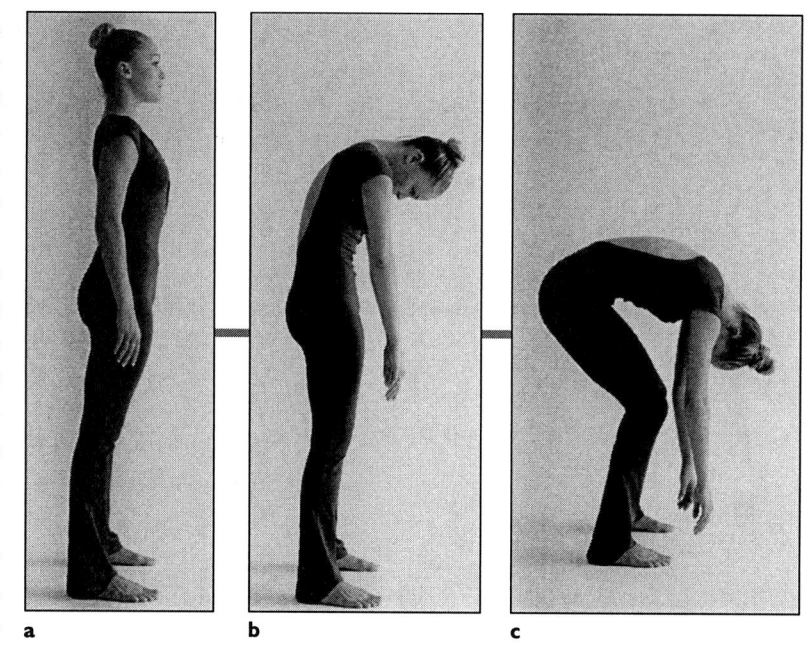

Flexionar lentamente la columna de arriba abajo desde la posición de pie es un ejercicio muy común en danza, especialmente en la contemporánea. A un bailarín le permite pensar en su interior; ésta es una oportunidad de eliminar la tensión y mejorar el alineamiento.

Las articulaciones entre las apófisis vertebrales son planas, y las dos superficies pueden deslizarse entre ellas cuando flexionas y rotas la columna. Piensa en este deslizamiento para relajar la tensión y alargar la columna. Los discos intervertebrales forman entre un 20% y un 30% de la longitud de la columna y tienen un grosor de entre 3 mm (las cervicales) y 9 mm (las lumbares). Al nacer, el líquido contenido en la parte central de los discos (núcleo pulposo) es de un 88%, y a la edad de 77 años es de un 65% (Norkin y Levagie, 1992). El contenido fluido diario del disco depende del movimiento y el alineamiento. Visualizar los discos durante el ejercicio y la danza puede contribuir mucho a alargar y alinear la columna.

1. Ponte de pie en una postura cómoda y con los pies en paralelo (figura a).
2. Deja caer la cabeza lentamente hacia delante (figura b).
3. Mientras bajas lentamente la columna, piensa en cómo se deslizan las articulaciones vertebrales, superficie articular sobre superficie articular (figura c).
4. Visualiza este movimiento como algo muy fluido e igual en ambos lados de la columna.
5. Concéntrate primero en la columna cervical, después en la dorsal y por último en la lumbar.
6. Cuando te hayas enroscado del todo abajo, coloca las manos sobre el suelo y flexiona las rodillas ligeramente; después carga algo de tu peso sobre las manos. Siente el peso de la cabeza, e imagina las costillas dejándose caer hacia delante de los hombros a ambos lados de la columna.
7. Imagina el espacio entre cada una de las vértebras ensanchándose y los discos intervertebrales expandiéndose. También puedes realizar un desplazamiento de lado a lado para abrir los espacios articulares.
8. Después, coloca tu peso otra vez sobre los pies y desenróscate despacio, imaginando las articulaciones deslizándose, primero la lumbar, después la dorsal y finalmente la cervical.
9. Imagina unos discos redondeados, bien llenos de líquido, en el espacio entre las vértebras (figura d). Imagínate llenándolos de mucho líquido para construir unos soportes fuertes y acolchados entre las vértebras.
10. Una vez estás de pie, deja que las costillas inferiores caigan a un lado del cuerpo y que la primera costilla flote hacia arriba. Siente la cabeza reposando centrada sobre la punta de la columna.
11. Repite el movimiento hacia abajo y arriba dos veces más con la misma imagen.
12. Observa cualquier cambio en tu alineamiento y realiza un movimiento de pierna, como una extensión a un lado, adelante y atrás, y mira si esto afecta la columna. Realiza pequeños saltos mientras imaginas la resistencia y flexibilidad de los discos, visualizándolos como camas de agua en miniatura. Este ejercicio te ayudará a obtener un sentido de elevación y longitud en tu centro, y a relajar la tensión en los hombros.

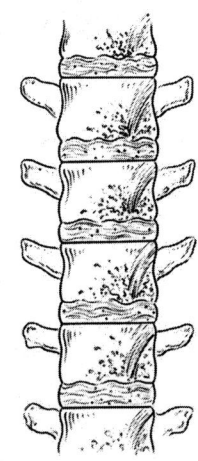

5.20 ENROSCAMIENTO ORGÁNICO

Visualiza los órganos como si estuvieran apilados en el tronco: en el fondo y el centro está la vejiga, y encima de ella reposan el útero y el intestino delgado (véase figura). A cada lado de la vejiga están las partes inferiores del intestino grueso. A la izquierda está el colon sigmoideo, y a la derecha, el intestino ciego. El intestino grueso forma dos pilares a la derecha y a la izquierda del abdomen, y llega hasta los riñones. Entre estos pilares está el intestino delgado. Sobre la parte transversa del colon están el estómago y el páncreas a la izquierda, y el hígado a la derecha. Por encima del diafragma están los dos pulmones, y en el centro izquierdo, el corazón. Por encima del corazón reposa la glándula timo.

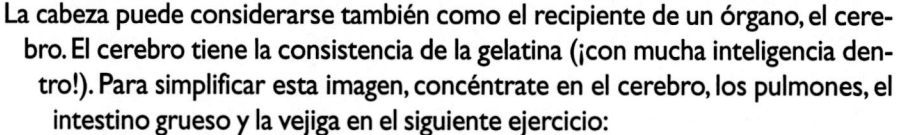

La cabeza puede considerarse también como el recipiente de un órgano, el cerebro. El cerebro tiene la consistencia de la gelatina (¡con mucha inteligencia dentro!). Para simplificar esta imagen, concéntrate en el cerebro, los pulmones, el intestino grueso y la vejiga en el siguiente ejercicio:

1. Siéntate cómodamente en una silla, e inicia el movimiento empezando desde el cerebro. Deja que el cerebro caiga hacia delante y abajo, seguido de la parte superior (lóbulo superior) del pulmón.
2. Luego bajan los lóbulos inferiores de los pulmones, y después el intestino grueso hacia la vejiga.
3. Durante la subida, piensa que el intestino grueso cae dentro de la cavidad pélvica; puedes incluso pensar que tú lo empujas hacia abajo para ayudar a la columna a elevarse.
4. A continuación eleva la parte superior del intestino grueso, los lóbulos inferiores y superiores, y después el cerebro.
5. Cuando estés de nuevo erguido, deja que todos los órganos reposen dentro de la pelvis y se muevan por ella mientras permaneces centrado en la silla.
6. Repite el enroscamiento abajo y arriba tres veces antes de comprobar tu nueva sensación postural.

Puedes también realizar un enroscamiento mientras piensas en los nervios, la columna vertebral y el cerebro. Este ejercicio es de gran ayuda para crear un sentido de alineamiento libre de ansiedad.

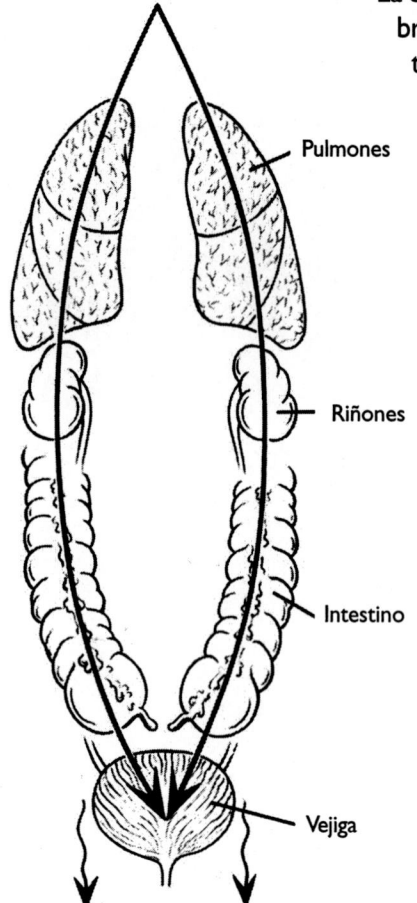

Capítulo 6

Reforzar el centro

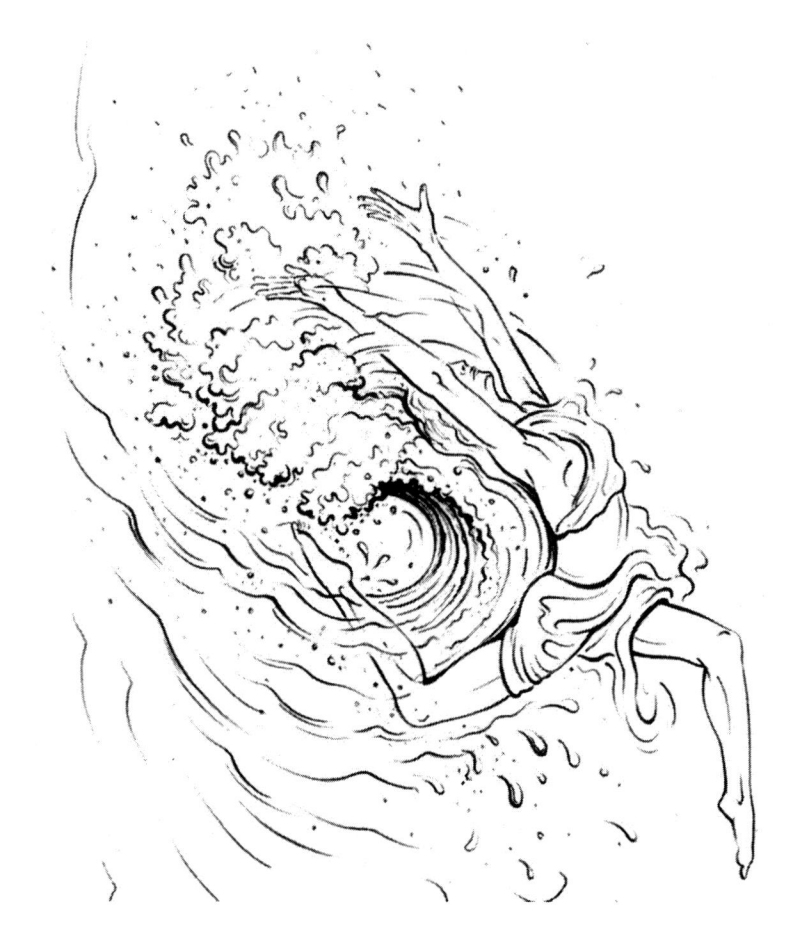

La fuerza y la coordinación de la musculatura lumbar, de la cadera y abdominal son muy importantes para la danza. Sin embargo, muchos bailarines tienen un nivel de fuerza deficiente en esta área (Molnar y Esterson, 1997). Preparar estos músculos de un modo equilibrado es una tarea compleja, pero concentrándote en las claves que participan en ese proceso –el diafragma, el psoasilíaco, la columna lumbar y los músculos abdominales– podrás reforzar tu centro.

Este capítulo te enseñará los pasos necesarios para fortalecer el centro. Primero, aprenderás lo que significa estar centrado. Después explorarás el funcionamiento del diafragma y por qué su fuerza y elasticidad son importantes para el control central y la fuerza. El siguiente paso será crear una fuerza equilibrada en el psoasilíaco y en los extensores profundos de la columna lumbar para poder respirar libremente mientras haces ejercicio. Finalmente, coordinarás los músculos abdominales y los de la columna con imágenes, y los fortalecerás con una Thera-Band.

En los últimos años se han introducido en el mundo de la danza los conceptos de control y fuerza central. La técnica Pilates, por ejemplo, destaca el refuerzo de los abdominales de un modo específico para conseguir un mejor control del movimiento y el equilibrio.

El centro del cuerpo se define como un área desde la cual puedes alcanzar el control con menos esfuerzo y una especie de guía corporal, y los distintos ejercicios y técnicas somáticas consideran varios centros dependiendo de la disciplina. Por ejemplo, en la ideocinesis y la técnica Hawkins, la pelvis es muy importante para un movimiento eficaz; en el método Pilates, los abdominales y los músculos profundos de la columna son el centro, y en el método Alexander, el cuello es de crucial importancia. Otros métodos ven el pecho, el extremo superior de la columna (el atlas) o los pies como centros. Pero no se trata de qué método es el más correcto, sino de darse cuenta de que todos son útiles, según la persona y la situación. Puede haber días en los que la concentración en el cuello marque la diferencia para ayudarte a sentirte centrado, pero otros días podrás alcanzar la coordinación óptima concentrándote en la pelvis o en los pies.

La estabilidad se crea a través de la acción concentrada de todo el cuerpo en un diálogo con la mente centrada. Se trata de una imagen tanto mental como física. Si tienes un día «desequilibrado», un día en el que tu equilibrio no funciona, no quiere decir que de repente hayas perdido toda la fuerza que habías ganado en tus entrenamientos. Es físicamente imposible perder la fuerza tan repentinamente. El cambio ha ocurrido dentro de la mente, que dirige el sistema nervioso.

Quiero rebatir la noción que defiende que el simple fortalecimiento de los músculos basta para centrarse. Si fuera tan fácil, entonces estar centrado sería una cuestión de fuerza y no habría ninguna necesidad de reeducar el sistema nervioso para ello. Por ejemplo, si el trapecio está tenso, es difícil, si no imposible, estar centrado y alineado. Si refuerzas los músculos abdominales y los hombros permanecen tensos, entonces tendrás unos abdominales más fuertes pero unos hombros (más) tensos. Podrás tener más fuerza, pero esto no querrá decir que estés centrado, y tu equilibrio y tus giros no mejorarán.

Puedes, sin embargo, fortalecer los músculos centrales del cuerpo y aprender cómo iniciar el movimiento desde ese centro. Los ejercicios de acondicionamiento no pueden reemplazar la conciencia aumentada de todo el cuerpo y sus funciones interrelacionadas. A través del movimiento consciente puedes aprender a bailar desde los recién descubiertos músculos localizados en el centro. Para moverte con menos esfuerzo y con todo el cuerpo, debes estar atento a cada ejercicio y paso de danza. Los hombros empezarán a dejarse llevar, porque su tensión ya no tendrá que compensar otras debilidades. Estar centrado es, finalmente, un estado emocional, físico y mental, de modo que te sugiero que practiques una concentración calmada y serena para beneficiarte al máximo de cada ejercicio que realices. El diafragma y el psoasilíaco sirven como buenos puntos de arranque para los ejercicios para centrarse, porque entrenar estos músculos tiene un efecto calmante y de refuerzo.

Fuerza central para una respiración eficaz

Una respiración eficaz es importante para cualquier actividad y debe considerarse parte de cualquier clase de preparación para la danza. El músculo más importante de la respiración es el diafragma, que está formado por una gran cúpula muscular con un tendón central plano (figura 6.1). Se inserta en el final del esternón, en las seis últimas costillas y en la columna mediante dos extensiones musculares denominadas pilares musculotendinosos. Estos pilares están dispuestos verticalmente delante de la columna y ayudan a que el diafragma baje durante la inspiración. El diafragma se entrelaza con las fibras del músculo abdominal transverso y tiene varias conexiones con los órganos torácicos y abdominales, como el hígado. Tiene tres grandes aberturas: una para el esófago, otra para la aorta y otra para la vena cava. (Para más información sobre este tema, léase también Franklin, 1996b, págs. 261-263).

Aunque podemos considerar el diafragma como el músculo más importante para la respiración, en algún sentido cada músculo del cuerpo soporta tus inspiraciones y espiraciones. En la respiración profunda, durante el ejercicio, el cuerpo funciona como un gigante que implica una gran cantidad de músculos en el proceso. Del mismo modo, un músculo tenso, aunque esté en el pie, la mandíbula o la mano, reduce la capacidad respiratoria. Un método popular para mejorar el alineamiento y crear fuerza en los músculos abdominales es estirarlos abajo y arriba hacia la columna. Esta estrategia, que puede hacerte parecer más delgado cuando metes el diafragma hacia dentro, dificultará tu respiración y reducirá tu flexibilidad articular, aumentando el nivel de tensión general. Además, también reducirá la estabilidad de la columna lumbar (véase capítulo 5). Para entender mejor por qué esconder los abdominales no es beneficioso para respirar, echa una ojeada a la evolución del diafragma.

Los peces no tienen diafragma. Respiran dejando pasar el agua a través de sus branquias y extrayendo el oxígeno, el cual se transfiere directamente al torrente sanguíneo. Los animales terrestres no pueden respirar con bran-

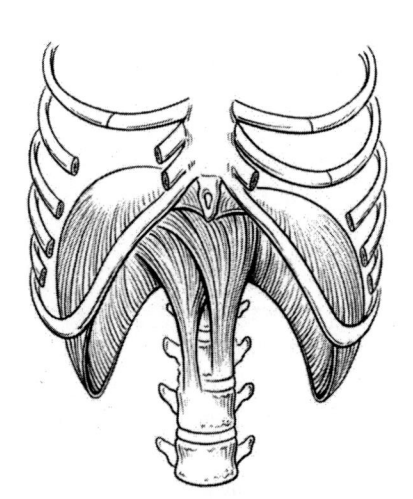

Figura 6.1. El diafragma es el músculo más importante para la respiración, y separa la cavidad torácica de la abdominal.

quias porque el aire no pasaría a través de ellas con suficiente presión para poder extraer el oxígeno. ¡Un animal terrestre con branquias tendría que correr a 150 millas por hora todo el tiempo para poder respirar! De modo que los primeros animales que habitaron la tierra evolucionaron para crear un nuevo sistema de succión del aire a partir del ensanchado de los pulmones. Este sistema, sin embargo, tenía una desventaja: todas las costillas se expandían y el aire entraba dentro del espacio creado por este ensanchamiento, pero también se veían arrastrados a él los músculos abdominales. De modo que se desarrolló una vaina de tejido conectivo en el fondo de los pulmones. Y esta vaina actuó como una barrera para mantener los órganos fuera del espacio destinado al aire entrante.

A medida que los animales se hicieron más complejos, esta vaina se convirtió en un músculo para empujar los órganos hacia abajo durante la inspiración y permitir la expansión de los pulmones. Pero para que este empuje funcionara eficazmente, se debía solventar un problema: dónde situar los órganos desplazados. En un pez, las costillas están a lo largo de la columna desde la cabeza hasta la cola, de modo que no hay lugar para desplazar los órganos. En los mamíferos, las costillas descienden únicamente hasta la 12ª vértebra dorsal. Las costillas inferiores fueron sustituidas por los músculos abdominales para que funcionaran como costillas elásticas en conjunción con la respiración diafragmática. Los vestigios de las costillas son las apófisis transversas de las vértebras lumbares y cervicales que sirven ahora como importantes inserciones de los músculos de la columna.

Los músculos abdominales deben su existencia a la respiración, no al posicionamiento pélvico o al alineamiento. Ellos soportan la mayor parte del peso de los órganos en los animales de cuatro patas (y de los bebés a gatas). Si escondes los abdominales hacia dentro, empujarás los órganos contra el diafragma, lo que te impedirá moverte adecuadamente hacia abajo durante la inspiración. El diafragma y los músculos abdominales son antagonistas: cuando uno se alarga, el otro se acorta. Podrías sacrificar el proceso respiratorio para tener un aspecto más esbelto y una ilusión de fuerza, pero esto te creará otros problemas.

Los pilares del diafragma tienen conexiones fibrosas con los músculos flexores más importantes, el psoas mayor y el ilíaco, conocidos colectivamente como psoasilíaco (figura 6.2). Si encoges la pared abdominal, no solamente tendrás problemas para respirar, sino que además perderás algo de potencia y flexibilidad en la cadera, la columna y los omóplatos. En lugar de corregir tu alineamiento escondiendo el abdomen, concéntrate en mejorar la tonificación de tus órganos y en equilibrar el movimiento articular de la pelvis, la columna y las piernas, acondicionando el psoasilíaco y la musculatura profunda de la columna lumbar.

Durante la espiración, el diafragma ayuda a elevar de nuevo los órganos dentro del diafragma para que los pulmones expelan el aire. La respiración superficial resultante de contraer los abdominales reduce su natural acondicionamiento; cuanto más profundo respires, más acondicionados estarán tus abdominales. Este supremo ejercicio abdominal también te ofrece más energía que una estrategia de sostén. Además, cuando escondes la barriga, compensas este gesto respirando con la parte superior del pecho, elevando tu centro de gravedad e inestabilizándote en los giros y equilibrios. La respiración superior tiende a hacerte sentir ansioso y tenso, y aumenta tu necesidad de concentrarte en la respiración abdominal.

Los órganos abdominales ayudan con su peso a estirar el diafragma hacia abajo. En la espiración colaboran los pulmones, lo que limita la elasticidad y ayuda a empujar el diafragma hacia arriba. Por tanto, la contracción habitual de la barriga impide la respiración asistida por los órganos (Schiebler, Schmidt y Zilles, 1997).

Una vez hayas ganado fuerza y equilibrio en la pelvis, tendrás más flexibilidad y un mejor alineamiento pélvico, sentirás menos rigidez e incluso tendrás unos músculos abdominales más lisos.

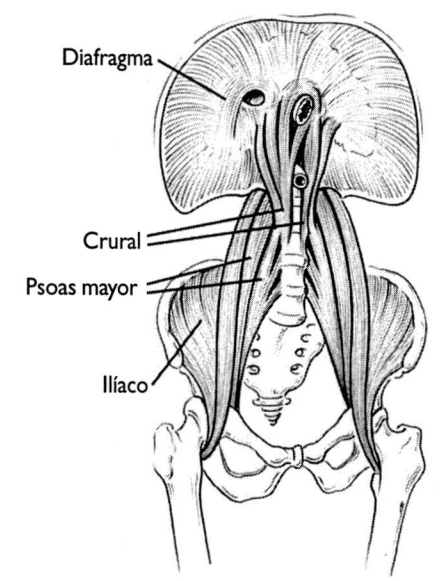

Figura 6.2. Los pilares del diafragma lo conectan con el psoasilíaco (flexor de la cadera).

6.1 UNA RESPIRACIÓN LIBERADA

Las siguientes exploraciones te ayudarán a ser más consciente de cómo la tensión influye en la respiración y la flexibilidad. Una vez hayas notado cómo la respiración favorece la flexibilidad, no te preocupes por la expansión de los músculos abdominales. Cuando hayas acondicionado los músculos lumbares profundos, los abdominales volverán a «caer» hacia la columna de un modo natural, sin impedir la respiración.

1. Realiza una elevación de pierna alta, y nota lo suave que se siente esta acción en la cadera.
2. Esconde la barriga, realiza un *grand battement*, y siente la elevación de la pierna y la fluidez de la cadera.
3. Repite la acción con una respiración relajada. ¿Qué altura alcanza la pierna?
4. Arquea la columna hacia los lados (flexión lateral), hacia la izquierda y la derecha.
5. Después, esconde la barriga y realiza el mismo movimiento. Observarás que has perdido flexibilidad en la columna.
6. Sube y baja los brazos por encima de la cabeza.
7. Esconde la barriga y repite el movimiento; quizá tengas menos margen de movimiento o sientas una resistencia en los hombros mientras realizas el ejercicio.

Siempre puedes forzar los movimientos que acabo de describir utilizando más fuerza, pero entonces ejercerás una presión adicional sobre las articulaciones y acelerarás su desgaste, lo que no es una buena estrategia para alguien que desea una larga y saludable carrera en el mundo de la danza

8. Ahora empuja la lengua arriba contra el paladar e inclina la mandíbula. Si elevas la pierna o haces un *passé retiré*, notarás que tienes menos facilidad de movimiento en la cadera.
9. Relaja la mandíbula y la lengua, y realiza un *grand battement* o *un passé*. El movimiento quizá sea ahora más fácil.
10. Mientras te concentras en la respiración, empuja las manos contra los lados del cráneo y observa cómo afecta esa presión la respiración.
11. Suelta la cabeza y verás que ahora puedes respirar más profundamente. Incluso sentirás cómo se relaja el diafragma. De algún modo, se puede decir que los huesos del cráneo y el tejido conectivo que hay debajo del cerebro son una especie de diafragma.
12. Para liberar la tensión residual del diafragma, visualízalo como si fuera un conjunto de velas ondeando en la mente.

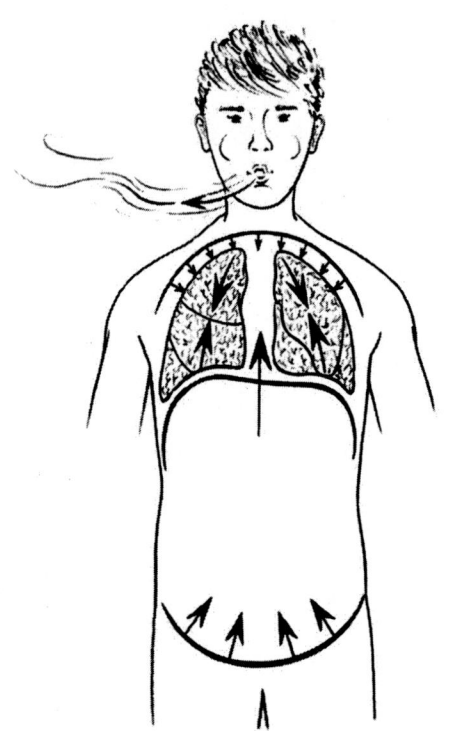

ACTIVAR LA CONEXIÓN ENTRE EL DIAFRAGMA Y LOS MÚSCULOS ABDOMINALES   6.2

A pesar de que la respiración es crucial para nuestra existencia, pocos ejercicios se concentran en el acondicionamiento de las distintas partes del cuerpo implicadas en este proceso. La primera parte de este ejercicio aumentará tu conciencia respiratoria, mientras que la segunda parte se centra en el alargamiento de los pilares musculotendinosos y el diafragma. Este ejercicio reduce la tensión de la columna, mejora el alineamiento y ayuda a crear una sensación de alargamiento en la parte delantera de la columna. También fortalece el diafragma y los abdominales, reduce el estrés y facilita una respiración más profunda.

1. Túmbate en decúbito supino con las rodillas flexionadas en ángulo recto y los pies sobre el suelo.
2. Respira durante 1 ó 2 minutos. No intentes influir en tu respiración; tan sólo sé testigo de ella, como si estuvieras mirando una actuación.
3. Visualiza el movimiento del diafragma. Observa cómo desciende durante la inspiración y cómo asciende en la espiración.
4. Visualiza al alargamiento y acortamiento de las fibras musculares del diafragma: los filamentos se unen en la inspiración y se separan en la espiración. Presta atención a la fase de alargamiento, y siente cómo se distienden las fibras musculares durante la espiración.
5. Concéntrate en la acción antagonista del diafragma y los abdominales. Cuando inspiras, el diafragma se acorta y los abdominales se alargan. Mientras espiras, el diafragma de alarga y los abdominales se acortan. Deja que los abdominales desciendan hacia la columna durante la espiración como si fueran una gran hoja cayendo al suelo.
6. Ahora concéntrate en el deslizamiento de los filamentos: mientras inspiras, los filamentos del diafragma se unen y los de los abdominales se separan. Durante la espiración, los filamentos del diafragma se separan y los de los abdominales se unen.
7. Observa cómo los órganos están bloqueados entre el diafragma y la pared abdominal y el suelo pélvico. Tu respiración es un masaje orgánico que tonifica los órganos y ayuda a alisar la pared abdominal.
8. Observa el movimiento de la cúpula del diafragma hacia la cabeza y el de sus extremos abajo y adentro junto con las costillas durante la espiración. Y fíjate en cómo desciende hacia la pelvis y cómo se desplazan a los lados las costillas durante la inspiración.
9. Ponte de pie y camina mientras te concentras en tu respiración. Fíjate en cómo influye tu atención sobre la respiración en el movimiento. Realiza un paso de danza mientras sigues concentrado en tu respiración.

DANZA. Acondicionamiento físico

6.3 ACONDICIONAR LOS PILARES, RELAJAR LA ESPALDA

Los pilares son una parte importante, aunque algo olvidada, del diafragma. Son los responsables de la sujeción del diafragma a la columna, y además colaboran en la respiración profunda y en el soporte de la columna lumbar. Mediante su relación con el psoas mayor, permiten la flexibilidad de la cadera.

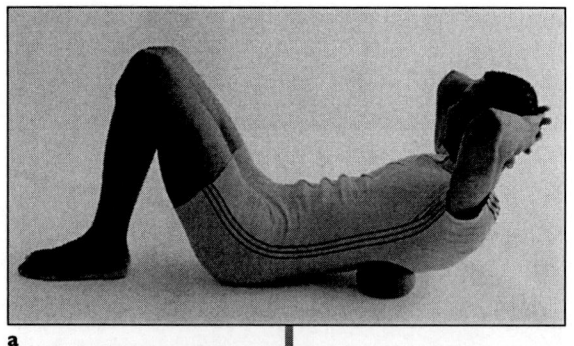

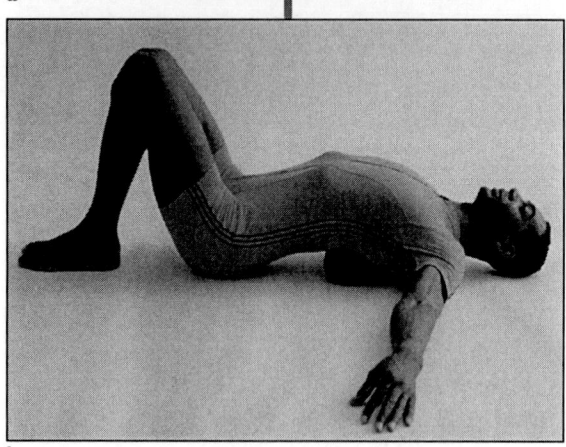

1. Concéntrate en los pilares. Imagina la cúpula del diafragma conectada a la columna lumbar. Visualiza los pilares acortándose durante la inspiración y alargándose durante la espiración.
2. Coloca dos pelotas cercanas entre sí debajo de la parte superior de la espalda. Puedes utilizar también una toalla enrollada.
3. Coloca las manos detrás de la cabeza aguantando el cuello (figura a).
4. Espira y baja lentamente la cabeza hasta el suelo. Visualiza los abdominales alargándose.
5. Regresa a la posición inicial y piensa en el acortamiento de los abdominales.
6. Baja la cabeza hasta el suelo y visualiza los pilares alargándose. Deja reposar los brazos un momento (figura b).
7. Inspira mientras regresas a la posición inicial. Imagina que refuerzas el movimiento con la ayuda del acortamiento de los pilares del diafragma (figura c).
8. Repite el ejercicio cuatro veces, visualizando el alargamiento de los pilares y abdominales.
9. Retira las pelotas y observa los cambios en tu respiración y en la longitud y amplitud de la espalda.

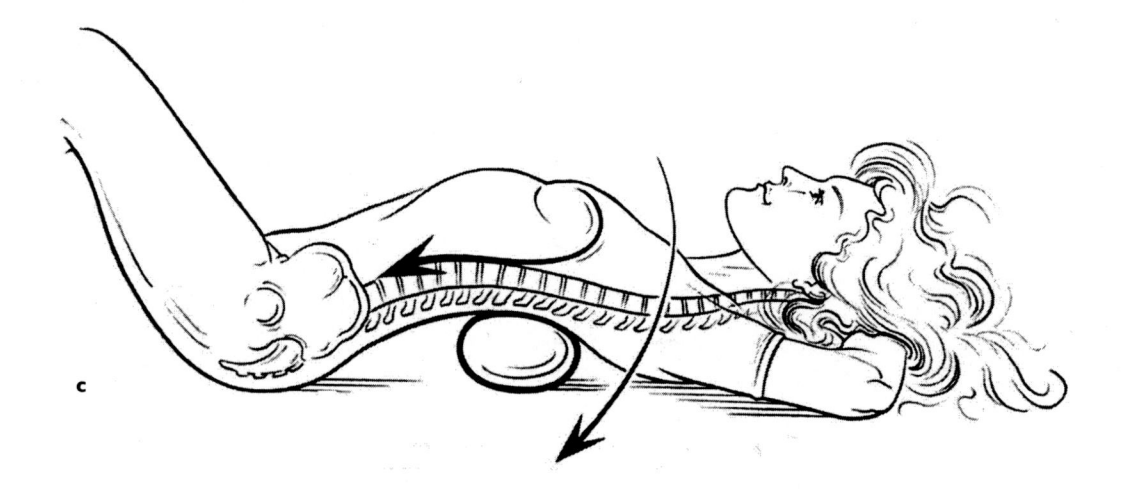

EL DIAFRAGMA Y EL *PLIÉ* 6.4

Uno de los movimientos más comunes en danza –en todos los géneros– es el *plié*. Al ejecutar un *plié*, aprendes a alinear y a coordinar el descenso y ascenso del centro de gravedad del cuerpo. Esta habilidad es la clave para muchos pasos de danza. La respiración influye de gran manera en el *plié* y puede favorecer o impedir su ejecución. El siguiente ejercicio explora esta conexión.

1. Realiza varios *pliés*, y observa la fluidez y profundidad del movimiento. Fíjate en cómo respiras. ¿Inspiras o espiras cuando desciendes? ¿Inspiras o espiras cuando asciendes? ¿Qué acción prefieres?
2. Reposa durante un momento, y después coloca las manos detrás de las costillas inferiores. Observa tu respiración. Imagina que el aire entrante mueve el diafragma como velas al viento, provocando que las costillas se desplacen a los lados y atrás. Observa varios ciclos de respiración con esta imagen en la mente. Fíjate en que el diafragma eleva sus extremos para seguir las costillas a los lados y arriba durante la inspiración, mientras que el músculo en sí mismo se acorta (figura a).
3. Coloca las manos en la parte superior del pecho y nota cómo se expande el círculo de la primera costilla y el suelo pélvico mientras inspiras (figura b).
4. Coloca las manos delante del suelo pélvico y observa cómo se estrecha éste, así como el círculo de la primera costilla mientras espiras. Repite la imagen durante varias respiraciones (figura c).
5. Realiza un *plié* descendente y visualiza el diafragma y el suelo pélvico expandiéndose, abriéndose como el objetivo de una cámara.
6. Mientras asciendes, siente el suelo pélvico estrechándose como el objetivo de una cámara.
7. Mientras ejecutas el *plié*, siente el diafragma reposando sobre los órganos como una tela de seda. Deja que el diafragma se libere de toda tensión.
8. Asciende sin perder la sensación de relajación en el diafragma.
9. Repite los *pliés* con estas imágenes hasta que notes los cambios en el margen y en la fluidez de movimiento.

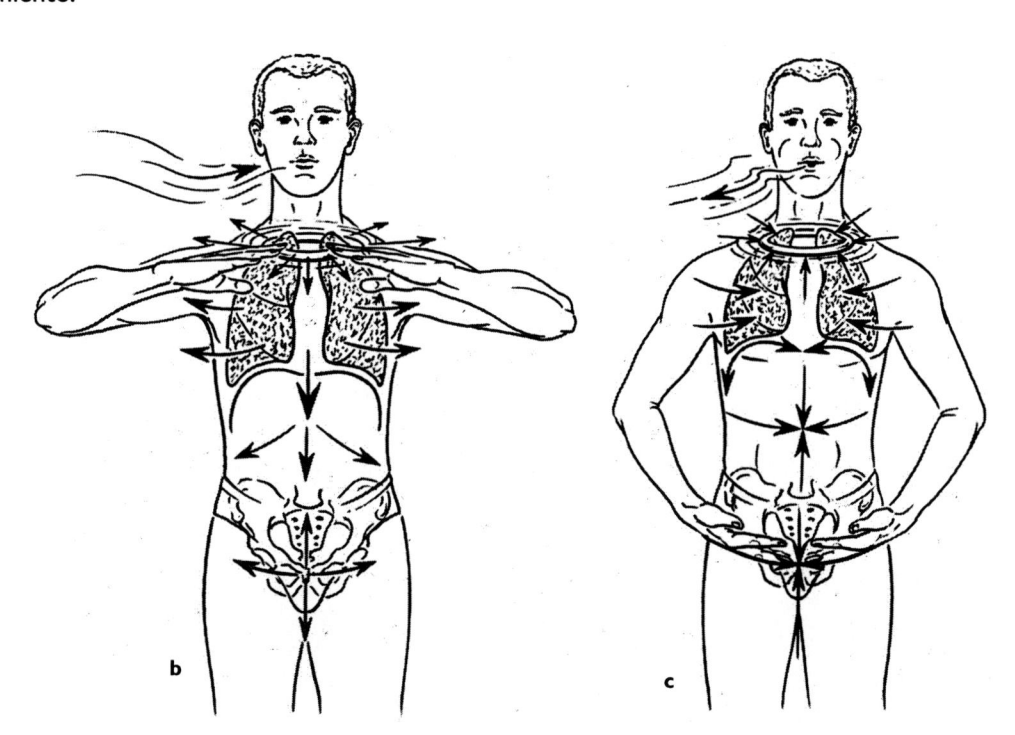

El músculo milagroso: el psoasilíaco

El psoasilíaco es el principal flexor de la cadera, y el único que puede flexionarla suficientemente como para elevar la pierna por encima de los 90°. Consiste en tres músculos: el psoas mayor, el psoas menor y el ilíaco. El elemento común del psoas mayor y el ilíaco es su tendón articular, el cual se inserta en el extremo superior del hueso del muslo (trocánter menor del fémur). Acondicionar el psoasilíaco ayuda a los bailarines a mejorar la estabilidad lumbar, el equilibrio y la extensión. A pesar de ser el principal flexor de la cadera, también puede flexionar o extender la columna lumbar, dependiendo de varios factores (Norkin y Levangie, 1992). Ser consciente del psoasilíaco puede hacer un trabajo milagroso en la columna lumbar y en la técnica en general. En sus estudios sobre acondicionamiento y extensión, Grossman y Wilmerding (2000) escriben: «Los bailarines no se consideran competentes en el mundo de la danza profesional si no pueden maximizar sus extensiones en *à la seconde*. El acondicionamiento del flexor de la cadera dentro del campo de la técnica es generalmente inadecuado para ganar fuerza específica» (pág. 121). El psoas mayor tiene la ventaja de originarse en la columna y no en la pelvis, como es el caso de los otros flexores de la cadera, y no utiliza toda su potencia de acortamiento cuando se eleva la pierna en extensión. Aunque no es tan sólo la fuerza lo que contribuye a la flexibilidad; es un psoasilíaco elástico, flexible y fluido el que puede acortarse sin tensión para aumentar el margen de movimiento.

Debido a que el psoasilíaco une la pelvis y la columna con las piernas, influye de gran manera en el alineamiento pélvico. Los bailarines suelen experimentar relajación en una situación de tensión y dolor en la zona lumbar después de haber realizado los ejercicios de psoasilíaco descritos a continuación. El desequilibrio en este grupo muscular y en los lumbares puede ser una importante causa de dolor lumbar. Mientras enseñé en la *Arthritis Foundation* de Suiza, vi incontables casos de gente que se había beneficiado del acondicionamiento del psoasilíaco. Los beneficios pasan desde una mejora en el alineamiento y una reducción del dolor de espalda, hasta la corrección de los trastornos de los órganos abdominales. Es difícil creer que un solo grupo puede influir tanto en tu alineamiento, coordinación y fuerza hasta que lo has experimetado. Ruth Solomon, de la Universidad de California en Santa Cruz, ha desarrollado una serie de ejercicios de acondicionamiento del psoasilíaco para evitar el síndrome de la «cadera chasqueante» (para información sobre la cinta de vídeo de Ruth Solomon sobre acondicionamiento, contacta con UC Santa Cruz, 2647 Old San Jose Road, Soquel, CA 95073, EE UU). Aun así, el acondicionamiento específico del psoasilíaco no ha constituido una parte habitual del entrenamiento de la danza, quizá debido a que requiere una gran concienciación por parte del bailarín y un profesor con formación anatómica.

Un movimiento óptimo del psoasilíaco se obtiene equilibrando los músculos de la pelvis mediante técnicas de alargamiento y acortamiento simultáneo combinadas con la visualización. El esfuerzo vale la pena: la cadera gana flexibilidad y abertura, la columna se siente alargada y la pelvis elevada, y la barriga retrocede de forma mágica hacia la columna sin impedir una respiración fluida.

La fibra superficial del psoas mayor se origina en los lados de la 12ª vértebra dorsal y de las primeras cuatro lumbares. También se inserta en los discos intervertebrales de la columna lumbar. La fibra profunda se inserta en las apófisis transversas de la columna lumbar. El ilíaco se origina dentro del hueso ilíaco, en la fosa ilíaca, y el borde lateral del sacro por encima de la articulación sacroilíaca. Debido a que cruza la cadera y tiene unas inserciones extendidas, es un poderoso flexor de la cadera. Y como está encima de la articulación iliosacra, un ilíaco tenso estira del sacro hacia abajo, y un ilíaco alargado contagia el sentido de elevación del sacro. Como mínimo, hay dos cosas que pueden ocurrir si este músculo se acorta: la pierna se mueve hacia la pelvis (flexión de la cadera), o la pelvis se mueve hacia la pierna (inclinación anterior de la pelvis). Si el tronco permanece erguido, se arquea la espalda. La razón por la que el ilíaco está unido por un único tendón al psoas es para proteger la espalda. El psoas alcanza la columna lumbar y evita que el ilíaco provoque que se arquee la espalda cuando flexionas la cadera.

El psoas actúa como un poderoso estabilizador de la columna lumbar durante la flexión de la cadera. Como puede flexionar la columna, especialmente a través de la última vértebra lumbar y el sacro, contrarresta la tendencia del ilíaco a arquear la espalda. Es también capaz de comprimir la columna lumbar para alcanzar más estabilidad. La única razón para considerar al psoas y al ilíaco como un solo músculo es su contribución en la flexión de la cadera. En la mayoría de bailarines, el psoas mayor necesita más fuerza, y el ilíaco necesita más longitud. Los músculos abdominales pueden colaborar también para evitar que la pelvis se incline hacia delante y que la espalda se arquee al flexionar la cadera. Pero si los abdominales se usan para elevar la parte anterior de la pelvis, la respiración se ve inhibida, y el sacro gira en la dirección contraria (metiendo la pelvis hacia dentro). Todos estos factores contribuyen a reducir la flexión de la cadera y a que se pierda el alineamiento de la pierna. Además, un sacro rotado es más estable que uno que está contrarrotado. Idealmente, un bailarín aprende a implicar el psoas mayor antes de que la debilidad muscular sea enmascarada por los ejercicios abdominales.

El tendón del psoasilíaco es una fuente de problemas para los bailarines. Si el psoasilíaco no es estirado y fortalecido para crear patrones de movimiento equilibrados, el bailarín lo compensa utilizando los flexores superficiales de la cadera, los cuales al final empiezan a sentir dolor al buscar una adecuada elevación de pierna. Un problema común es el síndrome de la «cadera chasqueante», que solemos experimentar cuando cerramos y abrimos una extensión *à la seconde*. La causa principal de este síndrome podría ser el chasquido del tendón del psoasilíaco por encima del trocánter menor o la cápsula de la cadera. El chasquido durante el movimiento de extensión frontal puede deberse también a que la banda iliotibial o el tendón del glúteo mayor rozan por encima del gran trocánter (Southwick, Michelina y Ploski, 2002). En muchos casos estos problemas pueden ser resueltos a través de la modificación de la técnica.

El tercer músculo del grupo es el psoas menor. Éste está ausente en el 40% de los humanos. Curiosamente, en los textos de anatomía del siglo XX que he consultado no se habla de esta ausencia, aunque se incluyen extensos estudios realizados con cadáveres. Nuestro estilo de vida sedentario no necesita este músculo, a pesar de que es importante para el perfecto alineamiento pélvico. Y además es muy interesante: quizá sea el más profundo de los abdominales. Se origina en los lados de la 12ª vértebra dorsal y en la primera lumbar. Se inserta delante de la pelvis (margen púbico) y en el ligamento inguinal próximo al recto abdominal. Si el psoas menor se contrae, la parte frontal de la pelvis se estira arriba hacia la 12ª vértebra dorsal (figura 6.3). Esta sensación de elevación es muy apreciada por los bailarines. Muchos la elevan con los músculos abdominales superficiales, lo cual reduce la flexibilidad de las articulaciones de la pierna mencionadas anteriormente. Cuando el psoas mayor y el menor son reforzados, los bailarines experimentan toda una revelación. La sensación de elevación se origina ahora en un punto muy profundo de la pelvis. Combar los abdominales mediante la inclinación anterior de la pelvis acortada de modo natural mientras el margen frontal de la pelvis se eleva hace que los músculos abdominales parezcan más llanos. Los abdominales, especialmente el recto del abdomen, ayudan entonces a elevar la parte anterior de la pelvis sin tensión excesiva dada su equilibrada relación de tono y longitud.

Contraer los glúteos es también una estrategia de alineamiento inadecuada para la pelvis, porque extienden la cadera, y el movimiento en un *plié* implica la flexión de esta articulación. Del mismo modo, si intentas hacer un *battement* con los glúteos contraídos, notarás

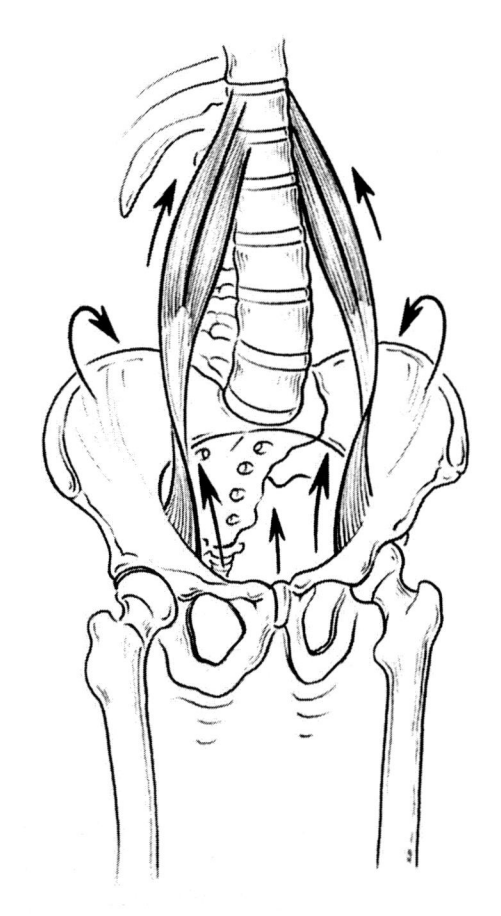

Figura 6.3. Cuando el psoas menor se contrae, eleva la parte frontal de la pelvis.

que la pierna no llega demasiado alto. Los glúteos son extensores de la cadera, y como tales se oponen al movimiento de flexión de cadera requerido en las elevaciones de la misma. Esto suele ser una sorpresa para el bailarín que ha sido educado para usar los glúteos para crear una pelvis elevada. Al final, un bailarín que hace eso acaba con el psoas mayor débil, el ilíaco y los glúteos acortados, y una respiración inhibida, lo que conduce a un *plié* poco profundo, rigidez en la ingle, dolor lumbar y falta de extensión y abertura. Además, si el bailarín se olvida de contraer los abdominales y los glúteos, la espalda se arquea instantáneamente.

El psoasilíaco es también un débil rotador interno del fémur por debajo de los 90° de elevación de la pierna. La habilidad del psoasilíaco tanto para la inclinación anterior de la pelvis como para la rotación interna del fémur contribuye a una falta de abertura en los bailarines con desequilibrios entre la fuerza y la longitud del músculo psoasilíaco. Los bailarines pueden tratar de evitar arquear la espalda y girar los pies y las rodillas adentro contrayendo los músculos abdominales y tensando los glúteos, aunque así perderán flexibilidad durante el proceso.

A pesar de que estirar el psoasilíaco ofrece un alivio temporal, no rectifica los patrones de falta de movimiento. Realizar los siguientes ejercicios de equilibrio muscular acompañados de unas imágenes adecuadas reeduca el sistema nervioso para crear un movimiento más eficaz. En primer lugar, serás más consciente de la existencia del psoas mayor y acondicionarás sus capacidades de estabilización lumbar. Después, activarás el psoas menor para ayudar a inclinar posteriormente la pelvis (elevar la parte frontal de la pelvis) y crearás longitud en el ilíaco. El estiramiento del psoasilíaco puede formar parte de la estrategia si a la vez incrementas la fuerza equilibrada de este músculo. Acondicionar los abdominales y el erector de la columna será el próximo paso.

El psoasilíaco y el músculo abdominal transverso están también conectados a los riñones y a los órganos inferiores del abdomen. Los riñones están justo delante del psoas y el cuadrado lumbar. Recuerda que aproximadamente 1.800 l de sangre fluyen a través de los riñones diariamente. Visualizar el flujo de sangre a través de los riñones puede ayudar a los músculos que se encuentran bajo los riñones a contraerse y relajarse de un modo más fluido.

6.5 DESCUBRIR EL PSOASILÍACO

En este ejercicio visualizarás el psoasilíaco y empezarás a desarrollar un sentido de su ubicación y dirección de movimiento. Esto no te resultará fácil al principio, porque los músculos están situados muy profundamente en la pelvis y se encuentran muy cerca de la columna.

1. Siéntate cómodamente con las rodillas flexionadas 90° y los pies planos sobre el suelo.
2. Piensa en el ilíaco, que conecta los puntos interiores de la pelvis con el extremo superior de la pierna. Piensa en el psoas mayor, que conecta los lados de la columna con dicho extremo. El psoas es casi vertical cuando transcurre cerca de la columna, pero, una vez pasa el hueso púbico, se va colocando en un plano más horizontal, de delante atrás, mientras alcanza su inserción en el extremo interno del fémur (figura a).
3. Si te pones de pie y este músculo está tenso, entonces la pelvis se inclina anteriormente y la columna lumbar se estira hacia las piernas, arqueando la espalda (figura b). Para evitar este problema, imagina los filamentos musculares separándose cuando te levantas y juntándose cuando te sientas.
4. Túmbate en decúbito supino en una posición cómoda con los pies sobre el suelo y las rodillas flexionadas 90°.

DESCUBRIR EL PSOASILÍACO   6.5

5. Visualiza el ilíaco originándose y expandiéndose en el interior de la fosa ilíaca y conectando con el psoas mayor para formar una inserción articular tendinosa en el fémur. Imagina esta inserción en la fosa y la cresta ilíaca, y desliza los dedos a lo largo de la cresta para reforzar esta sensación.
6. Imagina el psoas mayor como si fuera una cascada en miniatura que cae por encima del hueso púbico (figura c).
7. Una vez descubres que el extremo superior del muslo está conectado con los lados de las lumbares y el interior de la pelvis, puedes imaginar cómo aumenta la distancia entre estos dos lugares.
8. Visualiza la línea que conecta el centro de la rodilla con el de la cadera. Intenta visualizar la inserción lateral del psoasilíaco en el fémur. La línea que conecta el centro de la rodilla con el de la cadera es el eje rotatorio del fémur. Si el músculo se acorta, flexiona la cadera y puede girar el fémur hacia dentro alrededor del eje. La acción debería recordarte como el modo en que gira un cangrejo (figura d). Un psoasilíaco tenso, por tanto, limita tu abertura en el *plié*.
9. Flexiona la pierna derecha por encima de los 90°. Ahora, la línea de tensión de los músculos se mueve hacia el interior del eje rotatorio. En este momento el psoasilíaco es un rotador externo, y reforzará tu abertura en las extensiones. De pie, realiza un *passé retiré*, e imagina el psoas mayor alargándose para reforzar tu abertura (figura e).
10. Baja la pierna derecha y realiza el ejercicio con la izquierda.

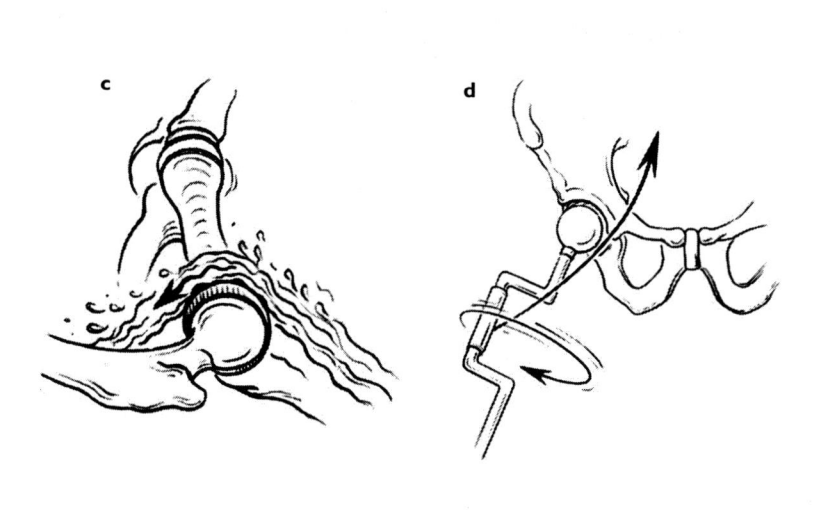

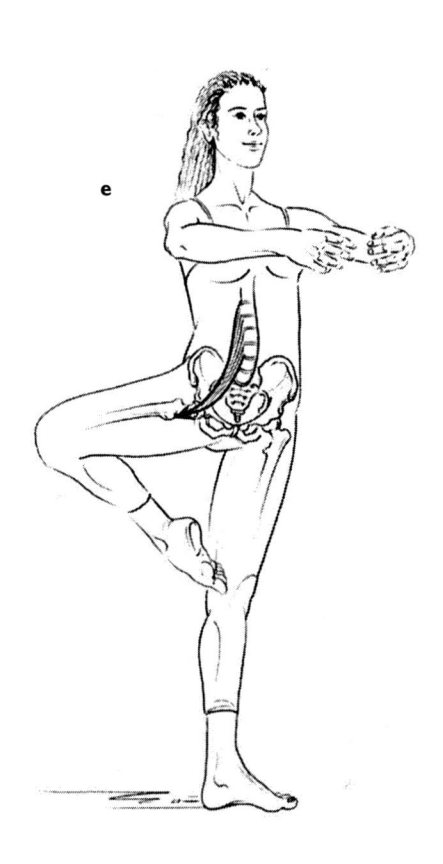

6.6 EQUILIBRAR EL PSOASILÍACO Y LOS ABDOMINALES

Este ejercicio, adaptado de André Bernard, el último maestro de la ideocinesis, nos da un sentido de cómo se relaciona el psoasilíaco con los músculos abdominales y la zona lumbar. Concentrarse en esta relación es el primer paso para equilibrar estos grupos musculares.

1. Túmbate en una posición cómoda, con los pies planos en el suelo y las rodillas flexionadas en ángulo recto.
2. Eleva el pie derecho y observa si este movimiento provoca que tus abdominales y lumbares se tensen, aunque sea mínimamente. Comprueba si tu pelvis se inclina adelante o lateralmente mientras lo haces. ¿Están tus hombros y cuello tensos? Observa la reacción corporal de la elevación de la pierna sin intervenir activamente.
3. Baja el pie derecho y realiza la misma acción con el izquierdo. ¿Es la situación similar en este lado, o es distinta? ¿Se tensa más la barriga, o menos? ¿Estás arqueando la espalda? ¿Estás empujando el pie derecho hacia el suelo para ayudarte a elevar la pierna izquierda?
4. Eleva el pie derecho de nuevo e imagina el psoas mayor fluyendo hacia abajo cerca de la columna, como un río. Baja el pie derecho y eleva el izquierdo mientras imaginas el psoas como un río fluyendo cerca de la columna hacia el fémur (véase figura).
5. Imagina los músculos lumbares fundiéndose, goteando como cera caliente.
6. Repite el movimiento cinco veces sobre los lados derecho e izquierdo del cuerpo.
7. Observa cualquier cambio en la columna lumbar y en la zona abdominal. Tal vez sientas la espalda más expandida después de este ejercicio.

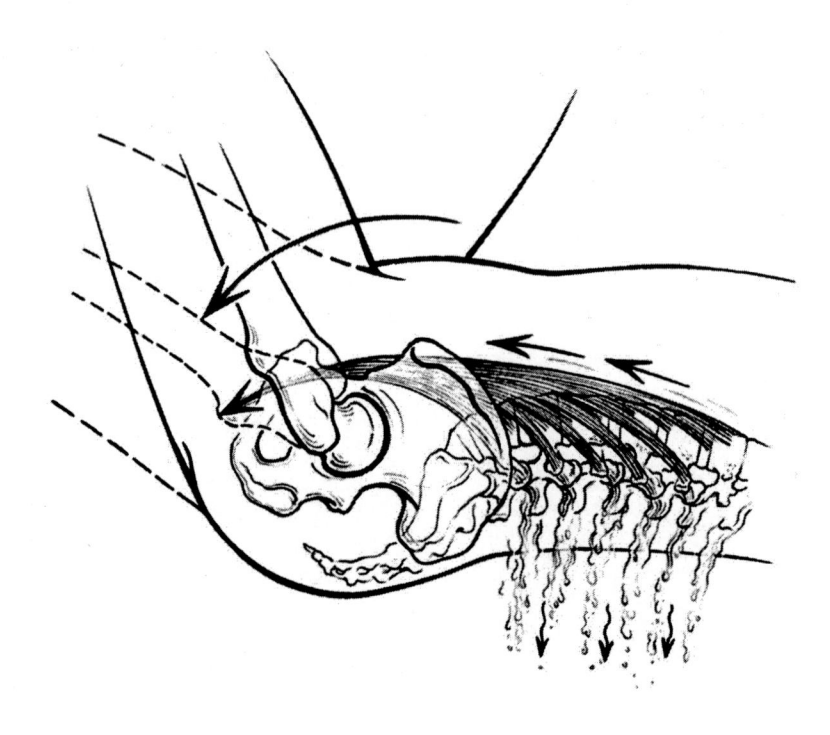

CENTRAR EL FÉMUR 6.7

El siguiente ejercicio te hará ser consciente de la relación entre la cadera y el psoasilíaco. Descubrir la articulación de la cadera y activar la línea ideocinética de movimiento entre la rodilla y la cavidad de la cadera crea una relación de equilibrio entre tensión y longitud en el psoas.

1. Túmbate cómodamente en decúbito supino con las rodillas flexionadas en ángulo recto.
2. Nota como la espalda reposa sobre el suelo. ¿Está la columna lumbar arqueada? ¿Se siente el cuello alargado, tenso, elevado? ¿Están los omóplatos reposando cómodamente sobre el suelo?
3. Tómate unos minutos para guiar la respiración y tu postura mientras reposas en el suelo.
4. Flexiona la pierna derecha desde la cadera y coloca la mano izquierda sobre la rodilla.
5. Imagina la cabeza del fémur reposando, incluso hundiéndose, dentro de la cavidad de la cadera. Imagina que estás tumbado en una cómoda butaca después de un largo día de trabajo, y transfiere esta sensación a la relación entre la cabeza del fémur y la cavidad de la cadera. Tal vez te ayude a pensar también en la mandíbula reposando dentro de sus cavidades. Desde una perspectiva de equilibrio muscular, la cadera y la mandíbula suelen estar conectadas.
6. Rota lentamente el fémur con la mano izquierda. Intenta no mover la pierna e iniciar la rotación sólo con la mano. Mantente en esta posición pensando en la cabeza del fémur cayendo profundamente dentro de su cavidad.
7. Añade la imagen del psoas fluyendo hacia la columna y por encima de la cadera. Imagina el ilíaco expandido en el interior de su fosa como agua sobre una playa arenosa y plana (véase figura; véase también página 124).
8. Mueve la cadera, no la columna lumbar. Realiza pequeños círculos con la rodilla, ocho veces a la derecha y ocho a la izquierda, y después estira la pierna derecha en vertical y agítala. Mientras te mueves, sigue pensando en el fémur cayendo dentro de la cavidad de la cadera.
9. Antes de repetir el movimiento con el otro lado, realiza una suave elevación de pierna con la derecha y después con la izquierda, para comparar la facilidad de movimiento entre la pierna ejercitada y la otra. Quizá notarás que el lado sobre el que has practicado está más centrado.

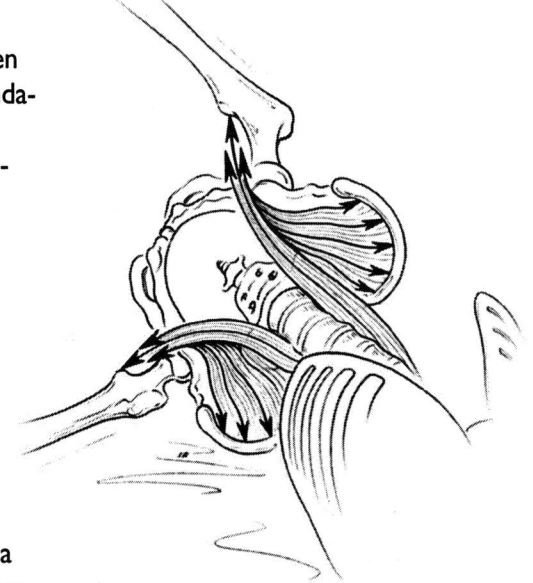

6.8 RELAJAR LA ZONA LUMBAR

Mediante el fortalecimiento y el alargamiento del psoasilíaco, este ejercicio aporta una sensación de expansión y relajación en los músculos de la columna lumbar. Relaja con él la tensión en la espalda y en la cadera después de un ensayo o clase de danza.

1. Coloca dos pelotas debajo la pelvis, y flexiona las rodillas de modo que los pies queden planos sobre el suelo. Eleva la pierna hacia el pecho. Respira libremente, relajando los músculos abdominales. Tal vez estés más cómodo si puedes apoyar la cabeza.
2. Baja la pierna izquierda hasta que el pie izquierdo esté en el suelo.
3. Eleva lentamente la pierna izquierda de nuevo como en el paso 1. Pega al suelo la columna lumbar. Relaja los hombros y el cuello.
4. Imagina que un pañuelo de seda, cuyos extremos sujetan dos pájaros, aguanta tus rodillas por debajo (véase figura). El pañuelo baja y sube tu pierna y tú puedes relajarte y concentrarte en la respiración.
5. Repite la acción siete veces.
6. Retira las pelotas, y observa los cambios en la columna lumbar y en la pelvis. Quizá te sientas desequilibrado, porque la mitad pélvica y lumbar izquierdas se han relajado y han descendido.
7. Practica una flexión de cadera y compara la relativa facilidad de movimiento en la cadera izquierda y en la derecha.
8. Repite el ejercicio con la otra pierna.

LONGITUD Y FUERZA PARA EL PSOASILÍACO 6.9

El siguiente ejercicio aumenta el fortalecimiento excéntrico del psoas y el ilíaco. Practiqué por primera vez este ejercicio con Boone Bainbridge Cohen, la descubridora del centrado cuerpo-mente. Su ventaja es que crea un elongamiento longitud mientras desarrollas fuerza. Además, el ejercicio ofrece mucho tiempo para visualizar el músculo en acción. En la posición supina, puedes utilizar el peso de la pierna para cargar el psoasilíaco mientras prestas atención a la estabilidad de la pelvis. La pierna suele pesar una sexta parte del peso corporal. Mientras la pierna desciende en el siguiente ejercicio, la nivelación aumenta significativamente. Es importante no bajar la pierna más allá de una posición en que los pies estén cómodos, especialmente si sientes una sensación de «chasqueo» en la cadera (a menudo denominado síndrome de la «cadera chasqueante»). Si el chasqueo es doloroso, deberías consultar con un quiropráctico.

1. Túmbate en decúbito supino y coloca dos pelotas debajo de la pelvis.
2. Mueve la pelvis lentamente sobre las pelotas en varios planos, como un barco que se meciera sobre las olas del océano.
3. Sostén la rodilla izquierda contra el pecho.
4. Eleva el pie derecho del suelo y estira la pierna verticalmente hacia el aire, pero no demasiado. La rodilla y el tobillo deberían sentirse relajados (figura a).
5. Desciende lentamente la pierna derecha mientras imaginas cómo se alarga el psoas. No bajes la pierna completamente hasta el suelo. Tan pronto como sientas cualquier presión en la zona lumbar, una inclinación de la pelvis adelante o un chasqueo en la cadera, flexiona la rodilla derecha y la cadera (figura b) y lleva la pierna de vuelta a la posición de inicio.
6. Mientras bajas la pierna, imagina los músculos de la lumbar fundiéndose en el suelo y el psoas fluyendo como un río cerca de la columna. Visualiza el ilíaco expandiéndose dentro de la pelvis.
7. Repite el movimiento siete veces.
8. Retira las pelotas, estira las piernas y observa las diferencias entre las dos. ¿Sientes la pierna que has ejercitado más larga? ¿Quizá más abierta?
9. Intenta hacer un *battement* con la pierna ejercitada y después con la otra. ¿Notas alguna diferencia en la facilidad de movimiento o en la flexibilidad de la cadera? Ponte de pie y apoya el peso de tu cuerpo sobre la pierna ejercitada. Ahora, evalúa la posición de la pelvis y de los abdominales colocando una mano delante y la otra detrás de la pelvis. Tal vez sientas la pelvis más elevada y quizá tu barriga se incline hacia la izquierda.
10. Repite el ejercicio siete veces con la otra pierna.

También puedes realizar este ejercicio con un pie sobre el suelo (figura c). Esta variación puede ser de ayuda si tienes dolor o tensión en la cadera, o si tienes el síndrome de la «cadera chasqueante». Practica también con distinto número de repeticiones de rotaciones internas y externas mientras elevas la pierna.

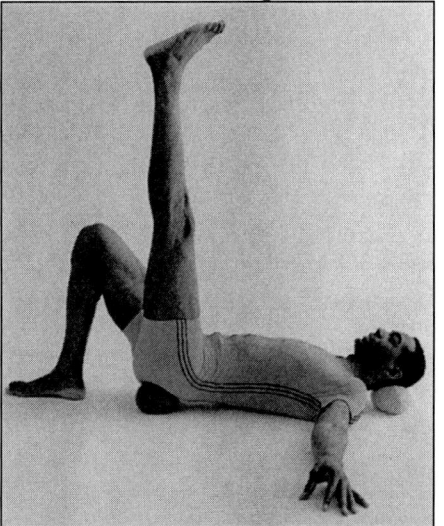

DANZA. Acondicionamiento físico

6.10 ELEVACIÓN DE LA PELVIS CON BANDA DE GOMA

El siguiente ejercicio combina la práctica de la ideocinesis con ideas derivadas del centrado cuerpomente. El psoas menor se deteriora rápidamente si no lo ejercitas todos los días. Por eso la mayoría de personas tiene como mínimo una correa tendinosa a lo largo del itinerario del psoas menor.

Tanto el psoas menor como el recto abdominal pueden estirar la parte anterior de la pelvis hacia arriba, pero el psoas menor tiene una ventaja sobre el recto. Está situado por debajo de los órganos abdominales, de modo que un psoas acortado no es un problema para la inspiración, a diferencia de un abdomen tenso. Si localizas el psoas menor, experimentarás un modo de elevar la pelvis sin impedir la respiración. Observando los dos psoas menores como vectores de fuerza y combinándolos, crearás la línea ideocinética de movimiento desde la sínfisis púbica hasta la 12ª vértebra dorsal (véase figura 6.3). Visualizar esta línea de movimiento ayuda a etimular el psoas menor y a reforzar el funcionamiento del psoas mayor.

En este ejercicio intentarás bajar las dos piernas hasta el suelo sin que los músculos abdominales hagan otra cosa que respirar. Esta acción puede sorprender a algunos. Puedes pensar en el abdominal como un estabilizador de la pelvis, pero moverlo de forma activa impediría nuestro propósito de fortalecer el psoas mayor y aumentar su potencia estabilizadora para la zona lumbar. Te sugiero que dejes la lógica aparte hasta que hayas experimentado el ejercicio. Deja que el cuerpo te enseñe una lección.

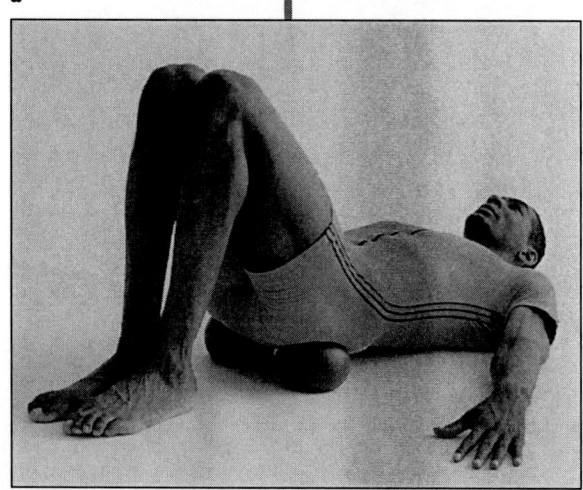

1. Túmbate en decúbito supino con las rodillas flexionadas y los pies sobre el suelo, y coloca dos pelotas debajo de la pelvis.
2. Eleva ambos pies y deja que las piernas caigan hacia el torso. Relaja la cadera, las rodillas y los pies. Respira normalmente, y relaja los abdominales (figura a).
3. Baja lentamente las piernas hasta el suelo, con los hombros y el cuello relajados.
4. Baja los pies hasta el suelo (figura b).
5. Respira profundamente. Los músculos abdominales no deberían juntarse arriba ni empujar hacia fuera. Prueba si puedes evitar que la pelvis se incline hacia delante dejando que los músculos abdominales se desplacen hacia la columna sin ejercer tensión sobre ellos. Esta acción no es fácil y podría parecerte imposible al principio.
6. Vuelve a elevar las piernas y bájalas utilizando las imágenes.
7. Empieza visualizando el psoas mayor fluyendo cerca de la columna (véase ejercicio 6.7) mientras imaginas la zona lumbar fundiéndose en el suelo.
8. Ahora visualiza el psoas menor conectando la parte frontal de la pelvis con la columna lumbar y dorsal.

a

b

ELEVACIÓN DE LA PELVIS CON BANDA DE GOMA (continuación) 6.10

9. Imagina que aumenta la actividad de este músculo a medida que el psoas mayor se desplaza hacia abajo acercándose a la columna (figura c). Este movimiento permite que la pared abdominal descienda sin esfuerzo hacia la columna.
10. Imagina el psoas menor fluyendo hacia arriba y al psoas mayor hacia abajo. Puedes visualizar el origen del flujo hacia arriba en el centro del suelo pélvico (figura d).
11. Imagina el psoas menor como una resistente goma estirando la parte anterior de la pelvis hacia la parte de la columna detrás del extremo inferior del esternón.
12. Imagina un cordón conectando la sínfisis púbica con la parte anterior de la 12ª vértebra dorsal. Visualiza dos bolas en cada extremo del cordón. Y ahora imagina que las bolas se deslizan la una hacia la otra hasta tocarse. También puedes pensar en las bolas como si se atrajeran igual que si fueran imanes (figura e).
13. Repite la acción de bajar las piernas de cinco a siete veces, aunque seas incapaz de mantener el abdominal completamente relajado. Este ejercicio requiere mucha paciencia y perseverancia.
14. Retira las pelotas y observa la sensación de expansión en la columna lumbar. Fíjate además con qué facilidad flexionas ahora la cadera. Nota lo fácil que te resulta sentarte erguido, y comprueba tu alineamiento pélvico de pie y en los *pliés*. Puede que notes la parte posterior de la pelvis como si cayera.

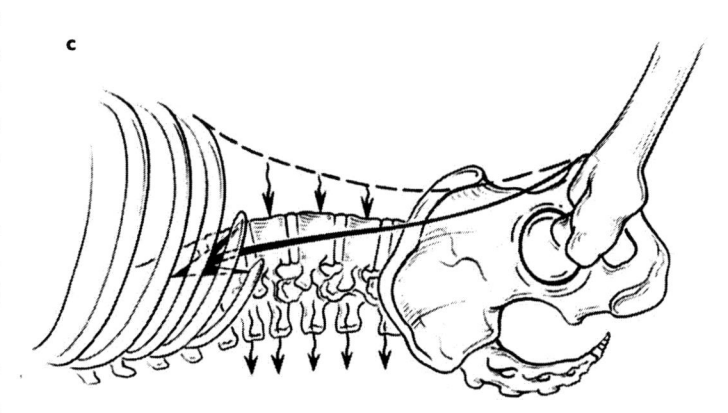

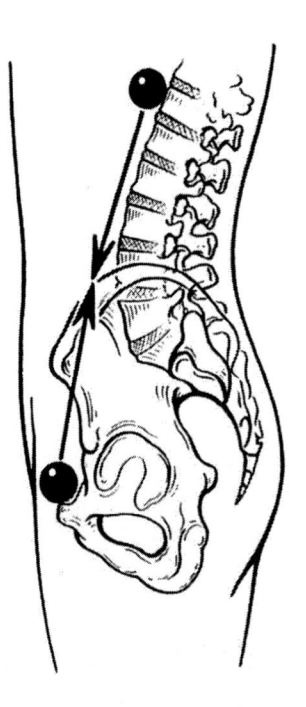

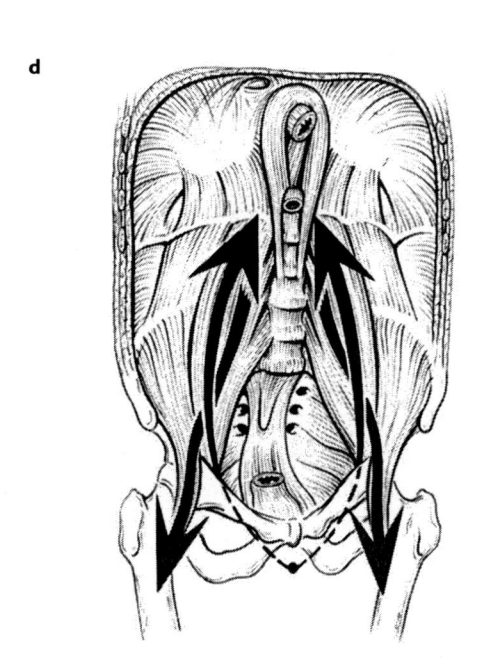

6.11 EL PSOAS EN EL DESLIZAMIENTO DE PIERNA

Este ejercicio ofrece la opción de estirar las piernas y alargar el psoasilíaco sin tener que cargar con el peso de aquéllas. Lo ideal sería que el suelo donde realices este ejercicio fuera un poco resbaladizo, de modo que puedas deslizar fácilmente el pie hacia abajo (llevar unos calcetines también te ayudará).

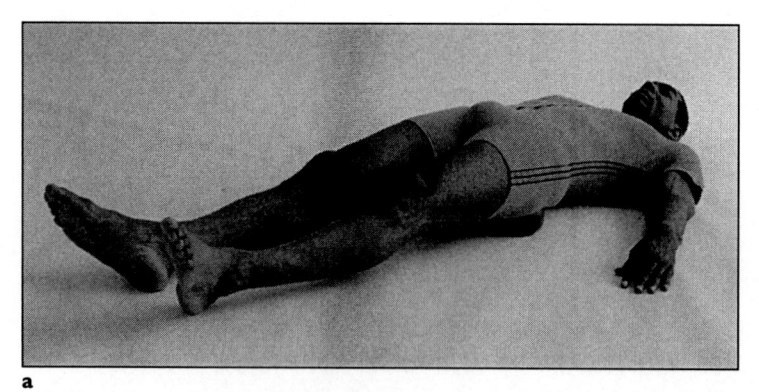

1. Coloca las plantas de los pies sobre el suelo y flexiona las rodillas a 90° (como en la figura b del ejercicio 6.10).
2. Desliza lentamente los pies a lo largo del suelo hasta que las piernas estén estiradas (figura a).
3. Reposa e imagina la zona lumbar cayendo sobre el suelo.
4. Eleva las piernas hasta llevarlas a la posición inicial, dejando que la columna lumbar caiga hacia el suelo. Mantén los hombros, el cuello y la respiración relajados.
5. Repite estos movimientos tres veces utilizando la visualización anterior.
6. Mientras subes y bajas las piernas, piensa en el psoas alargándose y la columna lumbar cayendo al suelo. Imagínate de pie con esta sensación de alargamiento en la zona lumbar.
7. De pie, erguido, imagina el peso de la pelvis reposando sobre las cabezas de los fémures.
8. Flexiona y extiende las rodillas, y piensa en rebotar la pelvis sobre las cabezas femorales. Visualiza el cóccix cayendo hacia el suelo. Piensa en las tuberosidades isquiáticas suspendidas debajo de las cabezas femorales.
9. Coloca las manos a los lados de las piernas y la pelvis. Imagina los lados de las piernas liberándose de la tensión mientras aumenta el soporte de las cabezas femorales.
10. Transfiere el peso de una pierna a la otra, y siente cómo va de una cabeza femoral a la otra. Continúa imaginando el cóccix cayendo.
11. Mientras caminas, piensa en el balanceo de las piernas como una opción para alargar el psoas mayor y aumentar la distancia entra la columna y la pierna. Mientras realizas un *battement tendu* hacia atrás, piensa en cómo se relaja la pierna en el movimiento con un alargamiento del psoas mayor (figura b).
12. Imagina la parte frontal de la pelvis elevada por la fuerza del psoas menor mientras el mayor se desplaza hacia abajo, cerca de la columna. Si utilizas esta imagen mientras caminas, convertirás este movimiento común en un instrumento para mejorar la técnica de danza.

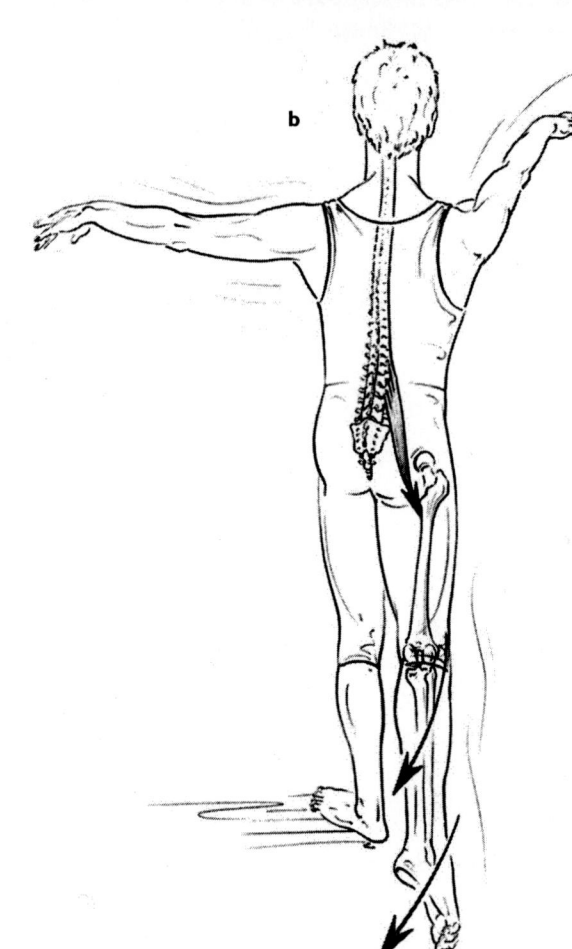

REPOSO PARA LA PIERNA 6.12

Es importante mantener relajado el psoasilíaco. Éste debe relajarse después de una clase de danza y siempre que las caderas o la espalda se sientan tensas. Este ejercicio relaja la tensión en toda la pierna y en la columna lumbar, y requiere la ayuda de una barra de ballet o, lo que es mejor, de un compañero.

1. Ata una Thera-Band de modo seguro a una barra, y pásala alrededor de uno de tus pies. Túmbate en decúbito supino con las piernas estiradas. Si estás trabajando con un compañero, pídele que acune una de tus piernas en una Thera-Band de gran resistencia (gris)(véase figura). Si no hay ninguna disponible, servirá una toalla larga.
2. Mientras estás tumbado en el suelo, coloca una mano justo debajo del extremo de la pelvis, y visualiza el psoas debajo de tu mano. Imagínalo reposando cerca de la columna.
3. Rota la pierna interna y externamente, y visualiza el deslizamiento de la acción de los filamentos del psoas: se juntan cuando rotas internamente o flexionas un poco la cadera, y se separan mientras rotas externamente y extiendes ligeramente la cadera.
4. Retira la banda, y compara la sensación en ambos lados de la pelvis y en la zona lumbar.
5. Realiza una patada de pierna baja para comparar.
6. Repite el ejercicio con el otro lado.
7. Camina y disfruta de la sensación de libertad del psoas y la cadera.

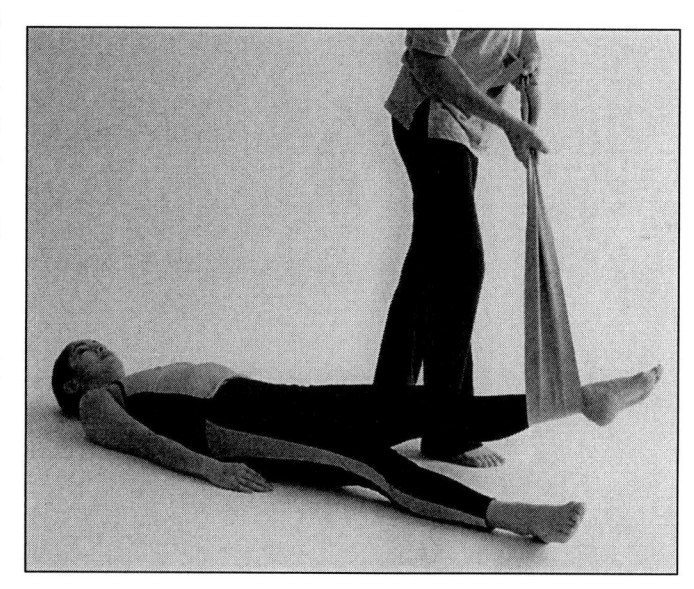

DANZA. Acondicionamiento físico

6.13 FÚNDETE EN TU *PLIÉ*

El propósito de este ejercicio es descubrir el psoasilíaco como un factor importante en un *plié* bien alineado y coordinado, pues relaja la tensión sobre la rodillas y mantiene el tronco y la pelvis alineados creando elevación sin tensión. La conciencia del psoas ayuda a evitar que el peso caiga sobre las rodillas.

Las imágenes favorecen la acción simétrica de ambas piernas y te permiten implicar los aductores en el *plié*, un grupo muscular clave para la fuerza específica que requiere la danza. Los aductores pueden colaborar y sentirse cuando el grupo muscular del psoas ha encontrado un equilibrio en longitud y fuerza. La relación entre aductores y psoasilíaco se describe también en el libro de Pamela Matt sobre el trabajo de Barbara Clark denominado *A kinesthetic legacy, the life and works of Barbara Clark* (Matt, 1993).

1. Realiza una serie de *pliés* en primera posición y después en segunda. Después hazlo otra vez en primera posición. Visualiza la acción deslizante de los filamentos del psoasilíaco, juntándose cuando bajas y separándose cuando subes.
2. Imagina el psoas mayor y la columna lumbar como si estuvieran llenos de fluido, lo cual se acercaba bastante a la verdad, porque los músculos, como la mayoría de los tejidos del cuerpo, son básicamente agua (véase figura).
3. Mantén esta sensación mientras subes y bajas en *plié*.
4. Imagina que hay partículas de arena flotando en el fluido y deja que se asienten en la pelvis.
5. Observa los puntos que se tensan, si es que hay alguno, e imagina que se convierten en fluido o en partículas de arena.
6. Siente el empuje del pie sobre el suelo, especialmente los músculos internos del muslo (aductores) y el psoas mayor cuando asciendes en el *plié*. Siente estos músculos como un refuerzo central que deja que la periferia del cuerpo se relaje y se libere del exceso de tensión.

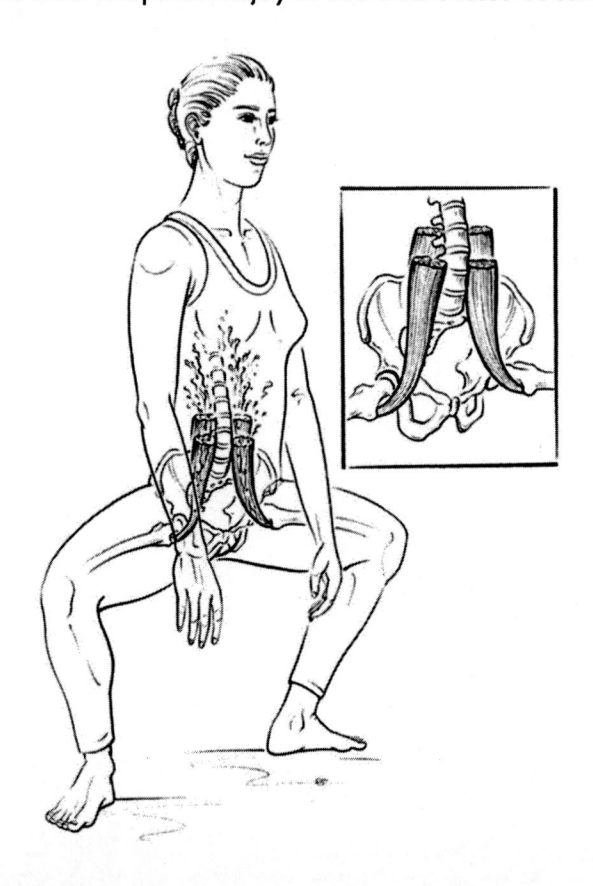

LA PIERNA FLOTANTE 6.14

Un problema común en la técnica de danza es elevar la mitad pélvica del lado de la pierna extendida, incluso en posiciones en las que la pierna está a baja altura, lo que provoca una flexión lateral de la columna lumbar hacia el lado de la pierna de apoyo. Esta acción distorsiona la pierna de apoyo y puede provocar dolor en la zona lumbar, pues la columna se contorsiona para acomodar el desequilibrio pélvico.

Cuando intentes hacer por primera vez un *développé* sin elevar la mitad pélvica, puede parecerte difícil y quizá no sepas dónde invertir la fuerza para elevar la pierna. Muchos bailarines sobrecargan los flexores superficiales de la cadera para elevar la pierna, como el recto femoral o el tensor de la fascia lata. Además, si un bailarín está acostumbrado a usar la pelvis, puede que utilice los abductores para elevar la pierna. Estas dos estrategias provocan una sensación de tensión y rigidez en la cadera, porque estos músculos no están adaptados para crear una elevación de alto nivel. Estos hábitos se repiten y acaban instalándose en tu ejercicio a menos que los inhibas y te concentres en la iniciación deseada y en las imágenes de apoyo.

1. Realiza un *développé* frontal y lateral, y observa la facilidad con que mueves la pierna y la altura que ésta alcanza.
2. Coloca una mano sobre el extremo pélvico en el lado de la pierna extendida. Fíjate en si inicias el *développé* elevando la cresta pélvica en el lado de la pierna elevada.
3. Retira la mano e intenta un *développé* sin que se eleve la cresta ilíaca, aunque te frustres porque la pierna no llega muy alto. Visualiza la inserción del psoasilíaco en la parte superior e interior del fémur. Imagina que esta inserción está flotando.
4. Visualiza que unos cordones de títere atados al trocánter menor estiran de la pierna para ejecutar el *plié* (también puedes improvisar un baile con esta imagen para apreciarla realmente; véase figura a).
5. Visualiza un flujo descendente en el psoas mayor. El flujo puede sentirse como un vórtice de agua expendiéndose en la dirección de las agujas del reloj en la izquierda y en sentido contrario en la derecha. Cuanto mejor sientas la fluidez del psoas mayor, aunque se contraiga, más arriba llegará tu pierna.
6. Realiza un *grand battement* (patada alta de pierna) mientras intentas iniciar el movimiento mediante la contracción del psoas mayor (figura b).
7. Antes de practicar con la otra pierna, realiza un *développé* con la derecha y con la izquierda y observa cualquier cambio en la sensación del movimiento.

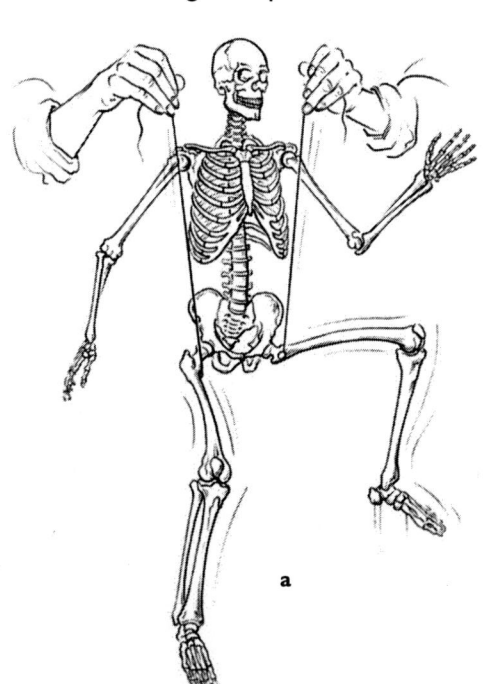

6.15 SALTAR ELÁSTICAMENTE CON UN PSOASILÍACO ALARGADO

Es importante tener el ilíaco y el psoasilíaco bien coordinados para ejecutar unos saltos centrados. Si tu preparación para un salto implica tensar los flexores de la cadera, la espalda se arqueará hacia delante cuando saltes arriba o aterrices, lo que hará que los hombros y la cabeza se muevan atrás para compensar (figura a). Cuando aterrizas, la pelvis se inclina adelante, y necesitas una gran potencia muscular para estabilizarte (figura b). Naturalmente, esta acción daña la zona lumbar y también tu técnica.

La corrección habitual de este problema es tensar los músculos abdominales. Esta solución reduce el salto y la elasticidad de todo el cuerpo, que es la clave para saltar. Además, ello provoca un movimiento de contrarrotación en el sacro y crea por tanto una articulación iliosacra menos estable, lo cual no es en absoluto saludable si consideras la cantidad de fuerza que pasa a través de esta articulación cuando aterrizas. Estirar el psoasilíaco no solventa el problema por sí solo; debes ser consciente de la acción de alargamiento entre el extremo del muslo y la columna lumbar cuando saltas.

1. Practica unos cuantos saltos, y observa la sensación y el movimiento de la columna lumbar. Si respiras libremente, ¿se ensancha la barriga? Eso es señal de que el psoasilíaco no está trabajando eficazmente.
2. Regresa a los ejercicios 6.6 a 6.8 y realiza otros cuantos saltos. Notarás que la pelvis permanece en una posición más elevada, sin que tengas que esconder tanto, o nada, la barriga. Esta posición libera la respiración y aumenta la habilidad del cuerpo para saltar alto.
3. Visualiza lo que ocurre en el psoas mientras preparas el salto y empújate hacia el aire. En el *plié* preparatorio antes de saltar, el psoas se acorta y los filamentos se juntan. Después, mientras saltas, el psoas se alarga rápidamente y los filamentos se separan. Esta elongación del psoas fruto de la relajación es la clave de un movimiento fluido.

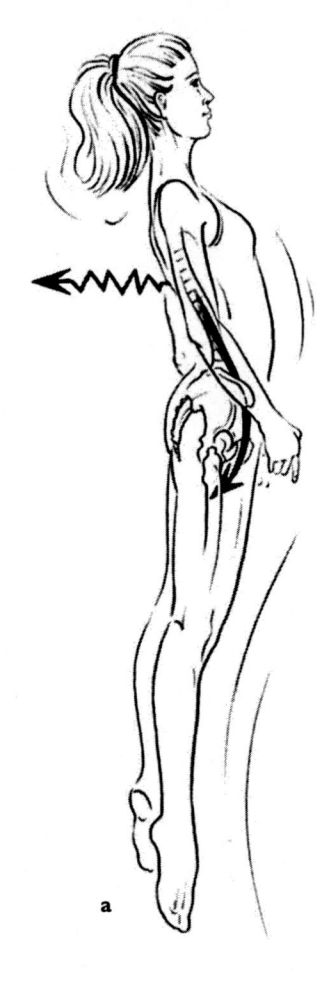

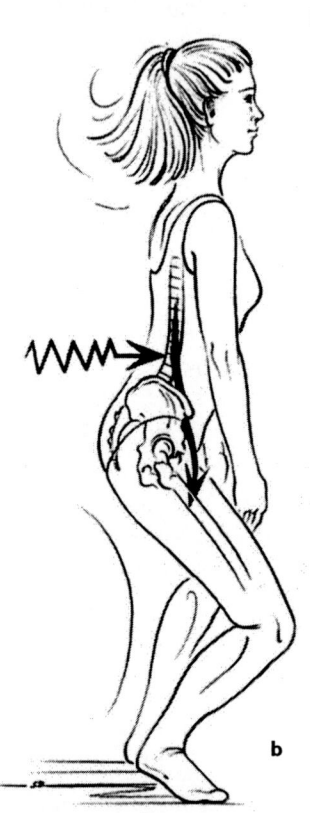

Longitud elástica: los músculos de la columna

Los próximos seis ejercicios de visualización preparan los músculos de la espalda para beneficiarse más de las prácticas de acondicionamiento que siguen, relajando la tensión y favoreciendo una acción muscular equilibrada. Empezarás con algunas imágenes generales para los músculos de la espalda, y después te adentrarás en la fibras musculares, utilizando la visualización para incrementar tu conciencia. Visualiza los músculos de la espalda como un patrón en lugar de tratar de memorizar los orígenes y las inserciones, lo que sería casi imposible.

EL MULTÍFIDO PARA LA ESTABILIDAD 6.16

Visto desde la espalda (vista posterior) el multífido es parte de una serie de músculos diagonales que pasan por toda la columna (véase figura), en la que se insertan profundamente. Visto de lado (vista lateral), el ángulo de estiramiento del multífido pasa verticalmente hacia arriba desde el sacro hasta las apófisis espinosas. Aparte de ser un extensor fuerte, este ángulo permite al multífido estabilizar la columna lumbar a través de la compresión. Es como evitar que un montón de papeles salga volando sujetándolos con una goma elástica.

Realiza el siguiente ejercicio para obtener un sentido de refuerzo en la columna lumbar y la pelvis mediante la concentración en el multífido.

1. Imagina el multífido reanimado con una nueva fuerza para estirar las apófisis espinosas abajo y atrás.
2. Añade los abdominales transversos, integrando la parte frontal de las crestas ilíacas hacia la línea media del cuerpo.
3. Siente el psoas mayor alargándose hacia abajo y el menor estirando la parte frontal de la pelvis hacia arriba.

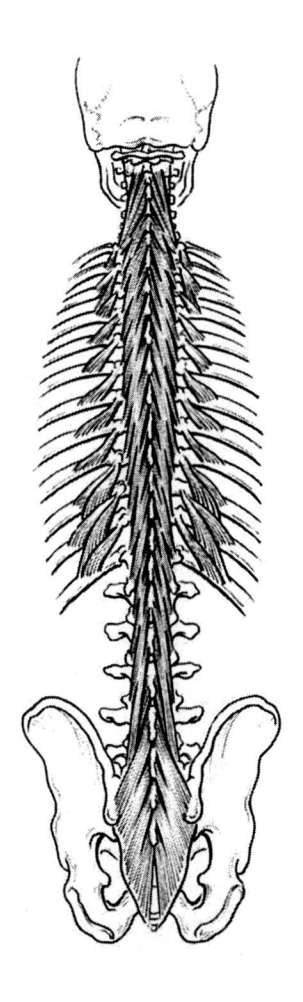

6.17 TOCAR EL ERECTOR DE LA COLUMNA

El siguiente ejercicio aumenta la conciencia de los músculos de la espalda y te ayudará a descubrir los desequilibrios que pueda haber en esa zona. Con esta práctica ejercitarás todo el cuerpo y no te concentrarás en ningún grupo muscular específico.

1. De pie, sosteniéndote cómodamente sobre las dos piernas, coloca los dedos en los músculos de la espalda sobre los dos lados de la columna. Pueden sentirse predominantemente en el área lumbar.
2. Cambia el peso a la pierna derecha y eleva el pie izquierdo.
3. Con la punta de los dedos, palpa la contracción de los músculos de la espalda.
4. Vuelve a cargar tu peso en la pierna izquierda y eleva el pie derecho. Observa la reacción en los músculos de la espalda.
5. Muévete adelante y atrás unas cuantas veces más. ¿Sobresalen del mismo modo los músculos de la espalda cuando te equilibras sobre la pierna derecha y sobre la izquierda?
6. Deja que los brazos reposen un momento a los lados del cuerpo y observa los cambios en tu alineamiento.
7. Inclínate hacia delante y flexiona la columna lumbar con los dedos sobre esta zona. Observa si los músculos de ambos lados trabajan simétricamente. En esta posición, flexiona la columna ligeramente a la derecha y después a la izquierda. ¿Sientes la acción por igual en ambos lados? ¿Sientes que es más difícil mover un lado que el otro?
8. Regresa a la posición erguida. De pie sobre la pierna derecha, realiza una extensión baja en *arabesque*. Coloca los dedos sobre los músculos de la espalda. ¿Hay algún lado que sea significativamente más corto que el otro?
9. De pie sobre la pierna izquierda, realiza un *arabesque* bajo. ¿Sientes la situación similar a la del lado derecho? ¿Qué ajustamiento necesitas hacer para que tu *arabesque* se sienta igual en los dos lados?
10. Ponte de pie y comprueba si ha cambiado tu percepción de la columna lumbar.

6.18 FLUIDEZ EN LOS MÚSCULOS DE LA COLUMNA

Utilicemos ahora imágenes y movimiento para descubrir más detalles sobre los músculos de la espalda. Esta práctica ayuda a perfeccionar la acción muscular cuando empiezas el acondicionamiento con la resistencia añadida de una Thera-Band. No deberías crear fuerza únicamente, sino también técnica.

1. En una posición erguida o sedente cómoda, imagina los músculos de ambos lados de la columna fundiéndose. ¿Puedes sentir cómo se funden con sus vainas de tejido conectivo, como si fuera miel deslizándose dentro de un recipiente de plástico?
2. Tómate un momento para concentrarte en la respiración. Mientras espiras, piensa en cómo se distribuye el aire por igual en ambos lados de la espalda. Imagina la respiración como una fuerza activa que puede eliminar los puntos de tensión. Puedes imaginar la respiración como un viento cálido en un día de verano (a menos que ya sea un día caluroso de verano y prefieras una brisa fría).
3. Imagina los músculos de la espalda como si fueran cera de abeja. Visualiza dos gotas de cera fundiéndose sobre cada lado de la columna, empezando por la parte posterior de la cabeza. ¿Llegan al sacro simultáneamente?
4. Imagina el sacro suspendido desde la parte posterior de la cabeza por los músculos de la espalda. Visualiza esta suspensión como un elemento elástico (por ejemplo, una goma elástica).

AMPLIAR EL SOPORTE 6.19

La siguiente imagen crea un sentido de amplitud y soporte para la espalda, ayuda a alinear la columna, mejora el equilibrio y refuerza la sensación de longitud y ligereza en los brazos.

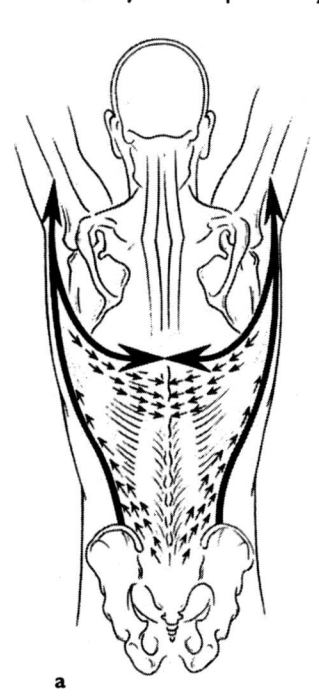

1. Coloca los brazos en segunda posición u horizontalmente a los lados, o estíralos por encima de la cabeza.
2. Visualiza las inserciones del dorsal ancho hasta la pelvis, el sacro y la columna lumbar. Imagina cómo este ancho músculo se condensa dentro de un estrecho deslizamiento que conecta con el extremo superior del brazo (véase también la figura b de la página 67).
3. Imagina un flujo creciente a través del dorsal ancho desde sus inserciones hasta la pelvis, el sacro y la columna lumbar a lo largo de la parte anterior de los brazos (figura a).
4. Visualiza un flujo descendente desde los brazos hasta la mitad de la espalda (6ª vértebra dorsal). Observa estos dos ríos creando un soporte de base ancha para el movimiento de brazo. Imagina que este flujo sostiene los brazos desde abajo, creando un sentido de amplitud a lo largo de los dedos.
5. Imagina el alargamiento del dorsal ancho creando la fuerza para permitir al brazo ejecutar gestos poderosos (figura b). Contrarresta la acción con un alargamiento descendente del glúteo mayor.

6.20 ENSANCHAR ANILLOS

Vistos desde atrás (posteriormente), hay dos patrones básicos de músculos de la espalda: un patrón vertical y un patrón diagonal ascendente e interno. Los músculos verticales son mayoritariamente superficiales, y los diagonales suelen ser más profundos.

El músculo más cercano a la columna en el patrón vertical es el espinal, que conecta las apófisis espinosas entre sí. Al lado del espinal está el longísimo, y en una posición más externa el iliocostal. Estas divisiones no son estrictas; se sobreponen bastante. Visto de lado, hay patrones verticales y diagonales de músculos. Junto con varias vainas de tejido conectivo, estos músculos crean una compleja red entretejida (figura a).

1. Imagina los espinales ensanchándose hacia fuera como las ondas que se crean en la superficie del agua de una piscina, pero visualiza la piscina en un plano frontal (figura b). El ensanchamiento puede ser más fácil de visualizar durante la inspiración.
2. Imagina el patrón del músculo longísimo en una dirección ligeramente ascendente mientras viaja desde el sacro hasta las costillas. Cuando se alarga, el longísimo ayuda a crear un sentido de soporte en las costillas inferiores.
3. Imagina el longísimo como una fuente que se origina sobre el sacro. Imagina esa fuente esparciendo un líquido refrescante hacia la espalda para sostener la parte posterior de la cabeza (véase figura 8.4).
4. El iliocostal torácico conecta las apófisis transversas de la columna superior y las costillas con la parte posterior de las costillas inferiores. Visualiza el segmento posterior de las últimas costillas balanceándose desde ambos lados de la base del cuello a través de este músculo. Deja que esta imagen te ayude a imaginar que se eleva la caja torácica.

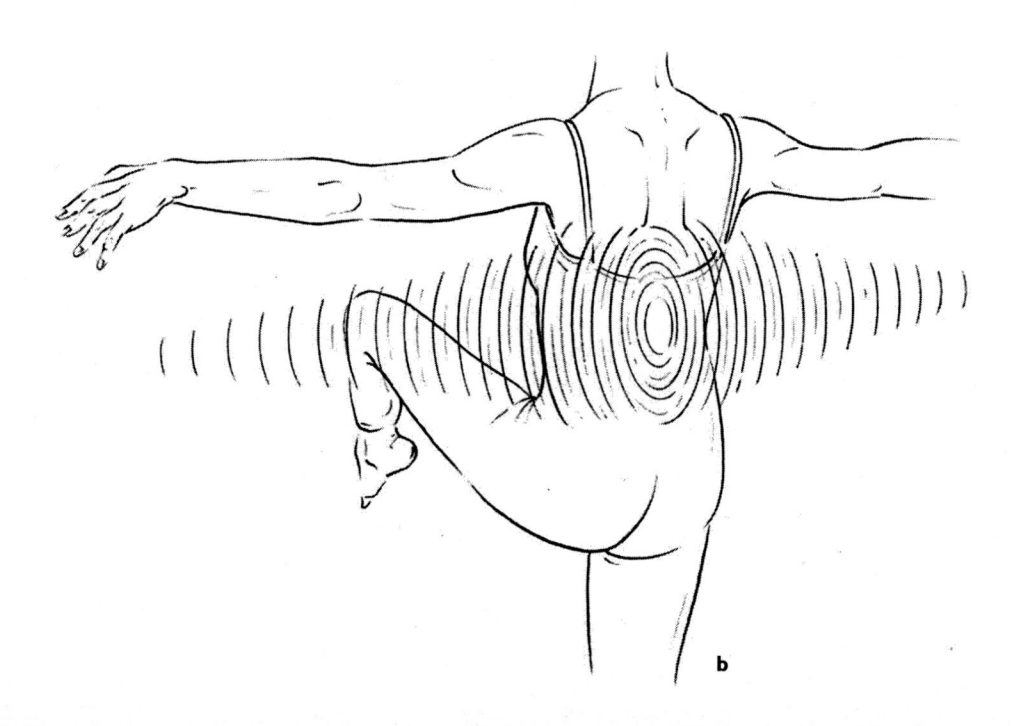

EL PSOAS MAYOR Y LOS MÚSCULOS PROFUNDOS DE LA COLUMNA 6.21

El erector profundo de la columna y el psoas mayor también pueden combinarse para estabilizar la columna lumbar como un sistema de guía para el equilibrio (figura a). Si el psoas se ve como una cuerda que conecta las apófisis transversas de la columna lumbar con las piernas, entonces acortando esta cuerda la columna lumbar se estira hacia delante y abajo, ahuecando la espalda e inclinando la pelvis adelante (figura b). Esta idea va pareja con el acortamiento de los erectores profundos. En esta situación los bailarines suelen contraer los músculos abdominales, lo cual tensa la espalda. Cuando el psoas y el erector profundo de la espalda se alargan, la columna lumbar se flexiona y la parte anterior de la pelvis se eleva (inclinación pélvica posterior; figura c). Para alcanzar un nivel más sutil de equilibrio muscular en la columna, piensa que esta parte inferior del psoas mayor pasa por delante del eje de flexión y extensión de la musculatura lumbar y la articulación lumbosacra. La contracción de este segmento del psoas flexiona esta parte de la columna, especialmente si se refuerza con un alargamiento de los erectores profundos (figura d).

1. Imagina el psoas mayor y el erector profundo de la columna manteniendo la columna lumbar en equilibrio. El sistema es como una pirámide, la estructura más estable concebida por los humanos.
2. Si la espalda está demasiado arqueada, visualiza la elongación del psoas profundo y las fibras del músculo erector profundo (los filamentos se separan).
3. Visualiza las fibras inferiores superficiales del psoas mayor acortándose (los filamentos se juntan) para reforzar la flexión de la columna lumbar y ayudar a elevar la parte anterior de la pelvis.
4. Si tu espalda está demasiado recta, visualiza lo contrario.
5. Palpa los nudos óseos, las crestas ilíacas posterosuperiores detrás de la pelvis junto al sacro. Por debajo y fuera de estos nudos, busca los orígenes de los erectores profundos.
6. Masajea estos puntos. Puede ser doloroso si estos músculos están sobrecargados por la compensación de un psoasilíaco tenso. Después de masajear, puedes notar un alivio en la musculatura lumbar y un alargamiento en la columna lumbar.

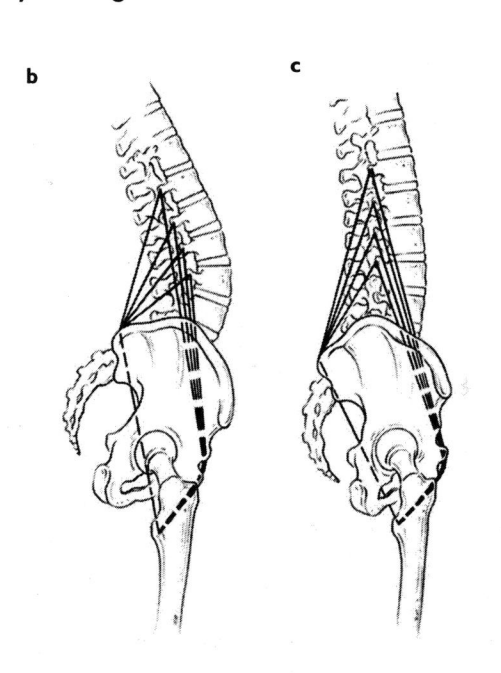

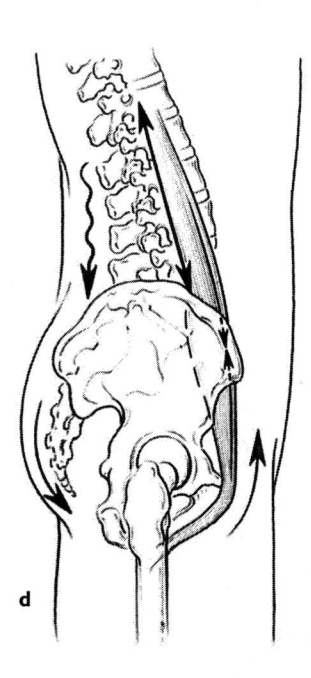

DANZA. Acondicionamiento físico

6.22 ALARGAR LOS ISQUIOTIBIALES Y EL ERECTOR DE LA COLUMNA

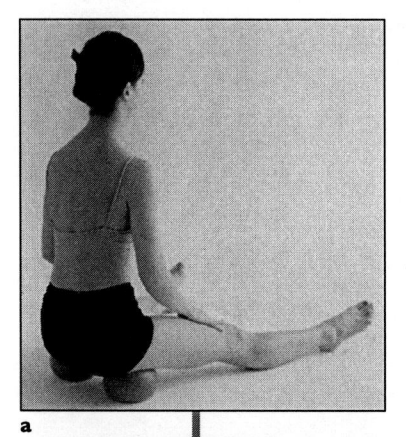

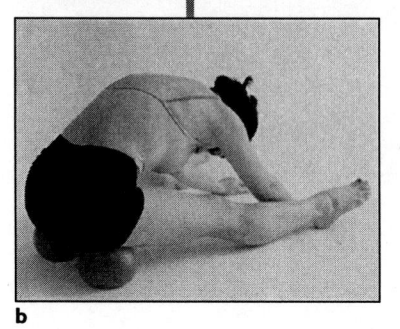

El multífido y otros músculos de la zona lumbar tienen conexiones de tejido conectivo con los glúteos y los isquiotibiales. Mediante esta conexión se interrelacionan sus niveles de tensión. Si los glúteos y los isquiotibiales están tensos, también lo están los músculos lumbares, y viceversa. Por esta razón, es de gran ayuda visualizar ambos grupos musculares alargándose a la vez.

1. Siéntate sobre una toalla enrollada o dos pelotas, con las piernas estiradas hacia delante (figura a).
2. Flexiona lentamente la columna, permitiendo que el peso del tronco haga la mayor parte del trabajo.
3. Estírate hacia el suelo tanto como puedas sin sentir molestias, visualizando los isquiotibiales, glúteos y los músculos de la espalda alejándose mientras se deslizan (figura b).
4. Incorpórate y visualiza los isquiotibiales, glúteos y músculos de la espalda juntándose.
5. Coloca las manos debajo del muslo y sobre los isquiotibiales. Siente los filamentos deslizándose bajo las manos. Mientras esto ocurre, deja que los músculos se fundan dentro de las manos.
6. Repite el ejercicio de tres a cinco veces. Después retira las pelotas y comprueba la facilidad de tu posición sentada.

6.23 RELAJACIÓN DE LA TENSIÓN GLÚTEA

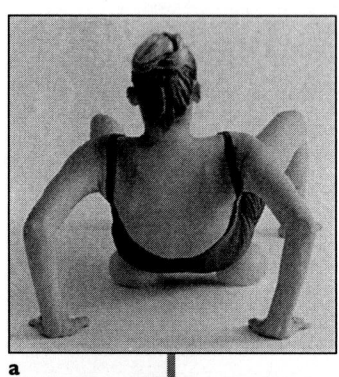

Éste es un sencillo ejercicio para relajar la tensión de los glúteos, isquiotibiales y músculos lumbares. De nuevo, la razón de que tantos músculos estén implicados en un mismo movimiento se debe a su conexión mecánica a través del tejido conectivo.

1. Coloca dos pelotas debajo de los glúteos y utiliza los brazos para soportar el peso corporal sobre ellas (figura a).
2. Rota la pelvis hacia la izquierda y después hacia la derecha (figura b), y relaja cualquier punto de tensión en los glúteos. Siente cómo la tensión sale del músculo hacia el suelo.
3. Retira las pelotas y observa la sensación de relajación en la columna lumbar. Fíjate en que la parte posterior de la pelvis desciende mientras la parte anterior se eleva. Los hombros se sentirán más relajados y necesitarán menos esfuerzo para realizar las extensiones de pierna.

BRAZADA DE PECHO INVERTIDA: LAS CAPAS PROFUNDAS SE ALARGAN · 6.24

La siguiente práctica se parece a la natación estilo braza, pero en este caso con una Thera-Band en los brazos. Refuerza el erector de la columna, el dorsal ancho, el trapecio y los extensores de brazo.

1. Ata una Thera-Band a un objeto fijo, de modo que la línea de tensión sea paralela al suelo.
2. Túmbate en decúbito prono y sostén un extremo de la banda en cada mano. Estira los brazos por delante del cuerpo (figura a).
3. Tira de la banda hacia ti y eleva el pecho (figura b), llevando las manos por debajo mientras las giras hacia dentro (supinación del antebrazo). Siente el poder elevador procedente de las capas de la musculatura de la espalda, empezando por las más profundas.
4. Estira los brazos hacia los lados mientras giras las manos hacia fuera de nuevo (pronación del antebrazo; figura c).
5. Estira los brazos hacia delante y regresa a la posición de inicio.
6. Inspira mientras llevas las manos hacia el pecho. Espira mientras estiras los brazos a los lados y adelante.
7. Mientras inicias el movimiento, imagina el cóccix bajando y adelantándose hacia el hueso púbico. Estimula los abdominales pensando que se estiran desde el hueso púbico hasta las costillas y el esternón (figura d).
8. Siente la parte profunda del psoas mayor, la más cercana a la columna, alargándose. Los filamentos se separan mientras arqueas el tronco hacia arriba. Para tonificar el psoas mayor, imagina que su parte frontal se junta como si la cosieras. Estas ideas mantienen una sensación de alargamiento en la columna lumbar, a pesar de que la estés arqueando.
9. Observa los cambios en el alineamiento de la espalda y equilíbrate en una posición de pie. Si has utilizado alguna imagen, los cambios serán mayores que si lo has hecho simplemente a través de los movimientos.
10. Repite el ejercicio seis veces. Invierte la dirección del movimiento de brazo y repítelo seis veces más. Aumenta la práctica hasta repetirla 24 veces, en incrementos de dos en dos durante un período de 4 semanas.

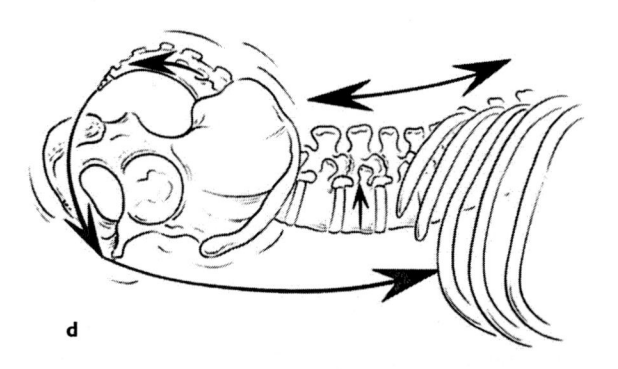

DANZA. Acondicionamiento físico

6.25 EL ARRASTRE HOMOLATERAL

Este ejercicio se parece al movimiento homolateral del lagarto, es decir, en él se unen el brazo y la pierna del mismo lado. Se trata, además, de un primer patrón de desarrollo que los niños utilizan como locomoción antes de cumplir el año de vida. Utilizarás este patrón para crear un entrenamiento tridimensional de los músculos del tronco y la espalda, y para permitir que los reflejos ayuden al equilibrio y la coordinación de los músculos del tronco y las extremidades.

Es mejor realizar este ejercicio con mallas, y sobre un suelo de madera, pues uno enmoquetado ofrece demasiada resistencia para que las piernas se deslicen.

1. Ata una Thera-Band a un objeto fijo de modo que su línea de tensión quede paralela al suelo.
2. Sostén un extremo de la banda en cada mano (figura a).
3. Mueve la rodilla derecha hacia el codo derecho, y el codo hacia la rodilla, flexionando la columna a la derecha (figura b). Mira hacia la rodilla derecha mientras realizas esta acción.
4. Regresa a la posición original y repite la acción con el lado izquierdo, moviendo la rodilla izquierda y el codo la una hacia el otro, flexionando la columna hacia la izquierda y mirando hacia tu rodilla izquierda.
5. Equilibra los lados de la espalda imaginando que estás moviéndote como un cocodrilo o un lagarto (figura c). El movimiento es una combinación de extensión de la columna y una flexión lateral y rotación. Debes sentir que estas acciones transcurren en tu columna simultáneamente.
6. La flexión de la columna debe ser simétrica en los dos lados. Nota la activación de los músculos que conectan las costillas de la cresta ilíaca, el cuadrado lumbar y el abdominal oblicuo.
7. Utiliza los ojos para dirigir el movimiento. Mantén su movimiento fluido, y esa fluidez se reflejará en el modo en que utilizas los músculos.
8. Mantén la pelvis cerca del suelo. Si la elevas, la espalda se arqueará, y posiblemente provocará tensión en los músculos de la zona lumbar.
9. Repite el ejercicio 12 veces. Haz cada semana dos rondas más hasta que, en un período de 4 semanas, llegues a repetirlo 20 veces.

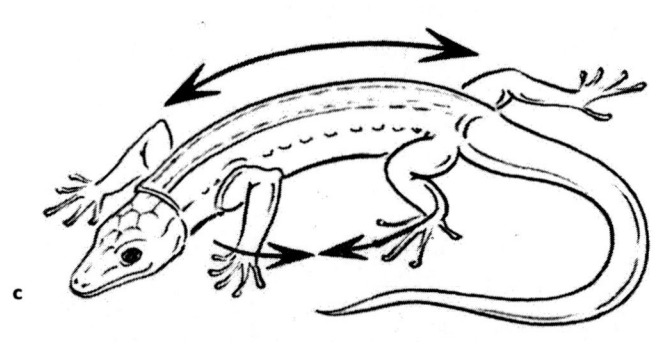

FLEXIÓN-EXTENSIÓN DE TODO EL CUERPO 6.26

El siguiente ejercicio refuerza los músculos de la espalda, los abdominales y la musculatura del brazo y la cadera. Crea más flexibilidad en el hombro y crea la sensación de mayor longitud en la columna.

1. Ata una vuelta de Thera-Band a un objeto fijo al nivel de los hombros. Muévete adelante y atrás desde el punto de inserción para ajustar la tensión de la banda.
2. Sostén la vuelta de la banda por encima de la cabeza mientras flexionas la columna (figura a). (Realiza una contracción de danza.) Mientras te flexionas, espira y siente cómo descienden los abdominales hacia la columna.
3. Mientras flexionas la columna y llevas los brazos hacia delante, concéntrate en los siguientes músculos que están en el proceso de alargamiento: el serrato anterior conectando el extremo interno de los omóplatos con las cotillas, o el trapecio descendente conectando la parte posterior de la cabeza con la escápula.
4. Arquea (extiende) la columna mientras mueves los brazos hacia atrás (figura b).
5. Mientras extiendes la columna y llevas los brazos atrás y por encima de la cabeza, imagina el dorsal ancho y el elevador de la escápula alargándose. Siente la acción profunda del abdominal transverso para soportar la columna lumbar.
6. Mientras te extiendes, siente los filamentos del erector de la columna separándose, y mientras te flexionas, observa cómo se deslizan juntos.
7. Lleva lentamente los brazos y la columna a la posición de inicio.
8. Repítelo 8 veces y aumenta hasta 15 veces haciendo cada semana dos rondas más durante 4 semanas.

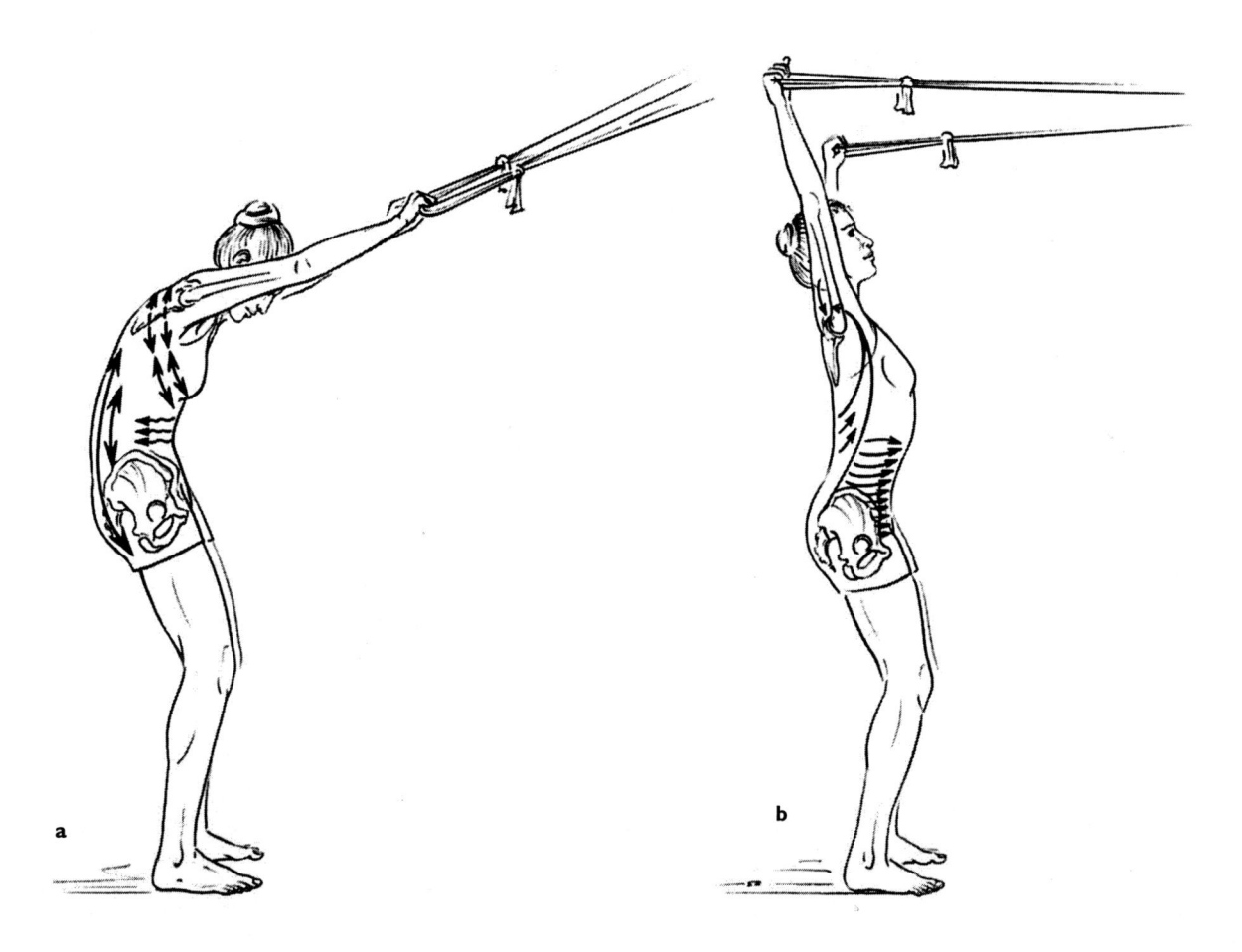

DANZA. Acondicionamiento físico

6.27 LA CURVA HARMONIOSA

La serie muscular del recto conecta el cóccix con la punta de la mandíbula. Aunque fue un largo músculo en los animales primitivos, en nuestro caso la cadena está interrumpida por conexiones óseas. Los músculos de esta serie son el pubococcígeo (que conecta el cóccix con el hueso púbico), el recto abdominal (que conecta el hueso púbico con el esternón), el esternohioideo (que conecta el esternón con el hueso hioideo) y el genihioideo (que conecta el hioideo con la mandíbula). Todos estos músculos ayudan a flexionar la columna, y se oponen a su erector, que pasa a lo largo de la espalda. El erector de la columna consta además de distintos músculos no interrumpidos por conexiones óseas. En este ejercicio, fortalecerás y equilibrarás estas dos cadenas musculares, beneficiándote del alineamiento y la fuerza de la espalda.

1. Ata una Thera-Band a un objeto fijo al nivel del pecho. Muévete adelante y atrás desde el punto de enganche para ajustar el nivel de tensión de la banda. La resistencia debería mantenerse a lo largo del ejercicio.
2. Imagina la serie del recto conectando el cóccix con la punta de la mandíbula. Toca el cóccix y la punta de la mandíbula antes de empezar el ejercicio para percibir la longitud de esta cadena muscular.
3. Ponte de pie en paralelo con los brazos estirados hacia delante y los extremos de la banda en las manos.
4. Flexiona la columna a lo largo de su completa longitud, desde la cabeza (atlas) hasta el cóccix (figura a). Imagina la parte posterior de la columna alargándose.
5. Lleva los brazos adelante mientras flexionas la columna.
6. Cuando flexiones la columna, empieza simultáneamente desde el cóccix y desde la punta de la mandíbula. Asegúrate de que la mandíbula permanece relajada, y no estirada hacia delante. Imagina la punta de la mandíbula y el cóccix acercándose y toda la cadena muscular trabajando a la vez. Visualiza los filamentos musculares juntándose delante de la línea media del cuerpo.
7. Estira la banda hacia ti y extiende la columna, empezando simultáneamente desde el cóccix y el extremo de la cabeza (figura b). Mantén los brazos estirados e imagina la parte frontal de la columna alargándose. Piensa también en la punta de la mandíbula y el cóccix alejándose.
8. Crea una curva harmoniosa a través de toda la columna, incluido el cuello. Debido a que la parte superior de la columna es tan móvil, tenderás a inclinar demasiado atrás la cabeza.
9. Espira mientras flexionas la columna, e inspira mientras la extiendes.
10. Concéntrate en las series de músculos del recto varias veces hasta que percibas su acción como algo fluido y continuo. Luego repite lo mismo con los músculos de la espalda. Concéntrate solamente en el alargamiento y acortamiento de los filamentos del erector de la columna.
11. Finalmente, mientras extiendes la columna, intenta combinar la visualización del alargamiento de estos músculos por delante con un acortamiento de los erectores de la espalda. Imagina el acortamiento de las series musculares del recto por delante y el elongamiento de los erectores de la espalda mientras flexionas la columna.
12. Repite el ejercicio 12 veces. Haz cada semana dos rondas más hasta que llegues a repetirlo 20 veces durante un período de 4 semanas.

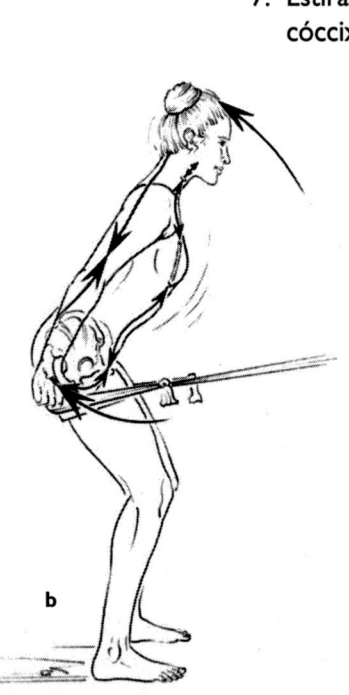

Potencia en profundidad: los músculos abdominales

He tratado el recto abdominal en conexión con los músculos del cóccix y la mandíbula, y ahora continuaré con los abdominales oblicuos y las vainas más profundas, los músculos abdominales transversos. He incluido también algunos ejercicios que entrenan los músculos que forman la parte posterior de la pared inferior del cuerpo, el cuadrado lumbar.

Los oblicuos son parte de un gran sistema de músculos que envuelven el cuerpo en una disposición espiral doble. Son importantes para la rotación del tronco en relación con la pelvis, el componente clave del potente movimiento de la extremidad. Ayudan en la flexión lateral de la columna y asisten al recto abdominal en la flexión de la columna.

Existen dos oblicuos, una vaina más superficial y otra más profunda. Los oblicuos externos se extienden desde las costillas hasta la línea central del cuerpo y conectan con la aponeurosis (cobertura de tejido conectivo) del recto abdominal. Imagínate deslizando las manos en los bolsillos del pantalón, y tendrás una idea aproximada de la dirección de las fibras de los oblicuos externos. Los oblicuos internos están en una diagonal opuesta que pasa desde la línea media hacia la cresta ilíaca externa. Los oblicuos internos parecen abanicos que se abren desde su inserción en las cresta ilíacas.

Repite cada uno de los siguientes ejercicios 12 veces, y luego haz dos rondas más cada semana hasta que llegues a 20 repeticiones.

FLEXIÓN DE CADERA CON GIRO 6.28

Este ejercicio fortalece los flexores de la cadera y el recto y oblicuo abdominal. También mejora la coordinación equilibrando las fuerzas diagonales a través del cuerpo desde el hombro derecho hasta la cadera izquierda, y desde el hombro izquierdo hasta la cadera derecha. Se trata de un ejercicio avanzado y no debería ejecutarlo alguien con problemas de espalda. Para reducir el nivel de esfuerzo, realiza el ejercicio sin la Thera-Band. Esta práctica mejora la movilidad de la columna lumbar, así como la percepción de la longitud de la columna, a través del entrenamiento del psoasilíaco.

1. Ata una vuelta de la Thera-Band alrededor de un objeto fijo 20 cm por encima del suelo.
2. Túmbate en decúbito supino, lejos del objeto y envuelve un extremo de la Thera-Band alrededor de las rodillas.
3. Sujétate la cabeza con ambas manos y eleva los hombros y los pies del suelo (figura a).
4. Flexiona la cadera derecha, gira el tronco a la derecha y mueve el codo izquierdo hacia la rodilla derecha (figura b).
5. Vuelve a colocarte en el centro mientras se extiende la cadera derecha.
6. Repite los pasos 4 y 5 con el lado izquierdo.
7. Concéntrate en los oblicuos que se están alargando durante el ejercicio. Cuando gires el tronco, piensa en los músculos entre el lado derecho y la caja torácica, y en la elongación del lado izquierdo de la pelvis. Cuando gires a la izquierda, piensa en los músculos del lado izquierdo de la caja torácica y en la mitad pélvica derecha alargándose. ¿Se alargan los dos lados por igual?

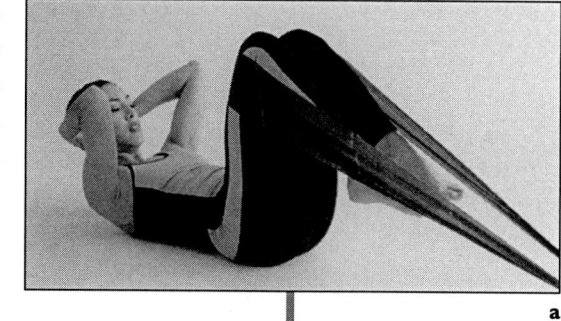

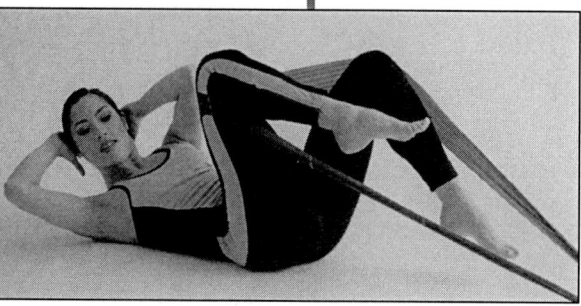

DANZA. Acondicionamiento físico

6.29 BALANCEAR LOS PULMONES

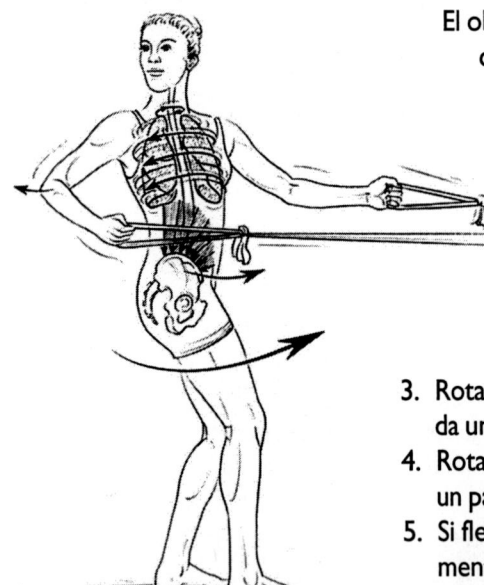

El objetivo de este ejercicio es entrenar los músculos abdominales oblicuos como rotadores del tronco en conjunción con los rotadores profundos de la columna. Como estamos utilizando el cuerpo entero, el ejercicio también mejora el equilibrio y la coordinación.

1. Ata una vuelta de la Thera-Band a un objeto fijo al nivel de la cintura.
2. Sostén la banda por los extremos o ata éstos para formar asas en las que agarrarte (véase figura) (hay unos agarres especiales que puedes insertar en la Thera Band; consulta la sección de referencias y recursos en la página 241).
3. Rota el tronco a la derecha, estira la banda hacia atrás con el brazo derecho y da un paso adelante con el pie derecho (véase figura).
4. Rota el tronco a la izquierda, estira la banda atrás con el brazo izquierdo y da un paso adelante con la pierna izquierda.
5. Si flexionas la columna ligeramente mientras estás rotando hacia el lado, aumentarás la actividad del oblicuo.
6. Cuanto más relajes los hombros, especialmente el trapecio, mayor será tu margen de movilidad.
7. Imagina los pulmones balanceándose alrededor de la columna para crear facilidad y ligereza en el movimiento. Piensa en los pulmones iniciando el movimiento y el tronco siguiéndolo.

6.30 FUERZA EN EL OBLICUO, RITMO Y RESPIRACIÓN CON EL *PASSÉ*

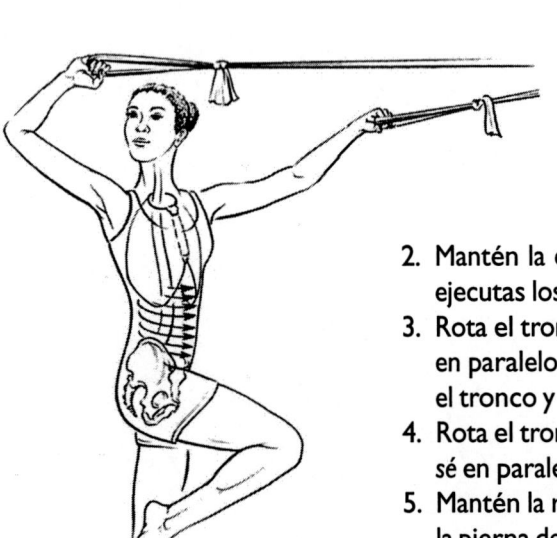

Este ejercicio desafía tu equilibrio mientras entrena tus músculos oblicuos, y ayuda a integrar la potencia de este músculo y a propagarla por todo el cuerpo.

1. Ata una Thera-Band a un objeto fijo a la altura de la cintura y sujétala con las dos manos, con los brazos estirados por encima de la cabeza.
2. Mantén la cabeza alineada sobre la pelvis y respira rítmicamente mientras ejecutas los próximos movimientos.
3. Rota el tronco a la derecha, mueve el brazo derecho atrás y realiza un *passé* en paralelo con la pierna derecha (véase figura). Inicia el movimiento desde el tronco y deja que los brazos le sigan.
4. Rota el tronco a la izquierda, mueve el brazo izquierdo atrás y realiza un *passé* en paralelo con la pierna izquierda.
5. Mantén la rodilla de la pierna que está en *passé* mirando adelante y no gires la pierna de apoyo. Esta acción requiere mucha fuerza. Trabaja con una banda de baja resistencia si ves que no puedes mantener el alineamiento.
6. Imagina cómo el transverso aumenta activamente la estabilidad del tronco.

GIRO ABDOMINAL Y OLA DE SOPORTE 6.31

El giro del abdominal superior aumenta el fortalecimiento del recto abdominal y de los oblicuos. También activa los intercostales (músculos entre las costillas) que son, de hecho, la continuación dentro de la caja torácica de la línea que estira los oblicuos. Al lado de este ejercicio, las abdominales tradicionales te parecerán muy fáciles. Se trata de otro ejemplo de acondicionamiento avanzado para los músculos abdominales y no deberían hacerlo quienes sufran de problemas de espalda. Para reducir el nivel de esfuerzo, realiza el ejercicio sin la resistencia de la Thera-Band.

1. Ata una Thera-Band a un objeto fijo situado aproximadamente a 20 cm del suelo. Túmbate en decúbito supino, de espaldas al agarre de la banda.
2. Sostén un extremo de banda en cada mano y coloca las manos cerca de la cabeza. Puedes colocar las manos detrás de la cabeza para sostener el cuello si quieres. Las rodillas deben formar un ángulo de 90°.
3. Eleva la cabeza, una vértebra tras otra desde el suelo, manteniendo las manos cerca de la cabeza. El borde posterior de la pelvis debe estar en el suelo (figura a).
4. Gira el tronco a la derecha y después a la izquierda (figura b). Regresa al centro.
5. Visualiza el deslizamiento de los filamentos del recto y el oblicuo.
6. Concéntrate en el alargamiento de los músculos de la columna mientras te enrollas. Imagina que pueden elevarte.
7. Desenróllate hacia el suelo, vértebra tras vértebra, y repite el movimiento tan pronto como la cabeza toque el suelo.
8. Piensa en que es agua lo que te sostiene, como si estuvieras hecho de corcho. Imagina que el agua te empuja de un lado a otro mientras giras (figura c).
9. Para aumentar el efecto sobre los oblicuos, deja caer las piernas hacia el lado contrario del movimiento del tronco.

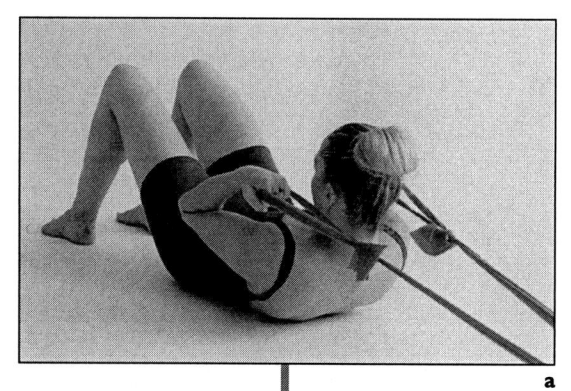

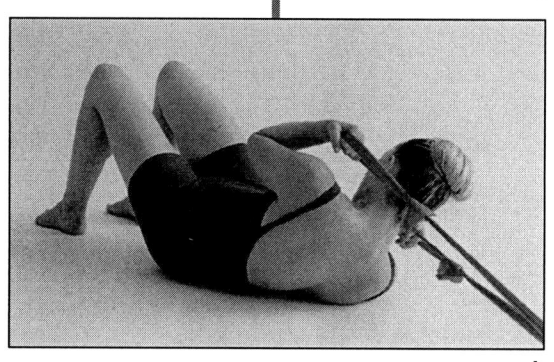

Activar el abdominal transverso

El entrenamiento abdominal suele hacer hincapié en el recto abdominal y a veces en los oblicuos pero se olvida de los transversos. El recto abdominal es, ciertamente, un importante apoyo para los órganos abdominales, y equilibra la acción del diafragma. Pero un transverso entrenado es un soporte mayor para la columna lumbar y, junto con un psoasilíaco equilibrado, crea esa delgada y perfecta cintura tan valorada por los bailarines. Se origina en la columna lumbar con un amplio tejido conectivo, la fascia toracolumbar. La parte lumbar nace delante de la cresta ilíaca. En su parte superior, el transverso se mezcla con las fibras del diafragma. La respiración es, por tanto, un elemento clave para el próximo ejercicio. Como hemos visto desde la posición de pie, el recto abdominal transcurre verticalmente, y el transverso lo hace horizontalmente. Es aconsejable pasar algún tiempo ejercitando el psoasilíaco y el multífido antes de acondicionar los transversos. Es más fácil percibir y activar éste una vez el psoasilíaco ha contribuido al equilibrio pélvico.

Una de las líneas ideocinéticas del movimiento se concentra en activar los transversos, como la clave para alinear y centrar el movimiento. Esta línea de movimiento estrecha la parte anterior de la pelvis y puede reforzarse con la imagen de una cremallera cerrándose en unos pantalones imaginarios y por tanto creando tensión en la parte delantera (véase Franklin, 1996b, pág. 6). La rotación está conectada con una acción concéntrica del transverso, y la contrarrotación (movimiento del sacro atrás y arriba), con la acción excéntrica del transverso. La contrarrotación suelta la articulación entre el ilion y el sacro, y la rotación la bloquea con tensión. Debido a que muchos bailarines usan la pelvis para elevar y alisar las nalgas, hacen la cinta pélvica menos estable y compensan esto con un aumento de la tensión en los glúteos y los cuádriceps.

La contracción concéntrica de los abdominales –el recto y los abdominales y la parte superior del transverso– empuja los órganos hacia atrás y flexiona la columna. Lo que hace el transverso inferior tan valioso es su habilidad para contraequilibrar esta acción. Cuando rotas el sacro, lo cual inclina la pelvis adelante, el recto abdominal se alarga mientras el transverso se acorta. Este cambio en la longitud del transverso es mínimo, pero suficiente para estabilizar la pelvis (figura 6.4).

Ello no significa que debas bailar con la pelvis inclinada adelante, sino que acondicionar los abdominales debería implicar un componente concéntrico y excéntrico del músculo transverso abdominal. Además, la rotación sacra y la inclinación anterior de la pelvis conecta la acción concéntrica del psoas con la del transverso. La contrarrotación sacra y la inclinación posterior de la pelvis acopla la acción excéntrica del psoas con la acción excéntrica del transverso.

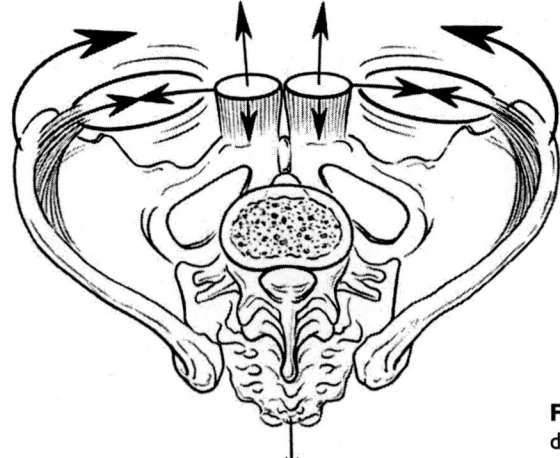

Figura 6.4. Las contracciones concéntrica y excéntrica de los músculos abdominales permiten que éstos trabajen juntos para estabilizar la columna.

LA INCLINACIÓN PÉLVICA CON EL TRANSVERSO 6.32

Visualizar e iniciar la inclinación pélvica concentrándose en el transverso mejora mucho tu percepción del control pélvico y el **centrado**, pero requiere algo de práctica. La mayoría de nosotros no estamos acostumbrados a sentir las fibras profundas de los músculos abdominales; al inclinar la pelvis hacia delante tenemos la sensación de que la barriga fuera a salirse del cuerpo sin que los abdominales pudieran sujetarla. Pero el cuerpo no deja que eso ocurra y por ello el transverso actúa para crear soporte en esta posición.

1. Envuelve una Thera-Band de gran resistencia (gris) alrededor de la pelvis y átala a un objeto fijo al nivel de la cadera.
2. De pie, de espaldas a la banda, empuja la pelvis hacia la banda hasta que estimules los abdominales.
3. Inclina la pelvis adelante, y siente cómo se separan las tuberosidades isquiáticas mientras que la EIAS se junta.
4. Inclina la pelvis atrás, y siente cómo se juntan las tuberosidades mientras la EIAS se separa.
5. Inclina la pelvis adelante pensando en la acción concéntrica de los transversos inferiores. Imagina este músculo activo dentro de las crestas ilíacas. Al principio quizá no puedas. Sigue imaginándolo hasta que se estimule (figura a).
6. Mientras inclinas la pelvis adelante, concéntrate en el recto abdominal. Se está alargando mientras el transverso de acorta.
7. Inclina la pelvis hacia atrás y que el transverso se está alargando (movimiento excéntrico). Piensa en la *expansión* de los músculos internos y en la *profundidad* que alcanza la cresta ilíaca a la izquierda (figura b).
8. Inclina la pelvis atrás y visualiza la acción antagonista del transverso inferior y el recto; este último actúa concéntricamente y el primero excéntricamente, mientras que los huesos de la pelvis se amplían delante a causa de la inclinación posterior de la pelvis.
9. Imagina los abdominales como un jersey elástico (oblicuos y recto) alcanzando por abajo las sínfisis púbicas, y como unos pantalones por debajo (transverso) con una cremallera que empieza a cerrarse a la altura de la sínfisis. Cuando inclinas la pelvis adelante, esta cremallera se cierra y estira los pantalones para que se unan por delante. El jersey se estira (figura c). Mientras inclinas la pelvis hacia atrás, piensa en la cremallera bajando y separando los pantalones (hacia los lados). El jersey se encoge elásticamente.
10. Repítelo cinco veces.

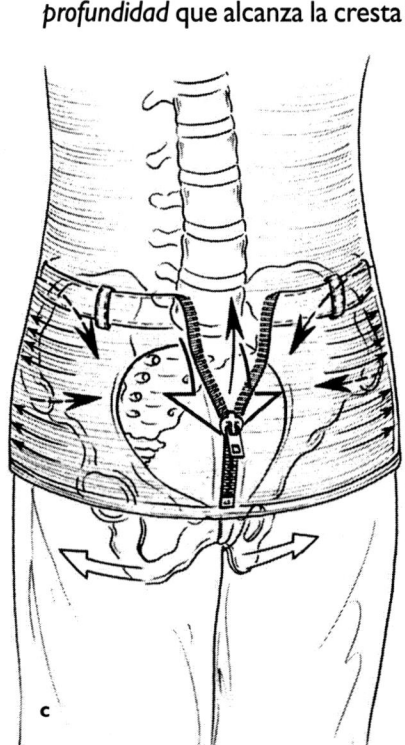

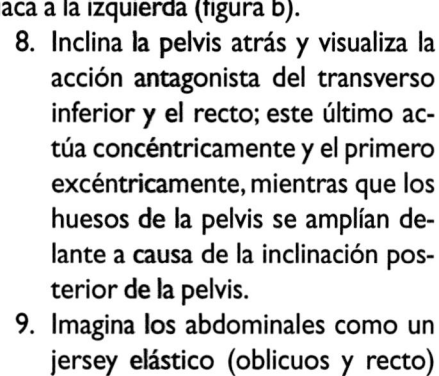

6.33 ENTALLAR LA CINTURA

Este ejercicio combina una contracción tradicional del abdominal con la percepción del abdominal transverso. En él ejercitarás el transverso para estabilizar la pelvis mientras elevas el tronco hacia la flexión. Desarrollar esta percepción es valioso para invertir los movimientos de arqueo (extensión de la columna).

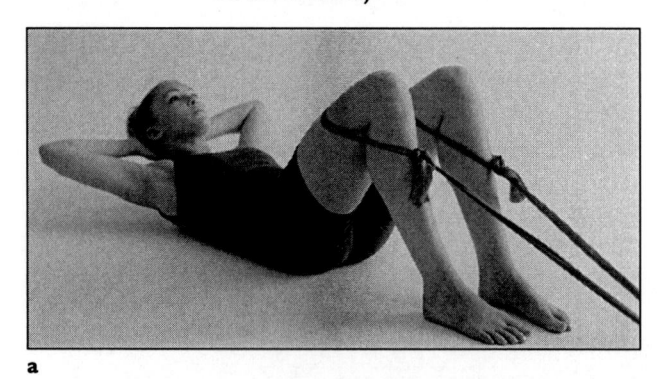

1. Ata una Thera-Band a un objeto fijo a unas 20 cm del suelo. Túmbate en decúbito supino con el tronco alejado del objeto y coloca una vuelta alrededor de cada rodilla (figura a).
2. Coloca las manos detrás de la cabeza para sujetarla y deja que la banda estire las rodillas ligeramente lejos del tronco.
3. Siente el alargamiento en la columna y la abertura en la cadera.
4. Espira mientras elevas la cabeza y la pierna derecha, como en la clásica flexión abdominal.
5. Inspira mientras bajas la cabeza y el tronco lentamente, y mete la cintura hacia dentro.
6. Repite el movimiento (pasos 5 y 6) elevando la pierna izquierda.
7. Percibe el recto abdominal y el transverso como músculos separados. Mientas elevas la cabeza y la parte superior de la columna, siente cómo se unen los filamentos del recto. Mientras bajas la cabeza y la columna superior, siente cómo se unen los filamentos del transverso y adelgazan la cintura (figura b).
8. Imagina el transverso como un cono muscular cilíndrico profundo de forma cambiante dentro de los otros músculos abdominales. El cono se estrecha mientras bajas la espalda y la cabeza al suelo.
9. Mientras bajas la espalda emplea las manos, que están detrás de la cabeza, para estirar suavemente hacia atrás y alarga la columna.
10. Repite el ejercicio 12 veces. Haz cada semana dos rondas más hasta que llegues a repetir el ejercicio 20 veces.

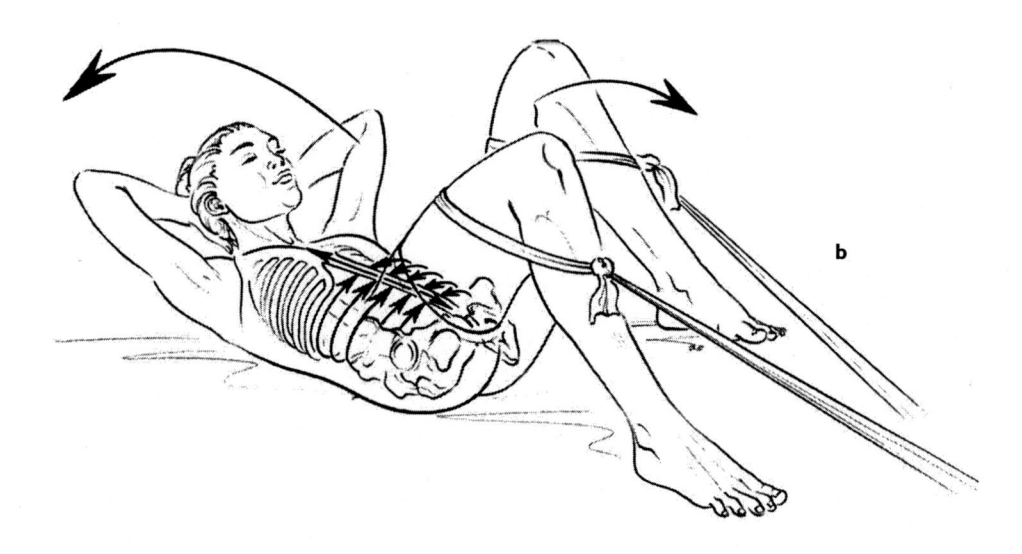

El cuadrado lumbar

El cuadrado lumbar tiene una forma cuadrilátera y plana. Se extiende entre el extremo superior de la pelvis y la última costilla, y está conectado a las apófisis transversas de la columna. Este músculo es importante para el alineamiento, porque controla las conexiones entre la parte posterior de la caja torácica y la pelvis. Está íntimamente relacionado con el estado del psoasilíaco y los abdominales. Una vez acondiciones el cuadrado lumbar, tu alineamiento y tu libertad de movimiento en la pelvis y en la cadera mejorarán.

Las fibras del cuadrado lumbar muestran un patrón de tejido entrelazado. Transcurren en línea recta desde el extremo de la pelvis hasta la 12ª costilla, y en diagonal desde la cresta ilíaca y las costillas hasta las apófisis transversas de la columna (figura 6.5)

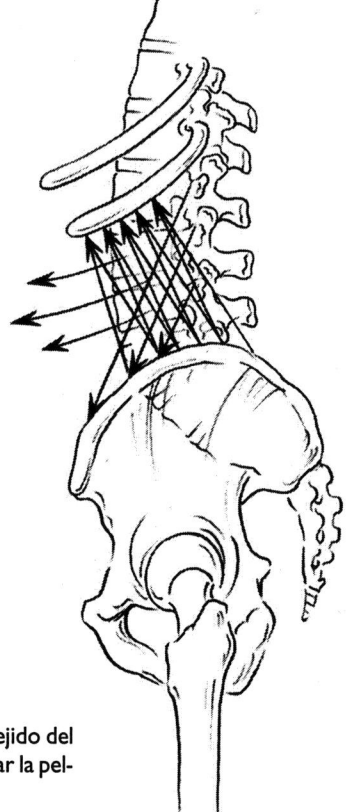

Figura 6.5. El patrón entretejido del cuadrado lumbar ayuda a alinear la pelvis y la columna.

PERCIBIR EL CUADRADO 6.34

Una vez hayas acondicionado el cuadrado y el psoasilíaco, tendrás una conexión más fuerte entre la pelvis y la caja torácica. Tal vez sientas que estos músculos tienen suficiente fuerza para crear un alineamiento lumbosacro sin exceso de tensión en los abdominales. Sentirás mucha potencia en la parte posterior del cuerpo, lo cual beneficiará mucho a los bailarines que también canten. Con esta práctica se garantiza un ahuecamiento natural de los músculos abdominales, que se perciben como si cayeran hacia atrás sin esfuerzo. La magia existe, pero hay que ayudarla con la práctica.

1. Mueve el pulgar a lo largo del extremo superior de la pelvis, de delante atrás a lo largo de EIPS.
2. Intenta tocar la última costilla. Esta tarea no es tan fácil como palpar la cresta ilíaca, pero bastará con tocar el área de la última costilla.
3. Una vez retires los dedos, notarás que tu tacto ya ha cambiado el alineamiento de la columna lumbar.
4. Visualiza un músculo conectando las dos áreas que has tocado.
5. Coloca las manos aproximadamente sobre el área que cubre el cuadrado lumbar. Mientras inspiras, siente cómo se expande el músculo y se ancla en la última costilla hasta la pelvis.
6. Mientras espiras, piensa en el cuadrado lumbar como una continuación del diafragma a lo largo de la pelvis.
7. Visualiza el patrón entretejido del músculo y deja que se estire elásticamente mientras inspiras.

6.35 LA CONEXIÓN ENTRE LA CAJA TORÁCICA Y LA PELVIS

La acción combinada de las fibras diagonales puede estirar la columna lumbar en extensión y colaborar en la flexión lateral. Al anclar la caja torácica en la pelvis, el cuadrado lumbar ayuda a mantener la cadera nivelada cuando elevas una pierna. Este anclaje es también importante para estabilizar el diafragma en la respiración. Si la primera costilla no estuviera anclada por el cuadrado lumbar, el diafragma se desplazaría arriba al contraerse e impediría la respiración. Y dado que se une al psoas mayor, estos músculos se influyen entre ellos. Este ejercicio ayuda a percibir mejor el psoas mayor antes de empezar a integrar el cuadrado lumbar.

1. Túmbate en decúbito supino con dos pelotas bajo la pelvis y estira las piernas arriba (figura a).
2. Mece la pelvis atrás y adelante 12 veces aumentando la distancia entre las costillas y la pelvis en un lado mientras la acortas en el otro. Resiste utilizando la cadera en lugar de la columna para iniciar el movimiento.
3. Estira la pierna izquierda hacia el lado izquierdo y sostén la rodilla derecha flexionada con la mano (figura b).
4. Repite el balanceo 12 veces en esta posición. Deja que la pelvis mueva la pierna estirada.
5. Llega hasta 20 repeticiones haciendo dos rondas más por semana durante 4 semanas.
6. Repite los pasos 3 a 5 con la pierna derecha.
7. Visualiza el alargamiento y acortamiento alternado del cuadrado.
8. Imagina las costillas intentando tocar la cresta ilíaca y ésta intentando tocar las costillas.
9. Cuando acabes el ejercicio, ponte de pie y observa la posición de la pelvis y la percepción de la columna lumbar. Intenta hacer una extensión *développé* o un paso de tu elección con el recién descubierto soporte del músculo cuadrado lumbar.

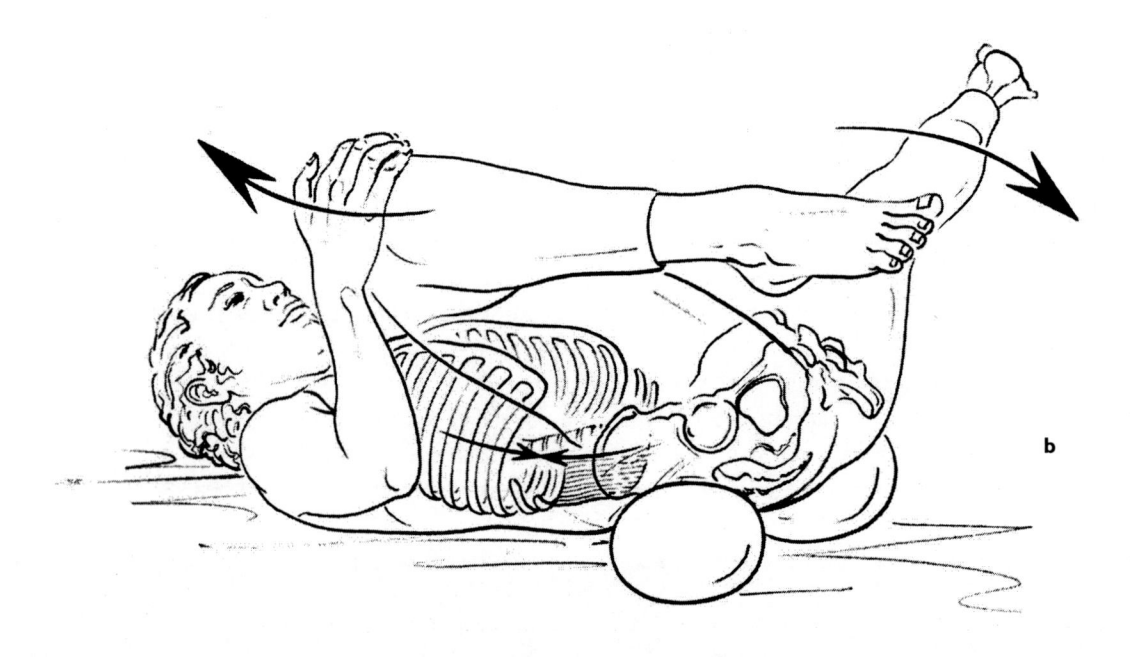

Capítulo 7

Aumentar la potencia de pies y piernas

La mayoría de bailarines están constantemente preocupados por la fuerza, la flexibilidad y la estética de las piernas y los pies. Sorprendentemente, muchos tienen una imagen negativa de sus pies. Una vez estaba ayudando a una bailarina con su *plié* cuando me dijo, como para anunciarme la catástrofe inminente: «tengo los pies horribles». «¿Tienes los pies horribles?», le contesté mientras se los miraba sin advertir nada defectuoso en ellos. Y a continuación le pregunté: «¿Quieres decir que te gustaría mejorarlos?» Y ella asintió nerviosa.

Ésta y experiencias similares me han convencido de lo perjudicial que puede ser la autocrítica. Un bailarín con una fuerte imagen negativa de una parte de su cuerpo bloquea los métodos de perfeccionamiento que origina el propio cuerpo. Pregunta a un grupo de bailarines si les gustan sus pies y muchos se mostrarán recelosos. Después pregúntales cómo tratan a una persona a la que no aprecian y entonces empezarán a captar el mensaje. A veces el resultado de este miedo al pie es un entrenamiento excesivo de pies en el que se sobrecargan para adaptarlos a la estética deseada. La clave está en integrar un aumento de fuerza en pies y piernas dentro de la sensación global del cuerpo. La posición y el movimiento de los pies repercute en todo el cuerpo; un cambio en la posición de la columna y la pelvis influye en pies. Por consiguiente, mejorar la acción coordinada con el equilibrio muscular mientras fortaleces las piernas y los pies es la clave para lograr un buen acondicionamiento de pies y piernas.

He visto actores que parecía que tuvieran grandes pies en el escenario, pero cuando analizaba su movimiento descubría que tenían menos margen y arco que la media. Estos bailarines utilizaban sus pies de un modo ventajoso y fortalecían su acción con imágenes (véase también Franklin, 1996a, págs. 100-103). Aunque los pies no sean perfectos desde el estándar estético dominante, no significa que no se puedan adaptar a la danza. A menudo, los pies que tienen un arco muy alto por su inherente flexibilidad están predispuestos a lesionarse debido a un alineamiento incorrecto y a la falta de fuerza en la musculatura de apoyo. La fuerza del pie y el alineamiento son aspectos primordiales para garantizar una carrera profesional duradera, en la que la estética debería ser secundaria. ¿Qué ventaja puede tener un pie bonito si el bailarín se lesiona? Además, la mayoría de las imperfecciones de los pies pueden resolverse con el acondicionamiento basado en el sólido entendimiento de la relación de las articulaciones de los pies, piernas y pelvis.

Déjame describirte un ejemplo de esta interrelación. Si un bailarín abre el pie más de lo que permite la articulación de la cadera, los pies tienden a pronar, con lo cual su extremo interior desciende y la parte frontal de la pelvis cae. Como respuesta, el bailarín puede intentar elevar el extremo interno de sus pies con un esfuerzo muscular extra y la supinación del pie. Esta acción repercute en toda la cadena articular de la pierna hasta la pelvis. Las tuberosidades isquiáticas se juntan con la presión que ejerce este movimiento, el sacro contrarrota y la cadera pierde facilidad de movimiento. Las rodillas son empujadas hacia delante en *plié*, y el bailarín las estira hacia atrás en un esfuerzo por mantenerlas alineadas. Se crea presión en las articulaciones de las piernas, pies y lumbares. Además, el músculo que supina el pie es también un potente flexor plantar (señalador del pie) (véase la nota sobre terminología en el último párrafo de esta sección). Un *plié*, sin embargo, requiere que el pie se flexione dorsalmente (flexión, en término de danza). Obviamente, el movimiento de punta de los pies no va bien con la acción del *plié*. Si el bailarín entrena en estas circunstancias, desarrollará tensión y músculos duros que le predispondrán al dolor y a la lesión.

El acondicionamiento en y por sí mismo solamente fortalece el patrón perjudicial. A menos que el movimiento se corrija a través de la experiencia personal de un patrón de movimiento, el problema no se resolverá. La solución se conseguirá cuando se alcance la abertura correcta, basada en el potencial anatómico del bailarín, y se cree una acción coordinada articular y muscular a través de las piernas y los pies, lo que en sí mismo aumentará la abertura mediante la relajación de la tensión.

Una nota acerca de la terminología. Los bailarines a menudo utilizan la palabra *flex* para denotar la dorsiflexión anatómica del pie: un estiramiento del dorso del pie hacia la espinilla. En un pie en punta el tobillo se flexiona *plantarmente*, y el pie está en posición de flexión. Esta terminología puede resulta confusa porque el término *flexión* se utiliza para describir posiciones opuestas del pie. Podrás saber qué acción hay que realizar si piensas en la aleta dorsal de un delfín para la dorsiflexión y en las plantas (porque suelen encontrarse bajo los pies) para la flexión plantar. Para la acción de los dedos yo utilizo la terminología anatómica de flexión cuando los flexionamos hacia abajo y de extensión cuando los elevamos.

Pies fuertes y coordinados

Unos pies fuertes y coordinados son la piedra angular de la técnica de un bailarín. En la mayoría de los estilos de danza (excepto quizás en la improvisación de contacto y la danza contemporánea, que utilizan las manos y los brazos para equilibrarse), los pies y las piernas se emplean como soporte más que el tronco. Como resultado, los pies deben resistir gran parte del peso del cuerpo en una infinita variedad de gestos y velocidades. Debido a las limitaciones temporales, la mayoría de las clases de danza pueden ofrecer una cantidad limitada de preparación para los pies. Acondicionar inadecuadamente los pies provoca síndromes de sobreuso y un rápido deterioro de las articulaciones, músculos y tejidos conectivos. Conocer la acción coordinada de la parte anterior y posterior del pie capacita a un bailarín para obtener su margen completo de movimiento corporal. Muchas ideas tradicionales acerca de cómo corregir el comportamiento de los pies de hecho impiden la acción natural de los mismos, porque no se centran en un enfoque global. El pie no se mueve independientemente del resto del cuerpo. Su acción está relacionada sobre todo con la de la cadera, la pelvis y la columna.

Antes de que ejercites el pie con la Thera-Band, detecta los músculos extrínsecos clave que controlan la acción del tobillo y el pie e influyen en tu estabilidad y potencia de movimiento: el tibial posterior, el peroneo largo y el flexor largo del dedo gordo. Los músculos extrínsecos del pie, como opuestos a los intrínsecos (que se hallan todos en el pie), se originan fuera del pie y se insertan en él.

EXPERIMENTAR LA COORDINACIÓN DINÁMICA DEL PIE 7.1

Una vez explorados los movimientos complejos de la pelvis y las piernas, ahora dirigiremos nuestra atención a los pies. Este ejercicio crea más flexibilidad y un mejor alineamiento, con lo que se gana fuerza. He visto a bailarines que han mejorado su equilibrio y sus saltos con este ejercicio centrado en los pies.

1. Ponte de pie cómodamente con las piernas en paralelo, en posición abierta. Imagina que los pies están sobre una superficie plana y firme, como una tabla de madera dura o de cemento. Realiza un *plié* y nota la flexibilidad y facilidad de movimiento que tienes en el tobillo, la rodilla y la cadera.
2. Ahora imagina el suelo como arcilla que se adapta y soporta los cambios en el pie mientras realizas el *plié*. Nota la flexibilidad y facilidad de movimiento de tu tobillo, rodilla y cadera.
3. Eleva el borde interno de tus pies (supina) mientras flexionas las piernas y observa cómo afecta esto de forma negativa la flexibilidad del tobillo, la rodilla y la cadera. Está claro que la elevación forzada no es la solución.
4. Siéntate y sostén firmemente con una mano la parte delantera de la planta del pie derecho y con la otra, sostén el talón.
5. Gira el pie en toda su longitud como si estuvieras intentando exprimir el agua de una tela mojada o una esponja. Mueve las manos atrás y adelante, lentamente al principio y después aumentando la velocidad. Repite este giro varias veces.
6. Ponte de pie y compara la sensación de las piernas y las mitades pélvicas en un *plié*. Observarás una diferencia significativa en la facilidad de movimiento y flexibilidad. Además, tu equilibrio mejorará en el lado que has ejercitado, y te resultará más fácil ejecutar los saltos.
7. Realiza el mismo procedimiento de tacto con el otro pie.

MOVER LOS HUESOS DEL PIE 7.2

Es de gran ayuda visualizar los huesos y músculos en acción. Si haces esto durante el acondicionamiento, tus ejercicios serán más precisos y coordinados, y determinarán una mejor técnica de danza. Crea una imagen positiva de tus pies, detectando los problemas pero concentrándote en las soluciones.

1. Sostén un pie con las dos manos y flexiona y extiende el dedo gordo (figura a).
2. Utiliza las manos para aumentar el margen de movimiento y flexiona las articulaciones metatarsianas, donde los huesos pequeños del tarso se unen con los huesos largos de la parte media del pie.
3. Repite esta acción con cada dedo del pie, uno después de otro.
4. Desplaza las manos atrás y empuja los lados del pie hacia abajo y estíralo a los lados. Visualízate expandiendo los huesos del pie, creando espacio entre ellos (figura b).
5. Imagina el pie como un abanico que puedes abrir hacia los lados. Intenta mover los dedos gordo y meñique a los lados (abducción).

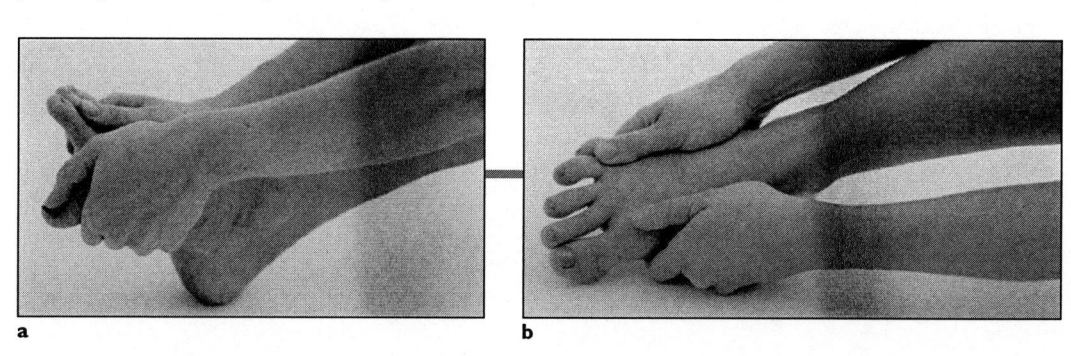

a b

7.3 EQUILIBRAR LOS RITMOS DE LOS PIES Y LAS PIERNAS

Ahora que has experimentado la sensación de permitir a los pies cambiar su configuración mientras mueves las piernas, podrás apreciar mejor su base anatómica. Las articulaciones clave en el pie son la subtarsiana, la transversotarsiana y la metatarsiana (véase Franklin, 1996b, págs. 173-186). Estas articulaciones no se mueven independientemente cuando cambiamos el peso. Mientras te mueves abajo y arriba en un *plié*, la parte frontal del pie gira sutilmente, primero supinando y después pronando. Este movimiento es importante para una acción óptima de la pierna de apoyo en una cadena cerrada de movimientos. La acción de giro se da a menudo como una reacción a una superficie irregular.

Girar ofrece a los pies una añadida dimensión a partir de la cual generan fuerza y soportan la carga cambiante del cuerpo mientras el centro de gravedad se mueve abajo y arriba. También ayuda al pie a pasar fácilmente de su papel dual como base de soporte al de palanca de propulsión. Mediante los ejercicios de torsión del pie descritos en el punto 7.1 prepararás el pie para esta acción. Ahora reforzarás el movimiento imaginando los cambios anatómicos.

1. Empieza este ejercicio en una primera posición cómoda, o elige la posición segunda o en paralelo. Imagina cada pie como dos barriles sobre el suelo. Un barril presenta la parte posterior del pie y el otro la frontal. Los barriles se tocan en el área tarsiana de cada pie.
2. Mientras flexionas las piernas, imagina los barriles posteriores de cada pie girando sobre sí mismos hacia delante del cuerpo, mientras que los frontales giran hacia atrás. Las imágenes permiten exagerar esta acción. El movimiento consiste solamente en un pequeño giro; los barriles rodantes te ayudarán a concentrarte en las reacciones del sistema nervioso.
3. Mientras estiras las piernas, los barriles posteriores ruedan hacia atrás y los anteriores hacia delante.
4. Repite la acción varias veces hasta que obtengas una buena percepción del movimiento.
5. Observa lo que ocurre cuando utilizas la imagen opuesta: mientras flexionas las piernas, imagina que los barriles posteriores rueden hacia atrás, elevando el extremo interno del hueso del talón. Mientras estiras las piernas, imagina los barriles frontales rodando afuera, elevando la punta interna de la parte anterior del pie. Ambas imágenes entorpecen la flexibilidad de tus piernas. Esta imagen es complicada, pero piensa en ella como un juego de organización corporal que lleva su tiempo. Mientras realizas un *plié*, piensa en las mitades pélvicas rodando hacia dentro, los fémures rotando afuera, la espinilla rotando adentro, los talones afuera y la parte delantera del pie girando afuera (véase figura).
6. Mientras estiras las piernas, invierte las acciones: las mitades pélvicas se abren, los fémures se cierran, las espinillas giran afuera, los talones rotan adentro y la parte delantera del pie rueda afuera.
7. Practica concentrándote selectivamente en las distintas relaciones que has visualizado. Puedes incluso añadir la ampliación de las tuberosidades isquiáticas mientras bajas, relacionada con el ensanchamiento de la base del cráneo.

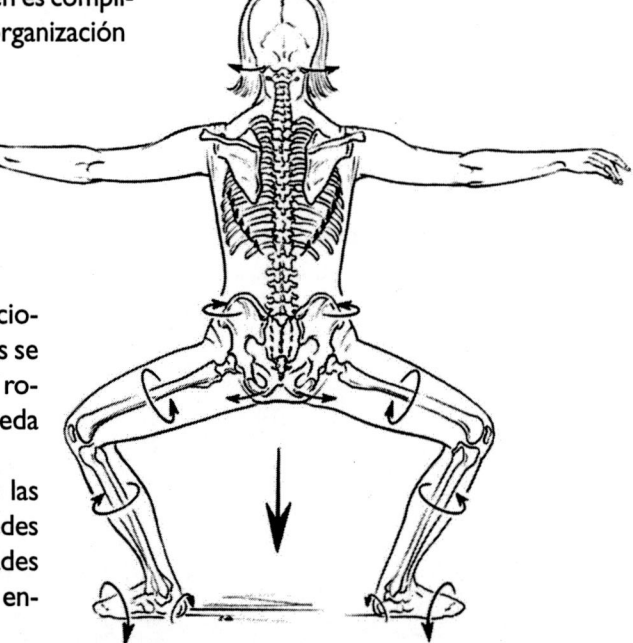

Aumentar la potencia de pies y piernas

EL PSOAS DEL PIE   7.4

Similar en su colaboración a la eficaz acción del psoasilíaco con respecto a la pelvis, el tibial posterior ayuda a que el pie se eleve. El tibial posterior se origina en la tibia, el peroné y en la membrana entre estos dos huesos (membrana interósea). Pasa por debajo del hueso interno del tobillo y se inserta en los huesos tarsianos (excepto el astrágalo). Es un inversor potente del pie y puede flexionar plantarmente el pie y el tobillo. Es importante para mantener un arco fuerte. La inversión se puede describir simplemente como una elevación del extremo interno del pie y un descenso del externo. Junto con el peroneo largo y el tibial anterior, el tibial posterior forma una honda similar a una red potente que une los huesos tarsianos y los eleva hacia la parte baja de la pierna. Si el tibial es frágil, el pie del bailarín rueda hacia la punta interna, y hace que elevar el talón y equilibrarse sobre el pulpejo resulte difícil.

La habilidad del tibial posterior para elevar el pie es importante en acciones que requieren un descenso suave del peso corporal. Si el tibial posterior es frágil, el cuerpo no tendrá la suficiente amortiguación cuanto aterricemos de un salto. El descenso resultante del hueso interior del tobillo tensa los ligamentos internos del pie.

1. Toca la espinilla por su lado interno y siente su afilado acabado. Detrás de ella, notarás el tibial posterior cuando inviertas y flexiones plantarmente el pie. Esta acción afecta todo el pie, y también se conoce como supinación.
2. Cuando practiques la supinación, no evites el movimiento en forma de hoz que resulta tan desagradable desde el punto de vista estético, porque si haces una dorsiflexión tendrás que emplear el tibial anterior, y lo que nos interesa ahora es ejercitar el posterior.
3. Cuando desciendas en posición de *relevé*, imagina el tibial posterior alargándose gradualmente.

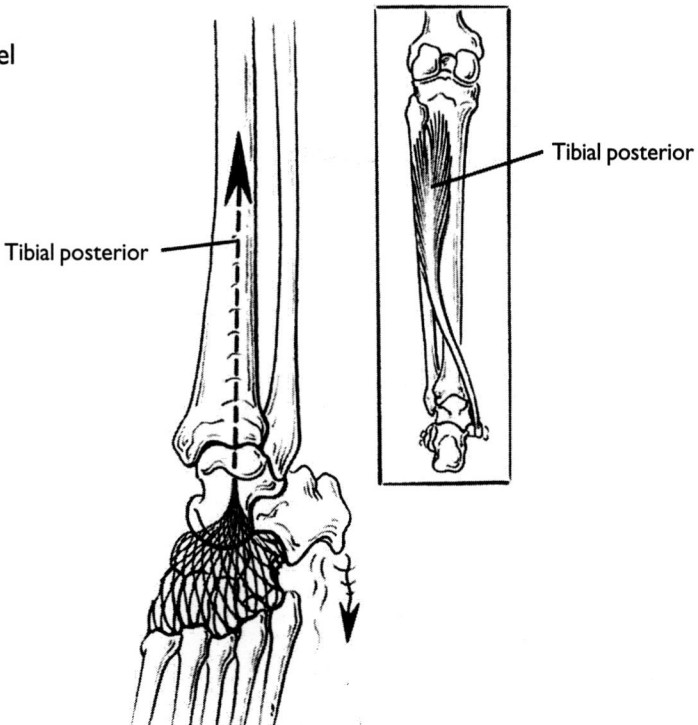

157

7.5 FORTALECER EL PERONEO LARGO

El peroneo largo se eleva desde la cabeza del peroné y desde la superficie lateral de la cavidad peroneal. Pasa verticalmente hacia abajo y por detrás del maléolo lateral (hueso del tobillo). También transcurre a través de una cavidad en el hueso cuboides que actúa como un canal de guía muy parecido a un curso de agua. Pasa diagonalmente cruzando la suela del pie y se inserta en la base del primer metatarsiano (del dedo gordo). Se opone al tibial posterior. El peroneo largo ayuda a mantener el peso sobre el eje central del pie en la acción de *relevé* y a soporta el arco lateral del pie (véase figura). Además, ayuda a los músculos largos de la pantorrilla, el gastrocnemio y el sóleo en la flexión plantar del pie.

El peroneo largo nos permite elevarnos sobre la región tenar alzando los talones. Si haces esto notarás el cuerpo del peroneo en la cara externa de la parte inferior de la pierna. A los monos les permite agarrarse a los árboles cuando trepan por ellos. Nosotros conservamos aún parte de esa habilidad y nos ayuda a estabilizarnos sobre el suelo. Un peroneo débil provocará que el tobillo se incline a un lado cuando tratemos de elevar el talón del suelo (es decir, cuando intentemos ejecutar un *relevé*).

1. De pie con tu peso distribuido por igual sobre ambos pies y con las piernas paralelas, eleva el talón y carga tu peso sobre el pulpejo de los dedos. Visualiza el peroneo largo soportando el exterior del pie y cargando tu peso sobre el centro del pie, el dedo segundo.
2. Cuando te eleves sobre el pulpejo, mueve los tobillos hacia el exterior para llevar los pies atrás y centrarte de nuevo mientras percibes la actividad del peroneo largo.
3. Repite esta acción varias veces antes de bajar lentamente de nuevo el pie.

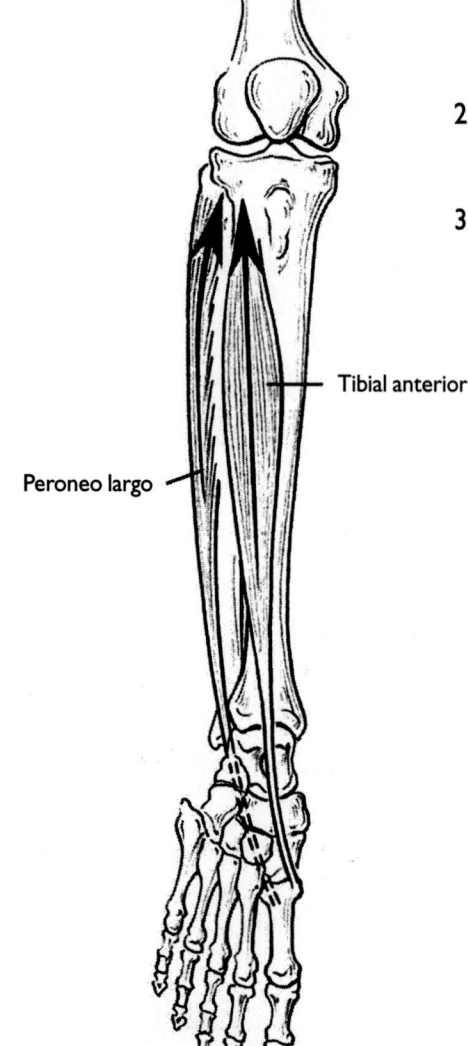

UN ARCO DINÁMICO 7.6

Los bebés no nacen con los pies arqueados. El arco se desarrolla en respuesta a la estimulación que provoca el movimiento y el desplazamiento del peso corporal. Ese arco es, por tanto, muy dinámico y se origina según la forma de los huesos, los ligamentos, el tejido conectivo y la actividad de los músculos. El pie está bien adaptado a sus funciones de propulsión, cambio de peso, percepción del suelo irregular y amortiguación. Como órgano sensorial, el pie está en constante diálogo con la superficie de danza. Los dos relativamente nuevos cambios en los casi siete millones de años de historia evolutiva del pie humano son las superficies planas y los zapatos. Los zapatos limitan el entrenamiento del pie precisamente porque ayudan a soportarlo. Los suelos planos eliminan la mayoría de los giros y flexiones que mantienen las articulaciones y los músculos del pie bien acondicionados. Los zapatos deficientes y la falta de variedad en el entrenamiento del pie para compensar los suelos planos son algunas de las razones por las que los bailarines tienen problemas de pies.

El flexor largo del dedo gordo es un ejemplo de un importante músculo que mantiene el arco del pie. Este músculo se origina detrás del peroné y cruza diagonalmente hacia abajo la parte posterior de la pierna para cruzar de nuevo por debajo el tobillo interno y descender por el interior del pie hasta el dedo gordo (véase figura). La parte posterior del astrágalo y la inferior del sustentador del talón ofrecen cavidades para canalizar el tendón del flexor largo del dedo gordo. El sustentador del talón es un pequeño balcón óseo que se origina en el hueso del talón. Su nombre significa «soportador del astrágalo». Si el flexor largo del dedo gordo es frágil, no ofrece soporte al balcón, y el extremo interno del tobillo se comba hacia abajo.

1. Visualiza el flexor largo del dedo gordo para guiarlo en la correcta dirección mediante movimientos rápidos por el suelo.
2. Visualiza la línea diagonal en la cara posterior de la parte inferior de la pierna desde el peroné hasta el tobillo interno y el dedo gordo. Esto ayuda a integrar la acción completa del pie durante el entrenamiento.

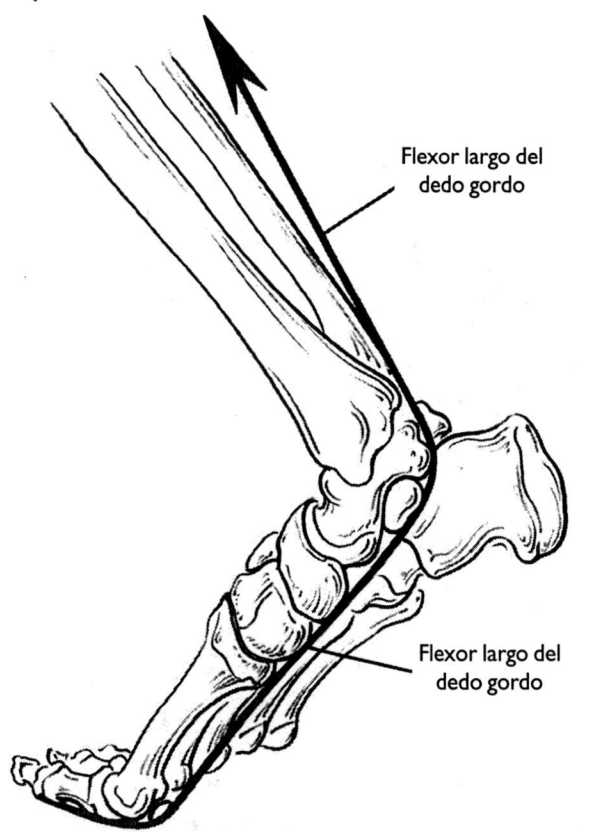

DANZA. Acondicionamiento físico

7.7 EL TRABAJO CON THERA-BAND PARA EL PIE Y LOS ISQUIOTIBIALES

Este ejercicio incrementa la fuerza del pie y del tobillo, mejorando los saltos y los botes, y todas las acciones del pie. Aumenta la flexibilidad de los isquiotibiales y, debido a la estimulación sensorial que ofrece a los dedos, también mejora el equilibrio. Lo que parece un trabajo dirigido únicamente al pie es beneficioso para toda la pierna, porque, de este modo, ésta aprende a coordinarse. La acción dinámica aumentada del pie ayuda a relajar la columna lumbar del mismo lado.

1. Utiliza una Thera-Band de resistencia media (roja o verde).
2. Antes de empezar este ejercicio, comprueba la flexibilidad de los isquiotibiales y de la espalda apoyándote hacia delante y sentado a horcajadas mientras te coges los dedos (no estires; solamente comprueba tu margen de movimiento).
3. Flexiona la rodilla, dorsiflexiona el pie y da una vuelta a la banda alrededor del dedo gordo.
4. Flexiona ligeramente el dedo gordo contra la banda (figura a) y después estira lentamente el dedo gordo suavemente hacia atrás con la banda. Acompaña el movimiento del dedo adelante y atrás con la mano para que el estiramiento tenga la misma intensidad durante la flexión y la extensión. Los otros dedos pueden flexionarse o extenderse con el gordo, pero el tobillo debe permanecer en dorsiflexión.
5. Da una vuelta a la banda alrededor del segundo y tercer dedo, y flexiona y extiende estos dedos (figura b). Alarga más la fase de extensión que la de flexión.
6. Da una vuelta a la banda alrededor de los dedos cuarto y quinto. Flexiónalos suavemente y luego estíralos.
7. Coloca la banda a lo largo bajo el pie y cruzando el talón y los dedos. Flexiona y extiende todos los dedos contra la resistencia de la banda (figura c).

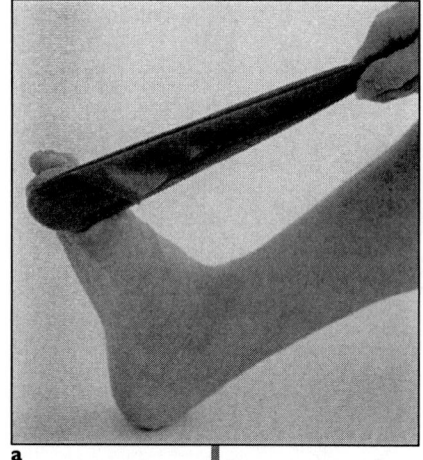

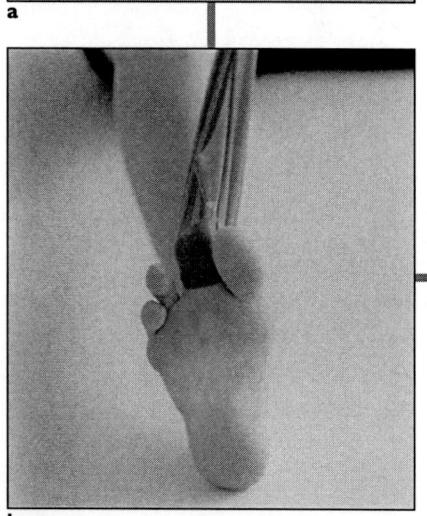

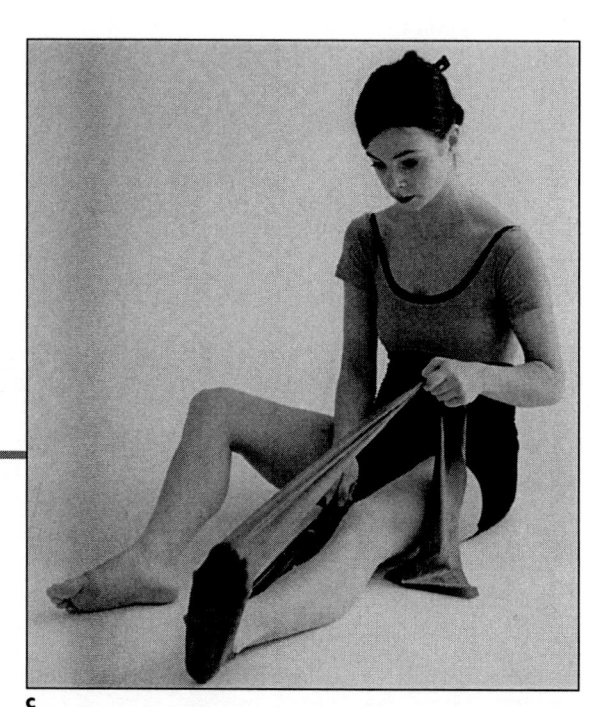

EL TRABAJO CON THERA-BAND PARA EL PIE Y LOS ISQUIOTIBIALES (continuación)   7.7

8. Ahora flexiona y extiende el tobillo, mientras haces rodar el talón por el suelo. Imagina el talón alargándose desde la dorsiflexión del pie. Siente los dedos estirándose mientras el pie se flexiona plantarmente. Extiende los dedos lentamente mientras el pie se mueve atrás. Imagina que los pies tallan el aire mientras se curvan al máximo o bien piensa que estás moldeando arcilla con ellos. Enfatiza la fase excéntrica del movimiento. Mantén la flexión en los dedos aunque la banda ofrezca resistencia. Luego colócalos en la posición inicial.
9. Estira la pierna sobre el suelo.
10. Mece tu pelvis hacia delante mientras estiras la punta del pie. Observa la relación entre la pelvis y el pie. Sincroniza el movimiento del pie, la pelvis y la columna: todos se mecen adelante con el gesto de adelantar el pie. Imagina el pie estirándote hacia delante (figura d). No dejes que el talón se deslice hacia atrás. Piensa en las tuberosidades y en los talones como si fueran ruedas.
11. Repite el movimiento de balanceo 15 veces si estás calentando, o 30 para un buen acondicionamiento.
12. Retira la banda y estira las puntas de los pies, colocándolos uno junto al otro para comparar su flexibilidad. Comprueba la flexibilidad de tus isquiotibiales inclinándote adelante sobre la pierna respectiva en los dos lados. Quizá notes un aumento en la flexibilidad del lado entrenado. Ponte de pie y realiza un *battement tendu* con la pierna ejercitada y otro con la otra pierna. Compara la acción del pie haciendo pequeños *sautés* primero con una pierna y después con la otra.
13. Vuélvete a sentar y coloca ambas manos, una junto a la otra, bajo los isquiotibiales.
14. Mantén la misma acción del pie y la pelvis adelante y atrás y visualiza el deslizamiento de los filamentos de la musculatura isquiotibial: mientras te mueves adelante, se separan, y mientras vuelves atrás, se juntan (véase figura).
15. Mantén una mano bajo el isquiotibial y coloca la otra en el pliegue formado encima de tu cadera derecha. Piensa en los órganos de la pelvis alrededor de la cadera relajándose y cayendo.
16. Da una vuelta a la banda alrededor del pie como en el ejercicio anterior y repite el ejercicio 15 veces utilizando las imágenes del deslizamiento de los filamentos y los órganos.
17. Aumenta gradualmente el margen de movimiento de la columna, la pelvis y el pie.
18. Compara la flexibilidad en los isquiotibiales de izquierda a derecha.
19. Repite el ejercicio con la otra pierna.

d

7.8 FUERZA EN LOS PERONEOS Y TIBIALES

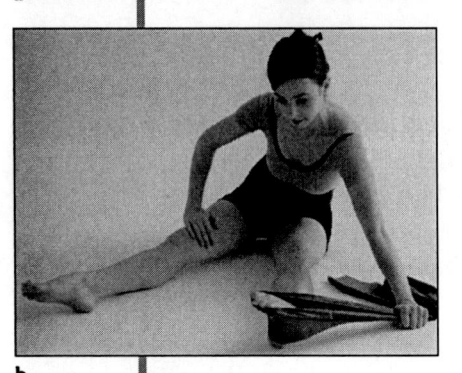

Para completar el entrenamiento del pie necesitas incluir la inversión, la eversión, la supinación y la pronación del pie. En la última parte de este ejercicio prepararás los extensores de los dedos y los dorsiflexores del tobillo. Si estos músculos no se refuerzan con frecuencia en las clases de danza, el bailarín estará predispuesto a lesionarse.

1. Inclínate hacia la parte exterior de la pierna y sostenla con una Thera-Band alrededor del pie. Utiliza tu peso para mantener la banda pegada al suelo (figura a).
2. Invierte el talón y mueve el pie hacia dentro, como si quisieras agarrar la banda con él. Siente el exterior de la pierna alargándose. Asegúrate de que cuando llevas el pie hacia dentro haces una flexión plantar para entrenar el tibial posterior y una fase de flexión dorsal para entrenar el dorsal anterior (figura b). No realices la acción con la pierna entera desde la cadera. Muévete con suavidad en ambas direcciones.
3. Inclínate sobre el otro lado y enrolla la banda en la otra pierna (figura c).
4. Prona el pie empujándolo hacia fuera y arriba contra la banda. Asegúrate de que inicias la acción desde el pie y no desde la cadera. Observa tus muslos; deberían estar relajados. Siente el interior de la pierna alargándose.
5. Repite los pasos del 1 al 4 seis veces si te estás calentando, y 12 si te estás acondicionando.
6. Flexiona la rodilla del pie que has estado trabajando. Enrolla la banda alrededor del pie (una vuelta) y la parte restante alrededor de la espalda. Siente cómo aumenta el estiramiento del pie al tirar de la banda.
7. Extiende y flexiona los dedos seis veces. Sentirás el esfuerzo de los músculos de la punta del pie. Los bailarines suelen tener débiles estos extensores cortos de los dedos, lo cual provoca desequilibrios musculares en éstos y en los flexores.
8. Dorsiflexiona los tobillos (en dos tiempos) y flexiónalos plantarmente (en tres tiempos). Repítelo seis veces.
9. Mantén la dorsiflexión final durante ocho tiempos. Después estira el pie hasta la flexión plantar acortando la banda alrededor de la espalda. Esta acción aumenta el estiramiento de la punta del pie (figura d) en una acción de contracción-relajación (véase capítulo 4).
10. Retira la banda y comprueba tu flexibilidad estirándote hacia los dedos del lado que has ejercitado. Después toca los del lado donde no has aplicado la banda.
11. Ponte de pie y observa la diferencia de habilidad de equilibrio entre los dos lados sosteniéndote sobre una pierna.
12. Si realizas varios saltitos sobre la pierna entrenada y después sobre la otra, notarás una diferencia significativa en la elasticidad de la pierna y la habilidad del pie para empujar el suelo.
13. Repite el ejercicio con la otra pierna.

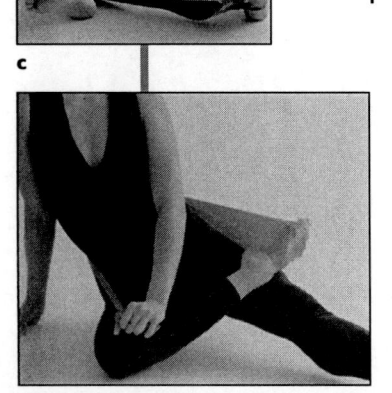

Aumentar la potencia de pies y piernas

CALENTAMIENTO RÁPIDO DEL PIE Y EL TOBILLO   7.9

Una vez hayas aprendido las secuencias de los ejercicios 7.7 y 7.8, podrás realizarlas en poco tiempo. Si estás calentando, unas cuantas repeticiones servirán. Al cabo de un tiempo notarás que los músculos parecen recordar los beneficios de los ejercicios y responden más rápidamente a la acción. Si tienes poco tiempo, puedes preparar los dos pies a la vez con este ejercicio.

1. Rodea los pies con la Thera-Band.
2. Estira y flexiona los pies, enrollando el talón y la pelvis adelante y atrás.
3. Repite el ejercicio 15 veces.
4. Realiza una rotación completa con cada pie. Empieza desde una posición supina y cambia poco a poco a una prona (figura a).
5. Regresa a la posición supina (figura b).
6. Repite el ejercicio 8 veces.

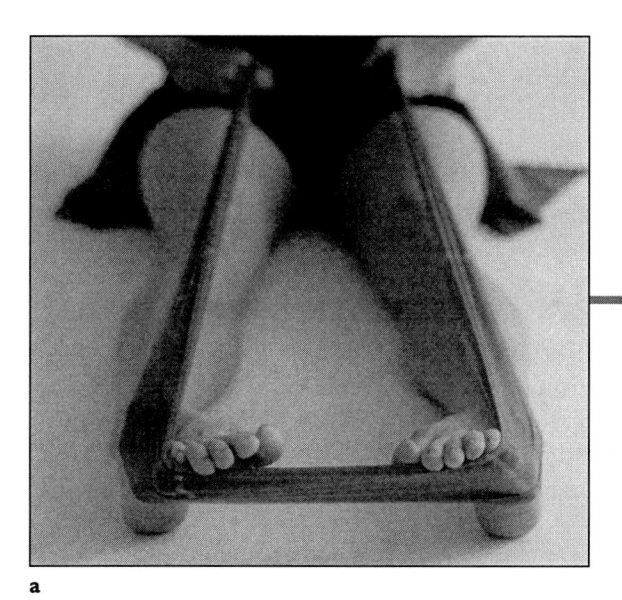

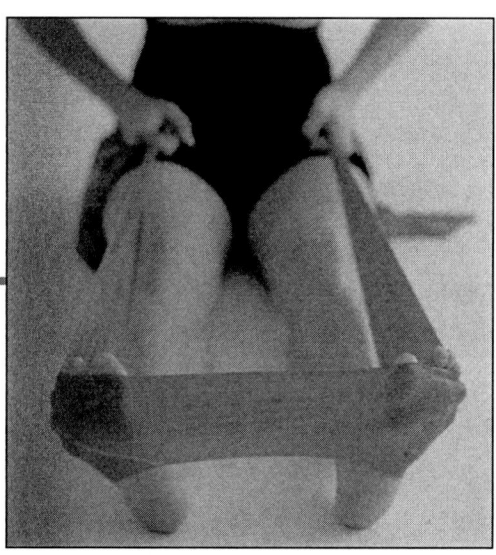

a   b

Refuerzo dinámico de las caderas

Ahora procederemos a acondicionar los músculos de la cadera, así como los de la rodilla, para reforzar la estabilización. Realiza los ejercicios 7.11 y 7.12 tumbado en decúbito supino, haciendo del suelo un profesor mientras trabajas en el refuerzo de un grupo muscular. Los ejercicios restantes de esta sección se realizan todos de pie. La ventaja del acondicionamiento en la posición erguida es que permite crear fuerza dentro de las formas de movimiento y los patrones que utilizas cuando bailas. El sistema nervioso aprende a enfrentarse a una resistencia creciente fruto de una situación real de danza (véanse también capítulos 8 y 10), lo que conduce a mejorar el margen de movimiento, así como la fuerza. Del mismo modo, también podrás realizar con más facilidad otros ejercicios de acondicionamiento tradicionales que no son específicos de la danza.

7.10 CLARIDAD DE LA CADERA

El suelo puede mostrarte si estás iniciando el movimiento correctamente o si estás alterando la alineación de la pelvis y la espalda para mover la pierna. El suelo te ayuda a detectar los músculos que tensas innecesariamente.

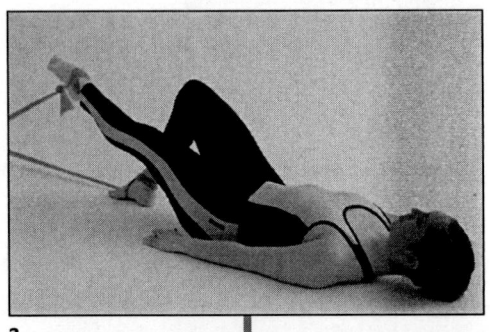

1. Escoge una Thera-Band de resistencia media (roja o verde) y átala a uno de tus pies. Fija el otro extremo cerca del suelo. No la ates demasiado tensa para que no impida que la sangre fluya correctamente.
2. Túmbate en decúbito supino sobre el suelo, y eleva la pierna extendida en paralelo hasta que sientas la resistencia de la banda (figura a). Inicia el movimiento desde la cadera; evita inclinar la pelvis hacia delante y atrás. Si visualizas el psoasilíaco como el principal iniciador del movimiento, te será más fácil iniciarlo desde la cadera.
3. Eleva la pierna extendida más arriba en paralelo contra la banda (figura b).
4. Baja la pierna extendida en paralelo. Mantén los omóplatos sobre el suelo a lo largo del movimiento. Imagina la espalda expandiéndose y fundiéndose.
5. Visualiza la mitad pélvica como una rueda. Siente la rueda rotando atrás mientras elevas la pierna y adelante mientras la bajas.
6. A través del movimiento, crea una estabilización dinámica desde los músculos abdominales. Para soportar la activación del abdominal transverso, visualiza la EIAS moviéndose hacia el recto abdominal (figura c). Imagina esta acción concéntrica en el transverso mientras desciendes la pierna. Como estás practicando en una posición de cadena abierta, la acción del transverso es la contraria a la que se da cuando estás de pie.
7. Repite el ejercicio 12 veces con cada cadera. Haz cada semana dos rondas más hasta que llegues a repetirlo 20 veces en una sola sesión.
8. Realiza el movimiento de forma idéntica con la pierna abierta y el pie dorsiflexionado.

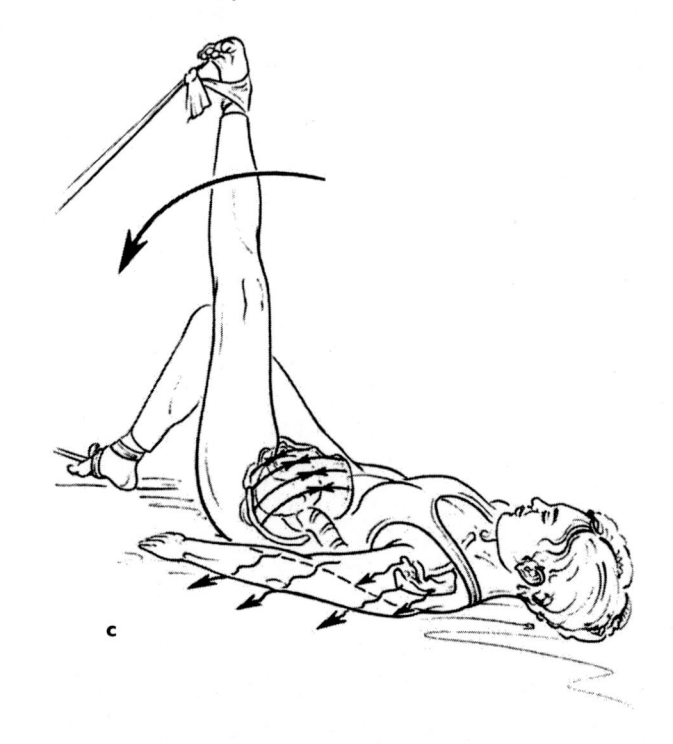

EXTENSIÓN DE LA CADERA CON BALONES DE GOMA 7.11

Los músculos que extienden la cadera son el glúteo mayor y los isquiotibiales. El glúteo mayor se eleva desde el ala y la cresta ilíacas y desde el sacro y el ligamento sacrotuberoso. Es un extensor de la cadera, así como abductor y rotador externo. El isquiotibial externo (lateral), es decir, el bíceps femoral, lo asiste en la rotación externa y en la extensión de la cadera. Los isquiotibiales internos, importantes para la extensión de la cadera en posición abierta, son el semitendinoso y el semimembranoso (semis). Debido a que muchos bailarines entrenan principalmente en posición de abertura, el grupo glúteo-bíceps tiende a tener más potencia que los dos semis. A través de sus conexiones de tejido conectivo, el glúteo mayor también puede contribuir al dolor en la columna lumbar y las rodillas.

En la articulación de la cadera, la parte inferior de la pierna puede abrirse en relación con el muslo solamente si la rodilla está flexionada 90°. El bíceps femoral abre la pierna; los semis la cierran. Si los semis son mucho más débiles que el bíceps femoral, el bailarín puede tener problemas de rodilla, porque ésta tenderá a permanecer de algún modo abierta. Por tanto, es importante equilibrar la fuerza de los isquiotibiales internos durante el acondicionamiento.

1. Ata un trocito de la Thera-Band a los pies, o coloca un extremo de la banda bajo tu rodilla y ata el otro al tobillo.
2. A cuatro patas, eleva la pierna derecha hacia atrás. Siente la tensión de la banda cuando estiras la pierna horizontal hacia arriba y atrás en posición de *arabesque*.
3. Mueve la pierna arriba y abajo contra la resistencia de la banda en una posición de abertura cuatro veces.
4. Mueve la pierna arriba y abajo contra la resistencia en una posición de rotación interna cuatro veces. La posición de rotación interna puede resulta difícil debido a la relativa debilidad de los isquiotibiales internos y a la poca habilidad del glúteo mayor para extender la pierna cuando la rotamos adentro. Además, puede que el piriforme, el rotador interno más importante de la cadera, no se estire lo suficiente para alcanzar la posición de rotación interna cómodamente (véase capítulo 4).
5. Imagina los filamentos del músculo psoas mayor del lado de la pierna que se ejercita alejándose mientras se deslizan cuando elevas la pierna y juntándose cuando la bajas. Esta imagen evita que arquees demasiado la espalda durante la fase de elevación del movimiento (véase figura).
6. Imagina que estás botando una pelota con la planta del pie. Esta imagen te ayudará a empezar el movimiento desde la punta de la pierna (inicio distal), lo que incrementará tu margen de movimiento. Siente cómo los dedos empujan la pelota para alargar la pierna.
7. Imagina un flujo de energía que viaja desde el corazón hacia los brazos y hasta el suelo, y mantén la percepción de elasticidad en la columna superior.
8. Repite los pasos 3 y 4, eligiendo cualquiera de las imágenes ofrecidas en los pasos 5, 6 ó 7.
9. Aumenta las repeticiones a ocho veces por posición y haz cada semana una ronda más durante 4 semanas.
10. Antes de repetir el movimiento con la otra pierna, compara la extensión hacia atrás de la pierna izquierda con la derecha. La flexibilidad aumentada en el lado ejercitado es fruto del potente efecto de inhibición recíproca sobre los flexores de la cadera.

Fuerza en la pierna de apoyo, potencia en la pierna de gesto

Los siguientes ejercicios con la Thera-Band preparan los músculos de la pierna y la pelvis. Crea con la banda una amplia lazada. Consulta también los ejercicios del capítulo 10; no requieren que la banda esté atada a nada excepto a tu propio cuerpo, lo que puede ser de ayuda si tienes que hacer el calentamiento en un escenario o en una sala donde no la puedas atar a nada. Ponte un calcetín grueso o una rodillera alrededor del tobillo si la banda te roza el tendón de Aquiles. Esto puede arreglarse casi siempre colocando el nudo de la banda en el empeine. Si utilizas la banda amarilla o roja, puede que esto no sea un problema.

Los ejercicios de vuelta abierta también son beneficiosos para desarrollar el equilibrio y la coordinación. En un período de tiempo relativamente corto, corrigen muchas cuestiones de acondicionamiento. Con pocas repeticiones, esta serie de ejercicios puede servir de calentamiento; con muchas, constituye una serie de acondicionamiento completa si incorporas algunos movimientos del tronco. Sin embargo, la concentración en el alineamiento y en la iniciación del movimiento son más importantes que la cantidad de repeticiones que se hagan o el nivel de resistencia de la banda.

Los siguientes seis ejercicios ofrecen mucha información sobre cómo mejorar los ejercicios con las piernas para perfeccionar la técnica. No intentes asimilar toda esta información de una sola vez. En su lugar, concéntrate en un concepto cada semana. Barridos, *battements*, *tendus* y *jetés* son elementos comunes de entrenamiento en ballet, danza contemporánea, jazz y otras formas de baile. Todos entrenan al bailarín para que mueva una pierna en el aire mientras la otra crea una base estable para ese movimiento. La acción coordinada de la pierna de apoyo y la de gesto influye en tu técnica.

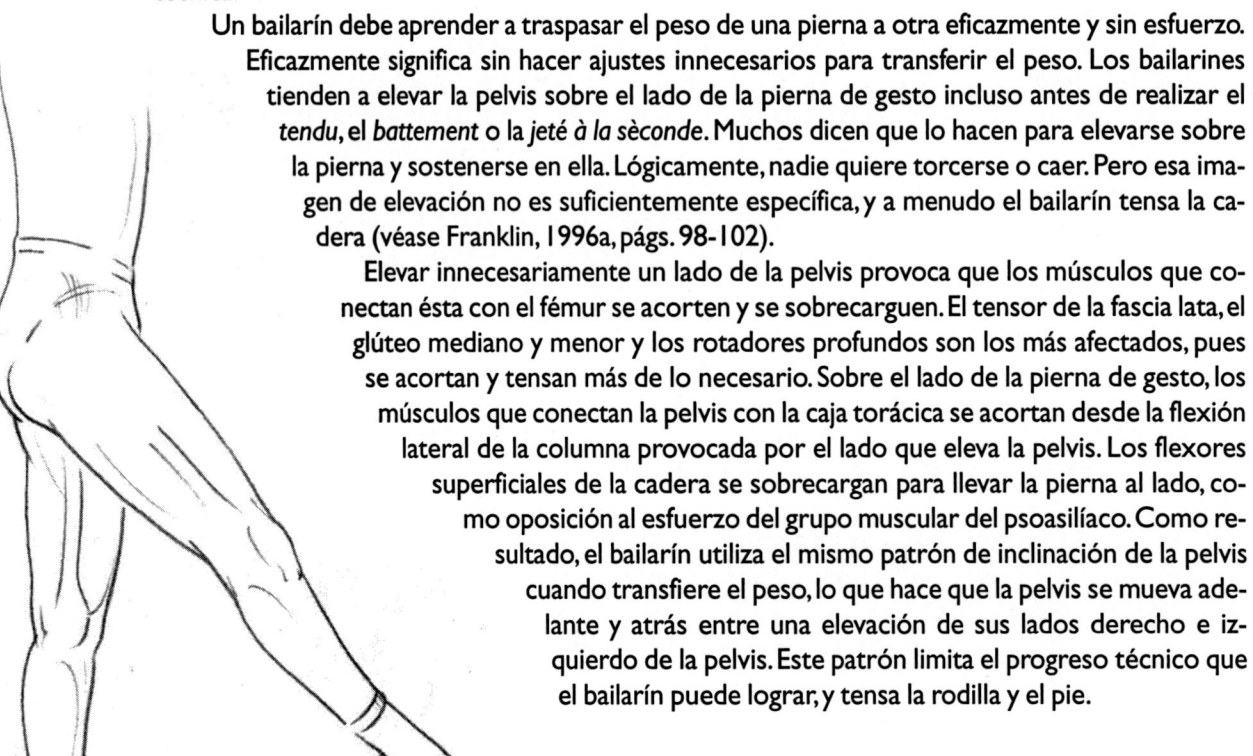

Un bailarín debe aprender a traspasar el peso de una pierna a otra eficazmente y sin esfuerzo. Eficazmente significa sin hacer ajustes innecesarios para transferir el peso. Los bailarines tienden a elevar la pelvis sobre el lado de la pierna de gesto incluso antes de realizar el *tendu*, el *battement* o la *jeté à la sèconde*. Muchos dicen que lo hacen para elevarse sobre la pierna y sostenerse en ella. Lógicamente, nadie quiere torcerse o caer. Pero esa imagen de elevación no es suficientemente específica, y a menudo el bailarín tensa la cadera (véase Franklin, 1996a, págs. 98-102).

Elevar innecesariamente un lado de la pelvis provoca que los músculos que conectan ésta con el fémur se acorten y se sobrecarguen. El tensor de la fascia lata, el glúteo mediano y menor y los rotadores profundos son los más afectados, pues se acortan y tensan más de lo necesario. Sobre el lado de la pierna de gesto, los músculos que conectan la pelvis con la caja torácica se acortan desde la flexión lateral de la columna provocada por el lado que eleva la pelvis. Los flexores superficiales de la cadera se sobrecargan para llevar la pierna al lado, como oposición al esfuerzo del grupo muscular del psoasilíaco. Como resultado, el bailarín utiliza el mismo patrón de inclinación de la pelvis cuando transfiere el peso, lo que hace que la pelvis se mueva adelante y atrás entre una elevación de sus lados derecho e izquierdo de la pelvis. Este patrón limita el progreso técnico que el bailarín puede lograr, y tensa la rodilla y el pie.

IMAGINAR UNA BUENA TÉCNICA DE BARRIDO 7.12

Las siguientes ideas te ayudarán a crear barridos y *tendus* con una sólida base técnica y sin esfuerzo.

1. Observa la anatomía de la pelvis. Visualiza la localización de sus huesos, el sacro, la sínfisis púbica y la cresta ilíaca.
2. Mantén las crestas ilíacas niveladas mientras mueves la pierna adelante, al lado y atrás. Si necesitas moverte hacia la pierna de gesto, mantén cualquier elevación del lado de la pelvis al mínimo (véase también imágenes en Franklin, 1996b, págs. 135-139).
3. No mantengas la pelvis nivelada aumentando la tensión, sino moviéndote desde la cadera. Ten clara en tu mente la localización de la cadera, e intenta iniciar el movimiento desde ese punto sin hacer un esfuerzo adicional con la columna u otra área del cuerpo. Tal vez tengas que hacer algunos ajustes sutiles en la pelvis y el sacro, pero concéntrate principalmente en la cadera.
4. Siente cómo el extremo del fémur se balancea libremente en la cadera, y mantén relajados los músculos circundantes. Visualiza con tu ojo mental que la cabeza del fémur flota en su entorno muscular.
5. En los *tendus* atrás, permite una mínima inclinación anterior de la pelvis. Si sientes presión en la columna lumbar mientras la pierna de gesto se mueve atrás, imagina la punta cayendo sobre la pierna de gesto mientras ésta se mueve atrás. Una vez puedas mover la pierna en barrido sin inclinarte, sentirás liberada la cadera y percibirás mejor la cabeza del fémur. Una vez sientas claramente dónde está ese punto, también percibirás mejor la ubicación de la pelvis y te será más fácil mover la pierna en distintas posiciones. Además, la cadera y los músculos se liberarán de toda tensión.
6. Cuando muevas la pierna desde el lado (segunda) hacia atrás (en *arrière*), deberás cambiar un poco el alineamiento de tu columna y tu pelvis porque los ligamentos anteriores de la cadera no permiten demasiada extensión (20° si la rodilla está extendida). Si mantienes la pelvis rígida o hacia dentro e intentas mover la pierna desde el lado hacia atrás, inclina ligeramente la pelvis hacia delante y extiende un poco la columna con el movimiento hacia atrás de la pierna. La pelvis se inclina considerablemente si la rodilla está flexionada en un *attitude*. El músculo recto femoral que flexiona la cadera y extiende las rodillas se alarga por encima de la rodilla y limita la extensión de la cadera mientras la pierna se mueve desde el lado hacia atrás. La columna y la pelvis deben ajustarse para mantener el alineamiento de la pelvis y el tronco. Si no se ajustan, elevarás la pelvis sobre el lado de la pierna de gesto, y la de apoyo girará.

7.13 EL BARRIDO DE PIERNA, EL *BATTEMENT TENDU* Y EL *DEGAGÉ*

En este movimiento cambias de la acción con ambas piernas a con una sola, con la dificultad añadida de llevar una Thera-Band atada alrededor del tobillo. Cuando realices por primera vez este ejercicio te resultará difícil mantener el equilibrio. Ajusta la longitud de la banda de modo que favorezca el alineamiento más que la ganancia de fuerza inicial. Si realizas este ejercicio acompañado de música rítmica el acondicionamiento se acercará más a una práctica de danza.

1. Ata una vuelta de la banda unos 20 cm por encima del suelo.
2. Introduce un pie en la vuelta y camina hacia atrás hasta que sientas tensión. Mientras progresas a lo largo de varias semanas, puedes aumentar la resistencia de la banda alejándote progresivamente del punto de agarre.
3. Mantén los brazos en segunda posición a lo largo del ejercicio, o haz un *arabesque* en el *battement* atrás.
4. Empieza en tercera posición mirando a la banda, la cual deberá estar ahora atada alrededor de la pierna izquierda (una vuelta) (figura a).
5. Haz un *battement* (barrido) con la pierna izquierda hacia delante *(en avant)* (figura b), y regresa a la tercera posición.
6. Haz un *battement* con la pierna izquierda *(à la sèconde)*, y regresa a la tercera posición.
7. Repite el *battement* frontal y lateral pasando por la tercera posición ocho veces. Realiza la acción a velocidad moderada para sentir el trabajo de los músculos de la pierna a través de tu margen de movimiento. Si te mueves demasiado deprisa, no entrenarás la musculatura desde el punto de vista excéntrico.
8. Rota el cuerpo un cuarto de giro. Coloca las piernas en tercera posición. La banda estira hacia la izquierda.
9. Realiza un *battement* lateral a velocidad moderada *(à la sèconde)* con la pierna izquierda (figura d), y regresa a la tercera posición.
10. Realiza un *battement* frontal a velocidad moderada *(en avant)* con la pierna izquierda (figura e), y regresa a la tercera posición.
11. Repite los *battements* lateral y frontal pasando por la tercera posición ocho veces.
12. Rota el cuerpo un cuarto de giro (para ponerte de espalda a la banda). Empieza el siguiente movimiento desde la tercera posición, con la pierna izquierda atrás.

a

b    c    d

EL BARRIDO DE PIERNA, EL *BATTEMENT TENDU* Y EL *DEGAGÉ* (continuación)   7.13

13. Realiza un *battement* con la izquierda atrás *(en arrière)* (figura f). Regresa a la tercera posición.
14. Realiza un *battement* con la izquierda al lado (figura g), y regresa a la tercera posición.
15. Siente cómo las costillas se integran en la columna (figura h) para dar más facilidad de movimiento a las piernas y estabilizar el tronco sin aumentar la tensión.
16. En todos los ejercicios, mantén un claro sentido del espacio a tu alrededor. Debes sentir amplitud en el pecho y dejar que los brazos participen en el ejercicio, a pesar de que no trabajen tanto como las piernas. Para mantener la imagen de espacio a tu alrededor, imagina diamantes relucientes en las manos, los pies y el pecho.
17. Visualiza el psoas mayor y el aductor anclando la columna y la pelvis a la pierna de apoyo.
18. Realiza la acción ocho veces, pasando por la tercera posición a una velocidad moderada, de modo que puedas sentir el trabajo de los músculos de la pierna a través de tu margen de movimiento.
19. Retira la banda e intenta hacer tu *battement* sin resistencia.
20. Realiza la secuencia con el otro lado del cuerpo.

Puedes realizar el mismo ejercicio desde la quinta posición abierta o en paralelo, excepto hacia atrás, situación en que solamente es posible la versión abierta con la colocación de la banda. La versión en paralelo es muy recomendable en la danza contemporánea. Asegúrate de que mantienes una posición paralela cuando estés de cara a la banda para garantizar la suficiente activación de los isquiotibiales internos (semitendinoso y semimembranoso) y el alargamiento de los rotadores externos. Si la pierna está siempre abierta, los isquiotibiales externos (bíceps femoral) aumentarán su fuerza en relación con los internos, lo que provocará un desequilibrio muscular, cosa nada saludable para la rodilla.

Si observas que alguno de los movimientos anteriores hace que gires la pierna de apoyo, cambia a una banda de menor resistencia o disminuye la distancia al agarre de la banda. Con el tiempo ganarás tanta estabilidad en la pierna de apoyo que sentirás que tu equilibrio es imperturbable.

e   f   g

DANZA. Acondicionamiento físico

7.14 EL *PLIÉ* Y EL *PASSÉ*: COSTILLAS COMO NUBES

En este ejercicio el bailarín refuerza los flexores de la cadera, los aductores y los estabilizadores de la pelvis y las piernas mientras mantiene un tronco relajado con los brazos sueltos. Conseguir tener un tronco relajado puede ser difícil mientras la pierna de apoyo lucha por mantener su alineación, pero la habilidad de trabajar duro en un área del cuerpo mientras la otra se mueve con desenvoltura es algo que todo bailarín debería aspirar a dominar. Las posiciones de brazos descritas más adelante son sugerencias; el bailarín puede utilizar movimientos de brazos de un estilo más moderno.

1. Colócate de cara al agarre de la banda con la pierna derecha en *battement tendu* y los brazos en tercera posición (figura a).
2. Mueve la pierna derecha hasta un *plié* en tercera posición (figura b).
3. Estira la pierna izquierda y realiza un *passé retiré* con la pierna derecha y moviendo los brazos hasta una posición circular a la altura del pecho (figura c). Imagina la columna como una flecha larga que se extiende desde la base del cráneo hasta el suelo mientras mueves la pierna hacia fuera. Esta imagen te hará percibir mejor la pierna de apoyo y la columna como dos importantes soportes aunque una pierna esté fuera del suelo.
4. Regresa al *plié* en tercera posición y mueve la pierna adelante hasta un *battement tendu*.
5. Siente la simetría de ambos lados de la espalda y la igualdad a los dos lados de la caja torácica. Permite que las costillas cuelguen sin esfuerzo entre el esternón y la columna. Imagina que las articulaciones que conectan las costillas con la columna se mueven suave y fácilmente.
6. Repite la secuencia cuatro veces.
7. Rota un cuarto de giro, realiza un *battement* con la pierna derecha adelante (figura d) y después muévete hasta el *plié* en tercera posición.
8. Estira la pierna izquierda y realiza un *passé retiré* con la pierna derecha (figura e). Asegúrate de que la cadera está nivelada. No sacrifiques el alineamiento de la pelvis para mejorar la abertura.

Aumentar la potencia de pies y piernas

EL *PLIÉ* Y EL *PASSÉ*: COSTILLAS COMO NUBES (continuación) 7.14

9. Mueve la pierna de vuelta a la tercera posición y realiza un *battement* adelante.
10. Si te estás acompañando de música, siente cómo ésta te masajea el cuello y los hombros. Deja que su ritmo te ayude a soportar el peso de los brazos.
11. Repite la secuencia cuatro veces.
12. Rota el cuerpo un cuarto de giro (para ponerte de espaldas a la banda). Con la pierna derecha realiza un *battement tendu* lateral (figura f).
13. Visualiza la tuberosidad isquiática de la pierna de gesto colgando como una campanilla mientras la pierna se balancea en el *battement* lateral.
14. Mueve la pierna hasta el *plié* en tercera posición.
15. Estira la pierna izquierda y realiza un *passé retiré* con la pierna derecha (figura g).
16. Regresa al *plié* en tercera posición y realiza un *battement* lateral para regresar a la posición de inicio. Mientras la pierna se mueve, imagina que la musculatura del suelo pélvico y la abdominal soportan la acción. Siente el suelo pélvico integrándose en el movimiento y la parte frontal de la pelvis ensanchándose. La musculatura del suelo pélvico se acorta, el abdominal transverso se alarga; ésta es una acción importante y sutil (figura h). Imagina la pierna abriéndose.
17. Siente cómo se deslizan los filamentos del músculo psoasilíaco. Esta imagen eliminará la tensión de los flexores superficiales de la cadera.
18. Mientras mueves la pierna de gesto de vuelta y realizas un *plié*, deberás sentir el soporte del abdominal transverso en una acción concéntrica mientras los músculos del suelo pélvico se alargan, especialmente el coccígeo y el iliococcígeo. Imagina la pierna rotando adentro (figura i).
19. Repite la secuencia cuatro veces.

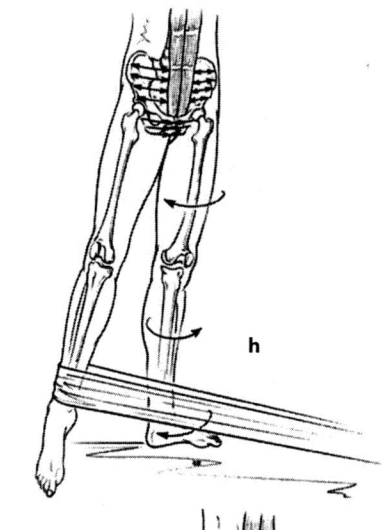

f

g

DANZA. Acondicionamiento físico

7.15 EL *FONDU BATTEMENT*: SÉ CONSCIENTE DE TU ACCIÓN

Puedes realizar un *fondu battement* con una barra cerca para poder estabilizarte con una mano. Cuando obtengas más fuerza y coordinación, serás capaz de hacerlo sin la barra.

Algunos bailarines bloquean los músculos rotadores en un esfuerzo de abrirse. El resultado es justamente lo opuesto: una rotación externa restringida e incluso dolorosa. Este ejercicio permite obtener fluidez y fuerza en la rotación externa mientras te equilibras sobre una pierna, situación en la que suele ser más duro mantener la abertura. Una advertencia: nunca utilices el suelo como palanca para aumentar tu abertura. Abrir los pies más de lo que la cadera permite y después aprovechar la resistencia del suelo para mantenerlos en posición hace que los pies pronen. El interior del pie se inclina y arrastra con él a la pelvis en un movimiento hacia delante. Entonces reaccionas elevando el interior del pie y acortando el abdominal y la musculatura del suelo pélvico para elevar la parte frontal de la pelvis. Estas dos acciones bloquean las articulaciones de la pierna. El resultado es acabar con dolor de espalda, rodilla y pie. Si mantienes esta estrategia durante mucho tiempo, con los años desarrollarás una forma de hoz en el pie a causa de la supinación forzada para mantener los pies de la pronación.

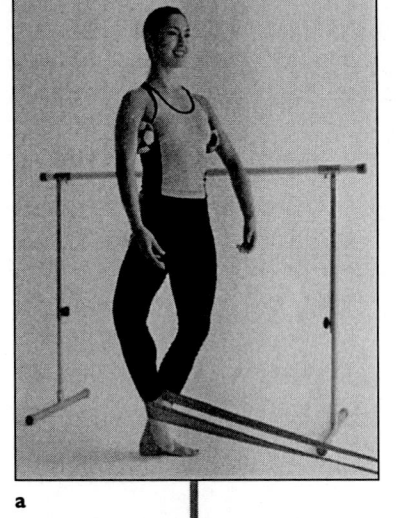

1. Da una vuelta con una Thera-Band alrededor de la pierna justo por encima del tobillo. Ajusta la distancia con el agarre de modo que obtengas resistencia.
2. Coloca toallas pequeñas o pelotas blandas bajo los brazos para relajar la tensión de los hombros y el cuello.
3. Empieza con el pie de la pierna de gesto en punta y delante del tobillo *(coupé en avant)*, de cara al punto al que has fijado la banda (figura a).
4. Mueve lentamente el pie hasta una posición de *battement tendu* (figura b).
5. Mueve la pierna de gesto de vuelta a la posición de *coupé en avant* delante del tobillo. Repite la acción ocho veces.
6. Retira las pelotas y realiza el movimiento sin ellas o sin banda. Observarás sobre todo que tienes mucha potencia de pierna y unos hombros relajados. Siente el espacio entre los omóplatos. Siente el dorso de las manos expandiéndose en el espacio.
7. Ahora realiza la acción ocho veces hacia atrás. Empieza con el pie de gesto en punta y detrás del tobillo de la pierna de apoyo *(coupé en arrière*, figura c).

Aumentar la potencia de pies y piernas

EL *FONDU BATTEMENT*: SÉ CONSCIENTE DE TU ACCIÓN (continuación) 7.15

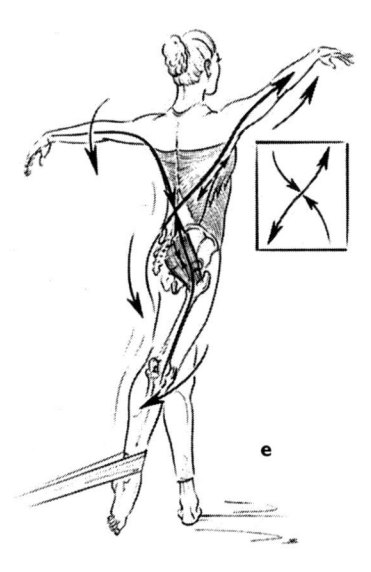

8. Realiza un *battement* hacia atrás con un *port de bras* de acompañamiento (figura d). Con los brazos hacia la tercera posición en *arabesque*, imagina las cadenas musculares cruzando la espalda para aumentar tu estabilidad dinámica. La cadena muscular que pasa por el dorsal ancho, el tejido conectivo lumbar, los músculos abdominales oblicuos y los glúteos se alarga por el lado del brazo que se estira hacia delante. Al mismo tiempo, la cadena sobre el otro lado se acorta (figura e).
9. Siente el proceso de estiramiento y flexión de la pierna de apoyo; no te concentres sólo en el estiramiento. Siente la acción de los músculos durante toda la fase de contracción para ganar fuerza controlada. En la posición completamente extendida, evita empujar atrás la rodilla de la pierna de apoyo.
10. Visualiza la línea de fuerza del cuádriceps femoral de la pierna de apoyo. Un plano imaginario pasa por esta línea para alinearse con la pierna y el pie.
11. Tal como hiciste primero con la pierna de apoyo, concéntrate en el proceso de estiramiento y flexión de la pierna del gesto. Evita bloquear la rodilla en la posición estirada. Percibe el final del estiramiento, y después regresa a la flexión de rodilla de una manera fluida y continua.
12. Para profundizar tu *plié*, relaja el cuello, los hombros, la lengua y la mandíbula. Si te pones tenso, reposa y masajea suavemente los músculos del cuello. Haz una serie de *battement fondus* con una mano sobre el cuello. Después realízalos sin la mano en el cuello. Quizá notes que tu postura es más erguida y que tu *plié* es más profundo (véase también capítulos 4 y 5).
13. Profundiza tu *plié* y mejora tu alineamiento visualizando la rotación horizontal de la mitad pélvica y del fémur. Mientras bajas en el *plié*, siente la mitad pélvica de la pierna de apoyo rotando adentro mientras el fémur contrarrota. La tuberosidad isquiática se mueve afuera mientras la EIAS se mueve adentro (figura f). Mientras te elevas y realizas un *battement tendu* con la pierna del gesto, siente la mitad pélvica de la pierna de apoyo rotando hacia el exterior mientras el fémur contrarrota. La tuberosidad isquiática se mueve adentro, y la EIAS afuera (figura g).
14. Mientras practicas, observa la columna con tu ojo mental. Imagina una luz brillante iluminando la parte frontal de la columna y concéntrate en los diminutos cambios en tu posición (figura h).
15. Repite la secuencia seis veces. Aumenta la práctica hasta 12 repeticiones añadiendo una más por semana.
16. Realiza el movimiento sin la banda. Disfruta de la sensación de fuerza y relajación.

También puedes ejercitarte con la pierna del gesto mirando a los lados de la línea de estiramiento de la banda. Ésta es una excelente acción para mejorar el equilibrio mientras acondicionas el grupo muscular aductor. Realiza el ejercicio lentamente, siendo consciente de cada movimiento para ganar fuerza controlada.

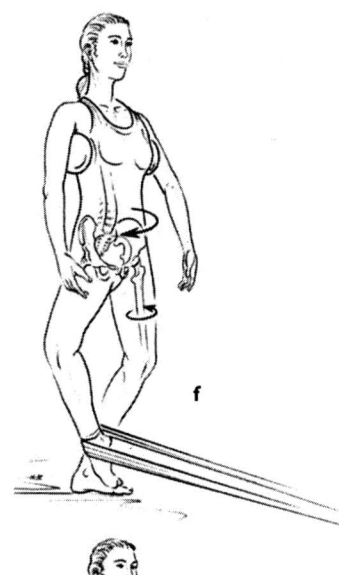

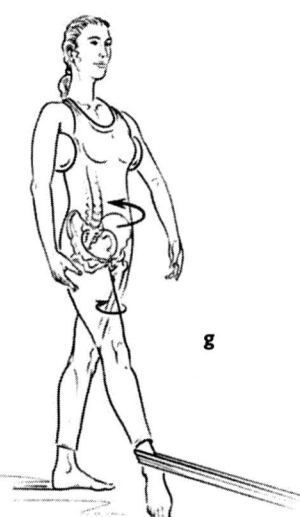

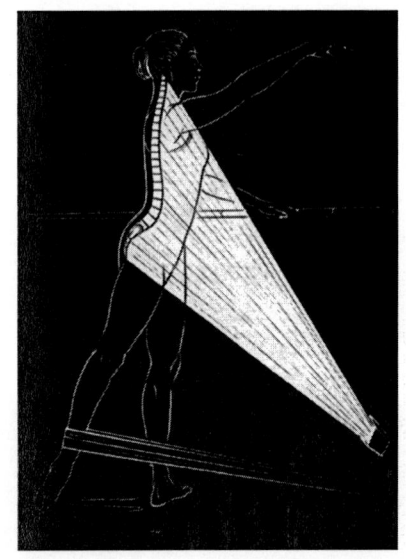

7.16 FUERZA PARA LA ROTACIÓN: ABERTURA CENTRADA

El siguiente ejercicio mejora la abertura, la fuerza del *passé* y la posición del pie. Para aumentar la abertura, haz que el músculo se mueva como si se deslizara. Antes de empezar el ejercicio, concéntrate en la acción de los rotadores externos. Coloca un dedo detrás del trocánter mayor del fémur del lado de la pierna del gesto. El trocánter mayor es la protuberancia ósea del extremo en la cara posterior del muslo. Mientras llevas la pierna del gesto hacia una posición en punta delante del tobillo de la pierna de apoyo *(coupé en avant)* y después a *passé* en la rodilla, percibe la acción de los rotadores detrás del trocánter mayor.

1. Da una vuelta a la Thera-Band alrededor del empeine del pie y el talón de modo que estire hacia atrás contra el hueso del talón.
2. Realiza un *coupé plié* con la pierna del gesto delante del tobillo (figura a) con los brazos en *port de bras*.
3. Eleva la pierna del gesto hacia un *passé* mientras estiras la pierna de apoyo (figura b).
4. Imagina el talón empujando adelante contra la banda. Siente la actividad de los músculos aductores sobre el muslo interno. Imagina los aductores alargándose mientras el recto femoral centra la pierna en la cavidad de la cadera (figura c).
5. Repite esta secuencia ocho veces con cada lado. Llega hasta las 12 repeticiones añadiendo una ronda por semana.

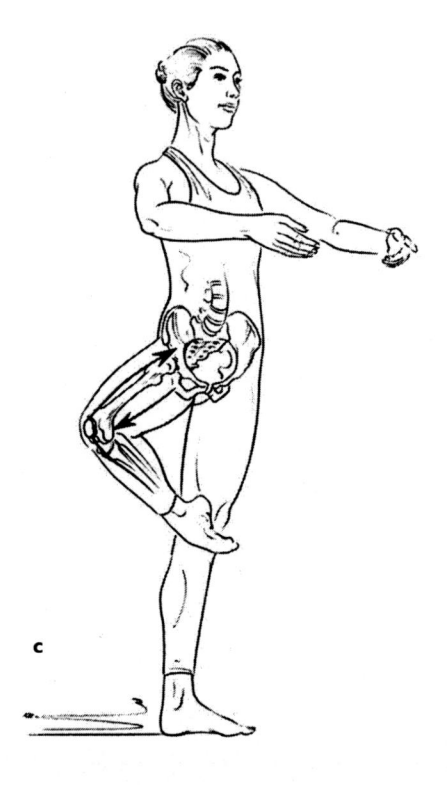

REFORZAR LOS ROTADORES: UN *PASSÉ* EQUILIBRADO   7.17

Este ejercicio refuerza los rotadores internos y externos de un modo equilibrado. Equilibrar la fuerza en los rotadores es la clave para evitar la tensión en la cadera. Este ejercicio aumenta el alargamiento excéntrico de los aductores, y crea un sentido de longitud y fuerza en estos músculos. Debido a que estamos trabajando dentro del marco de la danza, percibirás de inmediato la nueva flexibilidad y el control que obtendrás con esta práctica.

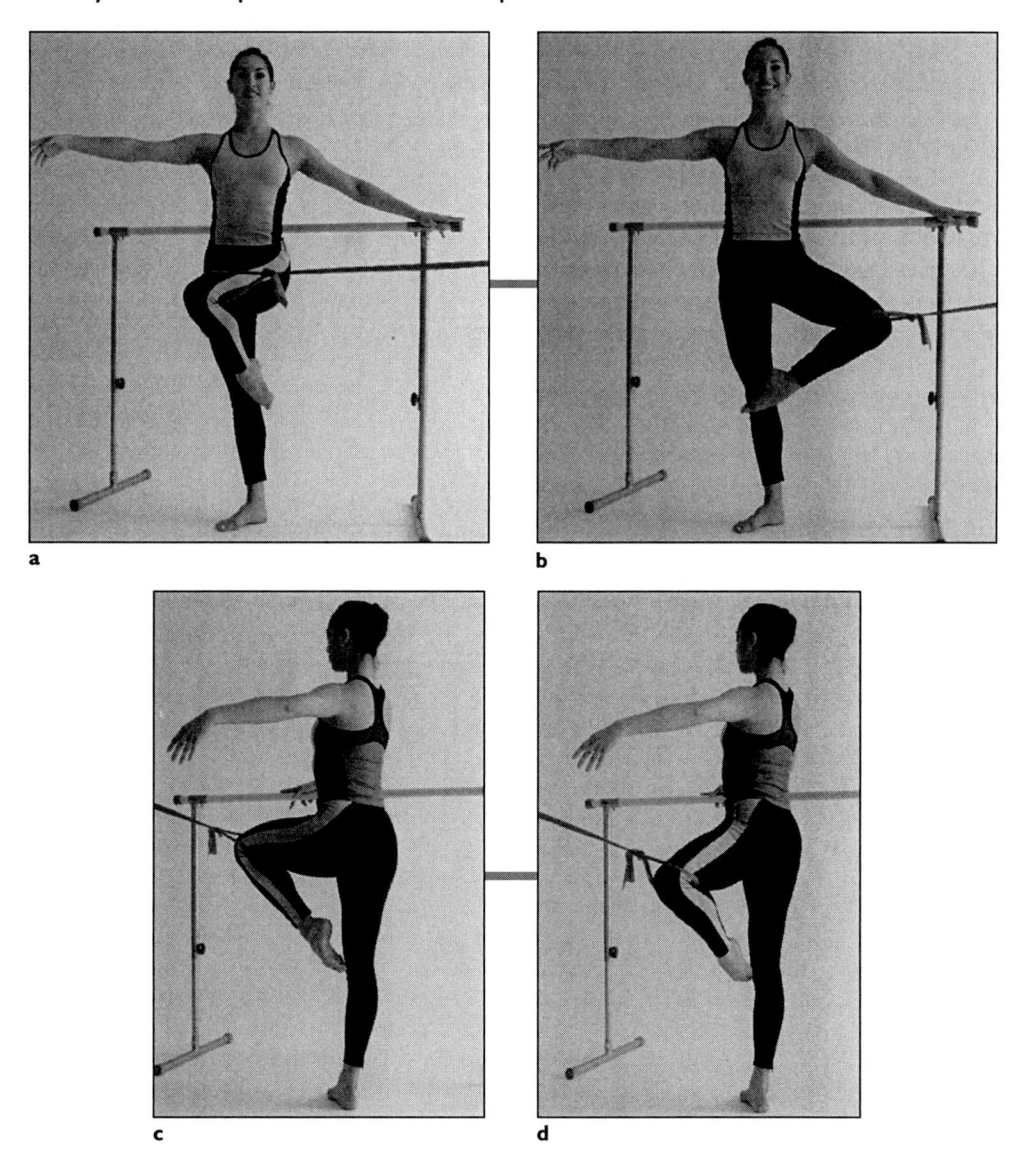

1. Ata una Thera-Band justo por encima de la rodilla y a la altura de la cadera y estírate en paralelo a la barra de ballet.
2. Ponte de espaldas a la barra y sostente en ella si es necesario.
3. Aduce la pierna en un *passé retiré* en paralelo (figura a).
4. Abduce lentamente la pierna del gesto hasta la posición abierta de *passé retiré* (figura b).
5. Repite la acción 12 veces, y haz cada semana una serie más hasta que llegues a las 20 repeticiones.
6. Colócate de cara a la barra y estira la Thera-Band lejos de ella.
7. Aduce la pierna del gesto hasta un *passé retiré* en paralelo (figura c). A continuación abdúcela hasta un *passé retiré* abierto (figura d).

7.17 REFORZAR LOS ROTADORES: UN *PASSÉ* EQUILIBRADO (continuación)

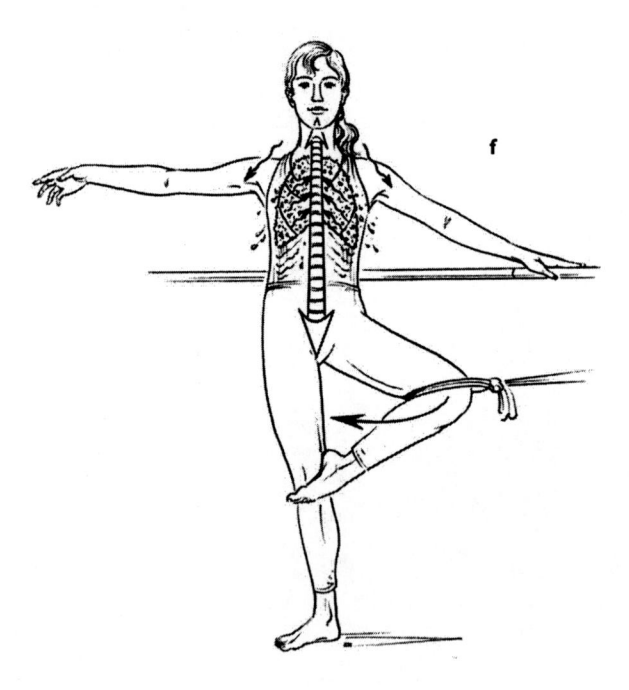

8. Mientras aduces, percibe cómo el ensanchamiento de la parte posterior de la pelvis crea un movimiento para centrarse en las cavidades de la cadera (figura e).
9. Siente los pulmones iguales a ambos lados de la columna. Imagínalos como blandas esponjas enjabonando la columna para hacer que se sienta firme pero relajada (figura f).

Capítulo 8

Desarrollar la potencia del tronco y los brazos

El cuerpo humano es el único que da a las manos un margen incomparable de movimiento. Las muñecas, los codos y los hombros permiten a las manos moverse con la máxima destreza y les ofrecen la habilidad de ajustarse a las tareas más delicadas. Utilizar las muñecas, los codos y los hombros para mover los brazos de forma coordinada y con desenvoltura ayuda a centrar el cuerpo en general y es excelente para mejorar la técnica de danza.

Tradicionalmente, las clases de danza se han centrado sobre todo en el entrenamiento de las piernas, pero esto está cambiando. En algunas compañías, el baile con los brazos se está introduciendo en el repertorio estándar. En el entrenamiento del ballet en particular, los brazos del bailarín y el tronco deben tener suficiente fuerza para las elevaciones y los rápidos gestos que requiere el *petit allegro*. Desarrollar la fuerza de los brazos y del tronco no solamente mejora todas las técnicas de danza, sino que también elimina los habituales desequilibrios de fuerza entre el tronco y las piernas (véase también capítulo 4 sobre la relajación de la tensión en hombros y cuello). Los brazos sólo pueden funcionar adecuadamente si los soportan un tronco y una espalda fuertes y equilibrados muscularmente. Las cadenas musculares que rodean el tronco forman la base desde la cual pueden iniciarse movimientos de brazo con fuerza y desenvoltura.

Centrar los brazos

La mano y el brazo se conectan a la columna a través de un complejo entramado de articulaciones. Si te mueves desde el centro del cuerpo hacia fuera, concéntrate en la interacción de las articulaciones de las costillas, la caja torácica, las articulaciones del omóplato, del hombro, del codo y de la muñeca. Si puedes sentir cómo interactúan los brazos con el centro de la columna, podrás mejorar la coordinación de tu brazo y bailar con la mínima tensión. Los siguientes ejercicios de visualización están diseñados para liberar tus movimientos de brazo y crear un sentido de elevación natural en la parte superior de la columna.

DANZA. Acondicionamiento físico

8.1 CENTRAR LOS BRAZOS CON LA PRIMERA COSTILLA

Tu coordinación depende de dónde experimentes la transferencia de peso. Por ejemplo, si das un paso, sentirás la interacción del pie con el suelo, o de la pierna con la pelvis. Según te concentres en un punto o en otro, tu coordinación cambiará. Una de las habilidades que demuestran una buena técnica es la capacidad para distinguir entre el esqueleto y la musculatura centrales (en la zona de la columna y la caja torácica) y el esqueleto externo o apendicular. En el caso del tronco, el esqueleto externo lo forma la estructura del hombro y los brazos. Si percibes los hombros y brazos como separados aunque equilibrados y cercanos al esqueleto central, crearás un movimiento más eficaz y libre de tensión.

1. Sostén los brazos horizontalmente delante de ti o sobre la cabeza, con las palmas de las manos encaradas. Siente el peso de los brazos reposando sobre los omóplatos.
2. Mientras sostienes los brazos, visualiza cómo se transfiere el peso desde los omóplatos hasta las clavículas, y a través de las clavículas hasta el esternón y la primera costilla. Observa cómo la primera costilla reposa cómodamente en la articulación que ofrece la vértebra dorsal superior.
3. Siente el peso de los brazos a la altura de la primera vértebra dorsal.
4. Ahora siente cómo su peso desciende por la columna. Esta acción centra los gestos del tronco y relaja los hombros. No dejes que el peso de los brazos repose sobre la caja torácica, porque ello hará que bajes el tórax y tal vez contrarrestes este gesto aumentando la tensión del cuello (véase figura).
5. Finalmente, quizá sientas que el peso del brazo desciende hasta la base de la columna y la pelvis. Ejercita esta percepción manteniéndote de pie y distribuyendo tu peso por igual en ambas piernas, y experimenta la transferencia de peso en las caderas mientras mueves los brazos.

LA PRIMERA COSTILLA FLOTANTE 8.2

A diferencia de otras costillas, la primera es bastante plana, como los bordes de una pizza. Visualizar esta superficie plana y horizontal puede ayudarte a obtener una acción equilibrada en los brazos. La falta de alineamiento en los brazos puede afectar los nervios que los mueven. Éstos acaban en el cuello, y cuelgan hacia abajo y adelante de la primera costilla como poderosas cuerdas. Viajan por encima de las primeras costillas y por debajo de las clavículas hacia los brazos.

1. Mueve los brazos desde la posición horizontal delante de ti hacia una posición elevada por encima de la cabeza. Ahora muévelos hacia abajo a los lados y hacia atrás hasta que alcancen una posición horizontal. Haz varios movimientos y observa el alineamiento del tronco y la facilidad de movimiento.
2. Lleva la punta del dedo corazón y el pulgar al extremo superior del esternón (manubrio). Notarás dos protuberancias óseas, que son las articulaciones entre la clavícula y el esternón.
3. Siente la clavícula, y coloca los dedos justo por debajo de la articulación entre ésta y el esternón. Es fácil detectar este punto, porque hay un pequeño bulto. No te sorprendas si notas que esta zona está blanda.
4. Coloca las puntas de los dedos de la otra mano en la parte posterior del cuello. Sentirás una apófisis espinosa que sobresale un poco más que las demás. Es la séptima vértebra cervical. Coloca las puntas de los dedos justo por debajo de este punto.
5. Visualiza un círculo plano en el área entre las dos manos para crear la primera costilla en el ojo mental.
6. Siente este círculo flotando entre el esternón y la columna (véase figura) y percibe el alineamiento de la primera costilla. ¿Es horizontal?
7. Mueve la columna con las manos todavía en ese punto y siente la distinta posición de la primera costilla.
8. Retira los dedos y visualiza la primera costilla flotando hacia arriba y las apófisis espinosas de la columna superior dejándose caer hacia abajo. Puedes incluso imaginar los músculos de los hombros deshaciéndose hacia la primera costilla de apoyo.
9. Retira las manos y adopta varias posturas. Observa los cambios en tu alineamiento y la facilidad de movimiento.

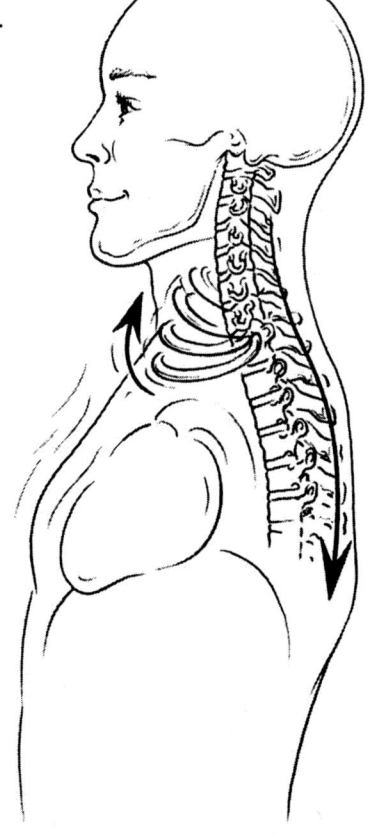

8.3 CONTRARROTACIONES DE BRAZO

Como ya has visto en los ejercicios dedicados a las piernas (véase capítulo 7), la contrarrotación de los huesos a lo largo de su eje es la clave para un buen alineamiento y una acción muscular equilibrada. Los huesos de los brazos realizan un movimiento similar, que visualizarás para crear más libertad de movimiento en el tronco. Cuando estiras el brazo delante de ti, el omóplato rota externamente, el húmero internamente, el antebrazo hacia fuera y la mano hacia dentro a lo largo del eje. Mientras flexionas el brazo, el omóplato rota internamente, el brazo externamente, el antebrazo hacia dentro y la mano afuera a lo largo de su eje. Debido a que estos movimientos son muy sutiles, es difícil visualizar todas las acciones la primera vez que lo intentas, de modo que concéntrate en una sola relación cada vez.

1. Mantén el brazo derecho delante de ti con las articulaciones flexionadas de modo que la mano esté a la altura del hombro. Sostén el húmero derecho con la mano izquierda.
2. Mueve lentamente la mano hacia delante como si estuvieras empujando una puerta. Siente cómo el húmero rota hacia dentro, y visualiza el omóplato moviéndose en sentido opuesto. Percibirás mejor la rotación hacia dentro del brazo cuando lo estires completamente (véase figura).
3. Mientras traes la mano de vuelta, siente el húmero rotando externamente y visualiza el omóplato rotando internamente.
4. Repite el movimiento de brazo con contacto varias veces. Después sostén el antebrazo derecho con la mano izquierda y repite los pasos 2 y 3.
5. Repite el movimiento varias veces. Después deja reposar la mano izquierda y retira ambos brazos hacia delante simultáneamente. Probablemente notarás una diferencia significativa en la longitud y potencia entre los brazos derecho e izquierdo.
6. Practica los mismos movimientos con el brazo izquierdo. Una vez hayas acabado, intenta visualizar la acción con ambos brazos a la vez. Te ayudará imaginar los omóplatos girando en el mismo sentido que los antebrazos y los húmeros rotando en la misma dirección que las manos.
7. Las analogías de rotaciones de pierna y brazos pueden trasladarse también a la columna. Justo cuando el sacro rota mientras las rodillas se flexionan, puedes visualizar la parte de la columna dorsal entre los omóplatos rotando con los brazos flexionados. Mientras estiras los brazos, visualiza esta área contrarrotando.

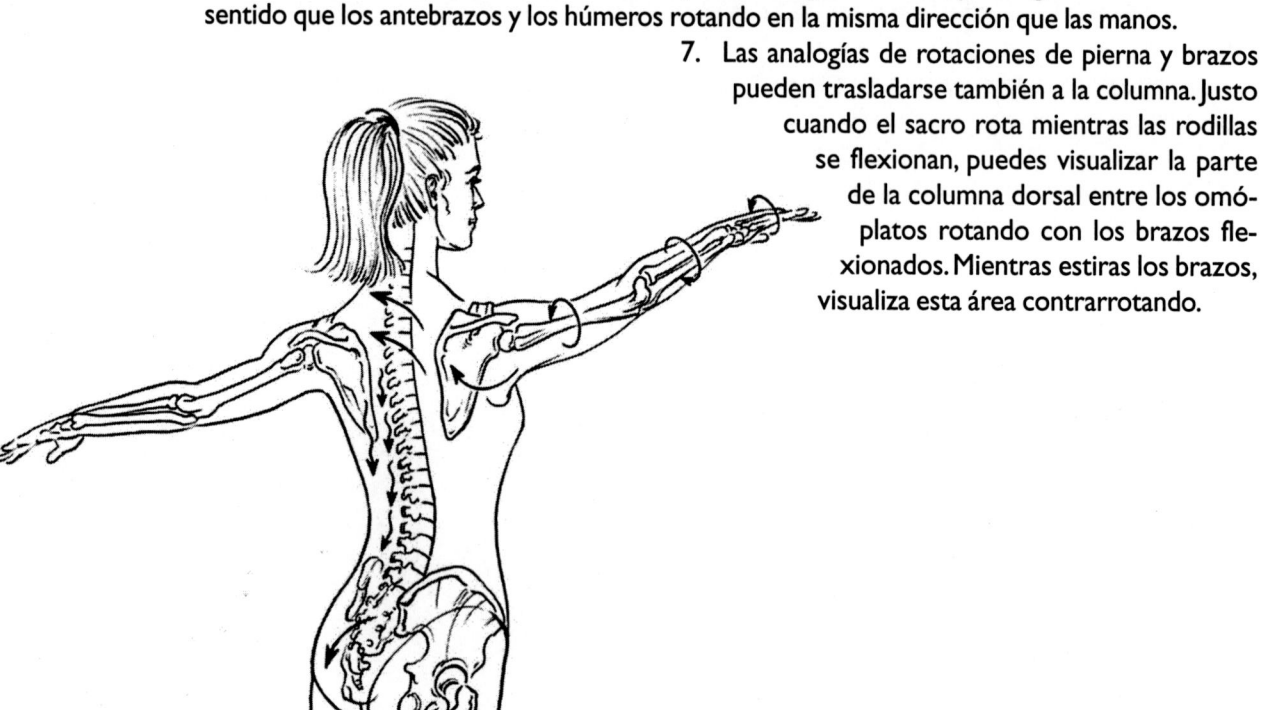

El uso de la Thera-Band para fortalecer el tronco

Estas series de ejercicios centrados en el tronco se dirigen al fortalecimiento y equilibrio de los músculos del tronco y de los brazos. Dichas series son muy populares entre los bailarines porque no sólo aumentan la fuerza y la flexibilidad, sino que incluyen muchos de los movimientos dinámicos esenciales del entrenamiento de danza. Puedes ampliarlas para crear un entrenamiento global del cuerpo añadiendo algunos ejercicios de piernas y pies. A menos que te indiquen lo contrario, empieza realizando ocho repeticiones de cada ejercicio, y aumenta hasta 20 repeticiones haciendo dos series más por semana.

EL BRAZO POR ENCIMA DE LA CABEZA Y LA ESPALDA 8.4

A pesar de que este ejercicio fortalece los músculos que extienden el codo y el hombro, está especialmente pensado para aumentar la flexibilidad de la caja torácica y abrir y ampliar el pecho y la parte anterior de los hombros. Este movimiento equilibra los ejercicios anteriores que sobre todo se centraban en la parte anterior del cuerpo. A mí me recuerda al estiramiento que hacemos cuando nos despertamos.

1. Coloca una Thera-Band delante de ti con las palmas de las manos mirando abajo y los brazos estirados. Eleva la banda por encima de la cabeza mientras mueves las manos separándolas (figura a).
2. Mientras subes los brazos, imagina las costillas elevándose hacia delante. Añade un sentido de rotación a la imagen. Las costillas se enroscan arriba por delante mientras elevas los brazos.
3. Dependiendo de tu flexibilidad y comodidad, mueve las manos hacia atrás aproximadamente hasta a la altura de los hombros (figura b).
4. Mientras mueves los brazos atrás, imagina un chorro de agua que sostuviera el cuello por detrás y desde abajo. Deja que la espalda repose sobre esta fuente, permitiendo que el agua libere la tensión del cuello y la base del cráneo (figura c). O siente el esternón arqueándose hacia delante como el azúcar glaseado sobre un pastel.
5. Estira, respira, rota la columna ligeramente mientras te sientas cómodo y mueve los brazos de nuevo hacia delante.
6. Mientras mueves los brazos hacia delante y hacia abajo de nuevo, deja que las costillas (pero no la columna) caigan y rueden hacia abajo. Quizá la columna se beneficie también de este empujón bajo las costillas y se alargue.
7. Repite el movimiento tres o cuatro veces a una velocidad que te resulte cómoda.

8.5 DIBUJAR CÍRCULOS CON EL TRONCO

Este ejercicio calienta los músculos del tronco, especialmente los extensores y los flexores laterales de la columna. Además, mejora tu habilidad para arquear la espalda y estirar el diafragma y la musculatura que amuralla el cuerpo. Elige una Thera-Band verde para los tres primeros meses. Durante ese tiempo, practica tres veces por semana y después pasa a usar una Thera-Band azul.

1. Siéntate en el suelo con las piernas estiradas a los lados formando un ángulo recto.
2. Haz una lazada grande con la Thera-Band que se ajuste alrededor de las plantas de los pies y alrededor de la espalda en el extremo inferior de la caja torácica. Ajusta la banda alrededor de la espalda y los pies de modo que te sientas cómodo durante el ejercicio.
3. Da una vuelta con la banda por detrás de la parte superior de la espalda, y cubre los antebrazos con ella. Ténsala lo suficiente para que sujete los brazos (figura a); la tensión debería ser moderada para que los movimientos puedan ejecutarse con la adecuada resistencia y sin experimentar fatiga.
4. Flexiona el tronco a la izquierda (figura b). Inicia el movimiento desde el centro del cuerpo. Permite que la fuerza se genere en ese punto mientras mantienes los hombros y el cuello tan relajados como te sea posible. Deja que la cabeza se balancee con el movimiento. Siente la columna lumbar mientras centras la potencia y mantienes un movimiento suave y continuo.
5. Dobla el tronco hacia delante, flexionando la columna en una gran curva (figura c).
6. Continúa moviendo el tronco en círculo hacia la derecha y mantén la espalda curvada. Arquea el tronco hacia atrás y sigue manteniendo la espalda en una curva pronunciada (figura 4).
7. Sigue desplazándote en círculo hacia la izquierda. Repite este ejercicio tres veces más.
8. Respira a un ritmo que te resulte cómodo. Tal vez te ayude espirar mientras te inclinas hacia delante e inspirar mientras arqueas la espalda hacia atrás.
9. Resístete a la gravedad. Acelera y tonifica el movimiento como si estuvieras montado en una montaña rusa.
10. Haz el círculo del tronco hacia la derecha cuatro veces.

ELEVAR EL BRAZO   8.6

La elevación de los brazos es el primero de varios ejercicios que se realizan desde la misma posición inicial y con el objetivo de reforzar los músculos de los brazos y los hombros. Utiliza y refuerza los músculos que ayudan a elevar los brazos, a flexionar el codo y a estabilizar el tronco, especialmente el deltoides, el bíceps, el trapecio y el erector de la columna.

1. Flexiona los codos en ángulo recto y coloca las manos bajo una Thera-Band (figura a).
2. Eleva los brazos, empujando la banda con las manos en posición plana (figura b). Si ves que la banda se desliza hacia atrás, bájala para aumentar la tensión. Si sientes molestias en los brazos, utiliza una rodillera o ponte una camiseta de manga larga.
3. Tómate más tiempo para bajar los brazos que para elevarlos. Piensa en un tiempo para subir y en tres para bajar. Imagina que dos globos tiran hacia arriba mientras bajas lentamente los brazos.
4. Imagina los músculos que realizan la acción (especialmente el deltoides) deslizándose.
5. Explora varias iniciaciones respiratorias: espira cuando eleves los brazos e inspira cuando los bajes, o viceversa. Mientras estiras arriba, deja que la parte inferior de la caja torácica se ensanche y el círculo de la primera costilla se estreche (figura c). Puedes coordinar esta imagen con una inspiración. Mientras bajas los brazos, deja que el círculo de la primera costilla se ensanche y el de las últimas costillas se estreche. Puedes coordinar esta imagen con una espiración.
6. Imagina que estás empujando la banda hacia arriba desde la base pélvica y las tuberosidades isquiáticas.
7. Eleva los brazos sin la resistencia de la banda para disfrutar de la nueva sensación de ligereza. Hacer esto después de cada ejercicio es ideal, pues permite que el sistema nervioso perciba lo suaves y ligeros que pueden resultar estos movimientos. El sistema nervioso tiende a reproducir lo que experimenta, de modo que estas sensaciones hacen que disfrutes más de la danza.

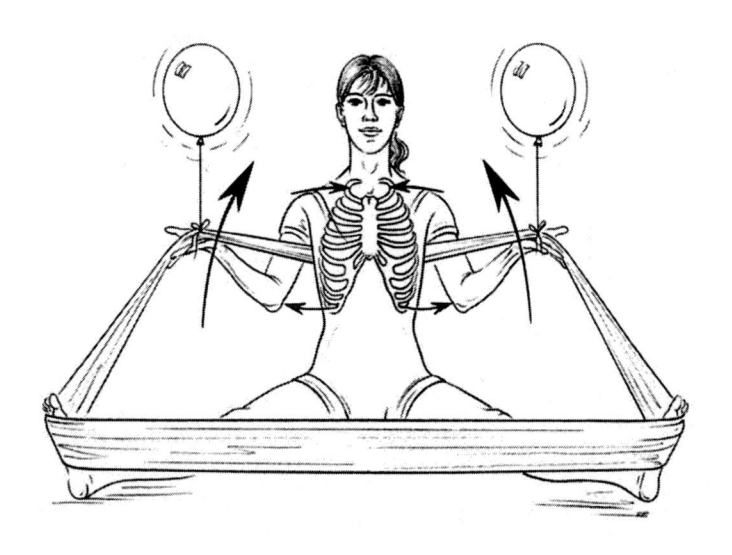

DANZA. Acondicionamiento físico

8.7 FLEXIONAR EL BÍCEPS

Como indica su nombre, éste es una movimiento clásico, aunque ahora te lo vamos a presentar en una nueva posición, que refuerza no solamente la musculatura del bíceps, el braquial y el extensor del hombro, sino también la de los extensores de la columna y los abdominales que estabilizan el tronco.

1. Sostén la banda con la palma de las manos mirando hacia arriba. Los brazos deben estar estirados hacia delante y formando un ligero ángulo hacia abajo (figura a).
2. Flexiona las articulaciones de los codos mientras los llevas cerca del pecho (figura b). Realiza el movimiento en dos tiempos. Imagina los filamentos musculares deslizándose mientras flexionas el codo; los flexores se juntan. Cuando estiras el codo, se separan.
3. Extiende los codos y aleja los brazos del pecho. Realiza el movimiento en cuatro tiempos, de modo que te tomes más tiempo estirar los brazos que flexionarlos.
4. Ahora invierte la posición de las manos de modo que las palmas estén mirando hacia abajo. Si te resulta incómodo, separa la banda de modo que cubra el dorso de las manos (figura c).
5. En esta posición, flexiona de nuevo los codos en dos tiempos y extiéndelos en cuatro tiempos.
6. Deja que el cóccix se relaje sobre el suelo, y permite que la columna se relaje y se alargue. Piensa en un chorro de agua caliente que se deslizara por la espalda para eliminar cualquier tensión.
7. Imagina que el aire que espiras baja por tu espalda y relaja la tensión de las costillas y las articulaciones entre la columna y las costillas. Siente la respiración ablandando los espacios entre las costillas (figura d).
8. Rota los hombros y sacude los brazos para eliminar cualquier tensión antes de continuar las series con el próximo ejercicio.

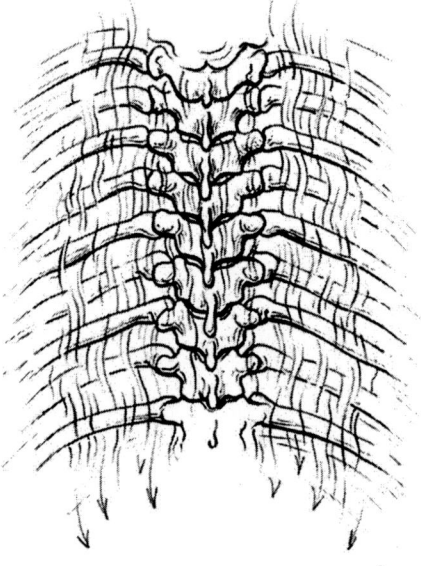

Desarrollar la potencia del tronco y los brazos

EL EMPUJE EXTERIOR 8.8

Este ejercicio fortalece el romboides, el deltoides y el trapecio horizontal. También ejercita los músculos que rotan el brazo, crea un sentido de amplitud en la espalda y la caja torácica, y fortalece los músculos que mueven las muñecas y los dedos.

1. Coloca las manos en la cara interior de una Thera-Band, con las palmas hacia fuera. Asegúrate de que la banda no está enrollada y de que se extiende por toda la superficie de la mano (figura a). Coloca los brazos delante de ti ligeramente inclinadas hacia abajo, y flexiona un poco los codos.
2. Empuja la banda hacia los lados con las manos (figura b) y mueve los brazos de nuevo hacia el centro. Invierte tres tiempos para acercar los brazos y un tiempo para separarlos. Este sistema aumenta el entrenamiento excéntrico y alarga los músculos.
3. Siente cómo se ensancha la espalda mientras mueves los brazos hacia los lados.
4. Imagina los músculos deslizándose. Cuando mueves los brazos hacia los lados, los filamentos de los romboides y el trapecio horizontal se juntan y los del pectoral se separan. Cuando juntas los brazos, los filamentos de los romboides y del trapecio se separan y los de los pectorales se unen.
5. Durante el movimiento, visualiza la cabeza de las costillas reposando en sus cavidades articulares de la columna. Siente también cómo se apoyan las costillas en tus conexiones con la parte frontal del cuerpo. Esta posición te ayuda a percibir la amplitud de la caja torácica y alarga la columna (figura c).
6. Mejora este ejercicio rotando los pies mientras mueves los brazos afuera y adentro. Este movimiento simultáneo entrena tu coordinación y fortalece los músculos del tobillo y del pie.

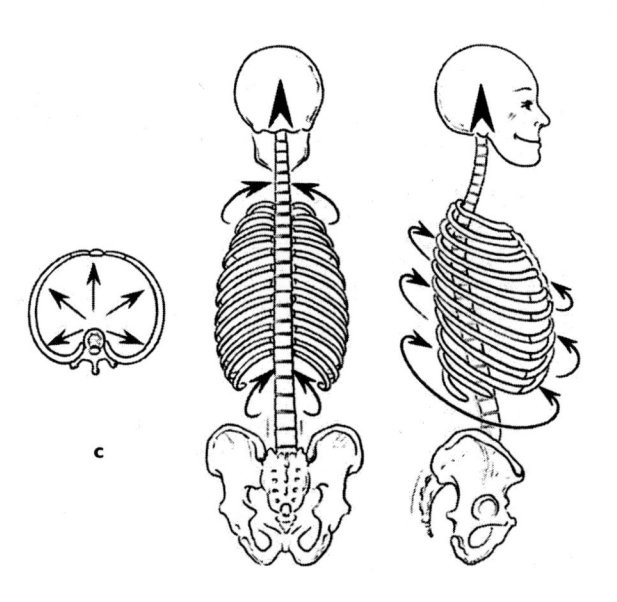

185

DANZA. Acondicionamiento físico

8.9 EL EMPUJE INTERIOR

Si inviertes el movimiento del ejercicio anterior, fortalecerás los músculos pectorales y relajarás la tensión entre los omóplatos. En el empuje interior participan los músculos que estabilizan la articulación del hombro y los abdominales para permitir sentir el tejido que hay delante de la pelvis. Además, esta práctica también fortalece la musculatura de la muñeca y los dedos.

1. Coloca las manos con las palmas en la cara exterior de una Thera-Band. Extiende la banda de modo que cubra totalmente las palmas y coloca los brazos en un ángulo inclinado hacia abajo con los codos ligeramente flexionados (figura a).
2. Acerca las manos para empujar la banda hacia el centro (figura b).
3. Separa los brazos hacia fuera. Tómate tres tiempos para el movimiento hacia fuera y uno para el gesto hacia dentro.
4. Siente el músculo psoas mayor alargándose hacia abajo para crear una sensación de estabilidad mientras la columna se relaja al alargarse (figura c).
5. Mientras mueves las manos hacia el centro, imagina el abdominal transverso tejiéndose en el área del ombligo. Puedes visualizar el transverso como una cuerda o un grupo de cuerdas atadas firmemente en la parte delantera de tu cuerpo. Nota como esta imagen crea un sentido de amplitud en la columna lumbar.
6. Al igual que en el ejercicio 8.8, puedes mejorar esta práctica rotando los pies mientras mueves los brazos adentro y afuera.

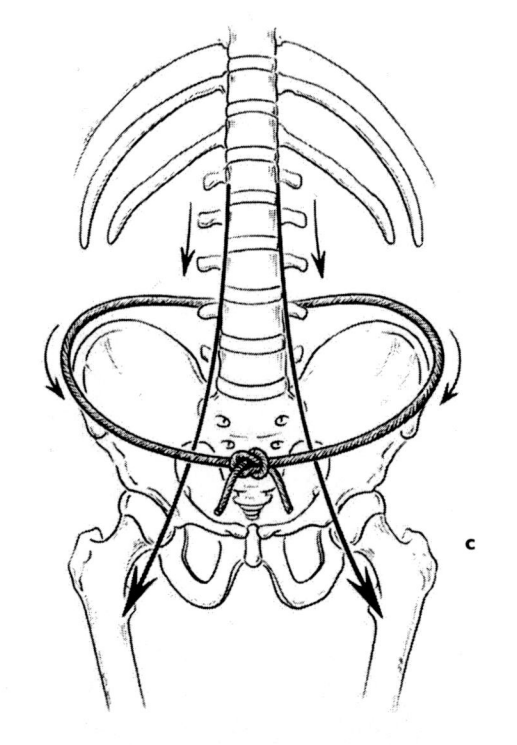

POTENCIA DE ROTACIÓN PARA EL TRONCO 8.10

Este ejercicio fortalece los músculos que rotan la columna y el tronco. Esto incluye los abdominales oblicuos interno y externo, y los músculos rotadores profundos de la columna, como el multífido, el semiespinoso y los rotadores. Después de realizar este ejercicio con regularidad, notarás un aumento en la flexibilidad de la columna al rotar y obtendrás una nueva sensación de elevación y potencia en el área abdominal. Esta práctica fortalece además tus giros y perfecciona todos los movimientos espirales de danza.

1. Antes de empezar, comprueba el margen de rotación de tu tronco sin la resistencia de una Thera-Band.
2. Coloca la banda por detrás de los brazos y sostenla desde arriba como se muestra en la figura a.
3. Rota el tronco hacia la derecha, manteniendo la cabeza sobre la pelvis. Mantén los brazos en la misma posición en relación con el tronco para alcanzar el efecto deseado en los abdominales oblicuos. Inicia la rotación desde los músculos centrales del cuerpo: el suelo pélvico, los abdominales, los intercostales y los escalenos. Este grupo suele olvidarse en los ejercicios de iniciación de movimiento en favor de los otros músculos más superficiales. Pero verás que si empleas los músculos centrales desaparecerá la tensión en los superficiales.
4. Cuando llegues al máximo de tu margen de movimiento, flexiona suavemente la columna para aumentar la actividad de los músculos abdominales. Mientras haces esto, siente el ombligo contrayéndose para ayudarte a crear más movimiento en la columna lumbar.
5. Regresa al centro y rota el tronco hacia el otro lado. Mantén los brazos en la misma posición en relación con el tronco. Cuando llegues al máximo punto de tu margen de movimiento, flexiona suavemente la columna para aumentar la actividad de los músculos abdominales. Asegúrate de que tu movimiento sea suave y continuo.
6. Baja la banda hacia la pelvis y comprueba tu flexibilidad de rotación. Notarás una mejora significativa.
7. Repite el ejercicio 4 veces con cada lado y añade dos más cada semana hasta que llegues a 20 repeticiones por serie.
8. Imagina el huso rotando alrededor de su eje para empezar tu movimiento (figura b). Puede que esta acción no te resulte fácil si estás acostumbrado a iniciar el movimiento con la musculatura superficial. Al cabo de un tiempo, notarás que puedes diferenciar entre el inicio desde el centro o desde los músculos periféricos. Puede ayudar como experimento iniciar el movimiento desde los músculos de los hombros y los brazos para demostrar que tienes menor grado de rotación que cuando empiezas desde el huso central.
9. Siente los músculos periféricos relajándose de la tensión. Mantente relajado y libre de tensión en los hombros y cuello mientras rotas el huso central. Imagina el trapecio como una vela ondeada por una brisa fría (figura c).

Si eres capaz de mantener relajados los hombros y el cuello, tendrás más rotación en el tronco y por tanto aumentarás tu fuerza con un mayor grado de movimiento. La flexibilidad y la liberación de tensión te permiten aumentar tu fuerza tanto en este como en otros ejercicios.

8.11 POTENCIA ELÁSTICA EN LAS COSTILLAS

Normalmente no se considera que las costillas formen parte activa del movimiento y suelen relegarse a una sola posición o incluso se cierran o empujan hacia delante. Como el cuerpo es un conjunto dinámico, y todas las articulaciones y músculos (incluida la caja torácica) interactúan para crear el movimiento, los siguientes dos ejercicios pueden fortalecer tu percepción dinámica de la acción costal. Esta atención no solamente mejora el alineamiento y la respiración y relaja los hombros, sino que centra las piruetas y aumenta al altura de los saltos.

Las costillas están conectadas a la columna y al esternón a través de una compleja red de más de 150 articulaciones. Estas articulaciones se ajustan mientras movemos la columna, los brazos y las piernas. Si imaginas la caja torácica como una participante estática del movimiento, la columna, los brazos y las piernas perderán flexibilidad y potencia.

a

1. Con una Thera-Band en las manos y con las palmas mirando abajo, estira los brazos hacia delante y eleva la banda por encima de la cabeza. Si esta posición te resulta difícil, elige una banda que ofrezca menos resistencia, o haz una lazada mayor. Asegúrate de no colocar nunca la banda detrás del cuello. Deberías sentir un nivel confortable de resistencia (figura a).
2. Flexiónate hacia la izquierda en dos tiempos, manteniendo los brazos estirados y empujando la banda hacia arriba (figura b).
3. Mientras te inclinas a la izquierda, piensa en las costillas derechas elevándose y las izquierdas descendiendo. Esta acción es similar a elevar un cubo cogiéndolo por el asa, excepto que aquí cada costilla es una asa de cubo (figura b).
4. Regresa al centro en dos tiempos y flexiónate a la derecha en dos tiempos más, manteniendo los brazos estirados. Mientras vuelves al centro, visualiza las costillas izquierdas elevándose y las derechas descendiendo. Mantén este movimiento costal fluido y constante. Esto aumenta la flexibilidad lateral de la columna, especialmente en el área torácica.
5. Regresa al centro en dos tiempos y repite la flexión a la izquierda y a la derecha cuatro veces. Aumenta las repeticiones hasta 12 añadiendo una por semana.
6. Como la columna está formada por una serie de curvas, la flexión lateral siempre implica un elemento de rotación. Intenta hacer este ejercicio con una vara flexible o con una ramita. Flexiónala y después inclínala a un lado. Notarás una rotación a lo largo del eje de la vara. Mientras te flexionas a la derecha, imagina la caja torácica rotando a la derecha. De hecho no realices este movimiento; solamente imagínalo para aumentar tu flexibilidad lateral. Mientras te flexionas a la izquierda, imagina la caja torácica rotando a la izquierda. Si piensas en la caja rotando en la dirección opuesta, sentirás la columna bloqueada.

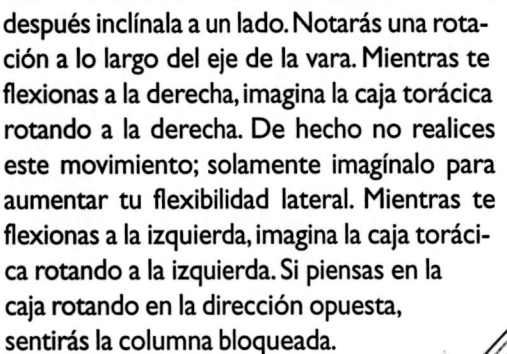

b

CONTROL CENTRAL DE LOS MOVIMIENTOS DE BRAZOS   8.12

Empezaste las series de ejercicios con un círculo del tronco. Ahora realizarás otro círculo parecido, pero con los brazos estirados hacia arriba. Esta posición fortalece no solamente los músculos del tronco, sino también los de los brazos y hombros. Este ejercicio crea una sensación fantástica de soporte central para tus movimientos de brazos.

1. Siéntate con las piernas estiradas en un ángulo cómodo.
2. Coloca una Thera-Band bajo la pelvis y reduce su longitud de modo que obtengas una resistencia cómoda con la banda en las manos estiradas por encima de la cabeza (figura a).
3. Realiza un círculo a la izquierda con una flexión lateral y rotando la columna (figura b). Inicia el movimiento desde el centro del ombligo, y siente la activación de los músculos abdominales y el apoyo que proporciona una columna lumbar flexible.
4. Muévete arriba y abajo hasta que las manos casi toquen el suelo (figura c).
5. Continúa el movimiento a la derecha.
6. Regresa a la posición de inicio y repite el movimiento tres veces más con cada lado.
7. Para crear una sensación de soporte elástico sin tensión, piensa en que los pulmones soportan los brazos. El pulmón izquierdo soporta el brazo, y el derecho hace lo propio con el pulmón derecho (figura d). Siente los hombros y el cuello deshaciéndose mientras los pulmones cargan con los brazos.

8.13 ADUCTORES FUERTES PARA POTENCIAR EL EQUILIBRIO

Este ejercicio fortalece el grupo aductor de músculos, que es muy importante para la estabilidad en la danza, especialmente cuando nos equilibramos sobre una pierna. Los bailarines aprenden a centrarse cuando elevan una pierna en un *passé retiré*. Los principiantes tienden a cargan el peso en la pierna de apoyo y a equilibrarse sobre ella, lo que está bien en otras actividades cotidianas, pero no en la danza, donde el peso debe transferirse de una pierna a la otra con la mínima desviación lateral. Es importante recordar que este ejercicio no reemplaza el entrenamiento del sistema nervioso para el control del equilibrio –eso suele ocurrir al realizar el movimiento–, pero establecer una base sólida acelerará este proceso. Este ejercicio te resultará bastante intenso, sobre todo si estás en las primeras fases del acondicionamiento. Si sientes los aductores cansados después de ocho repeticiones, empieza a practicar estas series de forma regular.

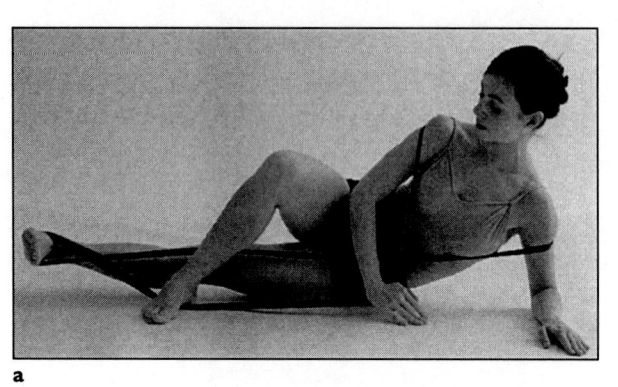

1. Da una vuelta de la Thera-Band alrededor de los pies y la espalda.
2. Túmbate sobre el lado izquierdo del cuerpo y coloca la mano y el pie derecho sobre la tira superior de la banda, sosteniéndola contra el suelo.
3. El pie izquierdo debe colocarse en el hueco creado por la banda, preparado para elevarse. Mantén la vuelta superior de la banda alrededor de los hombros (figura a) y no dejes que se deslice hacia abajo. Al principio, sostener la banda de este modo puede ser difícil, pero después de algunas sesiones de práctica te parecerá natural. Con una colchoneta o una toalla debajo estarás más cómodo.
4. Ahora eleva el pie izquierdo y la pierna contra la banda, manteniendo el pie paralelo al suelo.
5. Imagina que un hilo elástico estira la pierna hacia arriba. No ejerzas fuerza; el hilo trabajará por ti (figura b).
6. Baja la pierna hasta la posición inicial. Cuenta dos tiempos para bajar y uno para subir.
7. Envía el aire de tu respiración a los aductores. Imagina la respiración ofreciendo un flujo continuo de oxígeno fresco para mantener la energía en los músculos. Imagina el color rojo llenando los músculos de energía renovada.
8. Gira hacia el lado derecho y repite el movimiento con la otra pierna.

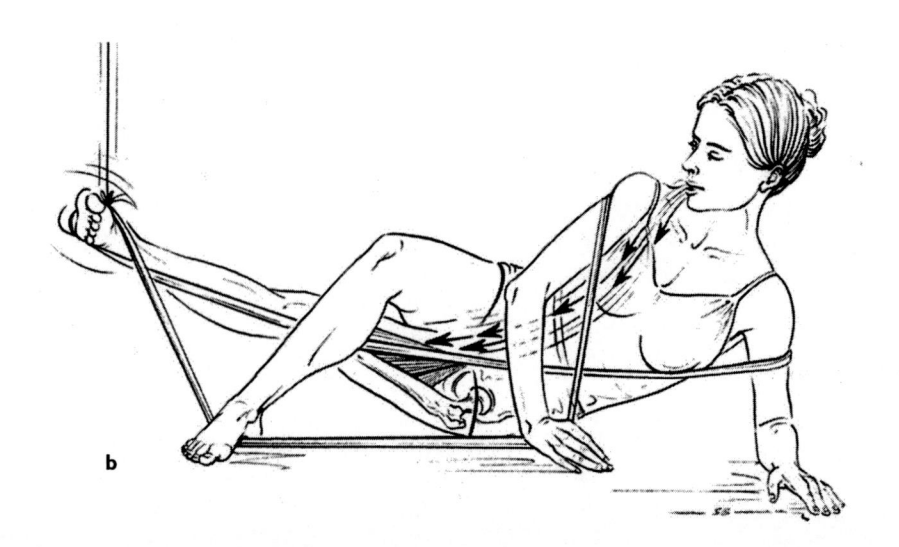

Desarrollar la potencia del tronco y los brazos

LA FUERZA DEL ABDUCTOR 8.14

Ahora ejercitarás el grupo muscular que se opone a la acción de los aductores: los abductores. Los abductores son también importantes para la estabilidad cuando te sustentas sobre una pierna. Debido a que sostenerse sobre una pierna es habitual en la danza, estos músculos están a menudo sobreentrenados. Además pueden sentirse tensos si elevas la pierna con la ayuda de los abductores en lugar de con el psoasilíaco. En la danza contemporánea y el jazz, la pierna puede elevarse a los lados en paralelo, lo cual requerirá la ayuda de los abductores. Estos factores pueden contribuir a tensar el área de la cadera. Es sin embargo importante mantener la respiración y enviar las imágenes más relajantes posible a los músculos durante los ejercicios de fortalecimiento de los abductores.

Tal vez te preguntes por qué hay que fortalecer un músculo sobreentrenado. En este caso, la razón para fortalecer es aumentar la resistencia del músculo para que soporte las exigencias de la danza. Además, el rebote elástico ofrecido por la banda puede aumentar la circulación del músculo.

1. Túmbate sobre el lado izquierdo con una Thera-Band atada alrededor de los pies como cuando estás sentado, pero reduce la longitud de la banda entre los pies para aumentar el nivel de resistencia (figura a).
2. Eleva la pierna derecha contra la resistencia de la banda. Con la mano derecha baja la banda.
3. Vuelve la pierna derecha a la posición inicial. Cuenta dos tiempos para bajar y uno para subir.
4. Imagina la respiración alejando la tensión de los abductores mientras haces el ejercicio.
5. Desplaza tu ojo y tu percepción mentales hacia las superficies óseas en el exterior del ilion y del trocánter mayor, donde de insertan los abductores. Desliza un cubito de hielo imaginario sobre estas superficies para mantenerlas frías mientras te mueves. Siente las capas musculares (glúteo mediano y menor) ablandándose y fundiéndose hacia el hueso.
6. Imagina un gran muelle entre los pies. Este muelle empuja la pierna hacia arriba sin que tú hagas ningún esfuerzo. Deja que el muelle imaginario haga todo el trabajo, mientras la pierna responde simplemente a su movimiento (véase figura b).
7. Después del ejercicio, palmea los músculos que se sientan tensos, y asegúrate de que liberas toda la tensión antes de girar al otro lado y repetir el ejercicio con la otra pierna.

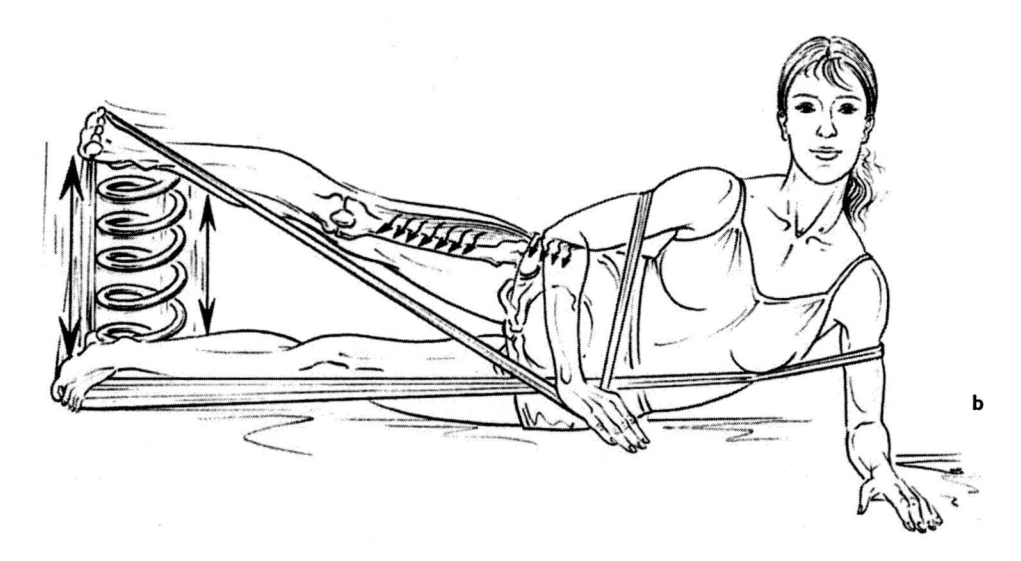

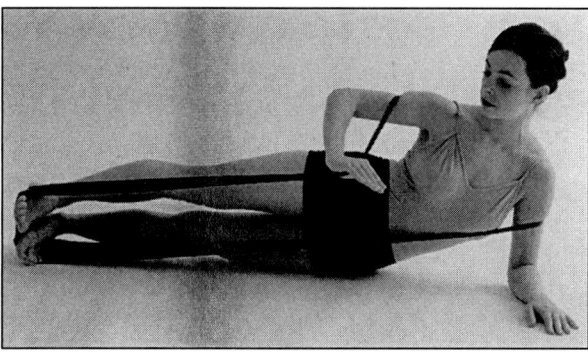

DANZA. Acondicionamiento físico

Las próximas series de ejercicios (8.15 a 8.18) son exigentes y divertidas. Si has llegado a este punto y todavía te sientes fuerte y preparado para más, continúa con las siguientes prácticas. Si no es así, sigue con las series anteriores durante 3 semanas antes de continuar.

8.15 NAVEGAR EN EL AIRE: *SPLIT* EN SEGUNDA POSICIÓN

El *split* en segunda posición también ejercita los abductores, pero hace que trabajen las dos piernas. Este ejercicio exige una actividad cerebral similar a la de la ejecución de un *split* en segunda posición mientras saltamos. El sistema nervioso es el componente clave en la ejecución del movimiento. Sin sus habilidades de organización, ni toda la fuerza del mundo podrá hacerte realizar un salto en *split*. Debido a que es difícil realizar un buen salto en *split* 20 veces consecutivas con una banda atada a las piernas, invertirás la posición del cuerpo, de modo que las piernas estarán en el aire mientras realizas un apoyo sobre los hombros. Esta posición debería resultarte razonablemente cómoda y no debería tensar de ningún modo tu cuello.

1. Colócate en la posición de apoyo sobre los hombros con las manos soportando la pelvis. Empieza desde la posición supina, flexiona ambas rodillas y elévalas. Soporta la columna lumbar firmemente con ambas manos. Ten siempre cuidado al subir y bajar desde el apoyo de los hombros.
2. Da una vuelta con la Thera-Band alrededor de la espalda y de los pies. Sostén la banda con las manos de modo que no se deslice por la espalda (figura a).
3. Separa las piernas, moviéndolas a los lados a igual distancia desde el centro (figura b).
4. Cierra las piernas. Cuenta dos tiempos para cerrarlas y uno para abrirlas.
5. Realiza el movimiento tanto en paralelo como en abertura.
6. Puede resultarte difícil concentrarte en la imagen mientras estás en esta posición. Si puedes visualizarte realizando un salto en *split*, tu sistema nervioso se empapará de la información y te ofrecerá un salto en *split* en segunda posición mejorado.
7. Si prefieres una imagen anatómica, imagina los músculos internoposteriores de las piernas desde las tuberosidades isquiáticas hasta los tobillos alargándose mientras mueves las piernas a los lados.
8. Añade la siempre eficaz imagen de la cuerda elástica, e imagina que estira tus piernas a los lados sin que tú hagas ningún esfuerzo.
9. Empieza con cuatro repeticiones y aumenta hasta doce añadiendo dos series por semana.

UN PERFECTO *JETÉ EN L'AIR* 8.16

Ahora concéntrate en la clásica posición del *split* con una pierna hacia delante y la otra hacia atrás. Esto se parece otra vez a la configuración muscular que necesitas cuando realizas un salto. Hay tantos músculos implicados en la acción de *jeté split* que podrías llenar esta página con sus nombres. Si sientes molestias en la cabeza, los hombros o el cuello al realizar esta práctica, no la hagas.

1. Desde la posición de apoyo sobre los hombros, prepara un *split* de piernas hacia delante y atrás. Separa las piernas y flexiona los pies para permitir que la Thera-Band se enrolle alrededor de los tobillos y no se mueva. La primera vez que te coloques en esta posición, deberás experimentar con la banda en varias posiciones (figura a).
2. Separa las piernas, moviendo la pierna izquierda adelante y la derecha atrás (figura b).
3. Ejercita la visualización realizando un *jeté en l'air*. Imagínate navegando por el aire, y siente la secuencia completa desde el principio hasta el final, incluido un elegante aterrizaje.
4. Cierra las piernas. Cuenta dos tiempos para cerrar y un tiempo para abrir.
5. Cambia la configuración de las piernas, de modo que la derecha quede hacia delante y la izquierda atrás. La pelvis es un plato elástico compuesto por una mitad pélvica derecha, un sacro y una mitad pélvica izquierda. Este plato puede girar a lo largo del eje transversal suavemente para acumular y liberar energía para caminar y saltar. Cuando la pierna derecha se mueve hacia delante y la izquierda atrás, la esquina superior derecha del plato se mueve hacia la esquina trasera y la esquina superior izquierda hacia delante, provocando que el plato gire. Dado que las posiciones de las piernas cambian al caminar, y aún lo hacen más relativamente en el *jeté* con ambas piernas, el plato gira atrás y adelante, acumulando y liberando energía. Tal elasticidad ayuda al cuerpo a ahorrar energía muscular. Una razón por la que el *jeté* parece más fácil en un lado que en el otro es porque el plato gira más fácilmente en una dirección. Para evitar el dolor articular causado por el desequilibrio en las articulaciones iliosacras, el plato debería girar los mismos grados en ambas direcciones. Piensa en las mitades pélvicas como soportes que ofrecen empuje al movimiento de las piernas. Imagina la mitad pélvica derecha aumentando el margen de movimiento de la pierna derecha, y la mitad pélvica izquierda aumentando el margen de la pierna izquierda.
6. Tómate todo el tiempo que necesites para regresar al suelo rodando sobre la espalda.
7. Empieza con cuatro repeticiones, y aumenta hasta doce añadiendo dos series por semana.

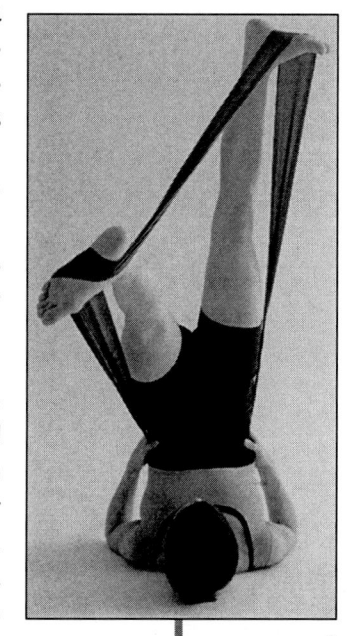

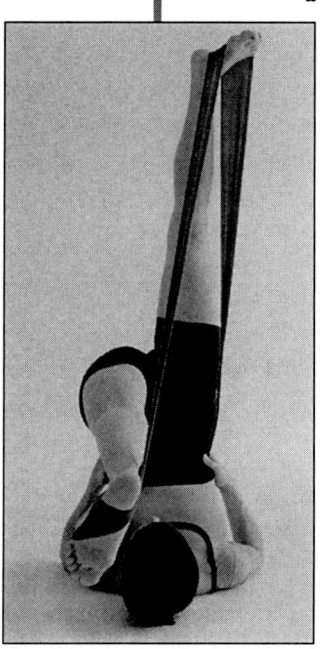

DANZA. Acondicionamiento físico

8.17 EL *SPLIT* DE VERENA Y MECEDORA

Este ejercicio se llama *split* de Verena y mecedora porque la modelo para estas series de ejercicios ejecutó espontáneamente este movimiento después de finalizar las mismas. Ciertamente es un ejercicio natural para los bailarines, porque estira los aductores y ayuda a relajar la tensión de la cadera y de la espalda.

1. Continúa desde el ejercicio 8.16 reposando y moviendo las piernas a los lados en un estiramiento en segunda posición amplia.
2. Mece la pelvis hacia delante, y balancea las piernas arriba y abajo en respuesta a este movimiento. Haz lo que resulte cómodo para alcanzar un estiramiento y relájate.
3. Mientras te meces adelante y atrás, siente los músculos de la columna lumbar deshaciéndose en el suelo y mantén los hombros relajados.
4. Siente los músculos internos de la pierna, los aductores, estirándose como melcocha, y empuja hacia fuera con los pies.
5. Implica el cuadrado lumbar y el psoas mayor en el movimiento, y entonces inicia la flexión lateral de la columna mientras se mece la pelvis.

8.18 ELEVACIÓN NATURAL DE LA CABEZA PARA FLOTAR

Este ejercicio es el último de las series. Te pondrá a punto para la posición de pie al aumentar el tono de los músculos que elevan mediante el tronco y especialmente la columna. De este modo, podrás eliminar las molestias residuales de los ejercicios de apoyo sobre los hombros. Esta práctica te llevará a una sensación de flotar hacia arriba y de una gran ligereza en la cabeza y la columna.

1. Coloca suficiente longitud de una Thera-Band bajo la pelvis de modo que ofrezca una moderada cantidad de tensión cuando coloques la vuelta restante sobre la cabeza.
2. Flexiona lentamente durante cuatro tiempos mientras mantienes una sensación de alargamiento en la espalda.
3. Extiende lentamente la columna durante cuatro tiempos mientras mantienes con cuidado la cabeza bien alineada. No permitas que la cabeza se mueva adelante.
4. Retira la banda y disfruta de la sensación de la cabeza flotando hacia arriba.
5. Repite el ejercicio de cuatro a seis veces a una velocidad cómoda.
6. Después de este ejercicio, sentirás que tu columna se alarga sin esfuerzo. Puedes, sin embargo, añadir varias ideas para aumentar los beneficios del movimiento:
   - Mantén una sensación de alargamiento entre la base y el extremo de la cabeza a lo largo del ejercicio. Espira mientras flexionas la columna, e inspira mientras la extiendes.
   - Empuja las tuberosidades isquiáticas contra el suelo, y alarga la cabeza para maximizar la distancia entre su extremo y el suelo pélvico.
   - Piensa en que tu cabeza atraviesa la banda mientras te mueves hacia arriba.
   - Imagina deslizándose los erectores de la columna de la espalda. Cuando ruedas hacia abajo, se separan. Cuando te enrollas hacia arriba, se juntan. Imagina deslizándose los músculos del recto del abdomen. Cuando ruedas hacia abajo, se juntan. Cuando te enroscas hacia arriba, se separan.
   - Imagina las costillas rotando hacia abajo cuando flexionas la columna y hacia arriba cuando la extiendes.
   - Puede que te sea de ayuda hacer rodar la espalda sobre pelotas durante unos minutos. Después realiza un simple paso de danza con tu nueva sensación de alargamiento en la columna.

Capítulo 9

Mejorar los giros, saltos y aberturas

En este capítulo te acercarás a tres de las principales preocupaciones de los bailarines: los saltos, los giros y el aumento de la abertura. Más allá de los límites psicológicos y anatómicos de cada bailarín, tener nociones de cómo coordinar los movimientos y cambiar la propia imagen corporal puede llevar mucho tiempo. En este capítulo me centraré en la mejora de la técnica y la seguridad en danza. Dar saltos más altos, hacer más giros y lograr una mejor abertura no debería conseguirse a costa de la salud de un bailarín.

Giros con menos miedo

Incluso los bailarines que giran bien están siempre intentando mejorar el número y la estética de sus giros. Cuando aprendas a girar bien, te resultará tan divertido que no querrás dejar de hacerlo. Por eso a menudo se siente cómo sube la tensión en una clase de danza cuando se pasa a practicar giros.

Algunos bailarines parecen progresar en cualquier otro aspecto de su danza excepto en sus giros. Ello se debe a que han establecido un patrón de movimiento erróneo a base de practicarlo durante años. En muchos casos, es más fácil ayudar a un principiante que a un estudiante avanzado, cuyos hábitos están arraigados más firmemente y son más difíciles de cambiar.

Llegados a este punto, el énfasis que pusimos en el fortalecimiento, con una especial concentración en el alineamiento, la iniciación del movimiento, el equilibrio y las imágenes, a lo largo de los capítulos anteriores vale la pena. Me encuentro a menudo con bailarines fuertes que fallan en las piruetas. Si los músculos fuertes estiran del cuerpo de un modo erróneo, resultan inútiles para los giros. El bailarín con una clara imagen de su cuerpo, aunque tenga menos fuerza, tendrá más éxito. Lo mismo ocurre con los saltos y las aberturas. He visto situaciones en las que casi cada bailarín de una escuela de danza tiene problemas de rodillas, pies o lumbares por forzar las aberturas. Utilizar la fuerza muscular para aumentar las aberturas sólo genera articulaciones rígidas, problemas de alineamiento y una pérdida de la flexibilidad. En lugar de ello, deberías lograr aberturas mediante la relajación de la tensión y comprendiendo cómo interactúan las articulaciones para crear la máxima flexibilidad. Y en los saltos tampoco es la fuerza pura, sino el alineamiento, las imágenes y un sentido del ritmo lo que marca la diferencia. Aumentar la fuerza solamente tiene sentido si se pone al servicio de la mente y del sistema nervioso para que guíen la acción corporal con seguridad y precisión.

DANZA. Acondicionamiento físico

9.1 ALINEAMIENTO PARA LOS GIROS

Sin un buen alineamiento, realizar giros múltiples no sería posible. Siempre puedes arreglártelas para dar uno o dos, con un alineamiento decente y un buen sentido del ritmo y de la ubicación. El alineamiento de la columna es el primer lugar donde se originan los problemas. Si la columna está alineada, las articulaciones a lo largo del cuerpo están equilibradas. Además, la columna es tanto el apoyo como el área de inserción de muchos órganos, músculos y tejidos conectivos. De este modo, los cambios en el alineamiento de la columna se transferirán a cada una de las partes del cuerpo, y viceversa.

Cuando tengas problemas con los giros, examina las siguientes áreas del cuerpo para mejorar el alineamiento de la columna:

1. Relaja las apófisis espinosas. Imagínalas cayendo y fundiéndose hacia abajo. Visualízalas unas encima de otras en el mismo plano sagital (véase figura en el ejercicio 6.16).
2. Observa el alineamiento equilibrado de las articulaciones derecha e izquierda de la mandíbula (articulación temporomandibular), las articulaciones derecha e izquierda entre la cabeza y el extremo de las vértebras (articulación atlantooccipital) y las articulaciones derecha e izquierda entre el ilion y el sacro (articulación iliosacra). Fíjate en el estado de estas articulaciones y en cómo se relacionan entre ellas, y confía en el sistema nervioso para iniciarte en el camino de un mejor alineamiento (véase también capítulo 5).
3. Imagina la ubicación simétrica de los órganos pares (pulmones, riñones e intestino grueso) dentro del torso.
4. Nota la posición de la pelvis. Si está inclinada hacia delante o hacia dentro (inclinación posterior), alterará tu equilibrio cuando gires. Observa si las crestas pélvicas están en el mismo plano horizontal y si su alineamiento en este plano cambia mientras te vas preparando para girar.
5. Imagina el alineamiento del cerebro y de la columna como un eje blando (véase figura). Después de reírte ante la novedad de la imagen, su percepción podría añadir una nueva cualidad a tus giros.
6. Durante la fase preparatoria para las piruetas, piensa en la imagen del eje central visualizado como una plomada rozando el frente de la columna cervical y de la lumbar.

Mejorar los giros, saltos y aberturas

RELAJAR LA MANDÍBULA 9.2

Muchos bailarines tensan el cuello y aprietan la mandíbula cuando realizan una pirueta. Esto puede parecer exagerado, pero observa una clase y verás que, efectivamente, esto ocurre. Ver cómo otros bailarines aprietan la mandíbula puede ser una de las mejores formas de reconocer que también lo haces tú.

1. Realiza una pirueta con la mandíbula apretada, y después otra con la mandíbula relajada. Notarás que la mandíbula tensa hace los giros más difíciles. La posición y el nivel de tensión de la mandíbula son la clave de la alineación de la columna. Además, la mandíbula tensa reduce la flexibilidad del cuello.
2. Coloca un dedo en cada una de las aberturas de las orejas, y empuja los dedos hacia delante. Mientras abres y cierras la mandíbula, siente la acción de las articulaciones (figura a). La mandíbula tiene un disco (como las rodillas), que lo divide en una parte superior y otra inferior. El disco mejora el margen de movilidad y la estabilidad de la articulación. Imaginar el disco blando y elástico puede crear una sensación de elasticidad y relajación en la mandíbula. Imagina el disco reposando sobre las articulaciones como un lagarto perezoso (o el animal que quieras) que descansa sobre su barriga encima de una roca cálida.
3. Coloca los dedos justo delante de las orejas y mueve la mandíbula para sentir la acción de la articulación. Puede que te duela si tienes tensión en esta área.
4. Mientras abres la boca ampliamente, piensa en el disco deslizándose hacia delante y hacia abajo. Puedes imaginar el disco como una balsa resbaladiza deslizándose por un río (figura b).
5. Mientras cierras la mandíbula, imagina el disco deslizándose de vuelta arriba (en sentido contrario al río; todo es posible con la imaginación, si la visualización nos ayuda).
6. Mueve los dedos hacia delante 1 cm y deslízalos verticalmente abajo hacia el lado de la mandíbula. Ahora estás masajeando el masetero, uno de los músculos más fuertes del cuerpo teniendo en cuenta su tamaño. Masajéalo a lo largo de todo el borde inferior del hueso de la mandíbula. Piensa en el masetero fundiéndose mientras buscas y ablandas sus puntos de tensión (figura c).
7. Después de relajar la mandíbula, repite la pirueta y nota los cambios en la movilidad del cuello y en el alineamiento de la cabeza. El giro parece diferente con la mandíbula libre de tensión, de modo que no te sorprendas. Observa también el aumento del sentido del ritmo en la cabeza y el cuello. La tensión hace difícil experimentar el ritmo.

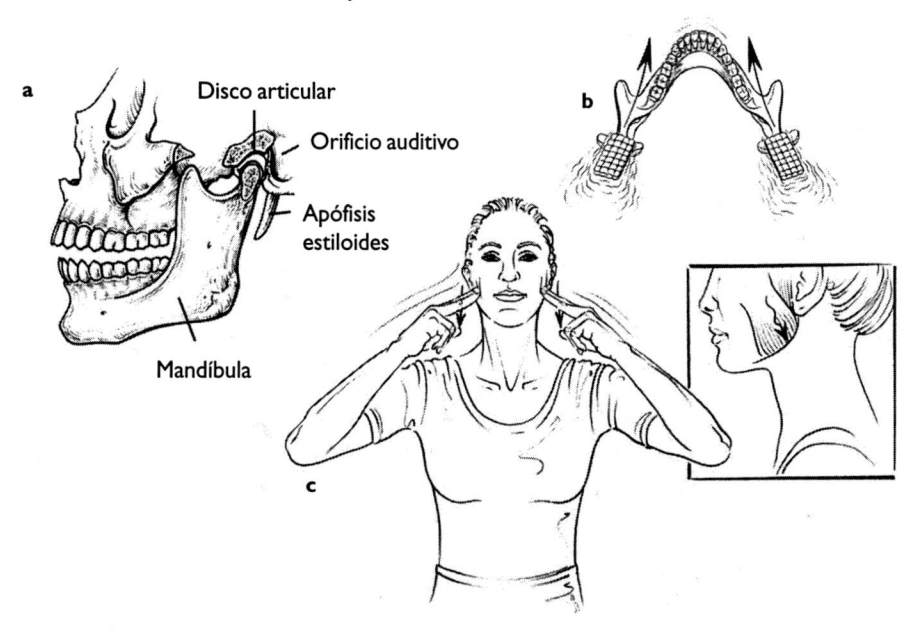

197

DANZA. Acondicionamiento físico

9.3 MENOS TENSIÓN, MÁS GIROS

El exceso de tensión, incluso en la lengua y la boca, te aleja del centro mientras giras. Si tensas esta área, los músculos del cuello también estarán tensos, y te será difícil estabilizarte con la vista.

1. Aprieta la lengua y los músculos de la cara, y rota la cabeza a la izquierda y a la derecha. Después relaja la cara y la boca y haz lo mismo. Has incrementado el margen de movimiento con la cara y la lengua relajadas. Observa los cambios en los músculos del cuello.
2. Tensa la lengua y la cara, e intenta realizar un giro.
3. Mueve la lengua alrededor de la boca, estírala tanto como puedas y agita tus músculos faciales. Empuja la lengua contra el suelo de la boca y contra el paladar varias veces.
4. Imagina la lengua reposando sobre el suelo de la boca. Mientras lo haces, visualiza el cuello alargándose. Fíjate en si puedes sentir la conexión entre el alargamiento de la columna cervical y la lengua relajada.
5. Con tensión en los hombros es difícil sentir el alineamiento de la columna superior. Eleva los hombros y espira mientras los dejas caer lentamente y piensa en la columna cervical alargándose. Repite este movimiento tres veces. Observa si la lengua parece querer añadir tensión a la acción. No dejes que esto ocurra.
6. Intenta hacer los giros de nuevo con la lengua, la mandíbula y los hombros relajados. Aunque al principio no te salgan bien, notarás la conexión entre tus giros y la tensión en la boca y la lengua.

9.4. «DESCONTRAER»

A menos que te lo pida un coreógrafo, no es una buena idea contraerte (flexión de la columna lumbar) cuando giras. Esta práctica suele originarse en la ejecución errónea del *plié*. Los patrones problemáticos incluyen posteriormente la inclinación (retraso) de la pelvis y el adelantamiento del cóccix (contrarrotación). (Revisa los ejercicios 5.7 y 5.8, págs. 97 y 98.)

1. Presta atención al movimiento del sacro, al cóccix y a las tuberosidades isquiáticas mientras te mueves para prepararte para girar. ¿Estás inclinando el cóccix? ¿Estás tensando el suelo pélvico? Éstos son signos seguros de rotación. Cambia la posición del suelo pélvico, pero no te tenses mientras haces un *relevé* sobre la pierna de apoyo.
2. Imagina que una alfombra voladora eleva las tuberosidades isquiáticas mientras te preparas para dar un giro. Las tuberosidades permanecen a la altura de la alfombra.
3. Observa la columna lumbar mientras te mueves desde la preparación de un giro. ¿Notas que la flexión es significativa? Estabiliza la columna lumbar para ejecutar los giros, pero no la flexiones ni la extiendas.
4. Imagina los omóplatos cayendo y siendo estirados abajo suavemente por la parte ascendente del trapecio.
5. Mientras giras, siente los pulmones rotando alrededor del corazón y no dejes que éste se desplace detrás de los pulmones.
6. Piensa en los huesos de la base del cráneo. Imagina que forman un plato igual que los que los acróbatas chinos colocan sobre largos palos para hacerlos girar. Piensa en la columna como una vara, y deja que la cabeza se enrolle a su alrededor sin crear ninguna alteración en el alineamiento.

Mejorar los giros, saltos y aberturas

MITADES CORPORALES IGUALES   9.5

Conseguir sentir los dos lados del cuerpo iguales es un gran avance para mejorar las piruetas. Es importante el momento simétrico (velocidad y fuerza) de las mitades corporales, y no solamente su alineamiento.

1. Mientras giras, piensa en las mitades pélvicas rotando alrededor del sacro como una puerta giratoria con el sacro en el centro.
2. Imagina los huesos bajo los ojos, y deja que éstos reposen sobre aquéllos. Mientras giras, asegúrate de que el área bajo los ojos está al mismo nivel en el ojo izquierdo y el derecho.
3. Siente la igualdad en ambos lados de la espalda y de la caja torácica.
4. Mantén los brazos al mismo nivel. Si tienes problemas para sentir el plano horizontal en los brazos, imagina una lanzadera de agua entre los dos codos. La burbuja de aire situada en su centro debería permanecer centrada mientras giras.
5. Visualiza el grupo de músculos del recto (véase figura). Piensa en ambos lados del recto abdominal con la misma longitud, y desde los huesos del pubis derecho hasta las costillas derechas, y desde los huesos del pubis izquierdo hasta las costillas izquierdas. Imagina el plano sagital medial cruzando este músculo. Esta imagen te ayudará a centrar la columna para girar mejor.
6. Siente la misma longitud y ritmo en ambos lados del cuello mientras giras.
7. Cuando trates de ubicarte, piensa en la cara como si la fotografiaran de frente, dos veces para dos giros, tres veces para tres giros, cuatro veces para cuatro giros; el dibujo muestra una cara alineada.

El ritmo es muy importante para los giros. Una vez hayas establecido una relación equilibrada entre tensión y alineamiento, utiliza la imaginación auditiva para oírte a ti mismo girando. Escucha la música sobre la que estás girando, o crea un ritmo interior y conéctalo a tu imagen de alineamiento. El ritmo y el alineamiento son la combinación perfecta para efectuar giros perfectos.

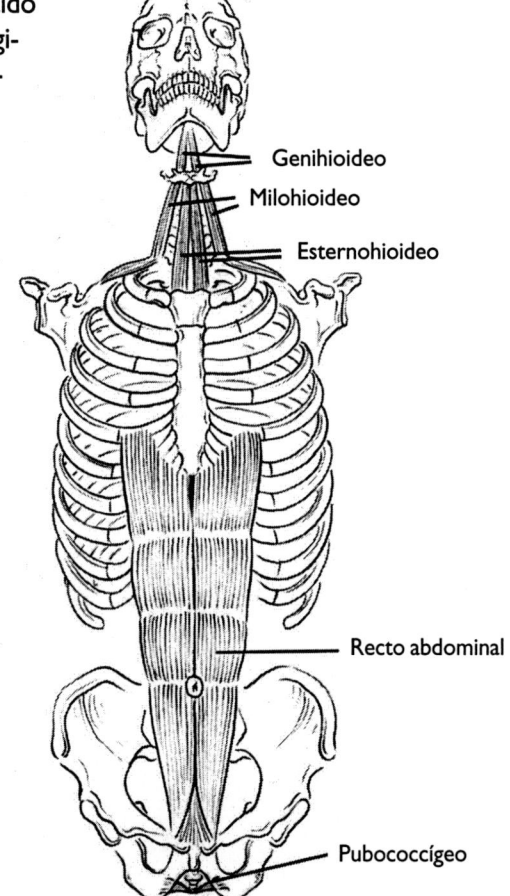

Genihioideo
Milohioideo
Esternohioideo
Recto abdominal
Pubococcígeo

Saltar más alto con menos esfuerzo

Saltar es divertido, especialmente una vez que notas que necesitas mucho menos esfuerzo del que creías necesario para hacerlo. Esta sensación se alcanza mediante una elasticidad completa del cuerpo, un alineamiento óptimo, ritmo y, finalmente, un control muscular eficaz. Además de los ejercicios aquí expuestos, a lo largo del libro encontrarás otras ideas que te ayudarán con tus saltos. Los ejercicios de alineamiento y del suelo pélvico del capítulo 5 tienen gran valor, así como los ejercicios de pie al principio del capítulo 7 y los de *relevé* en el capítulo 10.

9.6 LA PARTICIPACIÓN DE LA MUSCULATURA PARA MEJORAR LOS SALTOS

Cuando aterrices de un salto, concéntrate en la acción excéntrica (elongación) de los músculos de las piernas. Siente cómo se alargan los glúteos y los isquiotibiales. Esa elongación te proporcionará más estabilidad y reducirá la presión sobre las rodillas. También se alargarán los músculos de los gemelos cuando aterrices después de efectuar pequeños saltos. Si entrenas esto, tu aterrizaje será más suave y desarrollarás una mejor coordinación.

Igual que con los giros, el alineamiento es la clave para dar saltos poderosos. Si no estás alineado, necesitarás mucha fuerza cuando tenses para compensar.

1. Practica con un empuje idéntico en ambas piernas en *pliés* para preparar un salto equilibrado (véase figura).
2. No generes fuerza para saltar flexionando el tronco hacia delante y atrás. Siente el cuerpo totalmente relajado, pero rebotando sobre un muelle en vertical, el que ofrecen las piernas.
3. Realiza saltos mientras te concentras en la respiración. No hagas nada; tan sólo deja que fluya tu respiración. Esta concentración mejora mucho tu resistencia y tu potencia. La apnea tensará tus articulaciones.

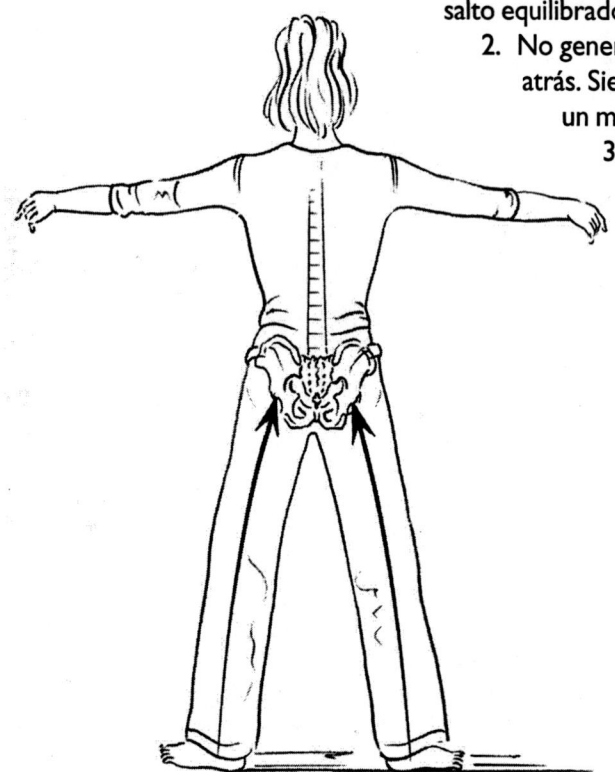

LOS SALTOS LARGOS 9.7

El cuerpo humano está diseñado para moverse de un modo eficaz, y sabe conservar la energía. De algún modo, el cuerpo es una combinación de péndulos que se balancean alternativamente, pero que no desperdician energía.

1. Cuando despegues del suelo para dar un salto largo, imagina el cuerpo como un péndulo invertido balanceándose desde el punto de empuje (véase figura). La cabeza es el peso del péndulo que se balancea alrededor del pie. Utiliza esta imagen para aumentar la longitud y la facilidad de tus saltos.
2. Mientras despegas del suelo, imagina la cabeza balanceándose en el aire.
3. En el salto hacia delante, siente cómo el despegue del pie conecta con todo el cuerpo. Siente la acción de la pierna de empuje creando fuerza en todo el cuerpo.
4. La imagen de la alfombra voladora puede ofrecer un apoyo excelente para ejecutar saltos largos. Mientras realizas un salto lateral con las piernas estiradas al lado *(grand jeté à la seconde)*, como se puede ver a menudo en el jazz, imagina que una fuerza de soporte, como una alfombra voladora, carga con las pelvis.

SALTAR CON FUERZA PERO SIN TENSIÓN 9.8

Cuando saltas, tu *fuerza* debería sumarse al salto, pero no tu *tensión*. Si los hombros están rotados o tensos, es difícil saltar alto o dar saltos con giros. Cuanto más relajes los hombros, más centrado estarás. Intenta esto durante el próximo salto:

1. Siente la caja torácica en un alineamiento equilibrado. Diferencia la primera costilla y la clavícula para relajar la tensión en la parte superior del pecho.
2. Mantén el cuello suelto y relajado. Siente la cabeza reposando sobre la columna mientras saltas. Si puedes lograr esta sensación, desarrollarás más control y tendrás más potencia en las piernas.
3. Intenta saltar con la mandíbula relajada y después con la mandíbula apretada. Si puedes relajar la mandíbula mientras saltas, ganarás más potencia en las piernas. Tu potencia de salto es tu potencia menos tu resistencia interna, es decir, tensión. Imagina la mandíbula y la lengua descendiendo y alargando la columna (véase figura).
4. No dejes que los movimientos de piernas y brazos alteren la posición de la columna. Piensa en los brazos y las piernas moviéndose libremente sin influir en la elasticidad de las piernas y la columna.
5. Imagina un compañero empujándote hacia arriba un poco más lejos mientras alcanzas el punto más alto de tu salto.

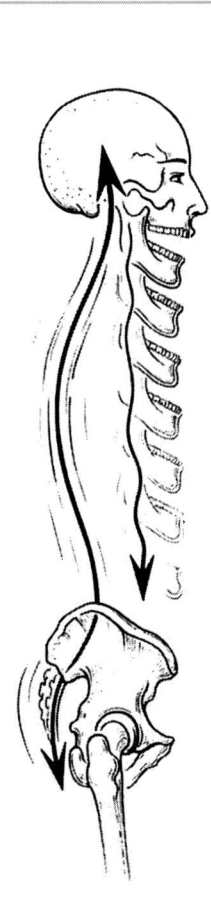

DANZA. Acondicionamiento físico

9.9 EL SALTO DEL DIAFRAGMA

El diafragma influye mucho en la altura y la elasticidad de tus saltos. Rara vez verás a un bailarín que tenga un sentido de flotabilidad, espacio y elasticidad en su caja torácica. Con el objetivo de reducir los movimientos innecesarios, se les puede haber dicho que sostengan la caja torácica de varios modos. Estas instrucciones, aunque bien intencionadas, tienden a hacer las costillas menos elásticas y a inhibir la acción del diafragma, el cual está insertado en la caja torácica. El siguiente ejercicio está diseñado para darte una idea de la ayuda que ofrecen el soporte elástico del diafragma y la caja torácica en los saltos.

1. Realiza unos cuantos saltos (sautés) para concentrarte en la caja torácica y el diafragma.
2. Esconde la barriga para impedir la respiración y realiza unos saltos. Nota los cambios en el rebote elástico de las piernas y en todo el cuerpo.
3. Salta una vez más, e inspira al aterrizar. Observa lo estable que te sientes cuando aterrizas.
4. Salta una vez. Espira al aterrizar y piensa en el diafragma relajándose. ¿Te sientes estable en el aterrizaje? Puedes sentirte más estable si espiras durante el aterrizaje.
5. Reposa unos instantes y visualiza el diafragma como una estructura elástica, como la superficie de un trampolín.
6. Realiza una serie de saltos. Imagina el diafragma como algo elástico que reacciona al movimiento del cuerpo. Permite que rebote con tu movimiento.
7. Cuando aterrices, el diafragma contrarrestará el movimiento de bajada moviéndose hacia arriba con tu espiración (figura a).
8. Cuando saltes, contrarresta el movimiento bajando durante la inspiración. Esta acción ayuda a estabilizar tu salto y te ofrece más empuje, porque el cuerpo se emplea así como un sistema elástico completo (figura b).
9. Reposa un momento y frota el área justo por debajo del esternón, donde se insertan el músculo abdominal y el diafragma en la parte frontal del cuerpo. Realiza una serie de saltos mientras sientes la elasticidad del diafragma. Observa cómo la acción de la pierna se ve influida por el rebote del diafragma.

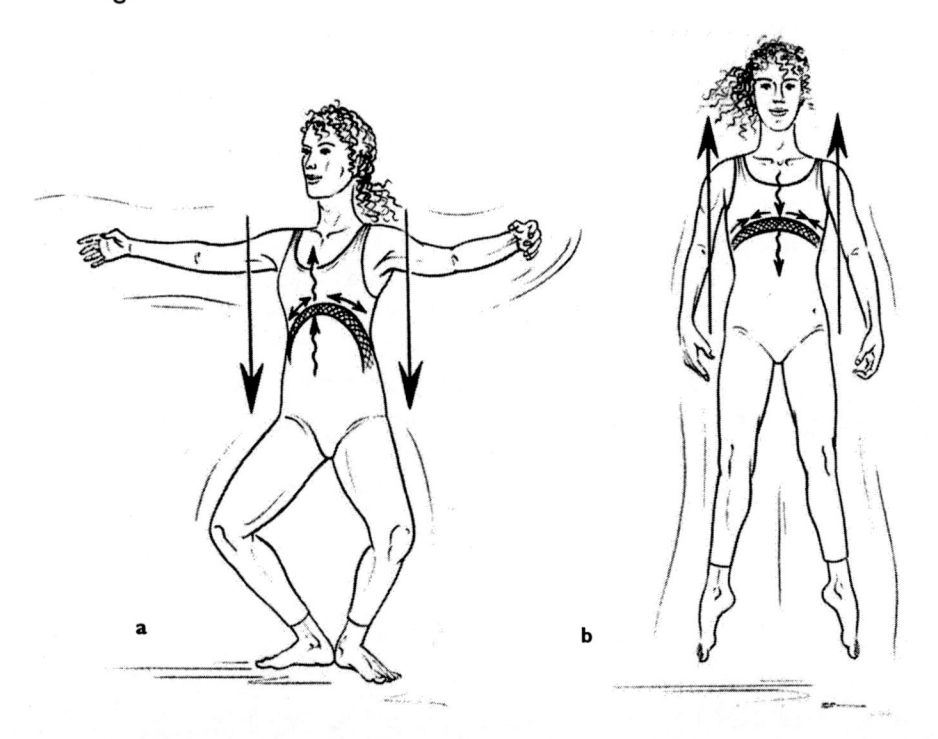

Descubrir tu elasticidad

Los huesos, tendones, ligamentos y las fascias son todos ellos tejidos conectivos. El tejido conectivo está hecho de estructuras que son como cuerdas en miniatura y alambres elásticos. Esto incluye también el tejido que rodea y crea la forma de las células. El cartílago, por ejemplo, es un tipo de tejido conectivo que resiste la presión de las articulaciones, y por ello contiene proteínas capaces de retener agua y ayudar a la acción del cartílago como un cojín de agua duro.

Los ligamentos y tendones contienen la proteína más común del cuerpo, denominada colágeno. El colágeno es una fibra extremadamente dura, capaz de resistir un tirón equivalente a 10.000 veces su propio peso. Esto nos recuerda la increíble capacidad de la estructura humana, algo positivo en lo que pensar cuando solemos concentrarnos únicamente en nuestras deficiencias. Otra fibra habitual en los tendones y ligamentos es la elastina. Como su nombre indica, es bastante elástica, más que el colágeno. Juntas forman los tendones y ligamentos elásticos, que son muy duros y resistentes.

El tejido conectivo, dentro y alrededor de los músculos, forma los tendones a cada extremo de un músculo y los conecta con el hueso. De esta forma, el músculo no mueve el hueso, sino el tejido conectivo (el tendón), el cual sí que mueve el hueso. Esta secuencia resulta ventajosa, porque la conexión es elástica y puede almacenar algo de la potencia producida por los músculos.

La elasticidad de los tendones ayuda a crear la sensación de rebote en los saltos. Si los tendones no son suficientemente elásticos, los músculos trabajan más duro para compensar esto. Ciertos ligamentos y hojas de tejido conectivo están conectados a los músculos, y los hacen más dinámicos en su función. Los glúteos y el tensor de la fascia lata, al lado y detrás de la pelvis, se conectan a una gran expansión de tejido conectivo que se inserta en el hueso del muslo y alcanza toda la zona que se extiende hacia abajo más allá de la rodilla. Este tejido conectivo ayuda a mantener la posición óptima y la tensión de los músculos del muslo.

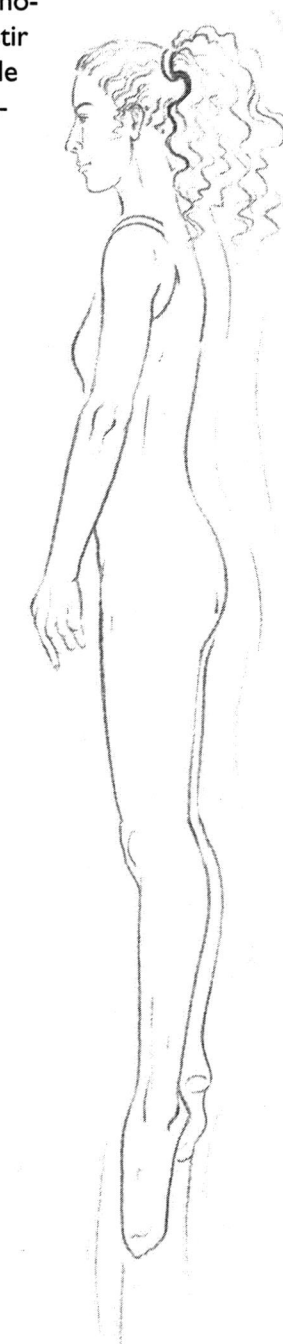

DANZA. Acondicionamiento físico

9.10 LA POTENCIA ELÁSTICA DEL TENDÓN DE AQUILES

Cuando estás aterrizando de un salto, la mayor parte de la energía se encuentra en los tendones, sobre todo en el de Aquiles, que conecta el hueso del talón con los músculos de la pantorrilla. Éste es el tendón más largo del cuerpo, y almacena la energía elástica generada por los músculos para reutilizarla en el siguiente salto.

1. Realiza unos cuantos saltos y hazte una idea de la elasticidad del tendón de Aquiles en su conexión entre los músculos de la pantorrilla y el hueso del talón.
2. Siéntate y coloca el tendón de Aquiles derecho entre el dedo pulgar izquierdo y el segundo dedo. Masajea suavemente el tendón arriba y abajo, desde el hueso del talón hasta el principio del vientre muscular. Esta acción no debería dolerte; si lo hace, consulta a un médico, porque quizás tengas el tendón inflamado.
3. Presiona el tendón rítmicamente mientras visualizas un salto sobre la pierna derecha.
4. Ponte de pie y ejecuta unos cuantos saltos sobre la pierna cuyo tendón has tocado y después sobre la otra. Notarás una diferencia increíble en la habilidad del salto.
5. Ahora imagina que saltas sobre dos piernas que reúnen las condiciones de la pierna izquierda, y fíjate en la potencia elástica que te has estado perdiendo.
6. Siéntate y repite el ejercicio con el tendón de Aquiles izquierdo.
7. Una vez hayas experimentado con ambos lados, proponte firmemente integrar la elasticidad de tu tendón de Aquiles en tu imagen corporal.

9.11 RODILLAS ELÁSTICAS

En el siguiente ejercicio tocarás el ligamento rotuliano que hay entre la rótula y la espinilla. Intentarás sentir a través de tu acto cambios sutiles que pueden ocurrir y notarás cómo afecta esta exploración tus saltos.

1. Realiza unos cuantos saltos mientras te concentras en la parte frontal de las rodillas.
2. Siéntate y coloca un dedo sobre el borde inferior de la rótula, y otro sobre la protuberancia en la punta del hueso de la espinilla. Este lugar es la tuberosidad de la tibia, y es el punto de inserción del músculo cuádriceps.
3. Concéntrate en cómo el ligamento se expande entre los puntos que estás tocando. Imagina que es una banda elástica que puede soportar tus saltos activamente.
4. Masajea el ligamento rotuliano desde la rótula hasta la espinilla. Presiónalo suavemente al ritmo de los saltos que practiques.
5. Retira los dedos y carga tu peso sobre la pierna con la que has estado trabajando. Realiza un *plié*, y después flexiona y estira la rodilla. Haz lo mismo con la pierna que no has tocado, y observa la diferencia.
6. Realiza algunos saltos sobre la pierna tocada y después sobre la otra, y nota la diferencia en la elasticidad de las rodillas.

Otros ligamentos que acumulan elasticidad cuando saltas son los ligamentos inguinales (delante de la cadera), los isquiofemorales (detrás de la cadera), los sacrotuberosos (que unen el sacro con las tuberosidades isquiáticas), el ligamento de salto del pie y, en un menor grado, todos ligamentos de la columna, la rodilla y el pie.

TOTALMENTE ELÁSTICO 9.12

Una vez hayas desarrollado la sensación de elasticidad de los tendones en el salto, te ayudará imaginar el cuerpo entero actuando como una unidad elástica. El cuerpo, desde el punto de vista del tejido conectivo, puede verse como una malla interconectada de fibras semielásticas.

1. Muchas de las vainas de tejido conectivo del cuerpo comunican las fuerzas entre los músculos, huesos e incluso entre las estructuras del sistema nervioso (figura a).
2. Incluso las células del cuerpo contienen estructuras denominadas citosqueletos, hechos de microtúbulos ajustables. Los microtúbulos forman una red junto con los microfilamentos que mantiene y altera la forma de la célula.
3. La disposición esqueletoligamentaria, así como el citosqueleto, me recuerdan las estructuras de tensión. Las estructuras de tensión están hechas de tensores interconectados (elásticos) y miembros de compresión (espaciales). Son muy ligeras y robustas, y distribuyen las fuerzas que reciben de todas sus partes.
4. Cuando saltes, piensa en ti como una estructura elástica; piensa que tienes la habilidad de recibir y distribuir la fuerza sin sacrificar tu organización central.
5. Imagina la elasticidad en todas las partes del cuerpo. Esta elasticidad no es blanda, sino firme, y mantiene su forma mientras absorbe y recicla las fuerzas que asimila.
6. Siente cómo las curvas de la columna se acentúan elásticamente mientras aterrizas, y cómo incrementan tu rebote cuando saltas (figura b). Visualiza esta imagen pero no trates de imitarla ya que no obtendrás el resultado deseado.
7. Mientras aterrizas de un salto, siente cómo se extiende el fondo de los pies para aguantar tu caída. Permite que el retroceso elástico del pie ofrezca fuerza a tu próximo salto.

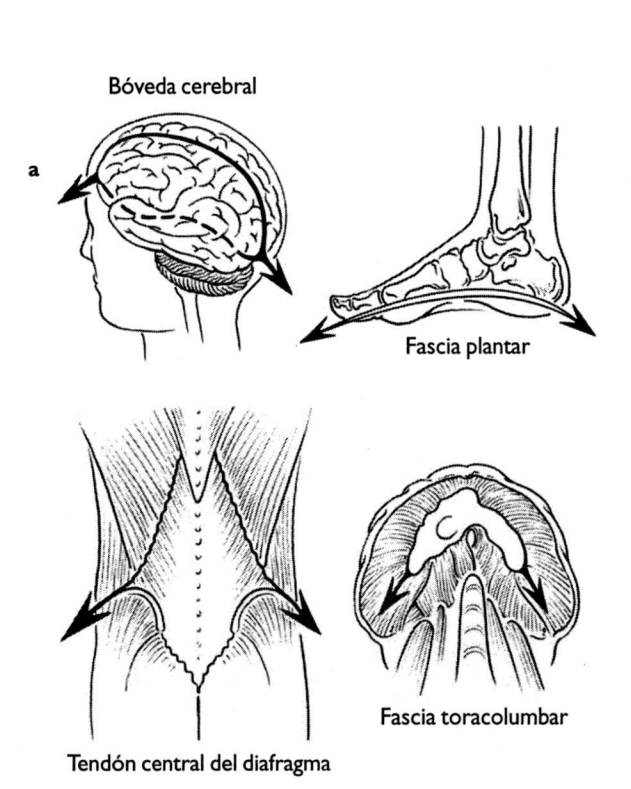

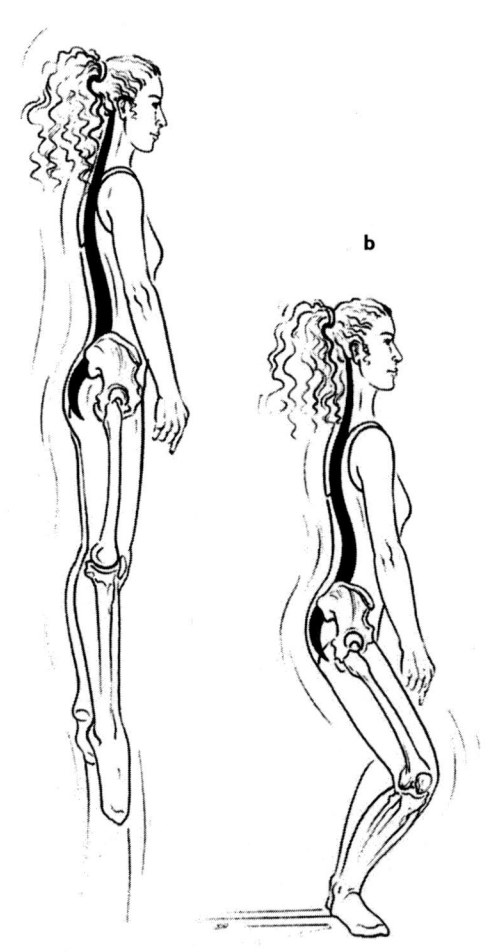

Bóveda cerebral

Fascia plantar

Fascia toracolumbar

Tendón central del diafragma

Aumentar la abertura de un modo saludable

Ahora observarás algunos métodos sencillos de aumentar tu abertura sin causar ningún daño al tejido o a los músculos cansados.

La abertura máxima de un bailarín está limitada por las estructuras de los huesos, articulaciones y el tejido conectivo. Naturalmente, algunos bailarines tienen cuerpos más idoneos para la abertura que otros, pero la mayoría de ellos no emplea su potencial de abertura al completo. Ello se debe a razones como las siguientes:

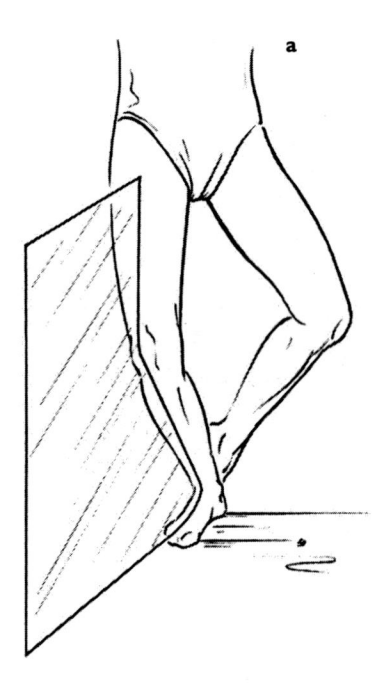

- Exceso de tensión muscular provocado por la incorrecta coordinación muscular. Esto reduce la libertad de movimiento en las caderas. El rotador externo más potente de la cadera es el glúteo mayor. Como también extiende la cadera, no es un buen candidato para la rotación externa cuando la cadera está flexionada, como en un *attitude* en posición *avant*. Concéntrate en los rotadores profundos (véase el texto que sigue) y en los músculos accesorios, como el sartorio, para obtener el resultado deseado.
- Problemas de alineamiento (exceso de inclinación anterior de la pelvis) que provocan que las caderas estén limitadas en la rotación externa.
- No practicar rotaciones de la cadera en las clases de danza. He observado a menudo a bailarines que creen que están abriendo la pierna cuando en realidad están rotando la pelvis. La cadera permanece limitada, porque el cerebro nunca aprende su movimiento correcto.
- Ser capaz de mantener la abertura mientras se baila. Puedes tener mucha movilidad en la cadera y aun así ser incapaz de mantener su abertura debido a la falta de fuerza y coordinación en los músculos apropiados. La tensión en los músculos que se oponen a la abertura también puede causar esta situación. Estos músculos son el tensor de la fascia lata, el glúteo menor y las fibras anteriores del glúteo mediano.
- Demasiada tensión en los músculos que abren la pierna. Para funcionar bien, los músculos rotadores externos deben ser capaces de alargarse y acortarse al máximo de sus capacidades. Concentrarse solamente en el acortamiento causa tensión. La palpación y la visualización pueden funcionar de maravilla para relajar estas áreas.
- Forzar los giros de abertura de la rodilla y del pie excesivamente, lo que causa que la pelvis se incline hacia delante, la rodilla sea empujada también hacia delante y los pies rueden hacia dentro (pronen). Esta desalineación provoca un desequilibrio y tensión en los músculos y ligamentos que soportan estas estructuras, lo cual puede conducir a lesiones. Las compensaciones del bailarín –forzando la rodilla hacia atrás y utilizando la tensión para elevar la parte frontal de la pelvis y la parte interna del borde del pie– provocan graves problemas técnicos. Este patrón de movimiento es difícil de cambiar, porque los bailarines están tan acostumbrados a él que no quieren cambiar a la posición correcta.

Teóricamente, la abertura se debería iniciar en la cadera con una participación muy pequeña de las articulaciones de la extremidad inferior (figuras 9.1 a y b).

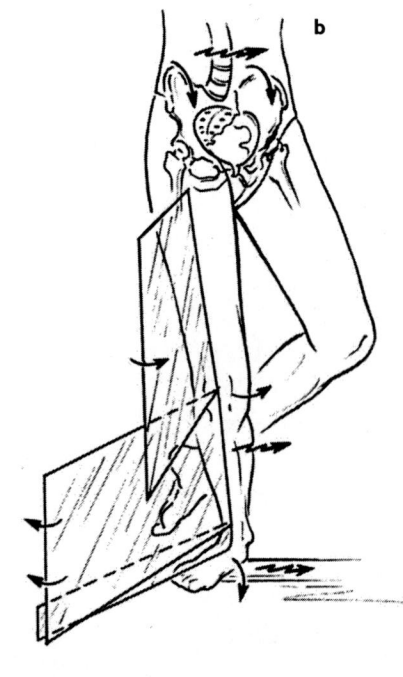

Figuras 9.1 a y b. El modo más seguro de obtener una abertura óptima es iniciando el movimiento desde las caderas.

Aquí tienes cinco importantes modos de mejorar la rotación y la abertura, algunos de los cuales ya se han tratado en los capítulos anteriores:

1. Revisa los ritmos de la articulación de la pierna y la pelvis. Una vez los hayas visualizado y percibido de forma clara, las articulaciones y los músculos se moverán dentro de su máximo margen de movimiento natural, el cual es siempre mayor que el que se obtiene a través de la tensión y la fuerza (véanse capítulos 5 y 7).
2. Relaja el exceso de tensión en todos los músculos de la cadera, especialmente el aductor, abductor y los rotadores internos y externos con ejercicios de pelotas rodantes, imágenes, contacto y estiramientos (véase también capítulo 4).
3. Ejercita el psoasilíaco y los rotadores externos para crear más fuerza y longitud en estos músculos (véase también capítulo 6).
4. Refuerza la abertura con las Thera-Band, y equilibra esta fuerza para crear una abertura equilibrada (véase capítulo 7).
5. Refuerza la abertura a través de la coordinación entre la pierna y la pelvis y la concentración en el suelo pélvico.

Relajar los rotadores profundos

Los seis rotadores profundos son unos músculos clave para los bailarines. Éstos son el obturador interno y el externo, los gemelos superior e inferior, el piriforme y el cuadrado femoral. Son importantes tanto para la abertura como para la alineación de la pelvis, y necesitan estar fuertes pero no tensos. Si están tensos, inclinarán la pelvis adelante, descendiendo y limitando la abertura, y la columna lumbar se resentirá al tener que esforzarse para abrir y elevar la parte anterior de la pelvis (véase psoasilíaco, capítulo 6). Excepto en lo que se refiere al cuadrado femoral, que es un aductor, los rotadores profundos también pueden ayudar en la abducción de la pierna dependiendo de la elevación.

La tensión en los rotadores profundos predispone a sufrir artritis en la cadera, porque las piernas tienden a permanecer abiertas, incluso durante las actividades cotidianas. Si éste es el caso, los ligamentos de la cadera permanecen flojos, y la falta de estabilidad puede contribuir a aumentar el desgaste de la articulación. Presta especial atención al piriforme (véase pág. siguiente), porque es el más fuerte de los seis rotadores.

Uno de los indicadores más claros de una buena técnica es ser capaz de experimentar el traspaso de peso a las caderas. Esto te capacita para utilizar la pelvis como un centro de poder que puede fallar cuando los rotadores están tensos. Si los rotadores profundos están relajados, tu *plié* es más profundo, la pelvis está más alineada, tu equilibrio mejora y tienes más potencia en las piernas, incluso en la posición de abertura. En lugar de estirar estos músculos cuando estén tensos, utilízalos con una sensación de elongación y facilidad de movimiento. Simplemente aumenta tu concentración en esta zona y obtendrás inmediatamente toda la flexibilidad disponible.

9.13 EL OBTURADOR INTERNO Y EL PIRIFORME

El centro de este ejercicio es el piriforme y los obturadores, porque son importantes para ajustar la transferencia de peso desde la pelvis hasta las piernas. Los obturadores y el piriforme se insertan en una cavidad (fosa) justo dentro del extremo del trocánter mayor en la punta del fémur. Este detalle es importante, porque visualizar el ablandamiento en esta cavidad ayuda a relajar la tensión del músculo.

El obturador interno rodea la tuberosidad isquiática hasta la parte frontal de la pelvis, y se inserta en un área denominada membrana obturatriz. El obturador externo se inserta en el mismo lugar, pero su ruta es más corta. Viaja por debajo de la cadera hasta el exterior de la membrana obturatriz. El externo actúa también como un soporte elástico para las caderas, como una hamaca dispuesta debajo de ellas. Es difícil percibir la acción y la localización de los obturadores, pero es muy beneficioso dedicarse a intentarlo.

Además de ser rotadores externos del fémur, la contracción de los obturadores inclina la pelvis hacia delante cuando las piernas están fijas sobre el suelo (posición de cadena cerrada; figura a).

1. Toca con los dedos el exterior de la pierna izquierda hasta que notes una prominencia ósea, el trocánter mayor. No confundas el trocánter con la cresta ilíaca, la cual está algo más arriba.
2. Toca el trocánter mayor izquierdo con la mano izquierda, y la tuberosidad izquierda del mismo lado del cuerpo con la mano derecha, para visualizar la primera mitad del camino del obturador interno. Masajea estos puntos suavemente con un movimiento circular de los dedos, mientras piensas en la ruta del obturador desde el trocánter alrededor de la tuberosidad hasta la parte interna de la pelvis.
3. Imagina el músculo flotando desde el trocánter hacia abajo hasta la tuberosidad isquiática y después hacia la parte delantera de la pelvis, como un río (figura b).
4. Para completar la visualización del obturador interno, mueve la mano izquierda para tocar el hueso púbico izquierdo.
5. Visualiza el final del obturador extendiéndose como un delta de río mientras se inserta en la membrana obturatriz.
6. Compara la flexión y la rotación de la cadera derecha y la izquierda, y repite la palpación en el otro lado del cuerpo.

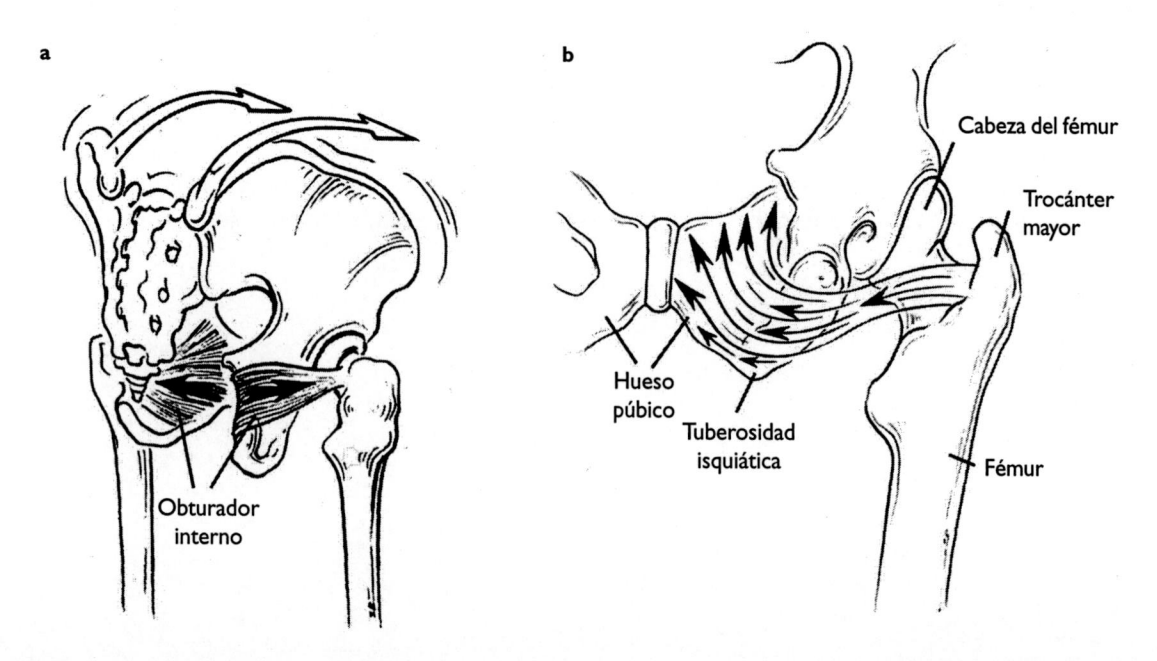

EL OBTURADOR EXTERNO 9.14

El obturador externo pasa por debajo de la cadera desde la cavidad en el interior del trocánter hasta el exterior de la membrana obturatriz. Mientras pasa por debajo de la cadera, también forma conexiones con su cápsula, lo que ofrece una ayuda dinámica a la estabilidad de la cadera (véase figura).

1. Visualiza el obturador externo tocando el trocánter y la parte del hueso púbico que desciende hasta la tuberosidad isquiática del mismo lado.
2. De nuevo, piensa en el flujo que viaja desde el trocánter hasta la tuberosidad isquiática. Imagina que el músculo se comba como una hamaca mientras pasa por debajo de la cadera.
3. Una vez seas capaz de visualizar estos músculos, gira la pierna adentro y afuera (rotación medial y lateral de la cadera). Integra el deslizamiento de los filamentos en los obturadores. Mientras rotas externamente, se juntan. Mientras rotas internamente, se separan.
4. Si eres capaz de visualizar estos músculos con gran precisión, podrás aumentar tu abertura hasta un grado sorprendente. No te imagines acortando el músculo; solamente piensa en la facilidad de deslizamiento de los filamentos.
5. Mientras abres, concéntrate también en el tensor de la fascia lata, un rotador interno o abductor de la pierna. Toca la EIAS y desliza los dedos hacia abajo 2 ó 3 cm y ligeramente hacia atrás para sentir este músculo. Masajea el tensor de la fascia lata mientras imaginas el músculo fundiéndose por delante y fuera de la pelvis.
6. Antes de trabajar en el otro lado, compara las piernas derecha y la izquierda para apreciar el resultado de tu esfuerzo.
7. Eleva la pierna derecha en un *passé*. Rota la pierna internamente, e imagina los obturadores deslizándose aparte. Rota externamente la pierna, e imagina los obturadores juntándose.
8. Una vez hayas ejercitado ambos lados, realiza un *plié* y piensa en los obturadores externos acortándose y alargándose sin tensión bajo las cavidades de la cadera. Además trata de hacer extensiones en segunda posición mientras piensas en los obturadores, deja caer el trocánter mayor hacia atrás y abajo hasta conseguir una fácil contracción de los obturadores. Si dominas esta habilidad, obtendrás más abertura con menos esfuerzo en la parte superior del muslo.

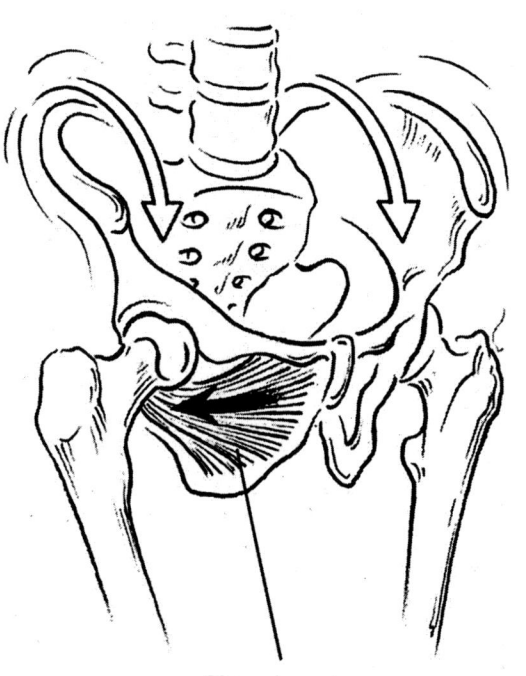

Obturador externo

9.15 VISUALIZAR EL PIRIFORME

Ya has trabajado el piriforme en el ejercicio anterior, pero es importante prestar una atención particular a este músculo. El piriforme (cuyo nombre significa «forma de pera») pasa entre el trocánter mayor y la parte anterior del sacro. Como transcurre entre el extremo superior de la pierna y el sacro, coordina el movimiento de estos huesos. Si uno de los músculos piriformes está más tenso que el otro, el sacro está sujeto a una fuerza rotadora, y la articulación entre el ilion y el sacro (iliosacra) puede resentirse. El sacro es la base de la columna y debería estar bien alineado. Si un bailarín usa más una pierna que otra, cosa que suele ser frecuente, creará un patrón de fuerza unilateral en el piriforme. Este patrón debería equilibrarse fuera del cuerpo con la concentración en la visualización y con ejercicios de coordinación.

1. Coloca la mayor parte de tu peso corporal sobre la pierna izquierda. Mantén el pie derecho en el suelo con la pierna ligeramente abducida.
2. Toca el trocánter mayor del lado derecho.
3. Desliza los dedos hasta el extremo superior del trocánter y después hasta su borde posterior.
4. Visualiza el piriforme pasando entre el trocánter y el sacro.
5. Rota la pierna interna y externamente, y observa cómo sobresalen los músculos alrededor de los dedos. Cuando rotas internamente la pierna, el glúteo menor y el tensor de la fascia lata (rotadores internos de la pierna) se perciben por delante de los dedos. Cuando la rotas externamente, el glúteo mayor se siente sobre todo detrás de los dedos.
6. Masajea el área entre estos dos bultos para tocar el piriforme. Rota la pierna interna y externamente, e intenta sentir la actividad muscular profunda debajo de los dedos. Esto es difícil si elevas el pie derecho, porque el glúteo sobresale y hace que no se puedan notar los músculos profundos.
7. Cuando hayas terminado con la exploración táctil, compara la extensión (*développé à la seconde*) en ambas piernas y repite tu exploración en el otro lado.
8. Camina un poco, y piensa en las piernas balanceándose desde el sacro a lo largo del piriforme. Si alguien hace alguna observación sobre tu nueva facilidad de movimiento, prepárate para aleccionarte sobre los beneficios de la percepción del piriforme.

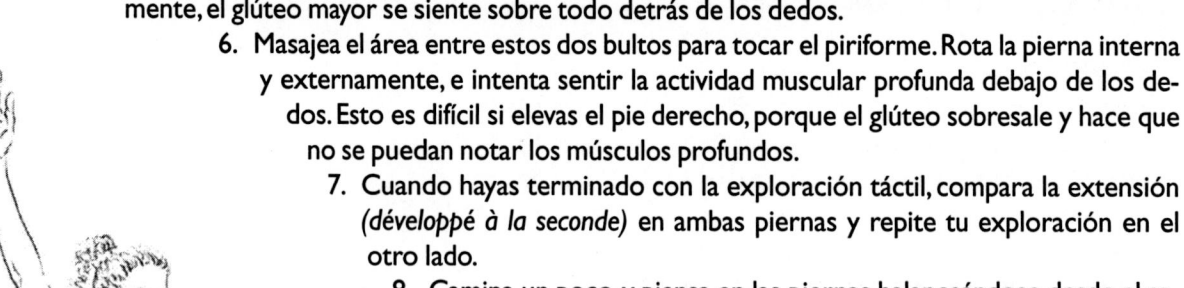

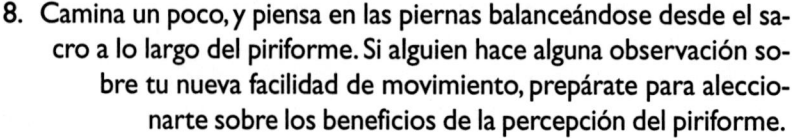

PELOTAS RODANTES PARA RELAJAR LOS ROTADORES 9.16

Este ejercicio enseña a no forzar nunca tu abertura. La libertad muscular, y no la tensión, aumenta la abertura. Además, los músculos tensos no pueden desarrollar fuerza y no serán capaces de mantener la abertura durante el movimiento.

1. Coloca una pelota bajo el lado derecho de la pelvis entre el trocánter mayor y la tuberosidad isquiática (la lista de referencias y recursos al final de este libro incluye toda la información sobre las pelotas rodantes). Para ello, tendrás que girar la pelvis a la derecha. Ajusta el cuerpo hasta que te sientas cómodo. Se necesita algo de práctica para conseguir que la pelota ocupe el lugar correcto y el resto del cuerpo se sienta cómodo (figura a).
2. Mientras ruedas sobre la pelota lentamente, imagina los músculos deshaciéndose. Envía el aire de tu respiración dentro de esta área. Imagina que la respiración puede eliminar toda la tensión.
3. Como variación, utiliza dos pelotas, una debajo de la pelvis y la otra debajo de la parte externa del muslo, justo por encima de la rodilla. Ahora puedes liberar la tensión tanto en el lateral de la pelvis como en los músculos del muslo (figura b). Ajusta la posición de la pelota sobre el borde exterior del muslo con las manos, y haz rodar por debajo varias áreas de la pierna.
4. Aumenta o disminuye la presión sobre las pelotas dependiendo del estado de los músculos.
5. Inicia el movimiento desde la mitad pélvica derecha, rota la pierna interna y externamente, respira y muévete despacio.
6. Imagina los músculos fundiéndose sobre la pelota. Respira cuando encuentres puntos de tensión y deshazlos con la respiración.
7. Practica durante 5 minutos en cada lado. Antes de cambiar de lado, tómate un momento para ponerte de pie y realizar un *plié* y una extensión *développé* con cada pierna. Notarás una diferencia significativa en la facilidad de movimiento y en la cantidad de abertura entre los dos lados. Practica también el equilibrio sobre una pierna y nota la estabilidad de la rodilla.
8. Arrastra la pierna hacia delante y rota la pierna interna y externamente. Puedes haber aumentado tanto el margen como la fluidez de la movilidad de abertura y cierre. Observa el resto del cuerpo mientras haces esto. ¿Puedes concentrar la acción en las caderas mientras el resto del cuerpo permanece tranquilo? O en caso contrario, ¿tensas ciertas áreas mientras practicas la abertura?
9. Después de haber practicado con los dos lados, realiza algunos *pliés* más en segunda posición para integrar el nuevo margen dentro del sistema de guía del movimiento del sistema nervioso.
10. Visualiza los músculos alrededor del trocánter mayor. Concéntrate en la cavidad (fosa) sobre el lado del trocánter, y visualiza los músculos fundiéndose para aumentar la profundidad de tu *plié* sin alterar la alineación pélvica.

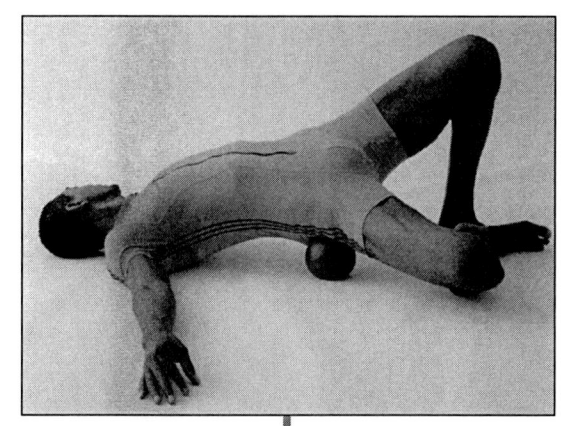

9.17 ALARGAR LOS ROTADORES PROFUNDOS

Ahora utilizarás el movimiento y la visualización para alargar los rotadores profundos. En el siguiente ejercicio es importante que prestes atención a la posición de las piernas, porque los músculos cambian su función dependiendo de la cantidad de flexión de la cadera. Como ya has visto en el capítulo 4, el piriforme actúa como un rotador interno si la pierna se flexiona más de 60° en la articulación de la cadera, y como rotador externo a menos de 60° de flexión. Para alargar el músculo adecuadamente, debemos girar desde la rotación externa a la interna durante la extensión de cadera. Este ejercicio también ayuda a relajar la tensión de los flexores de la cadera, sobre todo el psoasilíaco (véase también capítulo 6).

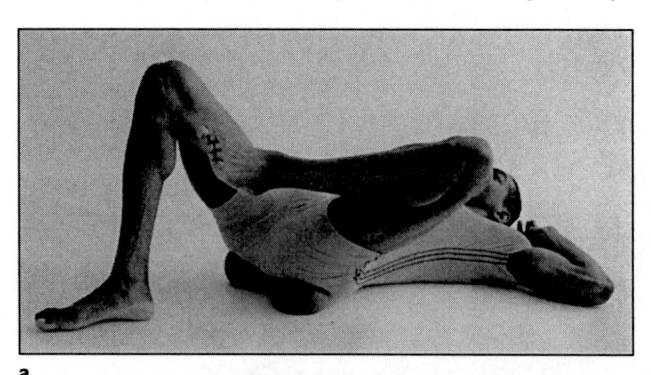

1. Coloca dos pelotas debajo de la pelvis.
2. Manteniendo el pie derecho sobre el suelo, eleva (flexión de la cadera) la pierna izquierda, rótala externamente y abdúcela desde la cadera (figura a).
3. Baja el pie izquierdo lentamente hasta el suelo (extensión de cadera) mientras rotas la pierna internamente y la aduces (figura b).
4. Visualiza el músculo periforme alargándose. Imagina la distancia entre el sacro y el trocánter mayor aumentando mientras el pie baja hacia el suelo.
5. Eleva el pie del suelo y lleva la pierna hasta la posición inicial flexionando la cadera, abduciendo y rotando la pierna externamente.
6. Repite el movimiento cíclico cinco veces.
7. Antes de cambiar de lado, retira las pelotas, estira las piernas sobre el suelo, comprueba tu rotación externa y realiza unas pequeñas flexiones de cadera, *développés* o patadas de pierna para experimentar los beneficios del ejercicio. Nota el grado, así como la calidad de la rotación externa.

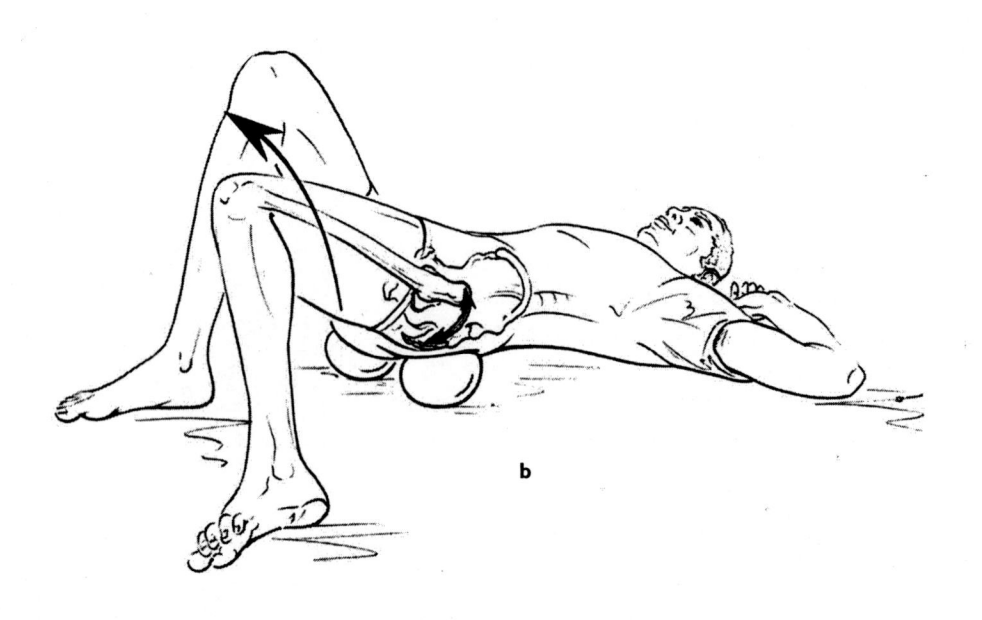

ESTIRAR EL PIRIFORME 9.18

Contraer el piriforme hace rotar la pierna externamente desde la posición de pie, pero abduce y rota la pierna internamente cuando la elevas por encima de los 60°. He observado frecuentemente en bailarines que cuando este músculo no está estirado adecuadamente, la pierna rota internamente mientras se eleva, y los abductores (glúteo mediano), en lugar del psoasilíaco, participan en el movimiento para elevar más la pierna. Debido a que esta acción provoca que el trocánter mayor empuje hacia el lado de la pelvis, un bailarín no puede elevar la pierna muy alto hacia el lado en abducción. Para compensar esto, el bailarín eleva su pelvis sobre el lado de la pierna gestual. Eso no es aceptable en el ballet, y tampoco es una buena estrategia para ninguna forma de danza, porque deja tu pierna de apoyo fuera del alineamiento y pone en peligro la rodilla. Para elevar la pierna en abducción como se ve en algunos estilos de jazz y danza contemporánea (p. ej., La técnica Horton), debes mantener la rodilla de apoyo encima del pie.

1. Para este estiramiento necesitas una barra de ballet o alguna superficie elevada. Coloca el pie izquiero de lado sobre la superficie, abre completamente la cadera y flexiona la rodilla justo por encima del ángulo recto.
2. Mueve la pierna hacia ti sobre la barra para aumentar la aducción en la cadera izquierda.
3. Apoya el tronco hacia delante y rótalo hacia la izquierda. Ahora empezarás a sentir el estiramiento en el lado y detrás de la mitad pélvica izquierda. Según sea tu estructura corporal, también podrás sentir un estiramiento en la espalda o en otras áreas. No todo el mundo experimenta de la misma forma un estiramiento, porque todos tenemos una longitud distinta y presentamos acortamientos diferentes en los músculos.
4. Respira mientras aumenta el estiramiento, y utiliza las manos para golpear las zonas de tensión. Este golpeo aumenta la circulación, lo que ayuda a liberar la tensión. Permanece en la posición de estiramiento durante un minuto, después eleva el tronco y reposa un momento.
5. Vuelve a estirarte, deja caer la rodilla izquierda, mueve el tronco hacia la izquierda y aduce la pierna izquierda. Respira y visualiza el piriforme alargándose durante un minuto mientras relajas los hombros (véase figura).
6. Finaliza el estiramiento y reposa. Puedes repetirlo una tercera vez si lo deseas.
7. Antes de cambiar de lado, realiza un *plié* en segunda posición, y observa la diferencia en la abertura y en la alineación de la rodilla. La rodilla derecha caerá hacia delante en relación con la izquierda. Pero la más interesante comparación es la extensión: realiza primero un *développé* con la pierna izquierda, y nota la facilidad de movimiento, abertura y altura de la pierna. Sobre este lado el músculo psoasilíaco te ayuda a elevarte. Ahora realiza un *développé* con la otra pierna. Notarás que ésta rota más adentro y que los músculos superiores de la cadera parecen pegados. Estos músculos son los abductores, que están trabajando más porque reciben menos soporte del psoasilíaco.
8. Repite el ejercicio con el otro lado.

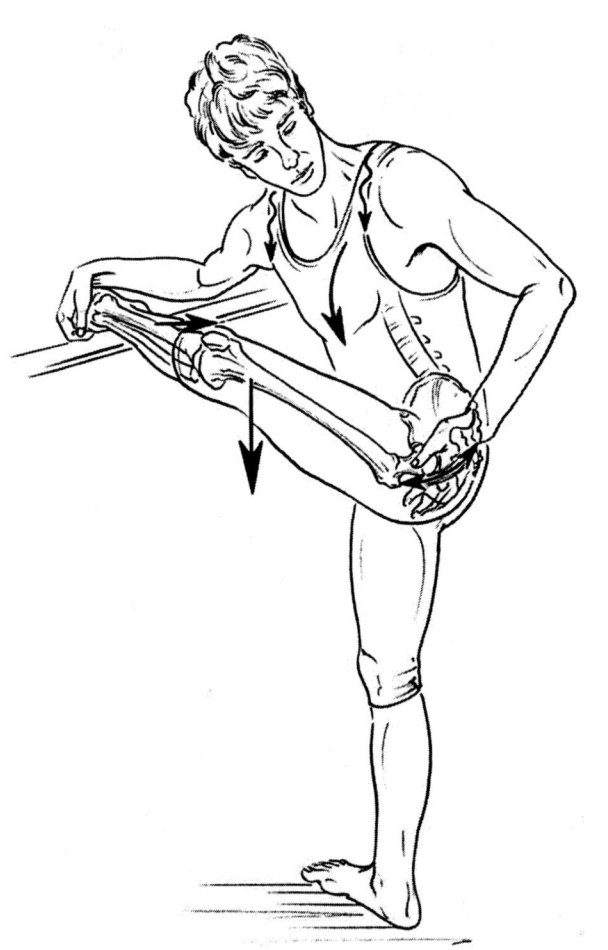

9.19 RELAJAR LOS MÚSCULOS INTERNOS DEL MUSLO

Si los músculos de abertura se tensan para mantener la rotación externa intacta, la cadera se sentirá tensa. Esta tensión es porque el glúteo mayor, el rotador externo más poderoso, es un extensor de la cadera. La lógica nos dice que si contraes el más poderoso extensor de la cadera en un esfuerzo por aumentar la abertura, no puedes flexionar bien la cadera. Un bailarín flexionará su cadera de todos modos, aunque con tensión (y dolor) en las piernas.

Las pelotas rodantes masajearán ahora los aductores y, dependiendo de nuestra posición, el cuádriceps en su cara más interna (vasto mediano), el tensor de la fascia lata y el sartorio. Muévete cuidadosa y lentamente, como si los aductores estuvieran muy tensos, incluso aunque hayas estado estirándote aplicadamente. Nunca ruedes la pelota debajo de un área de dolor agudo o lesionada recientemente. Sin embargo, las pelotas pueden ser útiles para liberar la tensión en los músculos y en tejidos cicatrizados fruto de una lesión antigua.

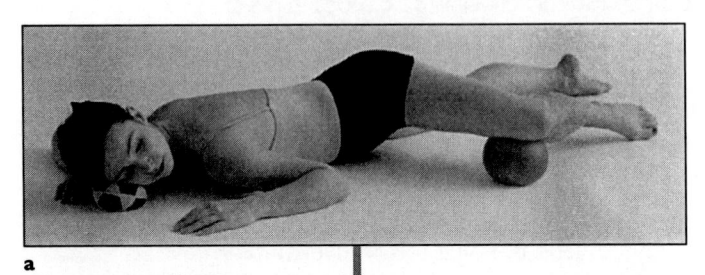

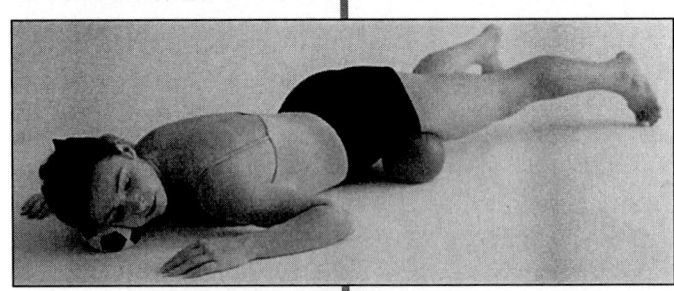

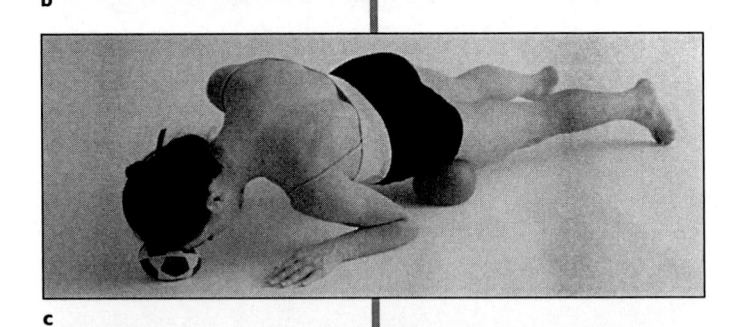

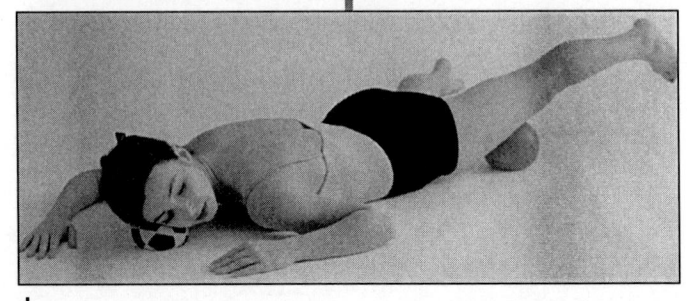

1. Túmbate en decúbito prono con la pierna izquierda orientada hacia fuera lateralmente. Puedes colocar una pelota blanda o un cojín debajo de la cabeza para estar más cómodo.
2. Coloca una pelota debajo del muslo interno de la misma pierna, pero no directamente bajo la rodilla (figura a).
3. Busca, descubre y relaja los puntos de tensión. Continúa respirando; puedes encontrar algunos nudos muy duros.
4. Rota el muslo sutilmente adentro y afuera, e inicia el movimiento desde la mitad pélvica del mismo lado.
5. Mueve todo el cuerpo hacia abajo para rodar la pelota lentamente hacia arriba a lo largo del muslo interno hacia la cadera.
6. Relaja la tensión en el extremo de la pierna (figura b).
7. Rota el cuerpo para alcanzar los músculos del borde externo del muslo superior y la pelvis (figura c).
8. Mueve el cuerpo más arriba para masajear los músculos anteriores del muslo y los que hay alrededor de la cadera (figura d).
9. Después de haber relajado los puntos de tensión, levántate y nota la diferencia en la abertura en extensión, así como también en un plié en segunda posición, entre la pierna que has entrenado y la otra.
10. Quizá notes que la pierna que ha estado trabajando tiende menos a caer hacia dentro en una posición de rotación interna y aducción, y que puedes mantener la abertura con menos esfuerzo.

El suelo pélvico y la abertura

El suelo pélvico se relaciona con la abertura por su proximidad y por las relaciones del tejido conectivo con los músculos de la pierna. Un suelo pélvico no elástico impide el movimiento de las articulaciones de la pelvis, lo que reduce la flexibilidad de las articulaciones de toda la pierna en los giros. Un suelo pélvico fuerte y elástico no solamente creará más abertura, sino que también ayudará al bailarín a mantenerla en pasos de danza difíciles.

EXTENSIÓN DEL SUELO PÉLVICO 9.20

Este ejercicio es bastante complicado, aunque muy valioso para coordinar el suelo pélvico y los músculos de la pierna. Ayuda a aumentar la fuerza para elevar la pierna y abrirse en extensión.

1. Túmbate en decúbito supino con dos pelotas soportando la pelvis. Puedes hacer el ejercicio sin este soporte o también con una toalla enrollada. Pero las pelotas facilitan el ejercicio.
2. Coloca los talones juntos y las piernas abiertas, abducidas y flexionadas desde la cadera. Dorsiflexiona los pies por los tobillos (figura a).
3. Estira las piernas arriba en un ángulo de 70°. Piensa que las empujas contra el aire con las plantas de los pies.
4. Inicia el movimiento desde el suelo pélvico y la musculatura aductora. Imagina una línea de fuerza extendiéndose desde las tuberosidades hasta los talones. Los músculos abdominales soportan activamente el esfuerzo del suelo pélvico.
5. Mueve las piernas a los lados hacia una posición de abducción (figura b).
6. Flexiona las rodillas y la cadera, manteniendo los pies flexionados también (figura c).
7. Repite la acción cuatro veces, y espira mientras estiras las piernas. Aumenta las repeticiones a ocho y añade una más cada 4 semanas. Para aumentar la carga de trabajo de los músculos abdominales, puedes bajar las piernas a 45°. No intentes esta variación hasta que hayas ejercitado el psoasilíaco y el abdominal transverso como mínimo durante 3 semanas, o arquearás la espalda (véanse capítulos 5 y 6).
8. Ponte de pie y realiza una extensión a un lado, y observa los cambios en la alineación y en la abertura. No te sorprendas si te sientes poco firme después de este ejercicio o si te tiemblan las piernas, sobre todo si te encuentras en las primeras fases del acondicionamiento de los aductores y el suelo pélvico.

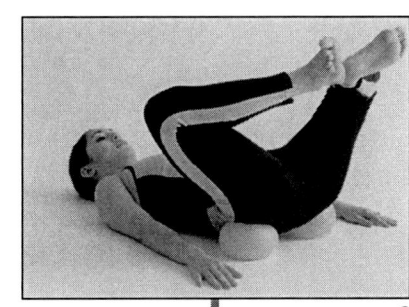

9.21 PALPAR EL ADUCTOR MAYOR

El aductor mayor aduce, extiende y rota medialmente la cadera. Alargar este músculo aumenta la abertura a la vez que mejora la estabilidad. Este músculo conecta la parte posterior de las tuberosidades isquiáticas con la del fémur (cabeza corta) y con el extremo superior interno de la rodilla (cabeza larga).

1. Siente la protuberancia que hay encima del lado interno de la rodilla, el cóndilo femoral medial.
2. Justo por encima de este punto puedes detectar un tendón. Se parece a una versión más delgada del tendón de Aquiles. Masajea este tendón a lo largo de la cara interna de la pierna. Dicho tendón acaba hundiéndose en la gran masa muscular del aductor mayor.
3. Después toca la tuberosidad isquiática derecha y la inserción del tendón del aductor simultáneamente, y visualiza la longitud del aductor mayor.
4. Ahora estira la pierna derecha hacia delante en abertura con el talón flexionado. Imagina el aductor mayor flotando hacia fuera desde las tuberosidades isquiáticas hacia el interior de la rodilla. Esta imagen probablemente no funcionará tan bien con la pierna que no has ejercitado.
5. Realiza un *plié*, y en el movimiento de descenso imagina el aductor mayor como una vela empujada hacia delante por un viento que sopla detrás de ti. Esta imagen ayuda a aumentar la abertura y estimula el movimiento correcto del fémur.
6. Repite el contacto sobre el otro lado.

9.22 EL ADUCTOR MAYOR Y EL SUELO PÉLVICO

En el siguiente ejercicio (adaptado por Boone Bainbridge Cohen) emplearás el aductor mayor y el suelo pélvico simultáneamente.

1. Túmbate en decúbito supino con dos pelotas bajo la pelvis. Usa el suelo pélvico y el aductor mayor para juntar las piernas.
2. Estira las piernas a los lados y visualiza el suelo pélvico y el aductor mayor. Piensa en el aductor mayor como una continuación del suelo pélvico.
3. Junta las piernas con el suelo pélvico y el aductor (véase figura). 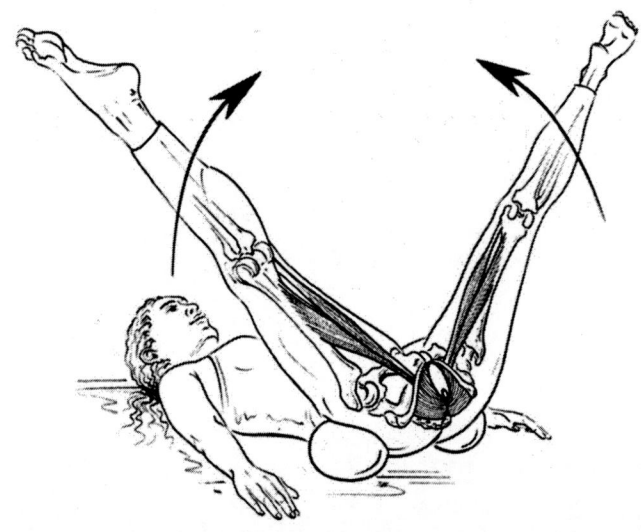
4. Baja lentamente las piernas, y piensa en el alargamiento excéntrico del aductor mayor y el suelo pélvico. Visualiza los filamentos musculares deslizándose aparte.
5. Inicia la aducción de las piernas desde el suelo pélvico, y traslada la potencia de las piernas hasta el aductor mayor. Espira mientras haces esto.
6. No repitas este ejercicio más de seis veces al principio. Luego aumenta hasta doce haciéndolo una vez más cada 6 semanas.
7. Estira las piernas a los lados y observa tu flexibilidad.
8. Ponte de pie y nota el estado de tu abertura en un *plié* en segunda posición y en extensiones. Si te tiemblan las piernas significa que el suelo pélvico y los abductores necesitan mucho acondicionamiento.

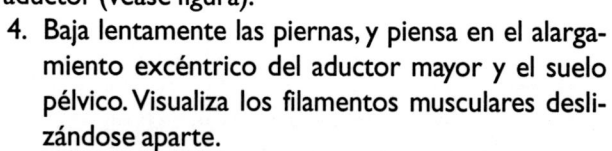

CENTRAR EL PARALELO MEDIANTE LA PERCEPCIÓN DEL TENSOR DE LA FASCIA LATA 9.23

Ahora que tienes un extenso conocimiento de cómo mejorar la abertura, vamos a finalizar con la posición en paralelo. En muchas formas de danza es importante permanecer de pie con las piernas y los pies en paralelo, eso es tan difícil como abrir las piernas. Los bailarines contemporáneos, que han recibido una extensa formación de ballet, tienen dificultades para alcanzar una posición de paralelo, y siempre están ligeramente inclinados. Pero precisamente son los bailarines de ballet quienes deben practicar más la posición en paralelo, porque ésta ayuda a mejorar el sentido de centrado del movimiento de pierna.

Uno de los músculos clave en los que fijarse para lograr una posición en paralelo es el tensor de la fascia lata, que ya hemos tratado anteriormente. El tensor de la fascia lata está conectado a la potente banda iliotibial (BIT), que pasa por debajo del lado de la pierna. Flexiona, abduce y rota internamente la cadera, y colabora en la extensión de la rodilla a través de la BIT. Una de sus funciones es ayudar a estabilizar y centrar las cabezas de los fémures en las cavidades de la cadera, lo que es importante en todas las formas de la danza. Influye en la posición de los músculos de la pierna a través de la fascia, una bolsa de tejido conectivo que rodea estos músculos. En su libro *Tu yo escondido*, Mabel Todd describe el tensor de la fascia lata como un músculo postural que «ayuda a soportar la zona lumbar, esa parte de la columna que debería prestar potencia en la *dirección y el control del movimiento*». La autora destaca: «La tensión de la fascia lata provoca que los músculos se sobreentrenen hasta arriesgar seriamente la seguridad de las articulaciones del muslo y la rodilla». (Todd, 1953, pág. 57). Algunos bailarines experimentan un incómodo chasquido en el trocánter mayor debido a la tensión en la BIT y el tensor de la fascia lata (síndrome de la banda iliotibial). También está relacionado con esto el dolor en las rodillas y la columna lumbar.

1. Visualiza el tensor de la fascia lata insertado delante de la parte superoexterna del hueso ilíaco. Desciende para insertarse en el tracto iliotibial y finaliza aproximadamente a medio muslo (figura a). A través del tracto iliotibial, puede enviar su influencia a toda la pierna. Ayuda a flexionar, abducir y rotar internamente la cadera y a extender la rodilla.
2. Masajea el músculo sobre el lado derecho. Para localizarlo, flexiona, abduce y rota internamente la cadera. Carga el peso corporal sobre la pierna izquierda, manteniendo el pie derecho sobre el suelo. Empieza con la inserción superior y palpa hacia abajo hasta la parte frontal superior de la cara exterior de la pierna.
3. Balancea la pierna derecha adelante y atrás en paralelo, e imagina el tensor de la fascia lata estirando las láminas que rodean el músculo del muslo con el objetivo de centrar la cabeza del fémur en su cavidad. Imagina el tensor de la fascia lata moviendo el músculo hacia la línea media (figura b).
4. Ponte de pie sobre la pierna derecha y observa la estabilidad de tu posición en paralelo. Apóyate ahora sobre la pierna izquierda y compara las dos sensaciones.
5. Repite el movimiento con la pierna izquierda. Ponte de pie sobre ambas piernas en paralelo, y realiza varios *pliés* mientras percibes la acción del tensor de la fascia lata apoyando las cabezas del fémur dentro de sus cavidades. Imagina el tensor de la fascia lata actuando como una guía para alcanzar este objetivo junto con su pareja, el psoasilíaco. Ambos músculos son rotadores internos débiles, pero cuando sus fuerzas se combinan, crean una sensación de movimiento en paralelo en las piernas.

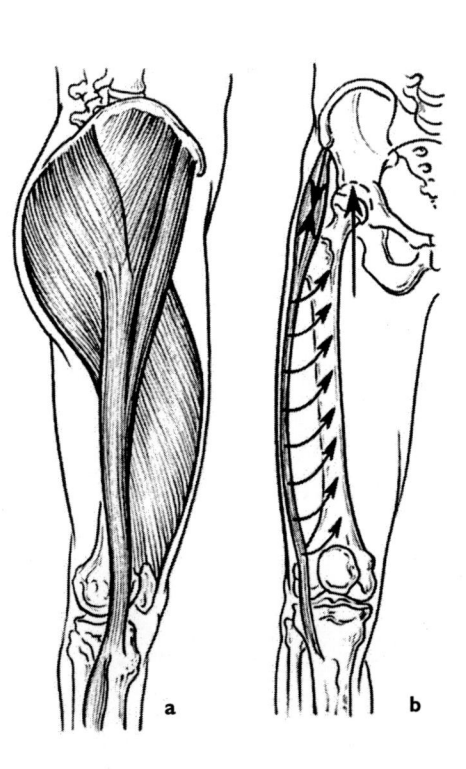

Capítulo 10

Centrarse con la Thera-Band

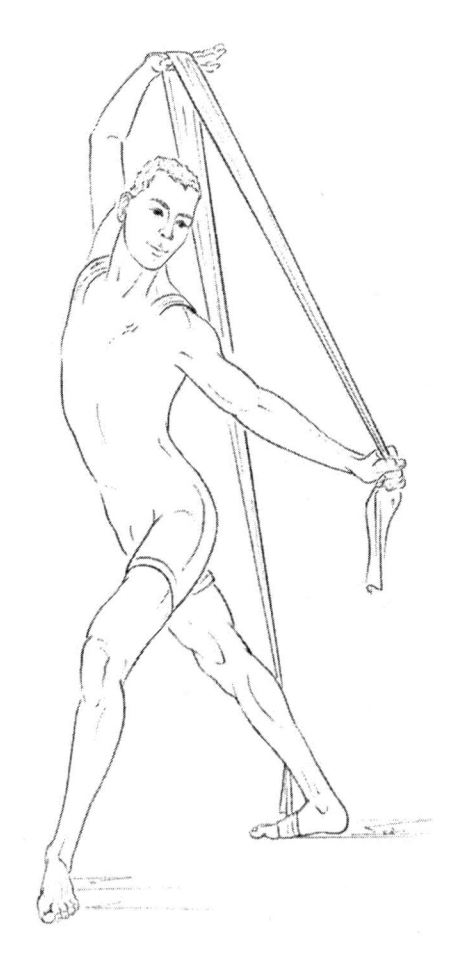

La ayuda que ofrece la Thera-Band para centrarse incluye una serie completa de acondicionamiento corporal para bailarines. Los movimientos se extraen de la técnica del ballet y de la danza contemporánea para ofrecer una unión entre el desarrollo de fuerza y flexibilidad y los patrones de movimientos que exige la danza. Las claves del éxito en la siguiente secuencia de ejercicios son el buen alineamiento, la respiración relajada y la correcta iniciación del movimiento.

Prepararse para la secuencia

Lo ideal para practicar estos ejercicios es llevar medias o pantis largos, para evitar que te moleste el roce de la Thera-Band con las piernas. Selecciona una banda que mida como mínimo unos tres metros de largo. Para determinar la correcta longitud de banda según tu altura, coloca el centro de una Thera-Band sobre la cabeza. Debería ser suficientemente larga para permitirte tocar el suelo a ambos lados del cuerpo.

Efectúa una vuelta bastante larga en un extremo de la banda y haz un nudo (figura 10.1 a). Tal vez tengas que experimentar con el tamaño de la vuelta que mejor se adapte a tu pie. Coloca la vuelta por encima del pie, y haz una figura de ocho con la banda para crear una segunda vuelta (figura 10.1 b y c). Estira la segunda vuelta por encima del pie de modo que el nudo mire hacia arriba. La banda no debería estar demasiado tensada sobre el pie, o contendrá el flujo de sangre. Por otro lado, si está demasiado floja, se soltará durante los ejercicios.

Durante los siguientes ejercicios, concéntrate en el cuerpo entero, y no sólo en la parte que ofrece resistencia a la banda. Aunque visualices una imagen específica para reforzar el ejercicio, mantén siempre parte de tu atención en el cuerpo entero. El éxito en esta secuencia de ejercicios requiere una alineación adecuada. Con ellos reforzarás los músculos que soportan la posición y el movimiento que estés realizando, de modo que si no estás bien alineado, los músculos tratarán de compensar la falta de alineación con fuerza, lo cual no es bueno para tu técnica de danza. Todos los ejercicios in-

DANZA. Acondicionamiento físico

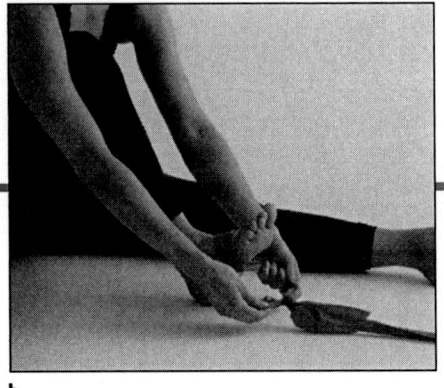

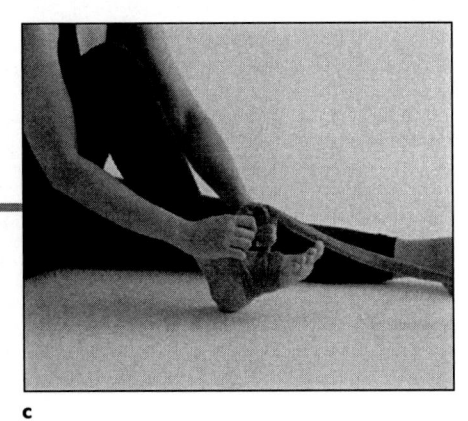

Figura 10.1 a-c. Para trabajar con una Thera-Band, debes ajustar adecuadamente el tamaño de su vuelta y sujetarla con un nudo.

cluyen instrucciones sobre el movimiento a realizar y notas para crear imágenes que te ayudarán a mantenerte alineado.

Inicia todos los movimientos con la mínima tensión y respira libremente. Genera fuerza para el movimiento, pero no tensión. Presta atención a cómo sostienes la banda, pues el punto de agarre suele crear tensión. Sostenla firmemente pero sin tensión. Si sientes tensión, estás utilizando una banda que no es suficientemente larga o que ofrece demasiada resistencia. Aumenta su longitud o utiliza una banda de menor resistencia hasta que puedas ejecutar los ejercicios sin exceso de tensión.

Tus pensamientos durante el ejercicio son una parte crucial del entrenamiento. Utiliza las imágenes y la concentración en la respiración para estar atento al movimiento. Percibe las transiciones claramente, muévete con suavidad y piensa en la banda como una amiga, no como un adversario.

Puedes ejecutar esta secuencia diariamente como un calentamiento o para reducir la tensión antes o después de una clase o un ensayo. Sin embargo, si la usas para acondicionarte, practica la secuencia como mínimo tres o cuatro veces por semana. Una vez hayas aprendido todos los ejercicios por separado, intenta realizarlos en secuencia. Cuando cambies a una banda más resistente, empieza de nuevo con cuatro repeticiones durante la primera semana, seis durante la segunda y ocho durante la tercera.

Empieza practicando con una Thera-Band de resistencia media o baja (roja o verde). Después de un mes de práctica regular pasa a una azul, y dos meses más tarde ya podrás utilizar la negra y luego la plateada para objetivos de acondicionamiento. Para practicar emplea bandas que vayan de la azul a otras de menor resistencia. Bajo las siguientes circunstancias utiliza siempre una de baja resistencia:

- Si sientes que la banda que estás utilizando ofrece demasiada resistencia para realizar el ejercicio con una buena alineación y sin tensión.
- La banda no es suficientemente elástica para ti.
- Estás utilizando la secuencia de ejercicios como un calentamiento o para enfriarte.
- Has practicado la secuencia menos de una semana.
- Te estás recuperando de una lesión.

Realiza cada ejercicio primero con la pierna derecha. Después, cuando hayas completado la secuencia, repite los ejercicios con la izquierda.

CREAR UNA COLUMNA ELÁSTICA 10.1

La práctica de la «hamaca posterior», de hecho, no forma parte del trabajo con las Thera-Band, pero calienta la espalda y relaja y profundiza la respiración para los siguientes ejercicios. Este ejercicio lubrica además las articulaciones entre las costillas, relaja los músculos entre éstas y la columna (intercostales) y crea una sensación de amplitud en la espalda.

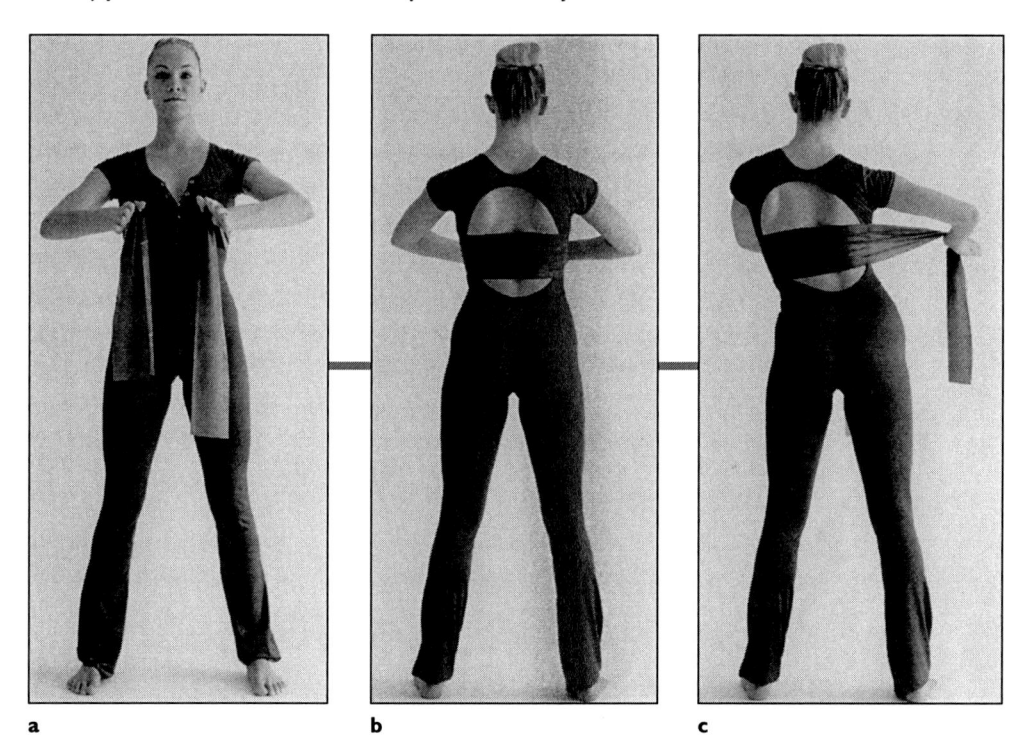

a   b   c

1. Coloca una Thera-Band detrás de la espalda y sostén cada uno de sus extremos con los brazos flexionados a la altura de los codos (figura a).
2. Flexiona la columna y apoya la espalda en la banda como si se tratara de una hamaca (figura b). Relaja el cuello y la mandíbula, deja caer los hombros y espira mientras dejas que la espalda repose en la hamaca.
3. Empuja los brazos adelante y extiende la columna para estirarte en la hamaca. Repite esta secuencia cuatro veces.
4. Mueve los brazos a la derecha y empuja las costillas a la izquierda dentro de la banda (figura c). Después mueve los brazos a la izquierda y empuja las costillas a la derecha. Repite esta secuencia cuatro veces.
5. Imagina la mayor parte de las articulaciones de las costillas y de la columna lubricadas por el rico líquido sinovial: las articulaciones vertebrales, las articulaciones entre el esternón y los cartílagos costales, las articulaciones entre las costillas y la columna y todas las articulaciones del cuerpo en general.
6. Rota la caja costal a la derecha con la banda, moviendo los brazos en sentido contrario al movimiento de la caja torácica para crear un nivel de tensión constante en la banda. Repite lo mismo hacia la izquierda.
7. Imagina que los pulmones se mueven con la caja torácica y se deslizan con las costillas como una gigante pastilla de jabón espumante (figura d).
8. Deja la banda y aprecia la nueva sensación de amplitud en la espalda, la profundidad en la respiración y la flexibilidad de la columna.

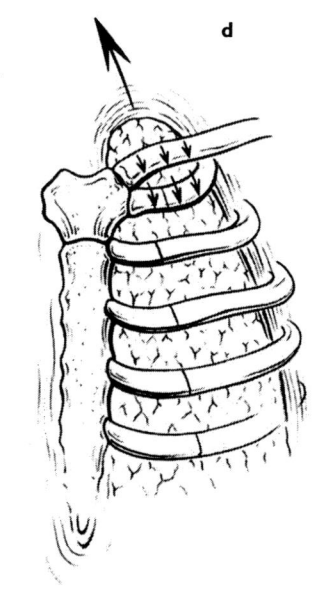

d

10.2 COORDINAR LA POTENCIA DE LAS PIERNAS Y LOS BRAZOS

Este ejercicio marca el principio del trabajo con las Thera-Band para centrarse, y está planteado para fortalecer el cuerpo mediante una posición de *plié* con el brazo hacia arriba. Esta práctica aumenta la fuerza excéntrica y concéntrica de los cuádriceps, glúteos y tríceps, así como la coordinación de piernas y brazos. Los principales flexores de la columna, los músculos oblicuos, el longísimo torácico y el iliocostal participan activamente en la segunda parte del ejercicio.

1. Ata una Thera-Band al pie derecho y empieza un *plié* desde una segunda posición mientras sostienes la banda con ambas manos con los codos en ángulo recto (figura a).
2. Mientras te mueves hacia arriba, empuja la banda en la misma dirección con ambos brazos (figura b).
3. Mientras te mueves hacia abajo en *plié*, flexiona los brazos y ofrece resistencia a la banda con la mínima tensión. Deja que la banda te empuje hacia abajo.
4. Compara la sensación de empujar con los brazos con la de hacerlo con las piernas y los pies. Nota si esta última cuesta menos esfuerzo, y experimenta lo mucho que una simple imagen puede cambiar el modo en que realizas un movimiento.
5. Visualiza los suelos del cuerpo en alineación horizontal (suelo pélvico, diafragma, primera costilla y base del cráneo; véase figura b). Percibe cómo se conectan los pies con el suelo pélvico, y cómo el suelo pélvico aguanta las piernas. Esta imagen te permite dejar caer los hombros y sentir el empuje de los brazos conectados con la base de tu potencia. Siente el empujón de los pies y las piernas transfiriéndose hacia los suelos pélvico, diafragmático y de la primera costilla.
6. Después de realizar de cuatro a ocho repeticiones, añade una flexión lateral a la izquierda mientras subes desde el *plié*.
7. Esconde el ombligo hacia el centro de la columna mientras te flexionas lateralmente. Nota lo flexible que está la columna. Ahora respira profundamente y vuelve a flexionarte hacia un lado. ¿Notas un incremento en la flexibilidad? La idea de aproximar el ombligo a la columna limita la respiración y la flexibilidad. Si limitas la acción de los músculos abdominales contrayéndolos, tienes menos flexión lateral porque están implicados en producir la flexión lateral. La estrategia postural del ombligo requiere menos fuerza, porque reduce el margen de movimiento y los músculos no se contraen y relajan en la misma proporción, lo que provoca que el entrenamiento tenga menos efecto. Si meter hacia adentro el ombligo hace que te sientas más fuerte, entonces puedes estar confundiendo la tensión con la fuerza del movimiento.
8. Repite la secuencia ocho veces. Aumenta la práctica hasta 16 repeticiones añadiendo dos series por semana.

COORDINAR LAS PIERNAS Y LA COLUMNA 10.3

La contracción con ejercicios en espiral entrena todos los músculos del tronco, específicamente los abdominales y los flexores laterales de la columna, los extensores y los rotadores. La contracción espiral mejora la iniciación simultánea de la espalda y la cabeza, así como la coordinación de los movimientos de columna y pierna.

1. Ponte de pie con los pies bastante separados y los brazos a los lados (figura a).
2. Rota a la izquierda girando sobre los pies (figura b).
3. Estira los brazos, flexiona las rodillas y eleva el talón derecho. Ajusta las piernas y los pies de modo que las rodillas permanezcan sobre los pies.
4. Coloca la Thera-Band por encima del hombro derecho y la espalda, justo a la derecha de la columna.
5. Encorva la columna, y gira la cabeza ligeramente hacia la izquierda y hacia abajo. Estira la banda hacia abajo por delante de ti.
6. Mientas flexionas la columna, inicia el movimiento simultáneamente desde su base hasta la cabeza, y siente cómo se flexiona la columna suavemente y por igual a lo largo de toda su longitud. Deja que la columna lumbar caiga hacia atrás y permite que las tuberosidades isquiáticas y el cóccix se muevan hacia delante (figura c).
7. Empuja la rodilla izquierda hacia delante hasta que sientas que el muslo derecho (cuádriceps) se contrae.
8. Imagina una acción en espiral desde la cabeza hasta la base de la columna a través del tronco que lleva el hombro derecho cerca de la cadera izquierda.
9. Regresa a la posición de inicio y repite el ejercicio cuatro veces. Aumenta hata llegar a ocho repeticiones añadiendo dos series cada semana de práctica.

DANZA. Acondicionamiento físico

10.4 REFORZAR LOS MÚSCULOS DE GIRO: LOS ÓRGANOS ROTADORES

Esta rotación del tronco refuerza los músculos del torso, los brazos y la espalda. Los oblicuos y los rotadores vertebrales (multífido y rotadores) se implican en la acción de un modo crucial para la danza y que refuerza los giros. Muchos bailarines tienen falta de fuerza en los oblicuos, y los ejercicios de acondicionamiento dirigidos a este grupo muscular son escasos. Este ejercicio aumenta además la flexibilidad rotatoria y la alineación de la columna.

Una vez aprendas bien este ejercicio, realízalo justo después del 10.3 para crear un movimiento continuo que requiera la actividad de casi todos los músculos del cuerpo.

1. De pie con los pies bastante separados, sostén los brazos a los lados con los codos flexionados y una vuelta de la Thera-Band en las manos (figura a).
2. Eleva los brazos, rota el torso (no solamente los brazos) a la derecha y empuja contra la banda con el brazo derecho (figura b). Mientras rotas, visualiza la cabeza alineándose verticalmente sobre la pelvis, mantén los hombros abajo, y por encima de todo, ¡respira! Si relajas los hombros y el cuello, notarás una mejora significativa en el grado de tu rotación.
3. Como experimento, eleva los hombros y observa cómo esto impide la rotación de la columna.
4. Ajusta los pies a la posición cambiante de la pelvis de modo que las rodillas estén alineadas por encima de los pies (figura c), y mantén la cabeza y los hombros sobre la pelvis. 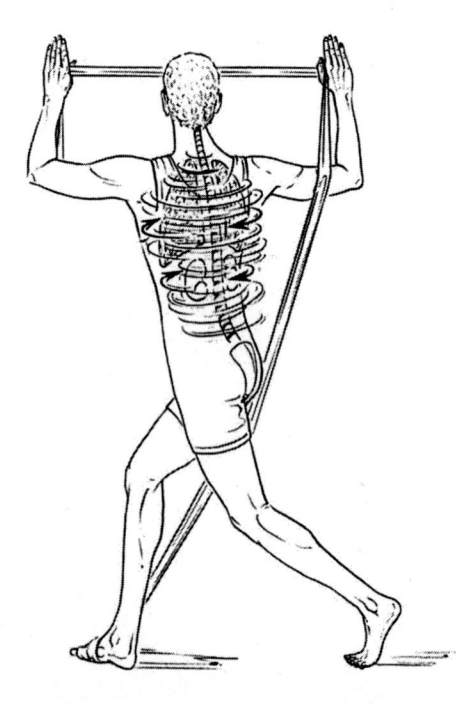
5. Cuando gires hacia la derecha, visualiza los músculos profundos derechos de la columna alargándose. Cuando rotes hacia la izquierda, visualiza los músculos profundos izquierdos de la columna alargándose.
6. La visualización de los órganos refuerza todos los movimientos de rotación. Imagina los riñones o cualquiera de los órganos pares rotando alrededor de la columna. Visualiza los pulmones flotando a su alrededor y empuja el aire hacia los riñones. Si eres capaz de percibir el inicio de los movimientos en los órganos en lugar de en los músculos superficiales, aumentarás tu margen de rotación, y por tanto también se multiplicarán las posibilidades expresivas de la columna.
7. Cuando hayas alcanzado el máximo punto de rotación, regresa a la posición de inicio.
8. Repite la secuencia cuatro veces, y llega hasta ocho repeticiones añadiendo una serie cada semana.

FLEXIONARSE A LOS LADOS CON FACILIDAD 10.5

Este ejercicio fortalece y estira los flexores laterales de la columna, así como los músculos de los brazos y los hombros. Además, ayuda a crear una acción coordinada entre el tronco y las piernas y una sensación de movimiento en el espacio. Esta práctica es ideal para mantener una sensación de estar bailando durante el acondicionamiento.

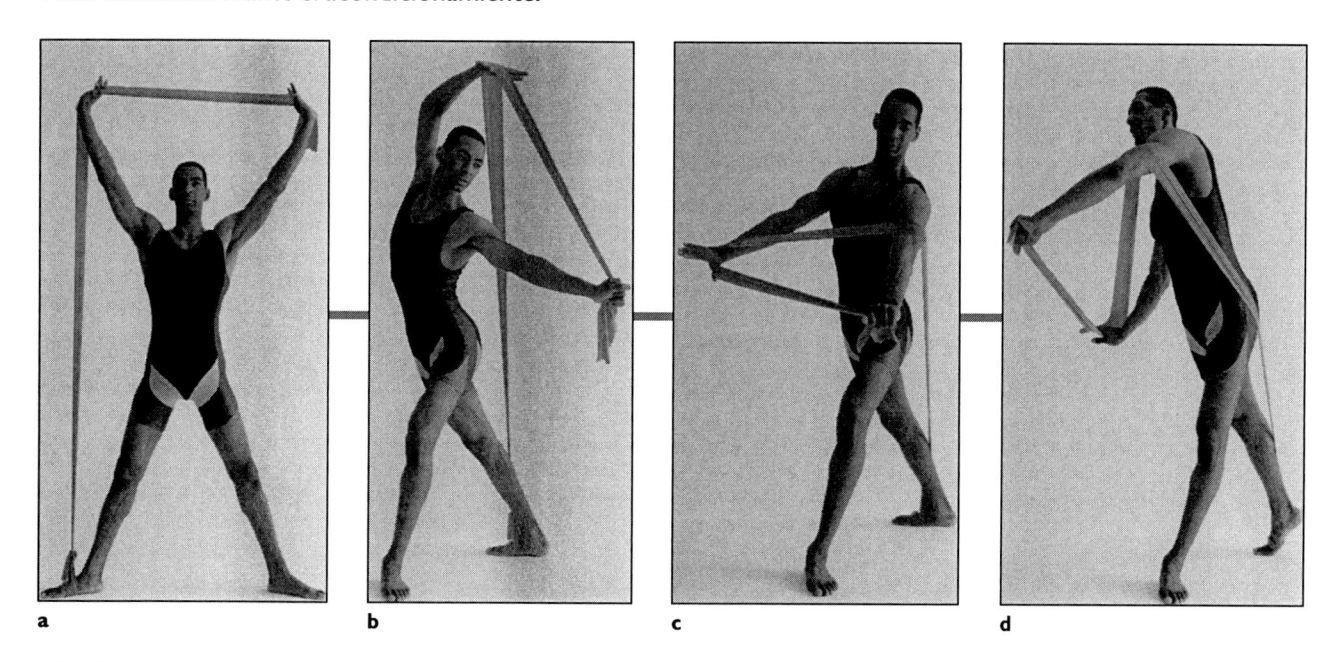

a   b   c   d

1. Empieza con un *plié* en segunda posición, sosteniendo la Thera-Band al mismo nivel con ambas manos (véase ejercicio 10.3, figura a).
2. Empuja la banda hacia arriba y estira las piernas (figura a). Concéntrate en empujar la banda lejos de ti y en mover las extremidades en el espacio.
3. Cruza la pierna derecha por detrás de la izquierda (figura b) y flexiona la columna a la izquierda. Durante la fase inicial del ejercicio, asegúrate de no hiperextender la espalda mientras te flexionas a un lado.
4. Gira la banda por encima de la cabeza con el brazo derecho y colócala sobre el brazo izquierdo, justo encima del codo (figura c).
5. Eleva el hombro izquierdo y empuja hacia delante contra la banda con el brazo izquierdo (figura d). Imagina la columna alargándose y los músculos del hombro deslizándose.
6. Eleva ambos hombros y el talón derecho, y empuja la banda más arriba (obviamente el brazo izquierdo trabajará más duro mientras empuja la banda).
7. Baja los hombros y los talones.
8. Regresa a la posición de origen colocándote a la derecha con la pierna derecha y moviendo la banda hacia atrás por encima de la cabeza en un balanceo semicircular.
9. Para mantener un movimiento fluido en el tronco, visualiza las articulaciones deslizándose entre los órganos. Imagina los pulmones deslizándose por encima del corazón en la flexión lateral (figura e). En la flexión lateral a la izquierda, el pulmón derecho se desliza arriba y el izquierdo abajo. Nota cómo esta perspectiva interna crea una sensación más fluida en la musculatura superficial.
10. Repite la secuencia cuatro veces. Aumenta hasta ocho repeticiones añadiendo una por semana.

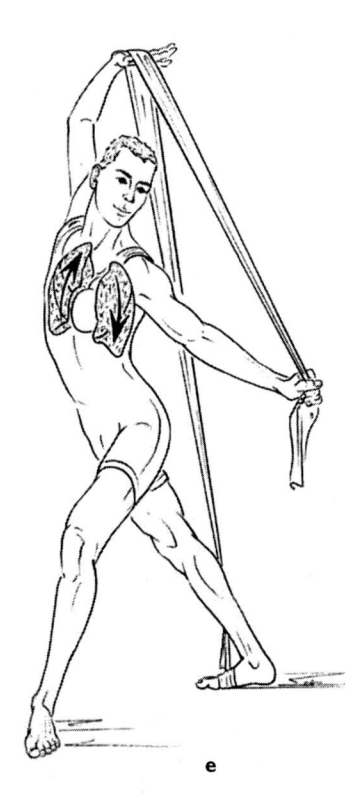

e

DANZA. Acondicionamiento físico

10.6 ALARGAR LA EXTENSIÓN DE LA ESPALDA

Este ejercicio es una continuación del anterior, e implica la extensión hacia atrás, lo cual dificultará tu equilibrio y alineamiento. Esta práctica fortalece todas las extremidades, especialmente la pierna de apoyo, y te ayudará a obtener una sensación de elongación de la columna en la posición del *arabesque*.

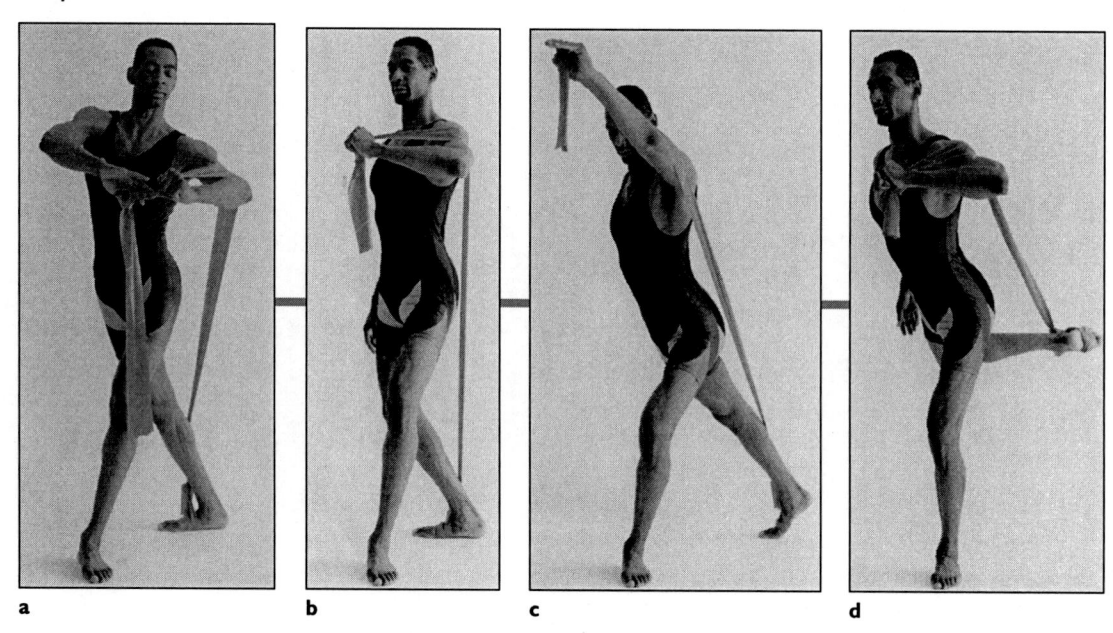

a   b   c   d

1. Empieza en la posición de pierna cruzada con la Thera-Band en la mano izquierda. Ajusta la longitud de la banda. No debería ser tan corta como para tensar el brazo y el hombro (figura a).
2. Cambia tu peso a la pierna izquierda. Lleva la banda hacia arriba por encima del brazo izquierdo (figura b).
3. Extiende la pierna derecha y el brazo izquierdo, y siente cómo se alarga la columna. Eleva el talón derecho (figura c).
4. Regresa a la posición de inicio y repite la secuencia ocho veces. Aumenta hasta 16 repeticiones añadiendo dos por semana.
5. Inclina el tronco hacia delante y equilíbrate sobre la pierna izquierda. Extiende la pierna derecha detrás de ti en una posición parecida al *arabesque*.
6. Flexiona la pierna de apoyo y extiende la otra pierna y el brazo que sujeta la banda (figura d).
7. Empuja la banda hacia delante con el brazo izquierdo y hacia atrás con la pierna derecha. Estira la pierna de apoyo (figura e). Asegúrate de que la espalda no se arquea, y mantén la cabeza alineada con la columna.
8. Flexiona y estira ambas piernas y el brazo izquierdo ocho veces, y mantén la columna alineada. Incrementa la práctica hasta llegar a 16 repeticiones añadiendo dos cada semana. Deja que el brazo derecho repose a un lado.
9. Imagina la conexión entre la cabeza y el cóccix, y siente cómo se alarga mientras extiendes los brazos. Puedes espirar mientras alargas la columna.
10. Nota la posición de la pelvis. Mantén ambas mitades de la pelvis iguales, y siente la columna equilibrada entre los dos lados del cuerpo. Siente el apoyo de la columna desde su base, sobre todo en el área lumbar.

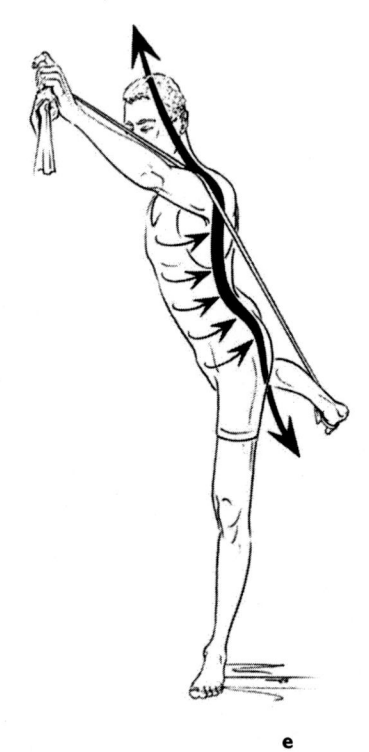

e

BATTEMENT FONDU CON POTENCIA Y FACILIDAD 10.7

El siguiente ejercicio es excelente para fortalecer tu extensión sin sacrificar la alineación. En él se ejercita la pierna de apoyo y se mejora la habilidad para equilibrar la parte superior del cuerpo cuando aterrizamos de un salto sobre una pierna. El glúteo mayor y mediano, el cuádriceps y los gemelos participan activamente en este ejercicio.

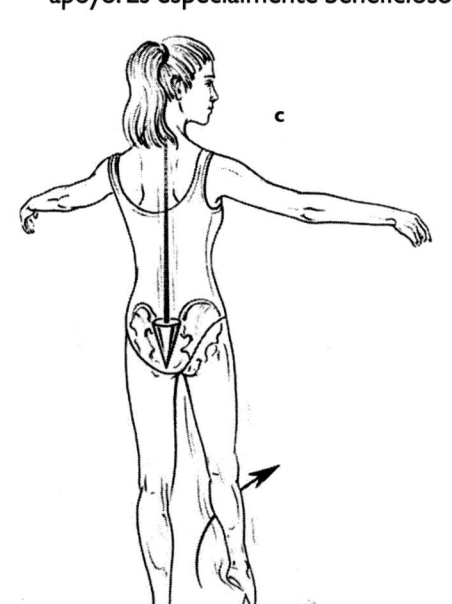

1. Continuando directamente desde el paso 11 del ejercicio 10.6, cambia la banda a la mano izquierda y extiéndela sobre el codo izquierdo (figura a).
2. Coloca el brazo izquierdo en segunda posición y mantenlo elevado junto a la banda.
3. Coloca el pie derecho en una posición de *coupé* cercana al tobillo, con ambas rodillas flexionada (figura a). La banda no debería estar demasiado tensa. Utiliza el brazo izquierdo para ajustar su longitud durante el ejercicio.
4. Mueve la pierna derecha a segunda posición mientras estiras la pierna de apoyo *(battement fondu à la sèconde)*. Eleva la pierna extendida entre 45° y 90° dependiendo de tu capacidad. Puedes elevar la pierna más alto de lo que se muestra en la figura b.
5. La resistencia de la base contra la pierna extendida debe ser mínima.
6. Visualiza el sacro y el cóccix como un peso que estirara la columna en una postura alineada (figura c). Este estiramiento crea más espacio entre las vértebras y relaja la columna hacia abajo. Esta imagen se aplica con mejores efectos cuando estiras las piernas. Cuando las flexionas, imagina la base de la columna aligerándose para incrementar la flexibilidad de la cadera.
7. Experimenta una sensación de corriente, flotante o de relajación en el lado gestual de la columna y el sacro. Esta sensación ayuda a mantener la columna alineada e incrementa la flexibilidad de la cadera, lo que notarás cuando practiques una extensión sin la banda (figura d).
8. Percibe la acción deslizante de los filamentos en los músculos de la pierna de apoyo. Es especialmente beneficioso sentir el deslizamiento en los músculos posteriores de esta pierna (isquiotibiales). Nota cómo esta sensación cambia tu alineamiento y mejora tu equilibrio.
9. Repite la secuencia cuatro veces. Aumenta las repeticiones hasta 12 añadiendo dos por semana.

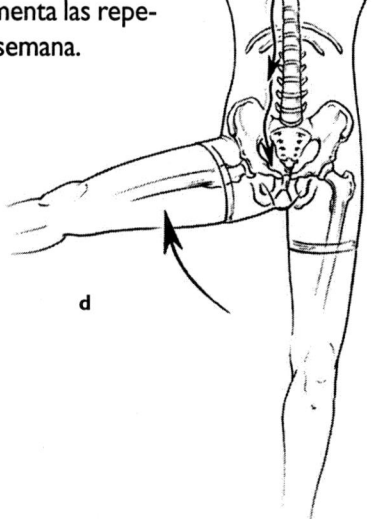

10.8 UNA FUERTE ALINEACIÓN PARA EL *BATTEMENT FONDU EN AVANT*

Este ejercicio ofrece otra oportunidad de aumentar la fuerza para lograr un buen alineamiento. El resultado es una clara y estable extensión hacia delante y un mejor equilibrio. Esta práctica también refuerza los aductores en su papel de flexores de cadera.

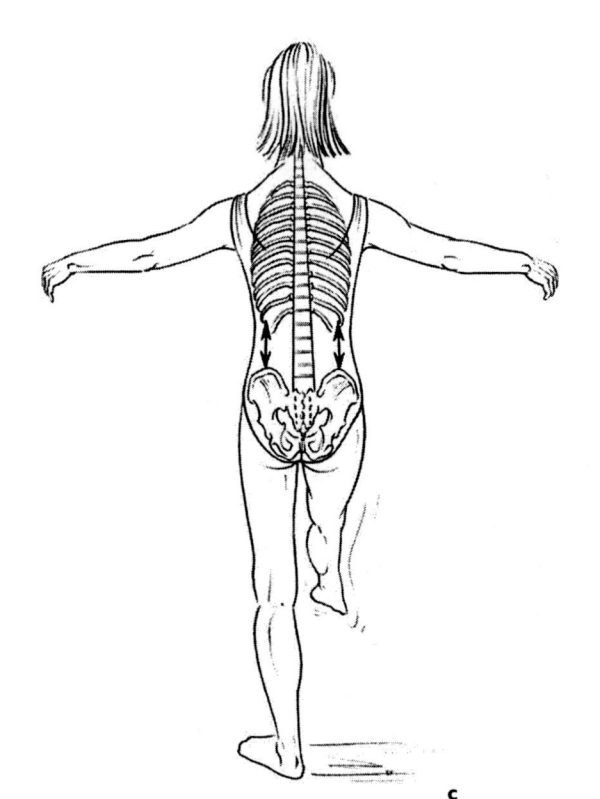

1. Continuando directamente desde el ejercicio anterior, flexiona ambas rodillas y coloca el pie delante del tobillo en una posición de *coupé* (figura a).
2. Mueve la pierna gestual hacia delante mientras extiendes la pierna de apoyo (*battement fondu en avant*; figura b).
3. Sobre el lado de la pierna extendida, visualiza el efecto de inclinación y contacto con el suelo del intestino grueso para obtener un sentido más claro de la flexión de la articulación de la cadera. Imagina el intestino grueso actuando como un contrapeso de la pierna gestual.
4. Siente cómo se estiran suavemente hacia el cóccix las apófisis de la columna lumbar y de la cervical como si tiraran de ellas unos hilillos mientras te flexionas para mantener una columna alargada sin tensión.
5. Visualiza una distancia igual entre el fondo de la caja costal y la cresta pélvica en ambos lados del cuerpo (figura c).
6. Flexiona ambas piernas para regresar a la posición de inicio.
7. Repite la secuencia ocho veces. Aumenta hasta 12 repeticiones con incrementos de dos por semana.

MÁS FUERZA EN EL *FONDU:* ALINEANDO EL SACRO 10.9

Este ejercicio opcional, que empieza donde acaba el anterior, ofrece una excelente oportunidad de desarrollar fuerza alineada para las extensiones de espalda. Además, refuerza los extensores de cadera y los músculos vertebrales, y aumenta la extensión en la espalda. No lo practiques duramte el primer mes de trabajo con Thera-Band, porque el ejercicio 10.5 cubre estas necesidades durante ese tiempo.

En todas las acciones de pierna y extensiones hacia atrás, el alineamiento y el correcto movimiento de iniciación suponen todo un reto. Un buen alineamiento y coordinación evitan dolores y problemas en la espalda. La mayor parte de las veces la pelvis de la pierna gestual se desplaza excesivamente, lo que provoca la rotación de la columna, altera la posición de la pierna de apoyo y hace difícil el equilibrio y los giros en *arabesque*. En la mayoría de los bailarines, las extensiones de espalda van acompañadas de tensión en los hombros y cuello, lo que reduce la flexibilidad de la espalda.

1. Mientras apuntas el pie hacia la parte baja posterior de la pantorrilla, cerca del tobillo, y flexionas ambas rodillas, coloca el brazo izquierdo en frente del cuerpo.
2. Haz un *plié* y extiende la espalda *(fondu battement en arrière)*.
3. Regresa a la posición de inicio.
4. Visualiza el sacro bien alineado y dinámico, con sus extremos superiores aproximadamente al mismo nivel. Para crear alineación, piensa en un movimiento equilibrado dentro de esta nueva forma. Las mitades pélvicas rotan hacia delante y en sentido opuesto a los huesos de la pierna que se están abriendo. Esta rotación mantiene la espalda libre y flexible, y te permite elevar más la pierna. Las escápulas caen en respuesta a la elevación de los brazos. Piensa en el sacro y el cóccix como una continuación de la columna extendida. Imaginarlos como vértebras flexibles y móviles da una movilidad adicional a la columna (figura a).
5. El esternón puede considerarse la columna frontal del cuerpo. Está compuesto por siete piezas, las cuales están fundidas en las personas adultas con la excepción de la unión entre el manubrio y el cuerpo del esternón, y la apófisis xifoides y el cuerpo del esternón. Para incrementar la flexibilidad de la parte superior de la columna, imagina que el esternón consta de vértebras tan móviles como un collar de perlas.
6. Visualiza los órganos pares equilibrando las dos mitades del cuerpo (figura b). Imagina los pulmones colocados a la misma altura a ambos lados de la columna.
7. Visualiza los riñones y el colon ascendente y descendente ayudando a equilibrar la columna.
8. Repite el ejercicio cuatro veces. Aumenta hasta 12 repeticiones añadiendo dos cada semana.
9. Realiza alternativamente extensiones *fondu* hacia delante, al lado y atrás, y repítelo cuatro veces. Aumenta hasta ocho repeticiones añadiendo dos por semana.

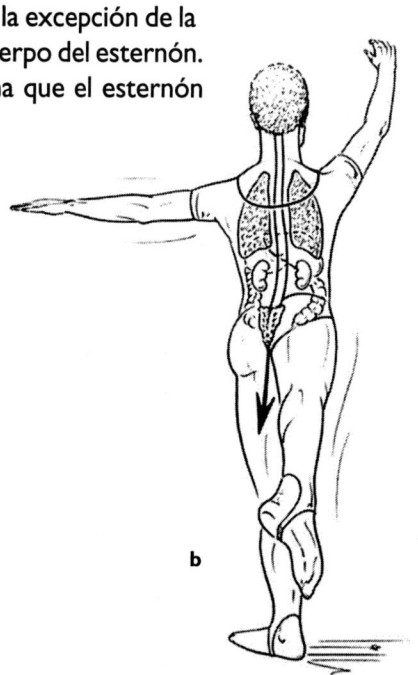

10.10 *PLIÉ* Y *RELEVÉ* EN SEGUNDA POSICIÓN

Este ejercicio fortalece y profundiza el *plié* en segunda posición, y es un clásico ejemplo de cómo ganar fuerza y flexibilidad con un solo ejercicio. Los resultados después de tan sólo una serie son a menudo una grata sorpresa debido a la relajación recíproca de los músculos que se oponen a un *plié* profundo. (Los músculos que se oponen a los principales músculos activos se alargan mediante las señales que envía el sistema nervioso.) Este ejercicio alarga los aductores, crea más elasticidad en el suelo pélvico y fortalece las aberturas. Otros beneficios incluyen un *relevé* más fuerte y una percepción del movimiento del tronco en vertical más clara en el *relevé* desde segunda posición.

a b c

1. Enrolla la banda alrededor del vientre de la pantorrilla derecha y después alrededor de las espinillas (figura a).
2. Sostén la banda con la mano izquierda. Prepárate para ajustar la tensión durante el ejercicio. La banda debería estar suficientemente suelta para permitirte separar las pierna hasta una segunda posición cómoda.
3. Abre las piernas en una primera posición cómoda. Siente cómo se relajan las vértebras de la columna. Amplía el suelo pélvico y permite a los músculos posteriores de la pierna (aductores e isquiotibiales) relajarse hacia fuera de las rodillas.
4. Desliza la pierna derecha hacia un lado y pasa a un *plié* en segunda posición (figura b). Siente un profundo pliegue en la articulación de la cadera, con las rodillas flotando mientras la pelvis se mueve hacia abajo. Espira mientras te deslizas hacia la segunda posición. Cuando te deslices hasta el *plié* en segunda, siente la parte posterior de la pelvis ampliándose, extendiéndose afuera para permitir un natural aumento en la abertura. Visualiza el fémur rotando externamente en respuesta a la relajación de la parte posterior de la pelvis.
5. Realiza un *relevé* en segunda posición (figura c).
6. Regresa al *plié* y desliza la pierna derecha hasta la primera posición.
7. Visualiza todos los músculos que se insertan delante de la pelvis y pueden estirar la parte anterior de la misma hacia abajo (recto femoral, sartorio, tensor de la fascia lata). Mientras realizas el *plié*, observa si sientes cualquiera de estos músculos arrastrándose hacia delante de la pelvis para estirarla hacia abajo. Piensa en estos músculos alargándose y dejando ir el margen frontal de la pelvis. Percibe el aumento de flexibilidad en las articulaciones de la cadera.
8. Repite la secuencia ocho veces.

DESLIZAMIENTO Y *RELEVÉ* EN CUARTA POSICIÓN 10.11

La cuarta posición es incluso más difícil que la segunda por su sentido de acción vertical en un *relevé*. Este ejercicio es también una excelente oportunidad para practicar el alineamiento pélvico mientras te mueves.

1. Desde la primera posición, realiza el mismo *plié* deslizante que en el ejercicio 10.10 hasta la cuarta posición frontal *(en avant)*. Al mismo tiempo, mantén la verticalidad del tronco. Intenta crear el movimiento alineado con una acción y evita las correcciones mientras lo realizas. Relajar los hombros y el cuello es esencial para obtener una sensación de verticalidad.

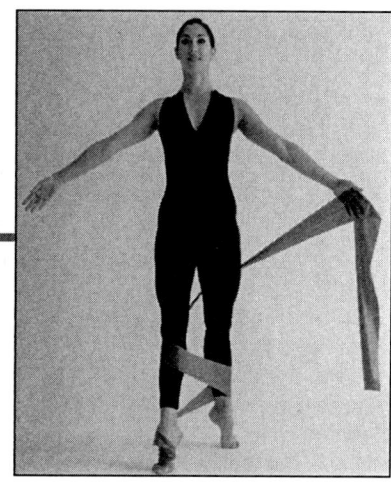

a   b   c

2. Realiza un *relevé* en cuarta posición frontal (figura a).
3. Haz un *plié* deslizante hacia una cuarta posición posterior *(en arrière)* (figura b). Deja caer tu peso y flota, sin hacer ningún exceso de fuerza, para realizar el *plié*. No te concentres en empujar contra la banda, porque puede causar tensión innecesaria.
4. Realiza un *relevé* en cuarta posición posterior (figura c).
5. Imagina las piernas moviéndose a través de una sustancia blanda como la nata montada (figura d). Imagina que las rodillas penetran en esa sustancia.
6. Repite la secuencia cuatro veces.

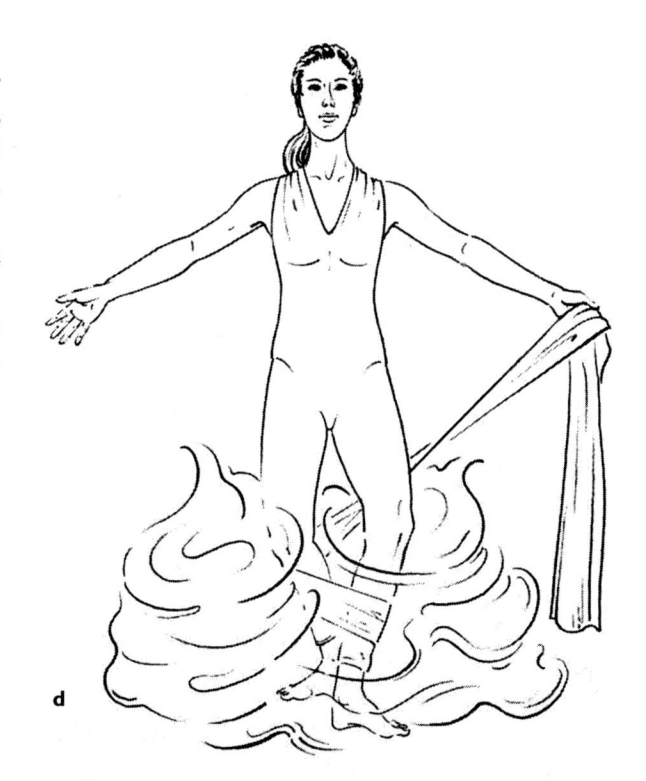

d

DANZA. Acondicionamiento físico

10.12 FUERZA Y VELOCIDAD PARA PIES LIGEROS, DELICADOS Y POTENTES

Este ejercicio aporta una gran ligereza a tu *battement* y a tus acciones de barrido. Además, fortalece la musculatura de los dedos y el arco del pie. Los músculos de la pierna y el pie están preparados para ejecutar *frappés* o estilos de danza jazz que requieren una rápida y coordinada acción de pies y piernas.

1. Eleva la banda por encima de la rodilla derecha y coloca la vuelta más baja por debajo de la izquierda. Ajusta la longitud de la banda para permitirte mover la pierna derecha con algo de resistencia en la acción de *battement*.
2. Realiza un *tendu* abierto, con la pierna extendida hacia delante y los dedos y el pulpejo sobre el suelo. Eleva el talón y siente el arco del pie.
3. Empuja los dedos hacia abajo rápidamente, elevando el pie únicamente unos centímetros del suelo, y extiende completamente los dedos (figura a). Empuja las puntas de los dedos contra el suelo para iniciar la elevación de la pierna, manteniendo una acción ligera y delicada pero potente. Imagina los dedos alargándose acompasados (no los escondas hacia dentro). Imagina que empujas el suelo hacia abajo con los dedos.
4. Baja rápidamente el pulpejo y los dedos hacia el suelo. Mueve la pierna hacia un lado (segunda posición), con los dedos y el pulpejo sobre el suelo (figura b).
5. Empuja los dedos hacia abajo rápidamente, elevando el pie. Repite esta acción 16 veces en segunda posición (figura c).
6. Mueve la pierna hacia atrás *(en arrière)*, con los dedos y el pulpejo sobre el suelo.
7. Empuja los dedos rápidamente hacia abajo, elevando el pie (figura d). Repite esta acción 16 veces hacia atrás.
8. Repite la acción a un lado *(à la seconde)* 16 veces, y después en todas las direcciones 16 veces.
9. Si estás realizando estas series por primera vez, retira la banda durante un momento e intenta hacer el ejercicio sin ella. Te sorprenderá gratamente la ligereza, facilidad y velocidad de tu movimiento.
10. Visualiza el pie como si estuviera bajo el agua y se opusiera a la resistencia que ésta ofrece (figura e). El centro de la planta del pie succiona el agua y la extensión hace que el agua salga disparada con fuerza de las puntas de los pies.

a

b   c   d

FUERZA Y VELOCIDAD PARA PIES LIGEROS, DELICADOS Y POTENTES (continuación)   10.12

11. No dejes que el movimiento de la pierna y el pie balanceen la pelvis o se propague por todo el cuerpo. Éste es un signo de que la acción no está centrada en la articulación de la cadera. Practica manteniendo tu alineación de un modo dinámico concentrándote en el lugar donde debería ocurrir el movimiento en lugar de mantener el cuerpo estático y en tensión. Piensa en mover la pierna desde la cavidad articular mientras la pelvis y el tronco se mantienen quietos.
12. Cuando muevas la pierna desde la posición lateral a la posterior, el sacro se inclinará hacia delante, aumentando ligeramente el arco lumbar. Si este sutil aumento en la inclinación se inhibe, la articulación de la cadera no será capaz de acomodar el movimiento de la pierna hacia atrás, y la pelvis se elevará hacia el lado de la pierna gestual. Si la pelvis permanece elevada en el *battement* hacia atrás, la columna rotará, lo que causará un desequilibrio muscular.

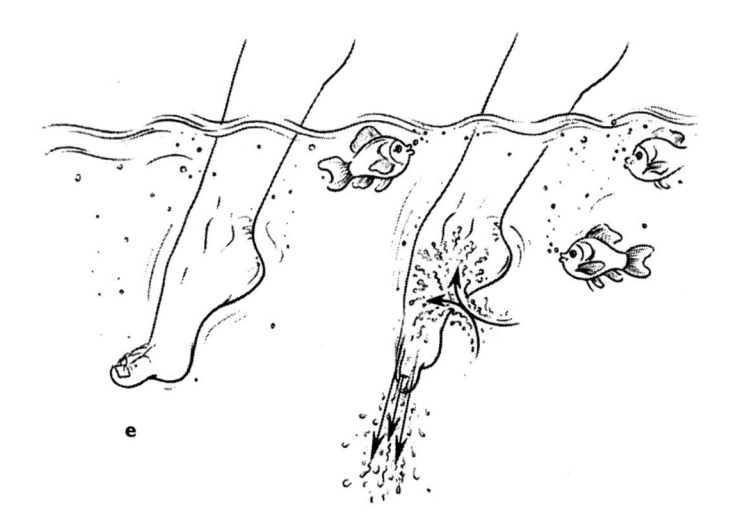

RELEVÉ DE TOBILLO   10.13

El *relevé* de tobillo desarrolla tu arco plantar y aumenta la fuerza de los músculos del tobillo y la pierna. Entrena los músculos de la pantorrilla de un modo predominantemente excéntrico. Este entrenamiento aporta unos aterrizajes más suaves y controlados de los saltos, *pliés* más profundos y mayor estabilidad en el *relevé*.

1. Empieza con un *plié* en segunda posición (véase ejercicio 10.10, figura b).
2. Sin mover la pelvis, eleva los talones (véase figura). Siente los dedos cubriendo el suelo como una batidora de pasteles. Siente la anchura de la columna lumbar y de la pelvis. Imagina el cóccix alargándose hacia el suelo.
3. Posa lentamente los talones en el suelo.
4. Para mantener la abertura piensa en que unos hilos imaginarios estiran las rodillas hacia los lados (véase figura). Respira profundamente y desciende los hombros. Mantén un movimiento fluido. Tal vez notes un pequeño temblor en la musculatura, pero pasará según vayas ganando fuerza.
5. Repite la secuencia ocho veces.

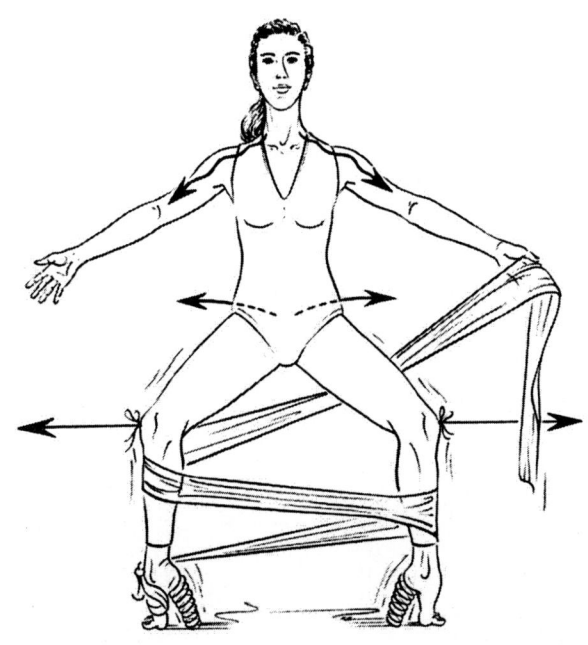

DANZA. Acondicionamiento físico

10.14 EXTENSIÓN AUMENTADA Y *ATTITUDES* ALINEADAS

Este ejercicio crea *attitudes* bien alineadas y fuertes, así como una extensión de pierna superior. Fortalece la pierna de apoyo en todas las posiciones de la pierna gestual y es una oportunidad para mejorar la alineación pélvica en las acciones de elevación de pierna. Como el ejercicio anterior, éste también consta de tres partes, con movimientos hacia delante, hacia el lado y atrás en una posición de abertura. Esta práctica puede ejecutarse también en una posición de pierna en paralelo, lo que aumenta al desarrollo equilibrado de los músculos de la pierna. La siguiente descripción e ilustraciones muestran la variación abierta.

1. Apóyate en la pierna derecha y trabaja con la izquierda (figura a). Mientas colocas la punta del pie izquierdo en el suelo, flexiona la rodilla derecha.
2. Eleva la pierna izquierda contra la resistencia de la banda (figura b).
3. Baja la pierna lentamente; no la dejes caer.
4. Los isquiotibiales deben alargarse para realizar una posición de *attitude* hacia delante. Éstos, sobre todo el bíceps femoral, están conectados por los ligamentos y el tejido conectivo de la columna lumbar con el músculo dorsal ancho y forman una cadena musculoligamentaria desde el brazo hasta la rodilla (véase capítulo 7). Mientras elevas la pierna izquierda, visualiza al alargamiento de la cadena extendiéndose desde el brazo derecho y la parte inferior de la espalda, por encima del sacro y la tuberosidad isquiática, hasta la rodilla. Mientras elevas la pierna derecha, visualiza la otra cadena diagonal alargándose. Nota si sientes alguna diferencia entre las cadenas de la izquierda y la derecha. Tal diferencia podría indicar un desequilibrio en la posición de la pelvis. Es también beneficioso visualizar ambas cadenas simultáneamente, independientemente de la pierna que esté siendo elevada.
5. Coloca la punta del pie izquierdo sobre el suelo al lado derecho del cuerpo (segunda posición) y flexiona la rodilla.
6. Eleva la pierna izquierda hacia la posición de *attitude* (figura c).
7. Siente una relajación de la compresión alrededor del cóccix. Crea un espacio ampliado a su alrededor, y siente el cuello blando y flexible. Nota cómo esta sensación aumenta la flexibilidad de la articulación de la cadera.
8. Baja lentamente la pierna.

a

b c d

EXTENSIÓN AUMENTADA Y *ATTITUDES* ALINEADAS (continuación)   10.14

9. Piensa en el cóccix como un péndulo diminuto que se balancea ligeramente hacia atrás cuando elevas la pierna y hacia delante cuando la bajas. Esta imagen refuerza los pequeños ajustes necesarios que hace el sacro en respuesta al movimiento de la pierna. Trata de imaginar esto pero no lo realices.
10. Imagina los músculos reposando sobre los huesos mientras mueves la pierna. Ahora concéntrate en la ligereza de los huesos: piensa en el hecho de que un millón de nuevas células están naciendo en la médula ósea cada minuto. Utiliza esta imagen para sentirte vivo, ligero e inmensamente creativo en el movimiento de tus extremidades.
11. Ahora coloca la punta del pie izquierdo sobre el suelo por detrás del cuerpo y flexiona la rodilla.
12. Eleva la pierna izquierda hacia atrás en posición de *attitude* (figura d).
13. Baja lentamente la pierna.
14. Crea alineamiento mediante una flexibilidad equilibrada. En lugar de tensar los músculos de la espalda con una resistencia progresiva de la banda, concéntrate en el lugar donde ocurre el movimiento para mantener la espalda recta y libre de tensión. Permite que el espacio entre las vértebras se amplíe hacia delante, y siente el deslizamiento de las facetas de las articulaciones entre las vértebras.
15. La cadera permite solamente 25° de extensión. La *attitude* y el *arabesque* requieren elevar la pierna muy arriba, y exigen cambios en la posición de la pelvis y la columna. Este movimiento debe realizarse de un modo equilibrado y coordinado.
16. Para que la parte central de la espalda sea flexible, es importante estar atento a la relación entre el diafragma, los pulmones y los órganos abdominales superiores. A menudo los bailarines avanzan la pelvis, rotan la espalda para realizar la *attitude* y de este modo se producen molestias en la espalda.
17. En la parte central de la espalda, donde a menudo se crea la tensión en el *arabesque*, visualiza el diafragma deslizándose hacia atrás sobre los órganos abdominales superiores. Imagina ambos lados de la espalda trabajando por igual (figura e).
18. Repite el ejercicio seis veces hacia delante en una posición de abertura. Aumenta las series hasta 16 añadiendo dos por semana.
19. Si estás realizando las series por primera vez, puedes retirar la banda un momento e intentar hacer el movimiento anterior sin ella para notar la diferencia.

e

DANZA. Acondicionamiento físico

10.15 GIRO EN *ATTITUDE SOLÉ:* OMÓPLATOS COMO HOJAS

El siguiente ejercicio entrena tu equilibrio y puede resultarte bastante difícil. Inclúyelo tan sólo después de haber practicado las secuencias de entrenamiento con Thera-Band durante un mes. La pierna de apoyo puede estar extenuada por el ejercicio anterior y tal vez no tenga suficiente fuerza para continuar sin causar tensión en el resto del cuerpo. Esta tensión reducirá los beneficios del ejercicio.

1. Coloca la banda bajo la pierna derecha.
2. Eleva la pierna derecha en posición de *attitude* y la banda por encima de la cabeza, sosteniéndola con ambas manos (figura a).
3. Con la pierna derecha en *attitude*, abre la pierna izquierda en *solé* (moviéndote con una elevación de talón repetida muy baja).
4. Durante la rotación en *attitude*, siente la posición completa moviéndose como una unidad. Evita girar los brazos y añadir el tronco y las piernas, o viceversa. Este movimiento distorsiona la posición y no es beneficioso para las articulaciones. Antes de girar, hazte una idea clara de tu posición, y cámbiala con la acción de la pierna de apoyo (figura b). Mantén los hombros y el cuello relajados, y piensa en el cuerpo entero, en cada extremidad, apoyado en la fuerza centrada de la pierna de apoyo. Mantén el movimiento lento, pero con un ritmo continuo, y abre la pierna de apoyo con las rodillas alineadas sobre los pies («baila» la pierna hacia la abertura; no pienses en forzarla hasta allí).
5. Imagina los omóplatos reposando sobre la espalda. Piensa en ellos como hojas reposando sobre la caja torácica. Siente esas hojas flotando sobre la espalda, con un buen cojín de aire entre ellas y la caja torácica. Puedes utilizar esta imagen en todas las posiciones en que la pierna se eleva hacia atrás para mantener relajados los músculos alrededor de los omóplatos.
6. Puede no ser de ayuda pensar en estirarse para crear equilibrio. A pesar de que la intención inherente de esa imagen es correcta, el esfuerzo de estirarse habitualmente provoca tensión y distorsión en aumento, y hace que el bailarín pierda su equilibrio (o como mínimo su gracia y fluidez de movimiento). La elevación y el equilibrio responden a principios biomecánicos que permiten que el peso flote hacia abajo a través del tronco, la columna y las extremidades de apoyo. Esta distribución del peso provoca una contrafuerza aumentada, lo que crea más elevación que el estiramiento.
7. Una vez has experimentado esta elevación espontánea a través de la contrafuerza, como opuesta a la elevación artificial a través del estiramiento, entenderás mejor cómo crear equilibrio.
8. El problema es que muchos bailarines están tan acostumbrados a estirarse que no se permiten probar otras opciones, aunque jamás se hayan equilibrado bien.

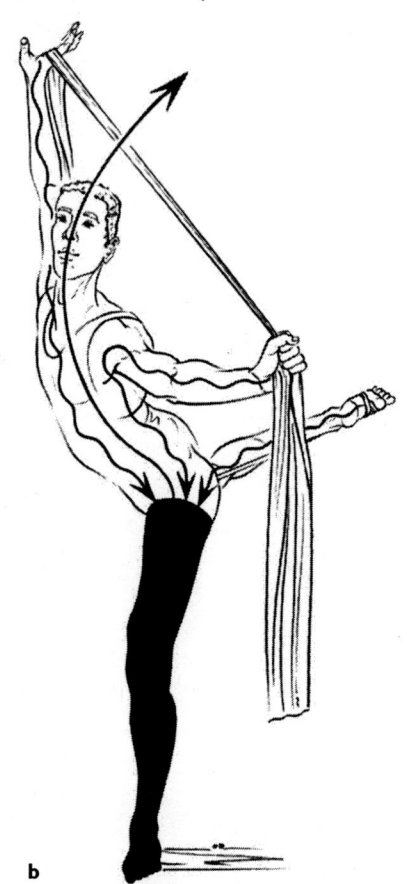

ELEVACIÓN Y FUERZA PARA EL *GRAND BATTEMENT*: EFECTO DE CONTRAFUERZA 10.16

Este ejercicio es un entrenamiento que desafía el equilibrio, la flexibilidad y la fuerza, aunque el esfuerzo vale la pena. Incluso después del primer intento notarás un incremento en la altura y facilidad de movimiento en tus patadas altas de pierna *(grand battement)*. Todos los músculos de la pelvis y la pierna están implicados en este gesto, especialmente la musculatura de la cadera. Esta práctica aumenta además el margen de movimiento activo de la articulación de la cadera.

a   b   c

1. De pie sobre uno de los extremos de la banda, dejando 60-90 cm de banda entre el pie gestual y el de apoyo. Sabrás cuál es la longitud de banda adecuada cuando la pierna alcance un ángulo de 45° y experimentes algo de resistencia. Asegúrate de que la banda esté plana, de modo que puedas colocar firmemente el pie sobre ella.
2. Con la pierna derecha realiza un *grand battement* hacia delante contra la resistencia de la banda (figura a).
3. Haz un *grand battement* hacia el lado contra la resistencia de la banda (figura b).
4. Ajusta la banda con la mano izquierda de modo que la vuelta alrededor de las piernas esté un poco más tensa para el movimiento hacia atrás (figura c).
5. Realiza un *grand battement* hacia atrás contra la resistencia de la banda (figura d).
6. Haz cuatro veces los pasos del 2 al 5. Añade cada semana una repetición más hasta que llegues a ocho.
7. Siente cómo la cabeza se equilibra sobre la columna y ésta soporta una cabeza centrada. Esto liberará tu cuello y permitirá que tu pierna vaya más arriba (figura d).
8. En el *battement* hacia atrás imagina el psoas mayor y el crural del diafragma alargándose. El crural lo forman dos especies de piernecitas que salen del diafragma y lo conectan con la columna. Trata de sentir ambos lados iguales para incrementar el arco de la espalda sin dañar la columna lumbar (véase también capítulo 6).
9. Puedes realizar también cuatro *battements* abiertos y cuatro en paralelo en cada dirección. Otra opción es mantener la pierna en la posición elevada de *battement* y saltar contra la resistencia de la banda 16 veces en cada posición.

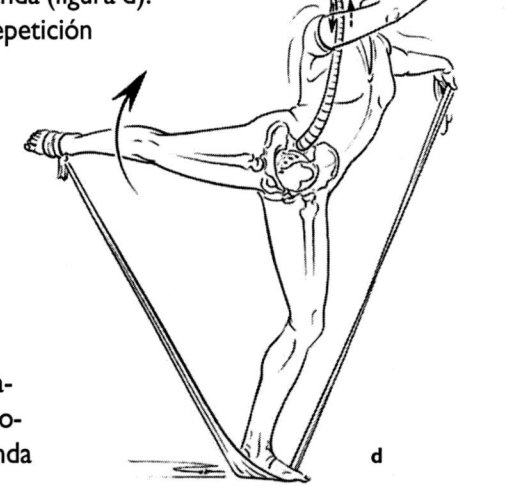

d

237

DANZA. Acondicionamiento físico

10.17 REBOTES *PENCHÉ* PARA UNA RÁPIDA ELEVACIÓN: LA CONEXIÓN CON EL OMBLIGO ELEVA LA PIERNA

Según sea tu nivel de forma física, los siguientes ejercicios pueden resultarte difíciles y sólo deberías tratar de hacerlos una vez hayas practicado los anteriores durante como mínimo un mes. Sin embargo, se trata de prácticas populares entre los bailarines. Yo los enseño porque son de mucha ayuda para mejorar el *penché* y el *arabesque*.

1. Ata un extremo de la Thera-Band a un pie mientras pisas la otra punta con el otro (véase figura a).
2. Mueve la pierna gestual hacia la posición de *arabesque penché* y coloca ambas manos en el suelo.
3. Haz rebotar la pierna gestual contra la banda 16 veces (figura a).
4. Mueve la pierna hasta la segunda posición y haz que rebote contra la banda ocho veces (figura b).
5. Imagina que empujas desde el centro de la barriga (ombligo) hacia el suelo con tus manos y arriba hacia la pierna gestual, hacia el techo. Imagina que el empuje ayuda a elevar la pierna gestual más alto. Asegúrate de que el cuello o la mandíbula están libres de tensión, y respira de forma regular.
6. Baja la pierna muy lentamente y coloca ambos pies firmemente en el suelo.
7. Regresa lentamente hacia atrás a la posición erguida. Si elevas el tronco demasiado rápido, el flujo sanguíneo no tendrá suficiente tiempo para reajustarse y tal vez te marees.
8. Mueve las piernas y compara el *arabesque* de la derecha con la izquierda.

a

b

238

ESTIRAMIENTO DE EQUILIBRIO DE *ATTITUDE*: FUENTE DE EQUILIBRIO | 10.18

Disfruta de este estiramiento para finalizar con el entrenamiento Thera-Band. Su práctica aumenta la flexibilidad de la cadera y la columna y mejora tu equilibrio a la vez.

1. Con una Thera-Band, estira la pierna hasta la posición de *arabesque*.
2. Estira la banda para aumentar la elevación de la pierna (figura a). No sobreestires. La posición nunca debería causar dolor. Permanece así durante unos 30 segundos.
3. Imagina que eres una fuente cuya agua circula a través de la pierna de apoyo y sale hacia fuera para crear la forma del tronco (figura b).
4. Baja la pierna lentamente.
5. Si las rodillas están hiperextendidas (como ilustra la bailarina de la figura b), asegúrate de que no las empujas más hacia atrás en un esfuerzo por mantener el equilibrio. Emplea el cuádriceps de la pierna de apoyo para compensar la hiperxtensión de la rodilla.

Repite las series con la otra pierna. Te sugiero que utilices tu música favorita para realizar el entrenamiento con las Thera-Band. Pide a otro bailarín que ejecute las series contigo, y haced un dúo de preparación. Comparte el proceso de convertirte en un mejor bailarín y disfrútalo.

Bibliografía y recursos

Thera-Band® products may be purchased at www.Thera-Band.com or by calling (800) 321-2135 in the United States or (330) 633-8460 outside the United States.

The exercise balls mentioned in the book can be obtained by writing to
Institut für Franklin-Methode
Brunnenstrasse 1
CH-8610 Uster
Switzerland
e-mail: info@franklin-methode.ch
To order the balls in the United States, e-mail pinhasiamos@hotmail.com.

Albrecht, K, and R. Gautschi. 2001. Dehn'Dich Gesund! *Mobile Praxis*. Magglingen, Switzerland: BASPO.

Albrecht, K. S. Meyer, and L. Zahner. 1997. *Stretching, das Expertenhandbuch*. Heidelberg: Karl F. Haug Verlag.

Alter, M.J. 1996. *The Science of Stretching*. Champaign, IL: Human Kinetics.

Chopra, D. 1993. *Ageless Body, Timeless Mind*. New York: Random House.

Clark, B. 1963. *Let's Enjoy Sitting-Standing-Walking*. Port Washington, NY: Author.

Clark, B. 1968. *How to Live in Your Axis—Your Vertical Line*. New York: Author.

Clark, B. 1975. *Body Proportion Needs Depth—Front to Back*. Champaign, IL: Author.

Cohen, B. 1994. *Sensing, Feeling, and Action: The Experiential Anatomy of Body-Mind Centering*. Northampton, MA: Contact.

Dowd, I. 1990. *Taking Root to Fly*. Northampton, MA: Contact.

Epstein G., MD. 1989. *Healing Visualizations*. New York: Bantam.

Feldenkrais, M. 1972. *Awareness Through Movement*. New York: Harper Collins.

Fleck, S., and W. Kraemer. 1997. *Designing Resistance Training Programs*. Champaign, IL: Human Kinetics.

Franklin, E. 1996a. *Dance Imagery for Technique and Performance*. Champaign, IL: Human Kinetics.

Franklin, E. 1996b. *Dynamic Alignment Through Imagery*. Champaign, IL: Human Kinetics.

Franklin E. 2002. *Relax Your Neck, Liberate Your Shoulders, The Ultimate Exercise Program for Tension Relief*. Highstown, NJ: Princeton.

Franklin E. 2003. *Pelvic Power: Mind/Body Exercises for Strength, Flexibility, Posture and Balance for Men and Women*. Highstown, NJ: Princeton.

Gotheiner, Z. 2001. Interview with author. November 15.

Grossman, G., and V. Wilmerding. 2000. The effect of conditioning on the height of dancer's extension in à la seconde. *Journal of Dance Medicine and Science* 4(4), 117–121.

Hather, B.M., P.A. Tesch, P. Buhanan, and G.A. Dudley. 1991. Influence of eccentric actions on skeletal muscle adaptations to resistance training. *Acta Physiol Scand* 143, 177–185.

Hawkins, A. 1991. *Moving from Within*. Pennington, NJ: A Capella.

Holmes, P.S,. and D.J. Collins. 2001. The PETTLEP approach to motor imagery. *Journal of Applied Sport Psychology,* 13(1), 83–106.

Juhan, D. 1987. *Job's Body.* Barrytown, NY: Station Hill.

Keeleman C.S. 1985. *Emotional Anatomy*. Berkeley, CA: Center Press.

Kendal F., and E. McCreary. 1983. *Muscle Testing and Function,* Baltimore: Williams and Wilkins.

Liederbach, M. 2000. General considerations for guiding dance injury rehabilitation. *Dance Medicine and Science* 4(2), 54–65.

Matt, P. 1993. *A Kinesthetic Legacy: The Life and Works of Barbara Clark.* Tempe, AZ: CMT Press.

McGill, S. 2002. *Low Back Disorders.* Champaign, IL: Human Kinetics.

Molnar, M., and J. Esterson. 1997. Screening students in a pre-professional ballet school. *Dance Medicine and Science* 1(3): 118–121.

Moran, A. 1999. *The Psychology of Concentration in Sports Performers: A Cognitive Analysis.* East Sussex: Psychology Press.

Moyers, B. 1993. *Healing and the Mind.* New York: Doubleday.

Nagrin, D. 1994. *Dance and the Specific Image.* Pittsburgh: University of Pittsburgh Press.

Neumann, N. 2002. *Kinesiology of the Musculoskelettal System.* St. Louis: Mosby.

Norkin, C., and P.K. Levangie. 1992. *Joint Structure and Function.* Philadelphia: F.A. Davis.

Olsen A. 1991. *Body Stories: A Guide to Experiential Anatomy.* Barrytown, NY: Station Hill.

Page, P. and T. Ellenbecker. 2003. *The Scientific and Clinical Application of Elastic Resistance.* Champaign, IL: Human Kinetics.

Pert, C. 1999. *Molecules of Emotion: The Science Behind Mind-Body Medicine.* New York: Simon & Schuster.

Pease, B., and A. Pease. 2001. *Why Men Don't Listen and Women Can't Read Maps.* London: Orion Books.

Richardson, C., G. Jull, P. Hodges, and J. Hides. 1999. *Therapeutic Exercise for Spinal Segmental Stabilization in Low Back Pain.* Edinburgh: Churchill Livingstone.

Roberts, T.D.M. 1995. *Understanding Balance.* London: Chapman & Hall.

Rolland, J. 1984. *Inside Motion: An Ideokinetic Basis for Movement Education.* Urbana, IL: Rolland String Research Associates.

Shell, C.G., Ed. 1986. *The Dancer As Athlete.* Champaign, IL: Human Kinetics.

Schiebler, T., W. Schmidt, and K. Zilles. 1997. *Anatomie.* Berlin: Springer-Verlag.

Smith R.E., J.T. Ptacek., and E. Patterson. 2000. Moderator effects of cognitive and somatic trait anxiety on the relation between life stress and physical injuries. *Journal of Anxiety, Stress, and Coping,* 13: 269–288.

Southwick, H., C. Michelina, and C. Ploski. 2002. Snapping hip syndrome in the adolescent ballet dancer: Potential causes, clinical findings, and treatment outcomes. Paper presented at the 12th International Meeting of the International Association for Dance Medicine and Science, New York, NY USA.

Sweigard, L. 1978. *Human Movement Potential: Its Ideokinetic Facilitation.* New York: Dodd, Mead and Company

Todd, M. 1937. *The Thinking Body.* New York: Dance Horizons.

Todd, M. 1953. *The Hidden You.* New York: Dance Horizons.

Vaganova, A. 1969. *Basic Principles of Classical Ballet* London: Dover

Van den Berg, F. 1999. *Das Bindegewebe des Bewegungsapparates verstehen und Beeinflussen.* New York: Georg Thieme Verlag.

Volianitis, S., Y. Koutdakis, and R. Carson. 2001. Warm-up, a brief review. *Journal for Dance Medicine and Science,* 5(3), 75–78.

Westcott, W. 1996. *Building Strength and Stamina.* Champaign, IL, Human Kinetics.

Índice alfabético

Nota. La letra f después del número de página indica figura.

A

Abdominal transverso
   descripción, 148, 148f
   fortalecimiento, 149-150
   suelo pélvico, 101-102
Abdominales
   alineamiento, 88, 151f
   contracciones, 148, 148f
   en inclinación pélvica, 149
   en la respiración, 115, 117
   equilibrio con el suelo pélvico, 101-103
   fortalecimiento, 143, 144-152, 184, 185, 222, 223, 224
   psoasilíaco, 124
Abductores, 191-192
Abertura
   componentes, 195
   cuidados, 172
   equilibrio, 40
   limitaciones, 206
   mejora, 63, 174, 206f, 207
   muslo interno, 214
   rotadores profundos, 207-213
   suelo pélvico, 215-216
Aductor mayor, 216
Aductores
   elongación, 175, 216
   estiramiento, 194
   fortalecimiento, 170-171, 190, 228
   relajación, 214
Acondicionamiento
   conceptos, 4-9
   trucos 2
Acondicionamiento aeróbico
   ejercicio, 51
   el papel en la danza 3, 5-6
Acondicionamiento corporal completo, 3-4, 219
Alineamiento
   abertura, 206
   columna, 111, 196
   entrenamiento Thera-Band, 219
   equilibrio, 88, 89, 90-91, 101-105
   extensiones de pierna, 229, 234-235
   flexibilidad, 2
   fondu battement, 228
   giros, 196
   lumbopélvico, 151-152
   mejorar, 80
   órganos, 105-112
   planos geométricos, 92, 92f
   saltos, 200
   sensación, 92
   suelo pélvico, 92-93
   tensión, 87-89
   tres suelos, 103
   tronco, 104
Alineamiento dinámico. Ver también Alineamiento
Alineamiento pélvico
   abdominales, 151
   extensiones de pierna, 234-235
   glúteos, 120-122
Aplomo, 88. Ver también Alineamiento
Arabesque
   elongación de la columna, 226
   hígado, 82
   mejora, 238
Arcos, 159, 233
   calentamiento, 163
   equilibrio articular, 156
   flexión, 154
   fortalecimiento, 157, 160, 232
   imagen de bailarín, 153
   relación piernas-pelvis, 154
Arrastramiento, homolateral, 142
Articulaciones, 71, 156
Attitudes, 234-235, 239
Autodiálogo, 29, 37
Autoobservación, 57

B

Ballet, conceptos, viii, 154
Bandera ondeante, ejercicio, 76
Barrido
   descripción, viii
   fuerza del pie, 232-233
   imagen, 167
   Thera-Band, 168
Battement
   descripción, viii
   fondu, 172-173, 227-229
   fuerza del pie, 232-233
   grand, 237
   tendu, 40, 168-169
Bíceps
   equilibrio, 40
   fortalecimiento, 183, 184
   deslizamiento muscular (contracción), 60, 60f
BMC (Body Mind Centering), 20
Botes. Ver Saltos
Braquial
   equilibrio, 40
   fortalecimiento, 184
   deslizamiento muscular (contracción), 60, 60f
Brazada de pecho invertida, 141
Brazos
   contrarrotaciones, 180
   coordinación con las piernas, 222
   deslizamiento muscular (contracción), 60, 60f
   equilibrio muscular, 40
   fortalecimiento, 143, 181-191, 224, 225
   necesidad de acondicionamiento, 177
   primera costilla, 178-179
   relajación, 79

C

Caderas. Ver Psoasilíaco
   equilibrio, 90-91
   flexibilidad, 57, 66, 78, 83, 239
   fortalecimiento, 143, 145, 163-165, 170-171, 229
   grado de movimiento, 63, 66, 237
   relajación, 194
   rotación, 172-175, 206-213
Caja torácica
   conciencia, 188, 189
   flexibilidad, 181
   saltos, 202
Calentamiento
   cardiovascular, 51
   pies, 163
   Thera-Band, 221
   torso, 182
   descripción, 9-11
Cambio biogénico, 7
Cambio neurogénico, 7
Cartílago, 203
Centro de fuerza
   abdominales, 145-152
   aspecto mental, 113-114
   diafragma, 114-119, 114f, 115f
   músculos de la columna, 135-144
   psoasilíaco, 120-134, 121f
Cerebro, 112
Ciática, pelotas rodantes, 77
Cintura, afinamiento, 150
Cohen, Boone Bainbridge, 20
Colágeno, 203
Collins, Dave, 21
Columna
   alineamiento, 111, 196
   curva de equilibrio, 45
   flexibilidad, 56, 81, 84, 239
   flexión y extensión, 50-51, 111
   giros, 198
   relajación, 80
   tensión, 57
Concentración, 24, 25-26

Conciencia, 17-18
Conexión cuerpo-mente, 3-4, 17-18. Ver también Imágenes
Consistencia, 25
Contracción de la columna, 223
Control, 17
Coordinación, 1-2, 15
Corazón, 81, 110
Cortinas colgantes, 75
Cuadrado femoral, 207
Cuadrado lumbar
　Descripción, 151-152
　Equilibrio, 44
　Fortalecimiento, 151-152
Cuádriceps
　fortalecimiento, 222, 227
　plié, 62
Cuarta posición en relevé, 231
Cuello
　equilibrio, 38, 43
　relajación, 73-76, 79
　tensión, 56, 73, 198

D

Danza y la Imagen Específica (Nagrin), 10
Dedos, 186
Dégagé
　descripción, viii
　Thera-Band, 168-169
Deltoides
　fortalecimiento, 13, 13f, 183, 185
　glúteos, 66
Desalineamiento. Ver Alineamiento
Développé
　descripción, viii
　mejora, 64
　psoasilíaco, 133
Diafragma
　alineamiento, 103
　evolución, 115
　respiración, 114-119, 114f, 115f
　saltos, 202
Disciplinas somáticas, 55, 113
Dorsal ancho, 38, 141
Dorsiflexión, 154

E

Ejercicio anaeróbico, 3
Ejercicio carpiano suspendido, 76
Ejercicio de balanceo de pulmones, 146
Ejercicio de empuje externo, 185
Ejercicio de empuje interno, 186
Ejercicios. Ver Ejercicios con pelotas; Ejercicios con Thera-Band
Elasticidad, 203-205
Elastina, 203
Elevador de la escápula, 43, 67
EMM, 21
Enfriamiento, 11
Entrenamiento concéntrico, 8
Entrenamiento de fuerza
　acondicionamiento, 2-3
　concienciación, 18
　elementos, 5
　excéntrico y concéntrico, 8

Entrenamiento excéntrico, 8
Entrevista, 28-29
Equilibrio
　alineamiento, 88, 89, 90-91, 101-102
　ejercicios con balón, 46-51
　fuerza del aductor, 190
　fuerza oblicua, 146
　giros, 199
　mecanismos sensoriales, 32-34, 33f
　mejora, 31-32, 84, 160-161, 236
　mental, 113-114
　mitades corporales, 41-45, 41f
　muscular, 35-40, 35f
　pies, 156
　reflejos, 32
Erector de la columna
　alargamiento, 140
　fortalecimiento, 141, 144, 183
　imaginación, 136, 139
　suelo pélvico, 101
Escalenos, 42
Escribir, 28-29
Espalda superior, relajación, 79
Espalda, dolor, 120
Espalda, músculos. Ver Columna
Espinales, 138
Estabilidad. Ver Equilibrio
Esternohioideo, 144
Estimulación mental de movimiento (EMM), 21
Estiramiento
　beneficios y restricciones, 84-85
　calentamiento, 10
　enfriamiento, 11
　entrenamiento de flexibilidad, 2, 55
　imágenes, 85
　Thera-Band, 239
Estrés, 37
Etmoides, 73
Extensión del bailarín. Ver *Développé*
Extensiones atrás, 226, 229
Extensiones de pierna, 226, 229, 234-235. Ver también *Développé*
Extensores de los brazos, 141

F

Fase de construcción, 8
Fase de mantenimiento, 8
Fase preparatoria, 8
FC máx, 6
Fémur, 125
Filamentos musculares, 59, 59f, 60, 60f
Fitness cardiovascular. Ver Acondicionamiento aeróbico
Flexibilidad. Ver también Músculo específico o parte corporal
　acondicionamiento, 2-3
　cuello y hombros, 66-70, 73-76
　deslizamiento muscular, 59-65, 59f, 60f
　ejercicios de pelota, 77-80
　estiramiento, 84-85
　grado de movimiento, 54
　huesos y articulaciones, 71-73
　imágenes, 58, 63
　meta, 53

　órganos, 81-84
　peso, 58
　tensión, 54-57
　tipos, 53-54
Flexibilidad dinámica, 54
Flexibilidad estática, 53-54
Flexión lateral, 225
Flexión plantar, 154
Flexión, terminología, 154
Flexor largo del dedo gordo, 159
Flexores de la cadera. Ver Psoasilíaco
Fondu battement
　descripción, viii
　Thera-Band, 172-173, 227-229
Franklin, E, 9
Frecuencia cardíaca máxima, 6
Frecuencia de ejercicio, 7
Fuerza máxima, 5, 6
Fuerza velocidad, 5

G

Gemelo inferior, 207
Gemelo superior, 207
Genihioideo, 144
Giros
　acondicionamiento, 224
　alineamiento, 196
　componentes, 195
　equilibrio, 199
　flexión de la columna, 198
　mandíbula chasqueante, 197
　ritmo, 199
　suela, 2360
　tensión de cuello, 198
Glándula suprarrenal, 105
Glúteos
　alineamiento pélvico, 121-122
　deltoides, 66
　extensión de cadera, 165
　fortalecimiento, 222, 227
　músculos de la columna, 140
　plié, 62
　relajación, 78
　saltos, 200
Gotheiner, Zvi, 58, 87
Grácil, 39
Grado de movilidad
　caderas, 63, 65, 237
　flexibilidad, 54
Grand battement, viii, 237

H

Hamaca de espalda, 221
Hígado, 82, 105
Hombros
　alineamiento, 104
　flexibilidad, 61, 143
　fortalecimiento, 183, 184, 189, 225
　relajación, 66-70, 75, 79, 84, 186
　tensión, 56, 64, 66, 201
Huesos, 72-73

I

Ideocinesis, 19-20, 19f
Ilíaco, 120-121, 127

Índice alfabético

Iliocostal, 138, 222
Imagen de semilla, 21
Imagen intuitiva, 20-21
Imágenes. Ver también movimientos específicos, músculos u órganos
   acondicionamiento, 2
   aplicación efectiva, 22-25
   calentamiento, 10
   definición, 19
   desarrollo personal, 25-29
   estiramiento, 85
   tipos, 19-21
Imágenes de Danza para la Técnica y la Ejecución (Franklin), 9
Inclinación pélvica
   abdominales, 149
   abertura, 206, 207
   suelo pélvico, 95
   transferencia de peso, 166
Inervación recíproca, 12
Intensidad del ejercicio, 6
Intercostales, 147, 221
Intestinos
   alineamiento, 107, 112
   flexibilidad de la cadera, 83
Intuición corporal, 89
Isquiotibiales
   extensión de cadera, 165
   flexibilidad, 160-161
   músculos de la columna, 44, 140
   saltos, 200

J
Jeté en l'air, 193

L
Las Moléculas De La Emoción (Pert), 21
Lesión, 24-25, 88
Ligamento de la nuca, 76
Ligamento rotuliano, 204
Ligamentos, 203
Longísimo, 138, 222

M
Mandíbula, tensión, 56, 197
Manos
   fortalecimiento, 186
   relajación, 56, 76
Mecanismos sensoriales, 32-34, 33f
Mente, relajación, 80
Mitades corporales, equilibrio, 41-45, 41f
Movimiento
   alineamiento, 89
   imágenes, 28
Multífido
   imágenes, 135
   rotación, 187, 224
Muñeca, fortalecimiento, 186
Musculatura del centro, 41, 41f. Ver Centro de fuerza
Músculos
   apariencia, 7
   evolución, 35
   deslizamiento (contracción) y flexibilidad, 59-65, 59f, 60f
   equilibrio 35-40, 35f
   movimiento, 35-36, 35f
Músculos espinales
   alargamiento, 194
   calentamiento, 221
   equilibrio y coordinación, 142
   fortalecimiento, 141, 143-144, 183-184, 187, 222-225, 229
   glúteos, 140
   imágenes, 135-139
   isquiotibiales, 44, 242
   relajación, 126, 194
   suelo pélvico, 101
Muslo interno, 214, 217

N
Nagrin, Daniel, 10
Nervios, estiramiento, 55
Nueve líneas de acción, 19, 19f

O
Oblicuos
   descripción, 145
   fortalecimiento, 145-147, 187, 222, 224
Obturador externo, 207-209
Obturador interno, 207-208
Oído interno, 32-33
Ojos, entrenamiento para el equilibrio, 34
Omóplatos, 68
Órganos
   alineamiento, 105-112
   flexibilidad, 64, 81-84
   rotación, 224
Órganos vestibulares, 32-33

P
Pantorrillas
   fortalecimiento, 227, 233
   relajación, 80
   saltos, 200
Passé, 170-171, 174, 175
Pata de ganso, 39
Pecho, flexibilidad, 61, 181
Pectoral mayor, 61, 186
Pelotas
   caderas, 165, 211-212
   equilibrio, 46-51
   guías, 77
   muslo interno, 214
   psoasilíaco, 128-129
   relajación, 77-80
   suelo pélvico, 99
Pelotas de tenis, 77
Pelotas rodantes. Ver Ejercicios con pelotas
Pensamiento positivo, 2, 29
Perineo, 99
Periodización, 8-9
Periostio, 72
Peroneo largo, 158-162
Pert, Candance, 20-21
Pies
Piernas
   acción coordinada, 222, 223, 225
   fortalecimiento, 167-175, 222, 237
   músculo piramidal, 39
   saltos, 2005
   suelo pélvico, 93
   tensión, 56
   transferencia de peso, 166
Pilares
   acondicionamiento, 118
   descripción 114, 115, 115f
Piriforme
   estiramiento, 213
   imágenes, 208, 210
   papel, 207
Pirueta. Ver Giros
Planta del pie, 236
Plexo solar, 105, 105f
Pliés
   calentamiento, 11
   diafragma, 119
   ejercicio de relajación del hombro, 69
   profundidad, 62, 94
   psoasilíaco, 132
   segunda posición, 230
   Thera-Band, 170-171
Posición paralela, 218
Posición tumbada de gancho. Ver Reposo constructivo
Potencia, 15
Primera costilla
   alineamiento, 103-104
   brazos, 178-179
   pulmones, 108, 108f
Primera posición, viii
Principio de carga progresiva, 6-8
Principio de especificidad, 4-6
Psoas mayor
   descripción, 120-121
   estiramiento, 127
   imágenes, 139
Psoas menor
   descripción, 121, 121f
   fortalecimiento, 127-129
Psoasilíaco
   abdominal, 124
   alargamiento, 130
   beneficios del acondicionamiento, 120
   cadera, 125
   développé, 133
   fortalecimiento, 127-129
   imágenes, 122-123
   lumbar, 126
   músculos, 120-121, 121f
   plié, 132
   relajación, 131, 212
   saltos, 134
Pubococcígeo, 98, 144
Pulmones
   alineamiento, 108-109, 108f, 112
   centro de fuerza, 146
   flexibilidad, 81

Q
Quinta posición, viii

R
Recto abdominal
  descripción, 144
  fortalecimiento, 145, 147
  suelo pélvico, 101
Reflejo de estiramiento, 36
Reflejos, en equilibrio, 32
Relajación, ejercicios, 77-80. Ver también Flexibilidad
Relevé
  cuarta posición, 231
  segunda posición, 230
  tobillo, 233
Repeticiones, 6-7
Reposo
  ensayos, 11
  acondicionamiento, 8-9
  constructivo, 9, 11, 19, 21
Reposo constructivo
  descrito, 9, 19
  en el enfriamiento, 11
  versus EMM, 21
Resistencia muscular, 5, 7
Respiración. Ver también Pulmones
  diafragma, 114-119, 114f, 115f
  imágenes, 28
  riñones, 84
  tensión, 78, 89
Riñones
  alineamiento, 105-106, 105f, 112
  centro de fuerza, 121-122
  flexibilidad de la columna, 84
Ritmo
  giros, 199
  imágenes, 23
Rodillas, 165, 204
Romboide, 185
Rotación
  cadera, 172-176, 206-213
  columna y tronco, 187, 224
Rotadores de la cadera, 172-175, 206-213
Rotadores profundos, 207-213
Rotadores, 187, 224

S
Sacro, 96-97, 229
Saltos
  componentes, 195
  diafragma, 202
  elasticidad, 203-205
  fuerza de pie y tobillo, 160-161
  psoasilíaco, 130
  músculos de la pierna, 200
  tensión del hombro, 201
  saltos largos, 201
Saltos largos, 201
Saltos penché, 238
Sartorio, 39, 214
Segunda posición
  plié y relevé, 230
  split, 192
Semiespinoso, 187
Semimembranoso, 40
Semitendinoso, 39, 40
Síndrome de cadera chasqueante, 121
Skrinar, Margaret, 22
Sobreentrenamiento, 9
Solomon, Ruth, 120
Split saltado, 192
Splits, 192-194
Suboccipital, 74
Subtarsiana, articulación, 156
Suelo pélvico
  abdominales, 101-102
  abertura, 215-216
  descripción, 92
  fortalecimiento, 170-171
  imágenes, 93, 98-100, 102
  inclinación pélvica, 95
  movimiento de piernas, 93
  plié profundo, 94
  pulmones, 108, 108f
  sacro, 96-97
Sustentador del talón, 159
Sweigard, Lulu, 19

T
Tacto
  flexibilidad, 63-64
  imágenes, 27-28
Tarsiana transversa, articulación, 156
Tarsometatarsiana, 156
Tejido colectivo, 55, 203-205
Tendón de Aquiles, 204
Tendones, 203-204
Tendu
  descripción, VIII
  mejora, 40
  Thera-Band, 168-169
Tensión
  abertura, 206-207
  alineamiento, 87-89
  columna, 57
  flexibilidad, 54-57
  hombros, 66
  respiración, 78, 89, 116
  Thera-Band, 220
Tensor de la fascia lata, 214, 217
Tercera posición, VIII

Thera-Band®
  definición, 12
  desarrollo, vii
  elección, 13-14, 13f, 219
  utilización, 12-15, 12f, 219-220, 220f
Thera-Band, ejercicios
  abdominales, 145-147, 149-150
  acción coordinada de pierna, 222, 223
  acondicionamiento aeróbico, 51
  caderas, 164-165
  calentamiento, 221
  equilibrio, 48, 51, 236
  estiramiento, 239
  extensiones de pierna, 226, 229, 234-235
  fondu battement, 227-229
  grand battement, 237
  músculos de la columna, 141-144, 221, 225
  piernas, 168-175, 192-194
  pies, 160-163, 232-233
  plié, 230
  psoasilíaco, 131
  relevé, 230-231
  saltos penché, 238
  tensión de hombros, 70
  tobillos, 233
  tronco, 181-194, 225
Tibial posterior 157, 162
Tobillos, fortalecimiento, 160-161, 233
Todd, Mabel, 20, 24, 217
Torso
  calentamiento, 182
  equilibrio y coordinación, 142, 225
  flexibilidad, 181
  fortalecimiento, 184, 187, 187, 194, 223, 224
Trabécula, 72
Transferencia de peso, 166
Trapecio
  fortalecimiento, 141, 183, 185
  relajación, 64, 67
Tríceps, 40, 222
Tronco superior, fortalecimiento, 181-194, 225
Tully, Roger, 88

V
Vacaciones sobre pelotas, 80
Vainas musculares, 36-37
Vasos sanguíneos, estiramiento, 55
Vasto mediano, 214
Vejiga, 106, 112
Verena, split y balanceo, 194
Visualización. Ver Imágenes.
Volianitis, S., 10
Volumen de ejercicio, 6-7, 14

Acerca del autor

Eric Franklin tiene a sus espaldas más de 25 años de experiencia como bailarín y coreógrafo. Además de haber ganado un BFA de la Universidad de arte de Tisch de Nueva York, y un BS de la Universidad de Zurich, ha estudiado algunos de los movimientos principales de la técnica de visualización con profesionales del acondicionamiento, alrededor de todo el mundo, y ha utilizado también este entrenamiento como bailarín profesional en Nueva York.

Franklin ha compartido la técnica de las imágenes en sus enseñanzas desde 1986. Cuando era miembro del American Dance Festival, entre 1991 y 1997, empezó a desarrollar ejercicios específicos de acondicionamiento para la danza en escuelas y universidades por todo el mundo, incluida la New York University School of the Arts, la Royal Ballet School y el Centro Laban de Londres. En 1998 introdujo su primera metodología de acondicionamiento en el continente asiático.

Franklin es autor de *Alineamiento dinámico a través de las imágenes* (1996), *Imágenes de danza para la técnica y la ejecución* (2003), *Relaja tu cuello, libera tus hombros* (2002), y *El poder pélvico* (2003). Es coautor del *best-seller Breakdance* (1984), el cual recibió el Premio Literario Público de la Ciudad de Nueva York en 1984. También ha publicado varios libros en alemán. Es miembro de la International Association of Dance Medicine and Science, y fundador y director del Instituto del Método Franklin en Uster, Suiza.

Actualmente vive cerca de Zurich, en Suiza, con su mujer, Gabriel, y sus tres hijos.

Eric Franklin ofrece regularmente trabajos y entrenamientos para profesores –abiertos a cualquiera– sobre las cuestiones tratadas en este libro. Puedes encontrar información sobre los próximos eventos visitando su página web www.franklin-methode.ch. También puedes escribirle a la siguiente dirección:

Institut für Franklin-Methode
Brunnenstrasse 1
CH-8610 Uster
Suiza
E-mail: info@franklin-methode.ch